Ch. Baumgarten

DAS OFFIZIELLE HANDBUCH DER LEGION MARIENS

Veröffentlicht vom
CONCILIUM LEGIONIS MARIAE
De Montfort House,
Morning Star Avenue
Brunswick Street
Dublin 7, IRLAND

Titel des Originals: The Official Handbook of the Legion of Mary,
New and Revised Edition, 1993

Nihil Obstat:
Joseph Moran OP
Censor Theologicus Deputatus.

Imprimi potest:
+ Desmond Connell
Archiep. Dublinen.
Hiberniae Primas.

Dublin, die 8 December 1993

ANMERKUNGEN:

Auszüge aus „Die Feier der heiligen Messe", Messbuch für die deutschen Sprachgebiete, authentische Angaben für den liturgischen Gebrauch 2/1988.

Die Texte der Heiligen Schrift aus „Die Bibel" Altes und Neues Testament, Einheitsübersetzung Herder: Freiburg - Basel - Wien, 1980 – ISBN 3-451-18988.

Ausschnitte aus den „Verlautbarungen des Apostolischen Stuhles" sowie aus „Kleines Konzilskompendium" von Karl Rahner, Herbert Vorgrimler, Herder: Freiburg - Basel - Wien 1967.

Zitate aus den Schriften des heiligen Ludwig Maria Grignion von Montfort aus „Abhandlung über die wahre Marienverehrung", Patris Verlag, Vallendar, ISBN 3-87620. 135-7

Zitat S. 386 mit freundlicher Erlaubnis von Sheed and Ward.

Autorisierte Übersetzung

Mit Druckerlaubnis des Erzbischöflichen Ordinariates Wien
vom 2. April 2001, Zl. 494/01.
Generalvikar Mag. Franz Schuster

Im Handel nicht erhältlich

Hersteller: Druckerei Ferdinand Berger, 3580 Horn

Inhalt

Abkürzungen der Schriftstellen

ALTES TESTAMENT

Gen	Genesis
Ex	Exodus
Jos	Josua
1 Sam	1 Samuel
1 Chr	1 Chronik
Ps	Psalmen
Hld	Hohelied
Sir	Jesus Sirach
Jes	Jesaja
Dan	Daniel

NEUES TESTAMENT

Mt	Matthäus
Mk	Markus
Lk	Lukas
Joh	Johannes
Apg	Apostelgeschichte
Röm	Römer
1 Kor	1 Korinther
2 Kor	2 Korinther
Gal	Galater
Eph	Epheser
Phil	Philipper
Kol	Kolosser
1 Thess	1 Thessalonicher
1 Tim	1 Timotheus
2 Tim	2 Timotheus
Hebr	Hebräer
1 Petr	1 Petrus
1 Joh	1 Johannes
Jud	Judas

Abkürzungen der Dokumente des kirchlichen Lehramtes

DOKUMENTE DES II. VATIKANISCHEN KONZILS (1962-1965)

AA Apostolicam actuositatem (Dekret über das Laienapostolat)
DV Dei Verbum (Dogmatische Konstitution über die göttliche Offenbarung)
GS Gaudium et spes (Pastorale Konstitution über die Kirche in der Welt von heute)
LG Lumen Gentium (Dogmatische Konstitution über die Kirche)
PO Presbyterorum ordinis (Dekret über Dienst und Leben der Priester)
SC Sacrosanctum Concilium (Konstitution über die heilige Liturgie)
UR Unitatis redintegratio (Dekret über den Ökumenismus)

WEITERE DOKUMENTE DES KIRCHLICHEN LEHRAMTES

AAS Acta Apostolicae Sedis (Akten des Apostolischen Stuhls, Offizielles Amtsblatt von Papst und Kirche)
AD Ad diem illum (Enzyklika von Papst Pius X. von 1904 zum 50-jährigen Jubiläum der Definition der Unbefleckten Empfängnis)

AN	Acerbo nimis (Enzyklika von Papst Pius X. von 1905 über die christliche Lehre und den Religionsunterricht)
CL	Christifideles laici (Nachsynodales Apostolisches Mahnschreiben von Papst Johannes Paul II. von 1988 über die Sendung der Laien 20 Jahre nach dem 2. Vatikanischen Konzil)
CT	Catechesi tradendae (Apostolisches Schreiben von Papst Johannes Paul II. von 1979 über die Katechese)
EI	Enchiridion indulgentiarum (Offizielle Ordnung der Ablässe und der entsprechenden Regelungen von 1968)
EN	Evangelii nuntiandi (Apostolisches Mahnschreiben von Papst Paul VI. von 1975 über „Die Evangelisation in der Welt von heute")
FC	Familiaris consortio (Apostolisches Mahnschreiben von Papst Johannes Paul II. von 1981 über die Familie)
JSE	Jucunda semper (Rundschreiben von Papst Leo XIII. von 1894 über den heiligen Rosenkranz)
KKK	Katechismus der katholischen Kirche (1992)
MC	Mystici corporis (Enzyklika von Papst Pius XII. von 1943 über die Kirche)
MCul	Marialis cultus (Apostolisches Mahnschreiben von Papst Paul VI. von 1974 über die Marienverehrung)
MD	Mediator Dei (Enzyklika von Papst Pius XII. von 1947 über die heilige Liturgie)
MF	Mysterium fidei (Enzyklika von Papst Paul VI. von 1965 über das Geheimnis der heiligsten Eucharistie)
MN	Mens nostra (Apostolisches Schreiben von Papst Pius XI. von 1929 über Exerzitien und geistliche Übungen)
OL	Orientale lumen (Apostolisches Schreiben von Papst Johannes Paul II. von 1995 zum hundertsten Jahrestag des Apostolischen Schreibens „Orientalium dignitas")
PDV	Pastores dabo vobis (Nachsynodales Apostolisches Schreiben von Papst Johannes Paul II. von 1992 über die Formung der Priester)
RM	Redemptoris missio (Enzyklika von Papst Johannes Paul II. von 1990 über den immer gültigen Missionsauftrag der Kirche)
RMat	Redemptoris mater (Enzyklika von Papst Johannes Paul II. von 1987 über die Gottesmutter Maria)
SM	Signum mater (Weiheformel an die Gottesmutter von Papst Paul VI. von 1967)
UAD	Ubi arcano dei (Enzyklika von Papst Pius XI. von 1922 über das Königtum Christi)

PAPST JOHANNES PAUL II. AN DIE LEGION MARIENS

Auszug aus einer Ansprache des Heiligen Vaters, Papst Johannes Paul II., an eine Gruppe italienischer Legionäre am 30. Oktober 1982

1. Mein Willkommensgruß gilt Euch allen und jedem einzelnen von Euch. Es ist mir ein Grund zur Freude, Euch so zahlreich in dieser Aula zu sehen, die Ihr aus verschiedenen Gegenden Italiens kommt, umso mehr, als Ihr ja nur ein kleiner Teil jener apostolischen Bewegung seid, die sich im Zeitraum von sechzig Jahren so rasch verbreitet hat und heute, zwei Jahre nach dem Tod des Gründers Frank Duff, in so vielen Diözesen der Weltkirche besteht.

Meine Vorgänger, beginnend mit Pius XI., haben an die Legion Mariens Worte der Wertschätzung gerichtet, und ich selbst habe mich am 10. Mai 1979 beim Empfang einer ersten Abordnung von Euch mit aufrichtiger Freude an die früheren Gelegenheiten zu Kontakten mit der Legion Mariens erinnert: in Paris, in Belgien, in Polen und schließlich als Bischof in Rom, während meiner Pastoralbesuche in den Pfarrgemeinden der Stadt.

Wenn ich also heute die italienische Pilgergruppe Eurer Bewegung in Audienz empfange, dann möchte ich jene Aspekte unterstreichen, die das Wesen Eurer Spiritualität und Eurer Seinsweise innerhalb der Kirche ausmachen.

Berufung als Sauerteig

2. Ihr seid eine Bewegung von Laien, die sich das Ziel setzen, den Glauben zum Hauptstreben ihres Lebens zu machen, bis zum Erreichen der persönlichen Heiligung. Das ist unzweifelhaft ein hohes und schwer zu erreichendes Ideal. Aber zu ihm ruft die Kirche heute durch das Konzil alle Christen der katholischen Laienschaft auf, indem sie sie einlädt, im Zeugnis eines heiligen

Lebens, durch Selbstverleugnung und tätige Nächstenliebe am königlichen Priestertum Christi teilzunehmen; in der Welt durch die Leuchtkraft des Glaubens, der Hoffnung und der Liebe das zu sein, was die Seele im Leibe ist (LG 10 und 38).

Wahrhaft kirchlich ist die Euch eigene Berufung als Laien, nämlich Sauerteig im Gottesvolk zu sein, der heutigen Welt eine christliche Seele zu geben und die Kontakte des Priesters zum Volk zu mehren. Das Zweite Vatikanische Konzil fordert alle Laien auf, mit Eifer und Großherzigkeit der Einladung zu folgen, sich immer inniger mit dem Herrn zu vereinen, alles, was Ihn betrifft, als ihre eigene Aufgabe zu empfinden und so an der Heilssendung der Kirche Anteil zu nehmen, lebendige Werkzeuge dieser Kirche zu sein, vor allem dort, wo infolge der besonderen Verhältnisse der modernen Gesellschaft – ständiges Wachstum der Bevölkerung, Priestermangel, Entstehen neuer Probleme, Verselbständigung vieler Gebiete des menschlichen Lebens – die Kirche nur schwer anwesend und wirksam sein kann (LG 33).

Der Bereich des Laienapostolats hat sich heute außerordentlich erweitert. So wird die Wahrnehmung der Euch eigenen Berufung als Laien immer dringender, anspornender, lebendiger, aktueller. Die Vitalität der christlichen Laien ist das Zeichen für die Vitalität der Kirche. Und Euer Einsatz als Legionäre wird immer dringender angesichts der Nöte der italienischen Gesellschaft und der Nationen mit alter christlicher Tradition einerseits und andererseits der leuchtenden Beispiele der Menschen, die Euch in Eurer eigenen Bewegung vorangegangen sind. Um nur einige zu nennen: Edel Quinn mit ihrer Tätigkeit in Schwarzafrika; Alfons Lambe in den entlegensten Gebieten Lateinamerikas; und dann die Tausende von Legionären, die in Asien getötet wurden oder in Arbeitslagern endeten.

Mit dem Geist und dem Eifer Marias

3. Eure Spiritualität ist in hervorragender Weise marianisch, nicht nur, weil die Legion sich rühmen darf, den Namen Marias als ihr entfaltetes Banner zu tragen, sondern vor allem, weil sie

ihre Methode der Spiritualität und des Apostolats auf dem dynamischen Grundsatz der Vereinigung mit Maria gründet, auf der Wahrheit der engen Teilhabe der Jungfrau Maria am Heilsplan.

Mit anderen Worten, Ihr strebt danach, Euren Dienst jedem Menschen als einem Abbild Christi zu leisten, im Geist und mit dem Eifer Marias.

Wenn nur einer unser Mittler ist, nämlich der Mensch Christus Jesus, wie das Konzil festhält, „so verdunkelt oder mindert Marias mütterliche Aufgabe gegenüber den Menschen diese einzige Mittlerschaft Christi in keiner Weise, sondern zeigt ihre Wirkkraft" (LG 60). So wird die selige Jungfrau in der Kirche unter dem Titel der Fürsprecherin, der Helferin, des Beistandes, der Mittlerin, der Mutter der Kirche angerufen.

Um zu entstehen und sich zu entfalten, orientiert sich die apostolische Arbeit an jener Frau, die Christus geboren hat, empfangen durch den Heiligen Geist. Wo die Mutter ist, dort ist auch der Sohn. Entfernt sich jemand von der Mutter, so endet er früher oder später dabei, sich auch vom Sohn fernzuhalten. Nicht ohne Grund stellt man heute auf verschiedenen Gebieten der säkularisierten Gesellschaft eine weit verbreitete Krise des Glaubens an Gott fest, nachdem vorher die Marienverehrung nachgelassen hatte.

Eure Legion gehört zu jenen Bewegungen, die sich unmittelbar berufen fühlen, durch die Förderung oder Wiederbelebung der Marienverehrung den Glauben bei den Menschen zu vermehren oder zu begründen; sie wird daher fähig sein, sich stets dafür einzusetzen, dass mit der Liebe zur Mutter auch der Sohn immer mehr erkannt und geliebt werde: Er, der der Weg, die Wahrheit und das Leben eines jeden einzelnen Menschen ist.

In dieser Sicht des Glaubens und der Liebe erteile ich Euch von Herzen den Apostolischen Segen.

Vorbemerkung

Die Legion ist so aufgebaut, dass sie durch Weglassung oder Veränderung auch nur eines ihrer Teile aus dem Gleichgewicht gebracht wird. Ihr könnten die Verse des amerikanischen Dichters Whittier gelten:

„Nur einen einz'gen Faden zieh',
und des Gewebes Schönheit ist dahin.
Stör' einer Saite Harmonie,
und durch das Lied
wird sich ein Misston zieh'n."

Wenn Sie nicht bereit sind, das System so anzuwenden, wie es auf den folgenden Seiten beschrieben wird, so bitten wir Sie, gar nicht erst mit der Legion zu beginnen. In diesem Zusammenhang lesen Sie sorgfältig Kapitel 20: **„Das Legionssystem ist unabänderlich"***.*

Ohne Angliederung an einen ihrer approbierten Räte gibt es keine Mitgliedschaft in der Legion.

Wie die Erfahrung zeigt, wird keine Gruppe der Legion versagen, wenn sie regeltreu geführt wird.

FRANK DUFF
Gründer der Legion Mariens

Frank Duff wurde am 7. Juni 1889 in Dublin, Irland, geboren. Im Alter von 18 Jahren trat er in den Staatsdienst. Mit 24 wurde er Mitglied der Vinzenz-Gemeinschaft, in der er zu einer tieferen Hingabe an seinen katholischen Glauben geführt wurde, und zugleich erlangte er eine große Empfindsamkeit für die Nöte der Armen und Benachteiligten.

Zusammen mit einer Gruppe katholischer Frauen und Father Michael Toher aus der Erzdiözese Dublin bildete er am 7. September 1921 das erste Präsidium der Legion Mariens. Von diesem Tag an bis zu seinem Tod am 7. November 1980 leitete er die weltweite Ausbreitung der Legion mit heroischer Hingabe. Am II. Vatikanischen Konzil nahm er als Laienbeobachter teil.

Seine tiefe Einsicht in die Aufgabe der seligen Jungfrau im Erlösungsplan sowie in die Aufgabe der Laienchristen in der Sendung der Kirche spiegelt dieses Handbuch wider, das fast zur Gänze aus seiner Feder stammt.

FRANK DUFF

DIE LEGION MARIENS

„Wer ist es, die da aufsteigt wie die Morgenröte, schön wie der Mond, leuchtend wie die Sonne, furchtbar wie ein Heer in Schlachtbereitschaft?" (Hld 6,10)

„Der Name der Jungfrau war Maria." (Lk 1,27)

„Die Legion Mariens! Wie passend ist doch dieser Name!" (Papst Pius XI.)

1
NAME UND URSPRUNG

Die Legion Mariens ist eine Vereinigung von Katholiken, die sich mit Zustimmung der Kirche und unter der machtvollen Führung der Unbefleckten zu einer Kampftruppe zusammengeschlossen haben: sie wollen sich einsetzen in dem Krieg, den die Kirche zu jeder Zeit gegen „die Welt" und ihre bösen Mächte führt. Die Mittlerin aller Gnaden ist ja schön wie der Mond, leuchtend wie die Sonne und – für Satan und seine Legionäre – furchtbar wie ein Heer in Schlachtbereitschaft.

„Das ganze Leben des Menschen, das einzelne wie das kollektive, stellt sich als Kampf dar, und zwar als ein dramatischer, zwischen Gut und Böse, zwischen Licht und Finsternis." (GS 13)

Die Legionäre hoffen, ihrer großen himmlischen Königin durch Treue, Tugend und Mut würdig zu werden. Deshalb ist die Legion Mariens wie eine Armee aufgebaut, besonders nach dem Vorbild der Armee des alten Rom; von ihr entlehnt sie auch die Bezeichnungen. Doch Heer und Waffen der Legionäre Mariens sind nicht von dieser Welt.

Diese Armee, die heute so groß ist, begann äußerst bescheiden. Sie war keine Organisation, die jemand sich ausgedacht hatte, sondern entstand wie von selbst. Da gab es kein planendes Nachdenken über Regeln und Übungen. Nur ganz beiläufig wurde ein Vorschlag gemacht, ein Termin vereinbart, und eine kleine Gruppe von Menschen kam zusammen, ohne zu ahnen, dass sie Werkzeug einer überaus liebevollen Vorsehung sein sollte. Äußerlich betrachtet war diese Zusammenkunft genau wie jedes Legionstreffen heute, wo immer in der Welt man daran teilnimmt. Auf dem Tisch, um den sie sich versammelt hatten, stand ein einfacher Altar, in der Mitte die Statue der Unbefleckten Empfängnis – wie die Wunderbare Medaille sie darstellt – auf einem weißen Tuch, umrahmt von zwei Vasen mit Blumen und zwei Leuchtern mit brennenden Kerzen. Jemand, der sehr zeitig kam, war einer Eingebung gefolgt und hatte diesen stimmungsvollen Rahmen geschaffen. Was die Legion ist und was sie will, drückt sich darin aus: Die Legion ist eine Armee; bevor sie sich sammelte, war ihre Königin da; wartend stand sie hier, um all jene in ihre Reihen aufzunehmen, von deren Kommen sie wusste. Nicht die Legionäre haben Maria erwählt, Maria hat die Legionäre erwählt. Und seit damals sind sie den Weg mit ihr gegangen, haben vereint mit ihr gekämpft im Wissen, dass sie genau in dem Maß Erfolg haben und durchhalten würden, in dem sie mit ihr vereint sind.

Die Legionäre knieten nieder; das war ihr erstes gemeinschaftliches Tun. Voll Ernst, den Kopf gesenkt, sprachen diese jungen Leute die Anrufung und das Gebet zum Heiligen Geist. Dann glitten durch ihre Hände, die tagsüber schwer gearbeitet hatten, die Perlen des Rosenkranzes in der schlichtesten aller Gebetsübungen. Als die letzte Anrufung verklungen war, setzten sie sich, und unter der Führung Marias, die im Bild vor ihnen stand, begannen sie zu überlegen, wie sie Gott am besten gefallen und was sie tun könnten, damit er in seiner Welt geliebt werde. Aus diesen Überlegungen ist die Legion Mariens hervorgegangen, so wie sie heute ist, mit allen ihren charakteristischen Merkmalen.

Wie wunderbar: Wer hätte sich beim Anblick dieser einfachen Menschen und ihres schlichten Einsatzes bei noch so blühender Phantasie vorstellen können, welche Bestimmung schon bald auf sie wartete! Wer von ihnen selbst hätte gedacht, dass sie daran waren, ein System einzuführen, das zu einer neuen Kraft in unserer Welt werden sollte! Treu und entschlossen angewendet, hat dieses System die Macht, in Maria den Völkern Leben und Freude und Hoffnung zu bringen. Eben das sollte geschehen.

Diese erste Aufnahme von Legionären Mariens fand am 7. September 1921 statt, dem Vorabend des Festes Mariä Geburt, um acht Uhr abends, im Myra-Haus in der Francis-Straße in Dublin, Irland. Die erste Gruppe nannte sich „Unsere Liebe Frau von der Barmherzigkeit", und deshalb war auch die Organisation eine Zeit lang unter dem Namen „Vereinigung Unserer Lieben Frau von der Barmherzigkeit" bekannt.

Scheinbar zufällige Umstände hatten dazu geführt, dass dieser Zeitpunkt für die erste Zusammenkunft festgesetzt worden war; man könnte denken, der folgende Tag wäre eigentlich passender gewesen. Aber zahllose Beweise der wahrhaft mütterlichen Liebe Marias führten in späteren Jahren zur Erkenntnis, dass die feinfühlige Hand der Gottesmutter sich auch bei der Wahl des Zeitpunkts für die Geburt der Legion gezeigt hatte. „Es wurde Abend, und es wurde Morgen: erster Tag." (Gen 1,5) So sollten die ersten und nicht die letzten Strahlen des Festes ihrer eigenen Geburt über dem Werden dieser Organisation leuchten: Ihr erstes und unveränderliches Ziel ist es ja, Maria ähnlich zu werden, um so am besten die Größe des Herrn zu preisen und ihn den Menschen zu bringen.

„Maria ist die Mutter aller Glieder des Erlösers, denn durch ihre Liebe hat sie bei der Geburt der Gläubigen in der Kirche mitgewirkt. Maria ist die lebendige Gussform Gottes, denn in ihr allein ist Christus als Mensch gebildet worden, ohne einen Wesenszug seiner Gottheit einzubüßen. Auch der Mensch kann nur in ihr allein zu einem getreuen Abbild Gottes gestaltet werden, soweit die menschliche Natur durch die Gnade Jesu Christi dessen fähig ist."

(Hl. Augustinus)

"Die Legion Mariens zeigt das wahre Antlitz der katholischen Kirche."

(Papst Johannes XXIII.)

2
DAS ZIEL

Das Ziel der Legion Mariens ist die Verherrlichung Gottes durch die Heiligkeit der Mitglieder. Diese entfaltet sich durch Gebet und aktive Mitarbeit an der Aufgabe Marias und der Kirche: der Schlange das Haupt zu zertreten und das Reich Christi auszubreiten, und das unter kirchlicher Führung.

Mit Genehmigung des Conciliums und mit den im Handbuch der Legion genannten Einschränkungen steht die Legion Mariens dem Diözesanbischof und dem Pfarrer zur Verfügung: Sie übernimmt jede Art sozialen Dienstes und katholischer Aktion, die nach dem Urteil dieser kirchlichen Amtsträger den Legionären angemessen und dem Wohl der Kirche förderlich ist. Ohne Erlaubnis des Pfarrers oder des Ordinarius werden Legionäre niemals in einer Pfarrei eine derartige Aufgabe in Angriff nehmen.

Unter Ordinarius ist hier der Diözesanbischof oder eine andere zuständige kirchliche Autorität zu verstehen.

„(a) Das unmittelbare Ziel dieser Organisationen ist das apostolische Ziel der Kirche, nämlich in Hinordnung auf die Evangelisierung und Heiligung der Menschen sowie auf die christliche Bildung ihres Gewissens, so dass sie die verschiedenen Gemeinschaften und Milieus mit dem Geist des Evangeliums durchdringen können.
(b) Die Laien arbeiten in der ihnen eigentümlichen Weise mit der Hierarchie zusammen, tragen ihre eigene Erfahrung bei und übernehmen Verantwortung in der Leitung dieser Organisationen, in der Beurteilung der Verhältnisse, unter denen die pastorale Tätigkeit der Kirche auszuüben ist, und in der Planung und Durchführung des Aktionsprogramms.
(c) Die Laien handeln vereint nach Art einer organischen Körperschaft, so dass die Gemeinschaft der Kirche deutlicher zum Ausdruck gebracht und so das Apostolat wirksamer wird.
(d) Die Laien, die sich freiwillig anbieten oder zum Wirken und zur direkten Mitarbeit mit dem hierarchischen Apostolat eingeladen werden, handeln unter der Oberleitung der Hierarchie selbst. Diese kann die Mitarbeit auch durch ei ausdrückliches Mandat bestätigen." (AA 20)

3
DER GEIST DER LEGION

Der Geist der Legion Mariens ist der Geist Marias selber. Besonders strebt die Legion nach Marias tiefer Demut und vollkommenem Gehorsam, nach ihrer engelgleichen Milde und ihrem unablässigen Beten, nach ihrer alles umfassenden Abtötung, ihrer makellosen Reinheit und heldenhaften Geduld, nach ihrer himmlischen Weisheit und nach ihrer tapferen Gottesliebe, die bis zum Selbstopfer ging. Vor allem aber strebt die Legion nach Marias Glauben, jener Tugend, die allein Maria in ihrer ganzen Fülle besessen hat und in der ihr niemand gleichkommt. Getrieben von der Liebe und dem Glauben Marias nimmt die Legion jede Arbeit in Angriff und „klagt nicht über Unmöglichkeit, denn sie glaubt: Ich kann alles und darf es auch." (*Nachfolge Christi* III, 5)

„Ein vollendetes Vorbild eines solchen geistlichen und apostolischen Lebens ist die seligste Jungfrau Maria, die Königin der Apostel. Während sie auf Erden ein Leben wie jeder andere verbrachte, voll von Sorge um die Familie und von Arbeit, war sie doch immer innigst mit ihrem Sohn verbunden und arbeitete auf ganz einzigartige Weise am Werk des Erlösers mit ... Alle sollen sie innig verehren und ihr Leben und ihr Apostolat ihrer mütterlichen Sorge empfehlen." (AA 4)

4
WIE DER DIENST DES LEGIONÄRS SEIN MUSS

1. „Zieht die Rüstung Gottes an!" (Eph 6,11)
Die römische Legion, deren Namen die Legion Mariens entlehnt hat, ist noch nach Jahrhunderten berühmt für Treue, Mut, Disziplin, Ausdauer und Erfolg; und das für Ziele, die nur rein weltlich, oft sogar niedrig waren. (Siehe Anhang 4, *Die römische Legion*) Es ist klar: Unter diesem Namen darf sich die Legion Mariens ihrer Herrin nicht anbieten, wenn sie nicht auch

dieselben hervorragenden Eigenschaften besitzt – sie wäre sonst eine Juwelenfassung ohne Edelsteine. Für den Legionsdienst bedeuten diese Eigenschaften in Wirklichkeit nur das Mindestmaß. Der heilige Klemens, der vom heiligen Petrus bekehrt wurde und ein Mitarbeiter des heiligen Paulus war, empfahl die römische Legion als ein Vorbild, das die Kirche nachahmen könne.

„Wer sind die Feinde? Es sind die Bösen, die dem Willen Gottes Widerstand leisten. Deshalb müssen wir mit großer Entschlossenheit in den Krieg ziehen, den Christus führt, und uns seinem ruhmreichen Oberbefehl unterstellen. Betrachten wir prüfend die Männer, die in der römischen Legion unter ihren militärischen Vorgesetzten dienen: Wir sehen Disziplin, Bereitschaft, Gehorsam bei der Ausführung der Befehle. Nicht jeder ist Präfekt, Tribun, Zenturio, nicht jeder befehligt eine Fünfzigerschaft oder hat einen niedrigeren Rang. Aber jeder Mann führt auf seinem Posten die Befehle des Kaisers, die Befehle der ihm vorgesetzten Offiziere durch. Der Große kann ohne den Kleinen nicht bestehen, der Kleine nicht ohne den Großen. Eine organische Einheit verbindet alle Teile miteinander; jeder hilft, und jedem wird von allen geholfen. Nehmen wir unseren Körper zum Vergleich: Der Kopf ist nichts ohne die Füße, aber auch die Füße sind nichts ohne den Kopf. Selbst das kleinste Organ ist für den ganzen Leib notwendig und wertvoll. Tatsächlich arbeiten alle Teile miteinander, sind voneinander abhängig und dienen im Gehorsam alle zusammen dem Wohl des ganzen Leibes." (Hl. Klemens I., Papst und Märtyrer: Brief an die Korinther, Kap. 36, 37; verfasst im Jahr 96)

2. Ein „lebendiges und heiliges Opfer, das Gott gefällt ... Gleicht euch nicht dieser Welt an." (Röm 12,1–2)

Dieser Grundlage entspringen im treuen Legionär Tugenden, die um so größer sein werden, als seine Sache eine höhere ist, vor allem jene edle Großmut, in der sich die innere Erfahrung der heiligen Teresa von Avila widerspiegeln wird: „So viel zu empfangen und so wenig zu geben, das ist ein Martyrium, dem ich erliege." Betrachtet der Legionär seinen gekreuzigten Herrn, der ihm den letzten Atemzug, den letzten Tropfen seines Blutes geweiht hat, dann muss er danach streben, dass sein eigener Dienst zu einem Abbild dieser äußersten Selbsthingabe wird.

„Was konnte ich noch für meinen Weinberg tun, das ich nicht für ihn tat?"
(Jes 5,4)

3. **„Mühsal und Plage erdulden"** (2 Kor 11,27)

Es wird immer Orte geben, wo eifrige Katholiken bereit sein müssen, Tod oder Folter ins Auge zu sehen. Schon viele Legionäre sind auf diese Weise im Triumph in die ewige Herrlichkeit gegangen. Meistens jedoch wird sich die Hingabe der Legionäre auf einem schlichteren Schauplatz erweisen. Auch da bietet sich reichlich Gelegenheit, stilles, aber echtes Heldentum zu üben. Es gehört zum Legionsapostolat, oft mit Leuten Kontakt aufzunehmen, die jedem guten Einfluss gerne aus dem Weg gehen möchten. Sie zeigen ganz offen ihren Widerwillen gegen einen Besuch, der einem guten, keinem bösen Zweck dient. Sie alle können gewonnen werden, doch nur, wenn man Geduld hat und mutig ist.

Verdrossene Gesichter, der Stachel von Beleidigung und Ablehnung, spöttische und feindselige Kritik, Müdigkeit des Körpers und des Geistes, Qualen aus Misserfolg und gemeinem Undank, bittere Kälte und peitschender Regen, Schmutz, Ungeziefer und Gestank, finstere Gassen und verkommene Viertel, Verzicht auf Vergnügungen, ein Ja zu den vielen Sorgen, die mit der Arbeit kommen, der bittere Schmerz, den einem feinfühligen Menschen die Begegnung mit Gottlosigkeit und Verderbtheit bringt, Leid, weil man die Leiden anderer aus ganzem Herzen mitträgt – all das hat wenig Reiz. Aber wenn es sanftmütig ertragen, ja sogar als Freude betrachtet und bis zum Ende erduldet wird, kommt es, wenn einmal alles gewogen wird, sehr nahe an jene Liebe heran, von der es heißt, niemand habe „eine größere, als wer sein Leben hingibt für seine Freunde." (vgl. Joh 15,13)

„Wie kann ich dem Herrn all das vergelten, was er mir Gutes getan hat?"
(Ps 116,12)

4. **„... und liebt einander, weil auch Christus uns geliebt und sich für uns hingegeben hat"** (Eph 5,2)

Persönlicher Kontakt ist das Geheimnis jedes Erfolges bei anderen; Liebe und Wohlwollen müssen ihn herstellen. Diese Liebe muss mehr sein als ein Anschein. Sie muss alle Prüfungen aushalten, denen eine echte Freundschaft gewachsen ist. Das wird freilich oft etwas Überwindung kosten. In eleganter Umgebung jemanden grüßen, den man erst kürzlich im Gefängnis besucht hat, in Begleitung heruntergekommener Personen gesehen werden, voll Herzlichkeit eine schmutzstarrende Hand ergreifen, in einer armseligen oder schmutzigen Behausung einer Einladung zum Essen folgen – das fällt nicht jedem leicht. Lehnt man es aber ab, dann bedeutet das, dass die freundschaftliche Haltung nur gespielt war. Der Kontakt reißt ab, und der Mensch, dem wir schon aufgeholfen hatten, fällt enttäuscht wieder zurück.

Die Bereitschaft, sich rückhaltlos zu verschenken, muss die Grundlage für jede wirklich fruchtbare Arbeit sein. Ohne diese Bereitschaft hat unser Dienst keinen wesentlichen Gehalt. Ein Legionär, der irgendwo die Grenze setzt: „Bis hierher und nicht weiter darf meine Aufopferung gehen", wird nur Alltägliches erreichen, auch wenn er sich noch so sehr anstrengt. Andererseits: Ist diese Bereitschaft vorhanden, dann wird sie unermessliche Frucht tragen, selbst wenn sie niemals oder nur in geringem Ausmaß beansprucht wird.

„Jesus entgegnete: Du willst für mich dein Leben hingeben?" (Joh 13,38)

5. „Den Lauf vollenden" (vgl. 2 Tim 4,7)

So ruft die Legion zu einem Dienst ohne Grenzen und Vorbehalte auf. Dieser Ruf ist nicht bloß ein Rat zur Vervollkommnung, sondern ebenso eine Notwendigkeit. Wenn man das Ziel nicht hoch steckt, wird die Mitgliedschaft in der Legion nicht von Dauer sein. Es ist schon heroisch, ein ganzes Leben im Apostolat durchzuhalten. Diese Ausdauer ist nicht nur Gipfelpunkt einer fortgesetzten Reihe heroischer Taten, sondern auch ihr Lohn.

Nicht nur die Mitgliedschaft des Einzelnen muss diese Beharrlichkeit aufweisen. Ausnahmslos jeder Punkt der gesamten Legionspflichten muss dieses Merkmal tragen: Ausdauer im Bemühen. Natürlich wird es Abwechslung geben. Verschiedene Orte und Personen werden aufgesucht; Arbeiten werden vollendet, neue Aufgaben werden übernommen. Aber das ist der ewige Wechsel des Lebens, keine launenhafte Unbeständigkeit, keine Sucht nach Abwechslung, die letzten Endes die beste

Disziplin untergräbt. Die Legion fürchtet diese Sprunghaftigkeit. Deshalb ruft sie immer wieder zum Festbleiben auf; und wenn sie ihre Mitglieder vom Wochentreffen zu ihren Aufgaben schickt, so tut sie das mit der unveränderlichen Parole, die jeder Legionär sozusagen im Ohr haben muss: „Durchhalten!"

Wirklicher Erfolg hängt von unablässigem Mühen ab. Mühen aber wird sich nur, wer den unüberwindbaren Willen hat zu siegen. Soll dieser Wille Bestand haben, ist es wesentlich, dass er sich nicht oft oder gar nicht beugt. Deshalb verlangt die Legion von jeder Gruppe und von jedem Mitglied eine Haltung, die keine Niederlage hinnimmt und auch keine heraufbeschwört, indem sie die einzelnen Aufgabenstellungen als „versprechend", „nicht versprechend", „hoffnungslos" usw. einstuft. Bereit sein, etwas als „hoffnungslos" abzustempeln, tut kund, dass man – soweit es die Legion angeht – eine unschätzbar wertvolle Seele ihren leichtsinnigen Weg zur Hölle frei und ungehindert fortsetzen lässt. Außerdem zeigt es die Neigung, einen unbedachten Wunsch nach Abwechslung und sichtbarem Erfolg an die Stelle höherer Überlegungen als Motiv der Arbeit zu setzen. Wenn dann die Saat nicht an der Ferse des Sämanns aufschießt, stellt sich Entmutigung ein, und früher oder später gibt man die Arbeit auf.

Noch einmal sei erklärt und betont: Irgendeinen Fall als hoffnungslos zu bezeichnen, schwächt automatisch die Haltung allen anderen gegenüber. Bewusst oder unbewusst wird man an jede Arbeit in einem Geist des Zweifels herangehen, ob die Mühe wohl auch gerechtfertigt sei, und schon der kleinste Zweifel lähmt die Tatkraft.

Und das Schlimmste: Der Glaube würde in der Legion nicht mehr den Platz einnehmen, der ihm zukommt. Man ließe ihm ja nur geringen Spielraum, dort eben, wo er mit der Vernunft vereinbar erscheint. Dem Glauben werden Fesseln angelegt, die Entschlossenheit wird untergraben – die Bahn ist frei für Menschenfurcht, Kleinlichkeit und weltliche Klugheit, die bis dahin in Schach gehalten worden sind. Die Legion leistet ihren Dienst nur mehr nachlässig, halbherzig. Und so etwas dem Himmel als Opfer anzubieten, ist eine Schande.

Deshalb befasst sich die Legion nur in zweiter Linie mit einem Arbeitsprogramm und an erster Stelle sehr stark mit dem unbeugsamen Streben nach dem Ziel. Die Legion verlangt von ihren Mitgliedern nicht Reichtum und Einfluss, sondern unerschütterlichen Glauben; nicht ruhmreiche Taten, sondern unermüdlichen Einsatz; nicht große Talente, sondern unauslöschliche Liebe; nicht die Kraft eines Riesen, sondern beständige Disziplin. Im Legionsdienst muss man durchhalten, muss man sich unbedingt und hartnäckig weigern, den Mut zu verlieren: in Krisenzeiten ein Fels, doch zu jeder Zeit beständig. Der Legionär hofft auf Erfolg, bleibt demütig im Erfolg, ist aber unabhängig vom Erfolg. Er bekämpft den Misserfolg, lässt sich von ihm nicht erschüttern, kämpft weiter und zwingt ihn nieder. Er wächst an Schwierigkeiten und an Eintönigkeit, denn bei einer langen Belagerung bewähren sich Glaube und Einsatzbereitschaft. Rasch und entschlossen gehorcht er dem Befehl und steht bereit, auch wenn niemand ihn ruft. Sogar wenn kein Gefecht im Gang und kein Feind in Sicht ist, hält er vorsorglich und unermüdlich Wache für Gott. Sein Herz will das Unmögliche wagen, dennoch ist er zufrieden, nur Lückenbüßer zu sein. Nichts ist ihm zu groß, keine Pflicht zu gering. Allem schenkt er die gleiche sorgfältige Aufmerksamkeit, die gleiche unerschöpfliche Geduld, den gleichen unbeugsamen Mut. Jeden Auftrag führt er mit der gleichen unverdrossenen Beharrlichkeit durch. Immer im Dienst für die Seelen. Immer zur Stelle, die Schwachen durch ihre vielen Augenblicke der Schwachheit zu tragen, immer auf Ausschau, die Verhärteten in einem der seltenen Augenblicke der Weichheit zu überraschen. Unablässig auf der Suche nach den Verirrten. Er vergisst sich selbst: Immer steht er unter dem Kreuz der anderen und harrt dort aus, bis das Werk vollbracht ist.

Treu muss der Dienst jener Gemeinschaft sein, die der Virgo fidelis, der getreuen Jungfrau, geweiht ist und – zu ihrer Ehre oder zu ihrer Schande – den Namen Marias trägt!

5
DIE RELIGIÖSE AUSRICHTUNG DER LEGION

Die religiöse Ausrichtung der Legion spiegelt sich in ihren Gebeten wider. Das Fundament der Legion ist in erster Linie ein tiefer Glaube an Gott und an die Liebe Gottes zu seinen Kindern. Gott will große Ehre aus unseren Bemühungen erlangen; er will sie läutern und fruchtbar und beharrlich machen. Wir schwanken zwischen zwei Extremen: bald sind wir völlig teilnahmslos, bald fieberhaft besorgt, weil wir meinen, Gott schaue uns bei der Arbeit nur von ferne zu. Im Gegenteil! Begreifen wir doch, dass wir die gute Absicht nur deshalb haben, weil er sie uns eingepflanzt hat, und dass wir sie nur verwirklichen können, wenn er uns immerfort stützt! Ihm liegt viel mehr daran als uns, ob die Arbeit, die wir gerade tun, Erfolg hat oder nicht. Wir bemühen uns um eine Bekehrung – er wünscht sie unendlich stärker als wir. Wir wollen heilig werden – er ersehnt es Millionen Mal mehr als wir.

Dieses Wissen muss für die Legionäre die stärkste Stütze sein: Gott, ihr guter Vater, ist ihnen nahe und begleitet sie bei ihrer doppelten Aufgabe, heilig zu werden und dem Nächsten zu dienen. Nichts kann sich dem Erfolg entgegenstellen, ausgenommen Mangel an Vertrauen. Wenn wir nur genug Glauben haben, wird Gott uns benützen, ihm die Welt zu erobern.

„Denn alles, was von Gott stammt, besiegt die Welt. Und das ist der Sieg, der die Welt besiegt hat, unser Glaube." (1 Joh 5,4)

„Glauben will besagen, sich der Wahrheit des Wortes des lebendigen Gottes zu ‚überantworten', obwohl man darum weiß und demütig anerkennt, ‚wie unergründlich seine Entscheidungen, wie *unerforschlich seine Wege* sind' (Röm 11,33). Maria, die sich nach dem ewigen Willen des Höchsten sozusagen im Mittelpunkt jener ‚unerforschlichen Wege' und jener ‚unergründlichen Entscheidungen' Gottes befindet, verhält sich im Halbdunkel des Glaubens entsprechend, indem sie mit offenem Herzen alles voll und ganz annimmt, was in Gottes Plan verfügt ist." (RMat 14)

1. GOTT UND MARIA

Nach der Liebe zu Gott ist die Legion auf die Verehrung Marias gegründet, ist sie ja „das unsagbare Wunder des Allerhöchsten" (Papst Pius IX.). Was ist aber Maria im Verhältnis zu Gott? Wie alle Erdenkinder hat er auch sie aus nichts hervorgebracht; und obwohl er sie seither auf eine Stufe von unermesslichen und unfassbaren Gnaden erhoben hat, bleibt sie dennoch im Vergleich zu ihrem Schöpfer ein Nichts. Ja, sie ist sogar weit mehr sein Geschöpf als alle anderen, denn er hat in ihr mehr gewirkt als sonst in irgendeinem seiner Geschöpfe. Je Größeres er an ihr tut, desto mehr wird sie zum Werk seiner Hände.

Großes hat er an ihr getan. Von Ewigkeit her war das Bild Marias gemeinsam mit dem Bild des Erlösers seinem Geist gegenwärtig. Er bezog sie zutiefst in seine Gnadenpläne mit ein, denn er machte sie zur wahren Mutter seines Sohnes und all jener, die mit seinem Sohn vereint sind. Das alles tat Gott, weil er von Maria selbst eine großmütigere Antwort empfangen würde als von allen anderen reinen Geschöpfen zusammen. Zudem aber wollte Gott dadurch auf eine Weise, die unser Verstand kaum fassen kann, jene Verherrlichung mehren, die er auch von uns erhalten würde. Danken wir also Maria mit Gebet und liebendem Dienst, so entziehen wir Gott nichts: Er selbst hat sie ja zu unserer Mutter und zur Helferin unseres Heils gemacht. Was wir Maria geben, gelangt voll und ganz an Gott. Doch hier wird nicht nur unvermindert weitergegeben, hier findet eine Vermehrung statt: Maria ist mehr als ein treuer Überbringer. Gott hat sie seinem Heilsplan in solcher Weise als lebenswichtiges Element eingefügt, dass nun mit Marias Dasein seine Herrlichkeit wie auch unsere Gnade umso größer sind.

Wie es dem Ewigen Vater gefällt, durch Maria die Huldigungen zu empfangen, die wir ihm widmen, so hat er auch in seinem gnädigen Wohlgefallen Maria zum Weg bestimmt, auf dem der reiche Strom seiner freigebigen Güte und Allmacht zu den Menschen gelangen soll. Das beginnt schon mit der Ursache aller Gnade: der Zweiten Göttlichen Person, die Mensch geworden ist und damit unser wahres Leben, unsere einzige Rettung.

„Wenn ich gewillt bin, mich von der Mutter abhängig zu machen, dann tue ich es, um Sklave des Sohnes zu werden. Wenn ich trachte, ihr Eigen zu sein, dann tue ich es, um mit größerer Gewissheit Gott durch Unterwerfung zu huldigen."

(Hl. Ildefons)

2. MARIA, MITTLERIN ALLER GNADEN

Das Vertrauen der Legion in Maria ist grenzenlos, weiß sie doch, dass durch Gottes Ordnung Marias Macht ohne Grenzen ist. Alles, was er Maria geben konnte, hat er ihr gegeben. Alles, was sie empfangen konnte, hat sie in Fülle empfangen. Um unseretwillen hat Gott sie als einzigartigen Gnadenweg eingesetzt. Wenn wir in Vereinigung mit ihr handeln, nähern wir uns Gott in wirkungsvollerer Weise und erhalten somit reichere Gnaden. Ja, wir stellen uns mitten in den Strom der Gnade, denn Maria ist die Braut des Heiligen Geistes: Sie ist der Weg für jede Gnade, die Jesus Christus uns erworben hat. Wir empfangen nichts, was wir nicht ihrem hilfreichen Eingreifen verdanken. Sie begnügt sich nicht, uns alles zu übermitteln. Sie erlangt alles für uns. Durchdrungen vom Glauben an diesen Dienst Marias ermutigt die Legion alle Mitglieder, diesen Glauben als eine besondere geistliche Einstellung zu pflegen.

„Beurteile selbst, mit welch inniger Liebe Gott Maria von uns geehrt sehen will, da er die Fülle alles Guten in sie gesenkt hat; denn alle Hoffnung, alle Gnade, alles Heil kommt uns von ihr; lasst uns daran nicht zweifeln."

(Hl. Bernhard, Sermo de Aquaeductu)

3. MARIA, DIE UNBEFLECKTE

Ein zweiter Aspekt der Marienverehrung der Legion gilt der Unbefleckten Empfängnis. Schon beim allerersten Treffen beteten und planten die Mitglieder vor einem Altar der Unbefleckten Empfängnis. Der gleiche Altar ist auch heute Mittelpunkt jedes Treffens. Mehr noch: Man könnte sagen, der erste Atemzug der Legion war ein Gebet zu Ehren dieses Vorrechts Unserer Lieben Frau, das die Vorbereitung auf alle ihre weiteren Würden und Vorrechte bildete.

Mit demselben Wort, mit dem Gott uns zum ersten Mal Maria verheißen hat, weist er auch auf ihre Unbefleckte Empfängnis hin. Dieses Vorrecht gehört zu ihr: Maria ist die Unbefleckte Empfängnis. Und zusammen mit diesem Vorrecht wird seine wunderbare Folge vorausgesagt: die Gottesmutterschaft, das Zertreten des Schlangenhauptes in der Erlösung und Marias Berufung zur Mutter der Menschen.

„Feindschaft setze ich zwischen dich und die Frau, zwischen deinen Nachwuchs und ihren Nachwuchs. Er trifft dich am Kopf, und du triffst ihn an der Ferse." (Gen 3,15)

Aus diesen Worten des allmächtigen Gottes an Satan schöpft die Legion Vertrauen und Kraft in ihrem Kampf gegen die Sünde. Mit allen Kräften strebt die Legion danach, ganz und gar „Nachwuchs" zu werden, Kinder Marias; denn das verbürgt ihr den Sieg. In demselben Maß, in dem sie Maria immer mehr als ihre Mutter annimmt, wächst die Feindschaft zwischen der Legion und den Mächten des Bösen, und umso größer ist der Sieg.

„Die Heilige Schrift des Alten und Neuen Testamentes und die verehrungswürdige Überlieferung zeigen die Aufgabe der Mutter des Erlösers in der Heilsökonomie immer klarer und legen sie anschaulich vor. Die Bücher des Alten Testamentes beschreiben die Heilsgeschichte, durch die die Ankunft Christi in der Welt in langsamem Voranschreiten vorbereitet wird. Diese ersten Dokumente, so wie sie in der Kirche gelesen und im Licht der weiteren und vollen Offenbarung verstanden werden, bieten Schritt für Schritt deutlicher die Gestalt der Frau dar, der Mutter des Erlösers. Sie ist in diesem Licht schon prophetisch in der Verheißung vom Sieg über die Schlange, die den in die Sünde gefallenen Stammeltern gegeben wurde (vgl. Gen 3,15), schattenhaft angedeutet." (LG 55)

4. MARIA, UNSERE MUTTER

Wenn wir aber als Kinder Anspruch auf das Erbe erheben dürfen, müssen wir die Mutterschaft ehren, von der es stammt. Der dritte Blickpunkt der Marienverehrung der Legion ist die besondere Verehrung Marias als unserer wirklichen Mutter, denn sie ist es tatsächlich.

Maria stimmte den Worten des Engels in Demut zu: „Ich bin die Magd des Herrn: mir geschehe, wie du es gesagt hast." (Lk 1, 38) So wurde sie Mutter Christi und unsere Mutter. Diese ihre Mutterschaft wurde in jenem Augenblick verkündet, in dem sie ihr volles Ausmaß erreichte – als die Erlösung vollbracht wurde. Inmitten des Leides auf Kalvaria sagte Jesus vom Kreuz herab zu Maria: „Frau, siehe, dein Sohn!" und zu Johannes: „Siehe, deine Mutter!" (Joh 19,26f.) Über den heiligen Johannes waren diese Worte an alle Erwählten gerichtet. Indem Maria durch ihr Ja und durch ihr Leid voll und ganz bei dieser geistlichen Geburt der Menschheit mitwirkte, wurde sie im vollsten und vollkommensten Sinn unsere Mutter.

Wir sind tatsächlich ihre Kinder, und deshalb müssen wir uns auch wie Kinder verhalten, ja, sogar wie ganz kleine Kinder, die von ihrer Mutter völlig abhängig sind. Wir müssen erwarten, dass sie uns nährt, uns lehrt und leitet, unsere Wunden heilt, uns tröstet, wenn wir Kummer haben, uns rät, wenn wir im Zweifel sind, uns zurückruft, wenn wir in die Irre gehen. Ganz ihrer Sorge anvertraut, sollen wir Jesus, unserem älteren Bruder, immer ähnlicher werden und teilhaben an seiner Sendung, die Sünde zu bekämpfen und zu besiegen.

„Maria ist die Mutter der Kirche! Vor dieser erstrangigen Wahrheit stehen wir. Sie ist die Mutter Jesu Christi und Ihm, als «Gefährtin in der neuen Heilsordnung», eng verbunden. Sie war die «Gehilfin» des Sohnes Gottes, als er die menschliche Natur aus Maria annahm, um durch sein «Fleischwerden» die Menschen von der Sünde zu befreien. Doch nicht nur deshalb ist sie die Mutter der Kirche. Sie ist es auch, weil sie der ganzen Gemeinschaft der erwählten Menschen in ihrer Haltung als Leitbild voranleuchtet. Mit ihr, als der Mutter der Kirche, ist es ähnlich, wie im natürlichen Menschenleben. Auch Maria kann ihre Mutterschaft nicht allein auf die Geburt des Kindes beschränken. Auch sie muss ihre Mutterschaft ausweiten und sich dem Kind zuwenden durch Ernährung und Erziehung. Genauso handelte die selige Jungfrau Maria. Sie nahm teil am Opfer ihres Sohnes, der Ursache unserer Erlösung. Sie tat dies so innig mit dem Opfer des Sohnes verbunden, dass sie vom Herrn nicht nur als Mutter des Johannes bezeichnet wurde, sondern des ganzen Menschengeschlechtes. Denn dieses wurde von Johannes in seiner Person vertreten. So erfüllt sie auch weiterhin ihre von Gott gefügte mütterliche Aufgabe. Sie trägt dazu bei, das Leben in jedem einzelnen, erlösten Menschen zu vermehren. Diese Tatsache bedeutet Trost. Nach Gottes Willen und seiner umfassenden Weisheit ist dies die Ergänzung im Heilsgeschehen für die Menschheit. Deshalb müssen alle Christen diese Wahrheit im Glauben bewahren." (SM 6)

5. DIE FRÖMMIGKEIT DER LEGION IST DIE WURZEL IHRES APOSTOLATS

Es soll eine der liebsten Pflichten der Legion sein, die rückhaltlose Hingabe an die Gottesmutter zu zeigen. Das kann nur durch die Mitglieder verwirklicht werden. Deshalb ist jedes von ihnen aufgerufen, sich durch ernsthafte Betrachtung und eifriges Tun daran zu beteiligen.

Wenn die Hingabe in Wahrheit ein Tribut sein soll, den die Legionäre entrichten, dann muss sie ein wesentlicher Teil der Legion sein – verpflichtend für die Mitglieder wie das wöchentliche Treffen oder die aktive Arbeit. Alle müssen in vollkommener Einheit an ihr Anteil haben. Von dieser Überzeugung kann kein Mitglied tief genug durchdrungen sein.

Doch diese Einheit ist etwas äußerst Zerbrechliches, denn bis zu einem gewissen Grad hat jedes Mitglied Einfluss auf sie und kann sie zerstören. Da ist jedem Einzelnen eine ernste Verantwortung übertragen. Wenn die Einheit fehlt, wenn die Legionäre sich nicht „als lebendige Steine zu einem geistigen Haus aufbauen lassen" (vgl. 1 Petr 2,5), dann ist ein im Aufbau der Legion lebensnotwendiger Teil unvollständig. In demselben Ausmaß, in dem die „lebendigen Steine" darin versagen, wird das gesamte System der Legion zerfallen – eine Ruine, die keinen Schutz gewährt, so dass es Mühe kostet, die Mitglieder am Fortgehen zu hindern. Und noch viel weniger werden hier große und heilige Eigenschaften sich entfalten oder heldenhafte Bemühungen ihren Ausgangspunkt haben können.

Erfüllt aber jeder Legionär nach besten Kräften diese Forderung des Legionsdienstes, wird sich die Legion im Besitz einer wunderbaren Einheit von Geist, Ziel und Tat finden. Diese Einheit ist vor Gott so kostbar, dass er ihr unwiderstehliche Macht verliehen hat. Wenn wahre Marienverehrung also schon für den Einzelnen ein besonderer Weg der Gnade ist, was wird sie dann einer Organisation bringen, die als Ganzes „einmütig im Gebet verharrt mit Maria" (vgl. Apg 1,14), die alles von Gott empfangen hat; einer Organisation, die an Marias Geist teilhat und voll und ganz auf Gottes Absicht bei der Gnadenvermittlung eingeht? Wird eine solche Organisation nicht „mit dem Heiligen Geist erfüllt" sein (Apg 2,4), und werden dort nicht „viele Wunder und Zeichen" geschehen (Apg 2,43)?

„Wir schauen sie (die Jungfrau, Anm.) im Speisesaal, wo sie in Gemeinschaft mit den Aposteln und im Gebet für sie, in unsagbarem Seufzen, die Fülle des Trösters für die Kirche beschleunigt, als höchste Gabe Christi, als Schatz, der zu keiner Zeit schwinden wird." (JSE)

6. WÜRDE MARIA DOCH RICHTIG ERKANNT!

Jedem Priester, der in einem Meer religiöser Gleichgültigkeit einen schon fast verzweifelten Kampf führt, sei empfohlen, die nun folgenden Worte Pater Fabers zu überdenken, ehe er sich entscheidet, ob die Legion für ihn von Wert sein könnte oder nicht. Dieser Abschnitt ist dem Vorwort zur Schrift des heiligen Ludwig Maria Grignion von Montfort, *Abhandlung über die wahre Marienverehrung,* entnommen, die für die Legion eine überströmende Quelle geistlicher Anregungen ist. Die Behauptung Pater Fabers ist, dass die Menschen nicht annähernd genug von Maria wissen und sie nicht genug lieben – sehr zum Schaden ihrer Seele. Er schreibt: „Die Marienverehrung ist seicht, dürftig und armselig. Es fehlt ihr an Glauben. Und so geschieht es: Jesus wird nicht geliebt, Irrgläubige werden nicht bekehrt, die Kirche wird nicht geachtet. Seelen, die heilig sein könnten, verdorren und verkümmern. Der Sakramentenempfang ist ungenügend. Das Evangelium wird nicht voll Begeisterung verkündet. Jesus bleibt unbekannt, weil Maria beiseite geschoben wird. Tausende Seelen gehen zugrunde, weil man ihnen Maria vorenthält. Was wir als Marienverehrung bezeichnen, ist nur ein erbärmlicher, unwürdiger Schatten, der Schuld ist an all diesen Mängeln und Zerstörungen, an diesen Übeln und Unterlassungen, an diesem Verfall. Nach dem erleuchteten Zeugnis der Heiligen drängt Gott jedoch darauf, dass seiner heiligen Mutter eine größere, stärkere, eine umfassende, eine ganz andere Verehrung zuteil werde ... Man braucht nur an sich selbst den Versuch zu machen, und man wird staunen über die Gnaden, die man empfangen darf, und die Wandlung, die sich an der Seele vollzieht. Sehr schnell wird man zur Überzeugung gelangen, dass echte Marienverehrung in einem fast unglaublichen Ausmaß die Rettung der Menschen und die Ankunft des Reiches Christi bewirkt."

„Daran müssen wir unerschütterlich glauben, darauf felsenfest hoffen. Gott will uns alles geben. Nun hängt alles von uns ab und von dir, Mutter Gottes! Du empfängst und bewahrst alles, du vermittelst alles! Alles hängt davon ab, ob die Menschen eins sind mit jener, die alles von Gott empfängt." (Gratry)

7. MARIA DER WELT BRINGEN

Wenn die Verehrung Marias solche Wunder wirkt, dann muss es das große Ziel sein, dieses Mittel einzusetzen und Maria der Welt zu bringen. Wer könnte das wirkungsvoller tun als eine apostolische Gemeinschaft? Ihre Mitglieder sind Laien - daher ist ihrer Zahl keine Grenze gesetzt; sie ist tätig - daher kommt sie überall hin; sie liebt Maria mit aller Kraft und verpflichtet sich, die Herzen aller Menschen in diese Liebe zu Maria hinein zu ziehen; und sie nützt jede Möglichkeit, die sich bei ihrer Arbeit ergibt, um dieses Ziel zu erreichen.

Die Legion Mariens trägt ihren Namen mit unsagbarem Stolz. Grenzenloses, kindliches Vertrauen zur Gottesmutter ist die Grundlage ihrer Gemeinschaft. Sie festigt dieses Vertrauen, indem sie es dem Herzen jedes einzelnen Mitglieds einpflanzt. So kann sie die Legionäre zur Arbeit einsetzen, und diese werden ihren Auftrag in vollem Einklang von Treue und Disziplin durchführen. Deshalb ist es keine Überheblichkeit, vielmehr das richtige Maß an Vertrauen, wenn die Legion Mariens der Überzeugung ist, dass ihr System sozusagen einen Mechanismus darstellt, den die für die Kirche Verantwortlichen nur anwenden müssen, um die ganze Welt zu erreichen. Ja, Maria selbst wird sich in ihrer Güte dieses Werkzeuges bedienen, um ihre mütterliche Aufgabe an den Seelen zu erfüllen und ihre ewige Sendung fortzusetzen: der Schlange den Kopf zu zertreten.

„‚Wer den Willen Gottes erfüllt, der ist für mich Bruder und Schwester und Mutter.' (Mk 3, 35) Welch wunderbare Ehre! Zu welcher Höhe der Herrlichkeit erhebt uns Jesus! Die Frauen preisen die Mutter selig, die ihn gebar; doch was hindert sie daran, an dieser Mutterschaft teilzuhaben? Das Evangelium spricht hier ja von einer neuen Weise der Zeugung, einer neuen Elternschaft."

(Hl. Johannes Chrysostomus)

6
DIE PFLICHTEN DES LEGIONÄRS GEGENÜBER MARIA

1. Die Hingabe der Legion an Maria durch ernsthafte Betrachtung und eifriges Tun zu verwirklichen, ist jedem Mitglied als feierliche Verpflichtung gegenüber der Legion anvertraut. Sie ist als wesentlicher Teil der Legionspflicht zu betrachten und geht jeder anderen durch die Mitgliedschaft gegebenen Verpflichtung voraus.
(Vgl. Kapitel 5, *Die religiöse Ausrichtung der Legion*, sowie Anhang 5, *Die Bruderschaft „Maria, Königin aller Herzen"*)

Die Legion will Maria der Welt bringen, weil Maria das unfehlbare Mittel ist, die Welt für Jesus zu gewinnen. Es ist klar, dass ein Legionär, der Maria nicht im Herzen trägt, an dieser Aufgabe nicht mitwirken kann. Er ist von der Absicht der Legion getrennt. Er ist ein Soldat ohne Waffe, ein zerbrochenes Glied oder wie ein gelähmter Arm, zwar mit dem Körper verbunden, doch zu keiner Arbeit brauchbar.

Jede Armee – und die Legion nicht minder – trachtet danach, jeden einzelnen Soldaten an den Heerführer zu binden, damit dessen Pläne reibungslos in die gemeinschaftliche Tat umgesetzt werden. Die Armee handelt wie ein Mann. Diesem Zweck dient das ganze, sorgfältig durchdachte System von Drill und Disziplin. Dazu kommt, dass die Soldaten aller großen Armeen der Weltgeschichte ihren Feldherrn leidenschaftlich verehrten. Das verstärkte die Bindung an ihn und machte die Opfer leicht, die ihnen die Durchführung seiner Vorhaben abforderte. Man könnte sagen, ein solcher Feldherr war Inspiration und Seele seiner Soldaten, ihn trugen sie im Herzen, er war mit ihnen eins und so fort. Solche Worte beschreiben die Auswirkung seines Einflusses und drücken bis zu einem gewissen Grad wohl auch eine Wahrheit aus.

Diese Art Einheit ist jedoch nur eine Sache des Gefühls oder durch äußere Umstände bedingt. Ganz anders verhält es sich mit der Beziehung zwischen der christlichen Seele und Maria, ihrer Mutter. Wenn man sagte: Maria ist in der Seele des treuen Legionärs, würde man eine Vereinigung beschreiben, die unendlich weniger wirkungsvoll wäre als diejenige, die wirklich existiert. Die Kirche fasst das Wesen dieser Vereinigung zusammen, wenn sie Maria „Mutter der göttlichen Gnade" und „Mittlerin aller Gnaden" nennt. Diese Titel drücken den Einfluss Marias auf das Leben der Seele aus, einen so vollkommenen Einfluss, dass selbst die engste Bindung auf Erden – das Einssein der Mutter mit dem ungeborenen Kind – nicht als Vergleich dienen kann, um dieses innigste Einssein zu beschreiben. Andere Vorgänge in der Natur können helfen, diese Stellung Marias im Gnadenwirken noch klarer zu erkennen: Das Blut bedarf des Herzens, um in die Adern gepumpt zu werden; die Augen sind notwendig, um die Verbindung zur sichtbaren Welt herzustellen; es genügt auch nicht, dass der Vogel mit den Flügeln schlägt, wenn er fliegen will – er braucht die Luft, die ihn trägt. Genauso ergeht es der Seele des Menschen: Nach der von Gott gesetzten Ordnung kann sie sich ohne Maria nicht zu Gott erheben oder das Werk Gottes vollbringen.

Diese Abhängigkeit von Maria ist nicht etwas Ausgedachtes oder ein Gefühl, sie ist vielmehr von Gott gefügt und daher immer gegeben – selbst dann, wenn man sich ihrer nicht bewusst ist. Aber sie kann und sie soll durch bewusstes Mitwirken grenzenlos gestärkt werden. Maria ist die Ausspenderin des Blutes Christi, sagt der heilige Bonaventura. Die innige Vereinigung mit ihr wirkt Wunder der Heiligung und verleiht unbegreifliche Macht über die Seelen anderer. Wer mit dem Gold des Apostolats nicht aus der Gefangenschaft der Sünde losgekauft werden kann, kommt dennoch frei – und zwar jeder –, wenn Maria dieses Gold mit den Juwelen des kostbaren Blutes ziert, das ihr anvertraut ist.

Am Beginn steht ein inniger Weiheakt, der oft mit einem zusammenfassenden Satz erneuert wird – etwa mit den Worten: „Ich bin ganz dein, meine Königin, meine Mutter, und alles, was ich habe, ist dein!". Dieser Gedanke des andauernden Einflusses Marias in der Seele sollte zu einer so systematischen und lebendigen Übung umgesetzt werden, dass man von der Seele sagen kann: „Sie atmet Maria, wie der Körper die Luft atmet" (vgl. Montfort, *Abhandlung über die wahre Marienverehrung,* 217).

In der heiligen Messe, in der heiligen Kommunion, bei der Eucharistischen Anbetung, beim Rosenkranz, beim Kreuzweg und bei jeder anderen Gebetsübung muss der Legionär bemüht sein, sich mit Maria zu identifizieren und die Geheimnisse der Erlösung durch diese getreueste Seele zu betrachten. Maria hat ja diese Geheimnisse mit dem Erlöser durchlebt und in ihnen eine unerlässliche Aufgabe erfüllt.

Wenn also der Legionär Maria nachahmt, ihr liebevoll dankt, sich mit ihr freut und mit ihr trauert, wenn er ihr „das lange Sinnen und die große Liebe" schenkt, wie Dante sagt, wenn er in jedes Gebet, in jede Arbeit, in jeden Akt des geistlichen Lebens den Gedanken an sie einfließen lässt, wenn er sich selbst und all die eigene Kraft vergisst, um ganz von ihr abhängig zu sein, wird seine Seele vom Bild Marias und vom Gedanken an sie so sehr erfüllt, dass die beiden zu einer Seele werden. Hineingenommen in die Tiefe der Seele Marias, hat der Legionär Anteil an ihrem Glauben, an ihrer Demut, an ihrem Unbefleckten Herzen und daher auch an der Macht ihres Gebets. Sehr bald wird er in Christus umgestaltet – und das ist ja der Sinn jedes Lebens. Maria wiederum wirkt in ihrem Legionär und durch ihn an jeder Aufgabe mit und sorgt mütterlich für die Seelen. Deshalb ist es nicht nur so, dass der Legionär in jedem Menschen, für den er arbeitet, und in jedem Mitlegionär Christus den Herrn sieht und ihm dient: Es ist Maria, die den Herrn sieht und ihm dient, mit derselben auserlesenen Liebe und mütterlichen Sorge, die sie dem menschlichen Leib ihres göttlichen Sohnes zuteil werden ließ.

So wachsen ihre Mitglieder zu lebendigen Abbildern Marias heran, und die Legion betrachtet sich in Wahrheit als Marias Legion, der Sendung der Gottesmutter verbunden und ihres Sieges gewiss. Die Legion wird Maria der Welt bringen, und Maria wird der Welt das Licht schenken und sogleich alles entflammen.

„Freu dich mit Maria, trag deine Mühsal mit Maria, arbeite mit Maria, bete mit Maria, erhole dich mit Maria, ruhe aus mit Maria. Mit Maria suche Jesus, trag Jesus in deinen Armen, und mit Jesus und Maria bau dein Heim in Nazaret. Mit Maria geh nach Jerusalem, steh beim Kreuz von Jesus und lass dich mit Jesus begraben. Mit Jesus und Maria ersteh von den Toten, mit Jesus und Maria steig in den Himmel auf, lebe und stirb mit Jesus und Maria."

(Thomas von Kempen, Predigt für Novizen)

2. DIE NACHAHMUNG DER DEMUT MARIAS IST WURZEL UND WERKZEUG DER LEGIONSTÄTIGKEIT

Die Legion verwendet ihren Mitgliedern gegenüber militärische und kämpferische Ausdrücke. Das ist angemessen, denn die Legion ist Werkzeug und sichtbares Wirken jener, die einem Heer in Schlachtbereitschaft gleicht und um die Seele jedes einzelnen Menschen einen harten Kampf führt. Außerdem übt der militärische Gedanke eine große Anziehung auf die Menschheit aus. Die Legionäre, die wissen, dass sie Soldaten sind, fühlen sich angeregt, mit soldatischem Ernst ans Werk zu gehen. Aber der Kampf der Legionäre ist nicht von dieser Welt, er muss nach den Strategien des Himmels geführt werden. Das Feuer, das im Herzen des echten Legionärs brennt, entspringt nur der Asche gering geschätzter und nichtweltlicher Eigenschaften. Unter diesen tritt besonders die Tugend der Demut hervor, die von der Welt so missverstanden und verachtet wird. Aber sie ist edel und kraftvoll und verleiht jedem, der sich bemüht, sie zu erwerben und zu üben, Adel und Kraft eigener Art.

Im Legionssystem spielt die Demut eine einzigartige Rolle. Zunächst einmal ist sie ein unentbehrliches Werkzeug im Legionsapostolat: Einen persönlichen Kontakt herzustellen und zu vertiefen – denn auf ihn stützt sich die Legion weitgehend in ihrer Tätigkeit –, verlangt Arbeiter mit liebenswürdigen, bescheidenen Umgangsformen, wie sie nur aus echter Demut des Herzens hervorkommen. Aber die Demut ist für die Legion mehr als nur eine Art Handwerkszeug ihres äußeren Handelns. Vielmehr ist sie der Ursprung dieser Tätigkeit. Ohne Demut kann es keine erfolgreiche Legionstätigkeit geben.

Christus hat uns vor allem anderen die Demut ans Herz gelegt, sagt der heilige Thomas von Aquin, weil sie das Haupthindernis für das Heil der Menschheit beseitigt. Alle anderen Tugenden erhalten von ihr her ihren Wert. Nur wo Demut ist, schenkt Gott seine Gnaden. Schwindet die Demut, werden diese Gaben zurückgezogen. Die Menschwerdung, die Quelle aller Gnaden, war von der Demut abhängig. Maria sagt im Magnificat, dass der Mächtige Großes an ihr getan hat, das heißt, Gott hat an ihr seine Allmacht erwiesen. Und sie gibt auch den Grund dafür an: Auf ihre Niedrigkeit hat Gott geschaut, diese hat ihn auf die Erde herabgezogen, damit er die alte Welt beende und die neue beginne.

Wie aber konnte Maria ein Vorbild der Demut sein – wenn man bedenkt, dass der Schatz ihrer Vollkommenheit so unermesslich groß war, dass er tatsächlich die Grenzen zum Unendlichen berührte, und dass sie dies wusste? Sie war demütig, weil sie ebenso wusste, dass sie in vollkommenerem Maß erlöst worden war als jeder andere Nachkomme Adams. Jeden Schimmer ihrer unfassbaren Heiligkeit verdankte sie den Verdiensten ihres Sohnes, und das war ihr immer lebhaft bewusst. Ihr unvergleichlicher Verstand war erfüllt von der Erkenntnis, dass sie mehr empfangen hatte, und dass darum kein anderes Geschöpf so tief in Gottes Schuld stand wie sie. Deshalb war ihre Haltung erlesener und würdevoller Demut mühelos und beständig. Indem der Legionär Maria vor Augen hat, wird er lernen, dass das Wesen wahrer Demut darin besteht, zu erkennen und aufrichtig zu bejahen, was er vor Gott wirklich ist, zu begreifen, dass er von sich aus nichts hat als seine Unwürdigkeit. Alles andere ist Gottes freie Gabe an die Seele: Gott kann es mehren, mindern oder ganz nehmen, wie er allein es gegeben hat. Das Bewusstsein der eigenen Abhängigkeit wird sich zeigen in einer starken Vorliebe für unscheinbare und wenig begehrte Aufgaben, in der Bereitschaft, Verachtung und Zurückweisung zu ertragen, und überall, wo sich ihm der Wille Gottes zeigt, wird seine Haltung das Wort Marias widerspiegeln: „Ich bin die Magd des Herrn." (Lk 1,38)

Die nötige Vereinigung des Legionärs mit seiner Königin erfordert nicht nur, dass er diese Vereinigung ersehnt, sondern auch, dass er die Eignung für sie hat. Jemand kann sich entschließen, ein guter Soldat zu sein; aber es kann sein, dass er niemals die Eigenschaften besitzt, die ihn zu einem tüchtigen Glied im Truppenkörper machen werden. In der Folge ist die Vereinigung mit seinem General wirkungslos, so dass er die Durchführung des militärischen Plans behindert. So strebt vielleicht auch ein Legionär danach, im Plan seiner Königin eine große Rolle zu spielen; und doch kann er unfähig sein, das zu empfangen, was Maria ihm so brennend gern zu geben wünscht. Bei einem gewöhnlichen Soldaten mag diese Unfähigkeit aus Mangel an Mut, Intelligenz, körperlicher Tauglichkeit und ähnlichem kommen. Beim Legionär wird diese Unfähigkeit im Mangel an der Tugend der Demut begründet sein. Das Ziel der Legion ist die Heiligung ihrer Mitglieder und das Ausstrahlen dieser Heiligkeit auf die Seelen der Menschen. Ohne Demut kann es aber keine Heiligkeit geben. Und noch etwas: Das Legionsapostolat wird durch Maria wirksam. Es kann aber keine Vereinigung mit ihr geben ohne eine gewisse Ähnlichkeit mit ihr, und es kann nur wenig Ähnlichkeit mit ihr geben, wenn die ihr besonders eigene Tugend, die Demut, fehlt. Wenn die Vereinigung mit Maria die unabdingbare Voraussetzung für jede Legionstätigkeit ist, sozusagen die Wurzel, dann ist die Demut das Erdreich, in dem diese Wurzel gedeiht. Lässt dieses Erdreich zu wünschen übrig, dann wird das Legionsleben verkümmern.

Der Kampf der Legion um die Seelen muss deshalb im Herzen jedes einzelnen Legionärs beginnen. Der einzelne muss den Kampf gegen sich selbst aufnehmen und entschlossen in seinem Herzen den Geist des Stolzes und der Selbstsucht besiegen. Dieser furchtbare Kampf gegen die Wurzel des Bösen in uns, dieses ständige Ringen um die Reinheit unserer Absicht - wie zehrt das an unseren Kräften! Es ist ein lebenslanger Kampf! Wenn man sich dabei auf seine eigenen Anstrengungen verlässt, wird er zu einer lebenslangen Niederlage, denn das Ich schleicht sich auch in den Kampf gegen das Ich ein. Was nützt Muskelkraft, wenn man auf Treibsand gerät? Da braucht es einen festen Halt.

Legionär, dein fester Halt ist Maria! Stütze dich auf sie voll Vertrauen! Sie lässt dich nicht im Stich. Sie ist ja zutiefst verwurzelt in der Demut, die für dich lebensnotwendig ist. Im Geist der Abhängigkeit von Maria treu zu leben und zu handeln, wird sich als ein vollkommener, einfacher und sicherer Weg der Demut herausstellen. Der heilige Ludwig Maria von Montfort nennt ihn ein wenig bekanntes Geheimnis der Gnade, „wie man in kurzer Zeit, mit Lust und Leichtigkeit, übernatürliche Handlungen vollzieht, etwa sich von sich selbst zu befreien, sich mit Gott zu erfüllen und vollkommen zu werden". (*Abhandlung über die wahre Marienverehrung*, 82)

Überlegen wir, wie das vor sich geht. Wenn der Legionär sich Maria zuwendet, muss er sich notwendigerweise von sich selbst abwenden. Maria nimmt diese Bewegung auf und hebt sie auf eine höhere Ebene; sie formt sie zum übernatürlichen Sterben des Ich, in dem sich das harte, aber fruchtbringende Gesetz des christlichen Lebens erfüllt (vgl. Joh 12,24f). Die Ferse der demütigen Jungfrau zertritt die Schlange des Ich mit ihren vielen Köpfen:

a) die Selbstüberhebung: Maria ist so reich an aller Vollkommenheit, dass die Kirche sie „Spiegel der Gerechtigkeit" nennt, ihre Macht im Reich der Gnade ist unbeschränkt, dennoch findet man Maria auf den Knien – die demütigste Magd des Herrn; was muss da der Platz und die Haltung des Legionärs sein?

b) das Sich-selbst-Suchen: Hat nämlich der Legionär sich selber und alle seine Habe, die geistlichen und die irdischen Güter, Maria übergeben, damit sie alles nach ihrem Gutdünken verwende, wird er ihr weiterhin im selben Geist der vollkommenen Großmut dienen;

c) das falsche Selbstvertrauen: Die Gewohnheit, sich auf Maria zu stützen, führt von selbst dazu, der eigenen ungestützten Kraft zu misstrauen;

d) die Selbstüberschätzung: Das Bewusstsein der Partnerschaft mit Maria lässt die eigene Unzulänglichkeit begreifen. Was trägt der Legionär zu dieser Partnerschaft bei außer quälenden Schwächen?

e) die Eigenliebe: Was gibt es da zu lieben? Der Legionär, ganz in Anspruch genommen, seine Königin zu lieben und zu bewundern, hat wenig Lust, sich von ihr abzuwenden, um sich selbst zu betrachten;

f) die Selbstzufriedenheit: In diesem Bündnis müssen höhere Werte gelten. Der Legionär nimmt sich Maria zum Vorbild und strebt nach ihrer vollkommenen Reinheit der Absicht;

g) den Eigennutz: Wenn man Marias Gedanken denkt, ist man nur auf Gott bedacht. Das lässt eigennützigen Plänen oder Lohndenken keinen Raum;

h) den Eigenwillen: Der Legionär, der sich Maria vollkommen unterworfen hat, misstraut der Stimme seiner eigenen Neigungen und hört stets aufmerksam auf das Flüstern der Gnade.

Im Legionär, der sich selbst wahrhaft vergisst, wird es kein Hindernis für den mütterlichen Einfluss Marias geben. Sie wird in ihm über das Natürliche hinaus Kräfte entwickeln und ihn zu Opfern befähigen. Und sie wird ihn zu einem „guten Soldaten Christi Jesu" machen (vgl. 2 Tim 2,3), tauglich für den mühevollen Dienst, zu dem er berufen ist.

„Gott schafft gerne aus dem Nichts; aus dieser Tiefe hebt er die Schöpfungen seiner Macht empor. Voll Eifer müssen wir Gottes Ehre mehren – und gleichzeitig muss uns bewusst sein, dass wir nicht das Geringste dazu beitragen können. Lassen wir uns in den Abgrund unserer Unbrauchbarkeit fallen! Suchen wir Zuflucht im tiefen Schatten unserer Niedrigkeit! Warten wir gelassen, bis der Allmächtige es für gut findet, unser Bemühen zum Werkzeug seiner Ehre zu machen. Wahrscheinlich wird er ganz andere Wege einschlagen, als wir erwartet haben. Jesus ausgenommen, hat niemand so viel zur Ehre Gottes beigetragen wie die Jungfrau Maria, und doch zielt ihr Denken und Streben einzig darauf, sich selbst zu vergessen. Fast hatte es den Anschein, ihre Demut würde die Pläne Gottes hemmen, aber im Gegenteil erleichterte eben diese Demut die Durchführung seiner überaus barmherzigen Absicht." (Grou, Das innere Leben Jesu und Marias)

3. WAHRE MARIENVEREHRUNG FORDERT APOSTOLAT

An einer anderen Stelle dieses Handbuchs wird mit Nachdruck darauf hingewiesen, dass wir bei Christus nicht aussuchen und wählen dürfen: Wir können nicht den verherrlichten Christus empfangen, ohne dass gleichzeitig der leidende und verfolgte Christus in unser Leben kommt; denn es gibt nur den einen Christus, der nicht geteilt werden kann. Wir müssen ihn so annehmen, wie er ist. Wenn wir zu ihm gehen, um Frieden und Glück zu finden, entdecken wir vielleicht, dass wir uns selbst ans Kreuz genagelt haben. Die Gegensätze sind vermischt und können nicht getrennt werden: Ohne Leid kein Lohn, ohne Tränen kein Thron, ohne Galle keine Glorie, ohne Kreuz keine Krone. Wir strecken nach dem einen die Hand aus – und finden, dass uns das andere dazugegeben worden ist.

Natürlich gilt bei Unserer Lieben Frau dasselbe Gesetz. Auch sie lässt sich nicht in Teile trennen, unter denen wir aussuchen und wählen können, was uns zusagt. Wir können sie nicht in ihren Freuden begleiten, ohne zu entdecken, dass unser Herz zugleich von ihren Schmerzen zerrissen wird.

Wenn wir Maria zu uns nehmen wollen wie der Lieblingsjünger Johannes (vgl. Joh 19,27), müssen wir sie ganz und ungeteilt zu uns nehmen. Wollen wir aber nur einen Teil ihres Wesens annehmen, so werden wir sie wahrscheinlich überhaupt nicht empfangen. Es ist klar: Die Verehrung Marias bedeutet, dass man ihre ganze Persönlichkeit und ihre ganze Sendung im Blick hat und versucht, es ihr gleichzutun.

Marienverehrung darf sich nicht vorwiegend mit dem befassen, was nicht das Wichtigste ist. So ist es zum Beispiel wertvoll, in Maria unser erlesenes Vorbild zu sehen, dessen Tugenden wir uns aneignen müssen. Aber nur das tun und sonst nichts wäre sehr einseitig und sogar eine geringfügige Art von Verehrung. Es genügt auch nicht, nur zu ihr zu beten, nicht einmal, wenn man es in beträchtlichem Maß tut. Es genügt auch nicht, voll Freude die unzähligen und erstaunlichen Wege zu erkennen, auf denen sich die drei göttlichen Personen Maria mitgeteilt und anvertraut und sie befähigt haben, die göttlichen Eigenschaften widerzuspiegeln. Maria verdient alle diese Beweise der Ehrerbietung, und wir müssen sie ihr geben. Aber sie sind nicht mehr als ein Teil des Ganzen. Die Verehrung, die Maria wirklich gebührt, wird nur durch die Vereinigung mit ihr erreicht. Vereinigung mit ihr heißt notwendigerweise Lebensgemeinschaft mit ihr. Und ihr Leben besteht nicht hauptsächlich darin, Bewunderung zu beanspruchen, sondern Gnade zu vermitteln.

Ihr ganzes Leben und ihre Bestimmung ist: Mutter sein – zuerst Mutter Christi und dann Mutter der Menschen. Dafür ist sie vorbereitet und geschaffen worden, gemäß dem ewigen Ratschluss der Allerheiligsten Dreifaltigkeit, wie Augustinus sagt. Am Tag der Verkündigung begann sie ihr wunderbares Wirken und ist seither die immer tätige Mutter, die ihre Haushaltspflichten erfüllt. Für eine Zeit waren diese Pflichten auf Nazaret beschränkt, doch bald wurde das kleine Haus die ganze weite Welt, wurde die ganze Menschheit ihr Sohn. Und so ist es geblieben. Immerzu wirkt sie als Mutter und Hausfrau, und in diesem groß gewordenen Nazaret kann nichts ohne sie vollbracht werden. Alles Wirken für den Leib des Herrn ist nur eine Ergänzung ihrer Sorge; der Apostel schließt sich ihrem mütterlichen Tun nur an. In diesem Sinn könnte die Mutter Gottes sagen: „Ich bin das Apostolat", beinahe so wie sie gesagt hat: „Ich bin die Unbefleckte Empfängnis."

Diese Mutterschaft an den Seelen ist die Hauptaufgabe Marias, ja, sie ist ihr Leben. Daraus ergibt sich, dass es ohne Teilhabe an ihrer Mutterschaft keine wirkliche Vereinigung mit ihr geben kann. Sagen wir es also noch einmal: Echte Marienverehrung muss den Dienst an den Seelen einschließen. Maria ohne Mutterschaft und ein Christ ohne Apostolat: das entspräche einander. Das eine wie das andere stünde im Widerspruch zu den Absichten Gottes, es wäre unvollständig, unwirklich, inhaltslos.

Dementsprechend ist die Legion nicht – wie mitunter angenommen wird – auf zwei Grundpfeilern aufgebaut, auf Maria und auf dem Apostolat, sondern auf einem einzigen: auf Maria. In ihr ist ja das Apostolat und – richtig verstanden – das ganze christliche Leben mit eingeschlossen.

Träume sind – sprichwörtlich – Schäume, das heißt, Wunschdenken führt zu nichts. Maria unseren Dienst nur mit Worten anzubieten, kann genauso unfruchtbar sein. Man kann nicht damit rechnen, dass apostolische Aufgaben vom Himmel fallen, auf Leute, die sich damit begnügen, untätig darauf zu warten. Vielmehr ist zu befürchten, dass derart Müßige weiterhin „arbeitslos" bleiben. Die einzig wirksame Möglichkeit, uns als Apostel anzubieten, ist: mit dem Apostolat beginnen. Ist dieser Schritt getan, erfasst Maria sogleich unser Tun und fügt es ihrem eigenen mütterlichen Wirken ein.

Außerdem braucht Maria diese Hilfe. Aber diese Vermutung geht doch sicher zu weit? Wie könnte die so mächtige Jungfrau von der Hilfe so schwacher Menschen abhängig sein? Aber tatsächlich: So ist es. Es ist ein Teil der göttlichen Ordnung, die menschliche Mitarbeit fordert, und die den Menschen nicht anders als durch den Menschen rettet. Gewiss ist Marias Gnadenschatz überreich – aber ohne unsere Hilfe kann sie ihn nicht verteilen. Könnte sie ihre Macht gebrauchen, wie es allein ihr Herz wünscht – in einem Augenblick wäre die ganze Welt bekehrt. Doch Maria muss warten, bis ihr Menschen als Werkzeuge zur Verfügung stehen. Ohne diese kann sie ihre mütterliche Aufgabe nicht erfüllen, und Seelen verkümmern und gehen zugrunde.

Deshalb nimmt Maria alle mit Freuden an, die sich ihr wirklich zur Verfügung stellen wollen. Für einen jeden hat sie Verwendung, nicht nur für heilige und tüchtige Menschen, sondern ebenso für schwache und untüchtige. Sie alle werden so dringend gebraucht, dass kein einziger zurückgewiesen wird. Sogar der Geringste kann viel von der Macht Marias weitervermitteln, und durch die Besseren kann sie ihre Macht noch mehr entfalten. Es ist wie beim Sonnenlicht: Es flutet in blendender Helle durch reine Fensterscheiben und kämpft sich durch schmutziges Glas.

„Sind Jesus und Maria nicht der neue Adam und die neue Eva, die der Kreuzesbaum in Schmerz und Leid vereinte, damit die Sünde unserer Stammeltern im Paradies wieder gutgemacht wird? Jesus ist die Quelle, Maria das Strombett der Gnaden, die bewirken, dass wir im Geist neu geboren werden; sie helfen uns, unsere himmlische Heimat wieder zu gewinnen."
„Gemeinsam mit dem Herrn preisen wir sie, die er zur Mutter der Barmherzigkeit erhoben, die er zu unserer Königin, zu unserer liebevollen Mutter, zur Mittlerin seiner Gnaden, zur Ausspenderin seiner Gaben gemacht hat. Gottes Sohn verleiht seiner Mutter den Glanz seiner Herrlichkeit und Majestät und die Macht seines Königtums. Da sie mit dem König der Märtyrer als Mutter und Gehilfin beim gewaltigen Werk der Erlösung der Menschheit vereint war, bleibt sie für immer mit ihm vereint und hat praktisch unbegrenzte Macht, die Gnaden, die von der Erlösung kommen, zu verteilen. Ihr Reich ist so groß wie das ihres Sohnes; ja so sehr, dass nichts außerhalb ihrer Macht liegt." (Pius XII. Aus den Ansprachen vom 21. April 1940 und vom 13. Mai 1945)

4. HÖCHSTER EINSATZ IM DIENST MARIAS

Unter keinen Umständen darf der Geist der Abhängigkeit von Maria als Ausrede für mangelnden Einsatz oder Fehler in der Planung der Arbeit gebraucht werden. Ganz im Gegenteil: Gerade weil man so ganz mit Maria und für sie arbeitet, muss man das Beste geben, das man ihr geben kann. Man muss immer mit Energie, Geschicklichkeit und Genauigkeit arbeiten. Ab und zu findet man Fehler bei Gruppen oder einzelnen Mitgliedern, die den Eindruck erwecken, dass sie sich bei der regelmäßigen Legionsarbeit oder bei der Ausbreitung und Werbung nicht genug Mühe geben. Manchmal erhält man folgende Art Antwort: „Ich misstraue meiner eigenen Kraft. Ich verlasse mich ganz auf die Mutter Gottes. Sie wird es schon auf ihre Art fertig bringen." Diese Antwort kommt oft von ernsthaften Menschen, die ihre Untätigkeit für eine Art Tugend halten, als ob Methode und Einsatz Kleinglauben bedeuteten. Hier besteht vielleicht eine gewisse Gefahr, mit menschlichem Denken an die Dinge heranzugehen und deshalb den Schluss zu ziehen: Wenn man das Werkzeug einer einfach unermesslichen Macht ist, spielt die Intensität des eigenen Einsatzes keine so große Rolle. Vielleicht hat man ein Beispiel zur Hand: Warum sollte ein Armer, der Geschäftspartner eines Millionärs ist, sich abrackern, um noch einen Groschen beizutragen, wenn die gemeinsame Kasse schon übervoll ist?

Es ist daher notwendig, hier einen Grundsatz zu betonen, der die Einstellung des Legionärs zu seiner Arbeit bestimmen muss: Legionäre sind nicht nur Werkzeuge in der Hand Marias, es handelt sich vielmehr um eine echte Zusammenarbeit mit ihr, damit Seelen bereichert und befreit werden. In dieser Zusammenarbeit trägt jeder das bei, was der andere nicht geben kann. Der Legionär gibt seine Arbeit und seine Fähigkeiten, das heißt, er gibt alles, was er hat, und Maria gibt sich selbst mit all ihrer Reinheit und Macht. Jeder muss ohne Vorbehalt seinen Beitrag geben. Wenn der Legionär sich an den Geist dieser Partnerschaft hält, wird es Maria niemals an dem ihren fehlen lassen. Deshalb kann man sagen, dass das Schicksal eines Unternehmens gänzlich vom Legionär abhängt. Und deshalb muss er seine ganze Intelligenz und seine ganze Kraft einsetzen, ergänzt durch sorgfältige Planung und Ausdauer.

Selbst wenn man wüsste, dass Maria den ersehnten Erfolg unabhängig vom Einsatz des Legionärs geben würde, müsste dieser Einsatz in voller Stärke ausgeübt werden, genauso intensiv, wie wenn alles von ihm abhinge. Während der Legionär sich grenzenlos auf die Hilfe Marias verlässt, muss sein Einsatz immer den höchsten Grad erreichen. Seine Großmut muss genau so weit gehen wie sein Vertrauen. Diese notwendige Wechselwirkung zwischen unbegrenztem Glauben und angestrengtem, methodischem Einsatz haben die Heiligen mit den Worten ausgedrückt: Man muss so beten, als hinge alles vom Gebet und nichts vom eigenen Bemühen ab; und dann muss man sich so anstrengen, als hinge alles völlig von dieser Anstrengung ab.

Nie darf die Höhe des Einsatzes danach berechnet werden, wie schwierig eine Aufgabe eingeschätzt wird, nie darf die Überlegung sein: „Wie komme ich mit der geringsten Anstrengung ans Ziel?" Mit diesem Krämergeist bringt man es auch in weltlichen Dingen zu nichts. In übernatürlichen Angelegenheiten wird er immer versagen, denn durch ihn geht die Gnade verloren, an der das Ergebnis wirklich hängt. Außerdem ist auf menschliches Ermessen kein Verlass. Offensichtliche Unmöglichkeiten brechen oft durch eine leise Berührung zusammen; und andererseits: die Frucht, die fast erreichbar hängt, mag ständig der Hand entgleiten und schließlich von jemand anderem geerntet werden. In der geistlichen Ordnung wird die berechnende Seele immer mehr in Kleinigkeiten absinken und zuletzt in Unfruchtbarkeit enden. Das einzig sichere Mittel ist unbeschränkter Einsatz. Für jede Aufgabe, ob geringfügig oder groß, wird der Legionär höchste Mühe aufwenden. Vielleicht ist dieser Grad von Mühe nicht notwendig. Vielleicht würde eine Berührung genügen, um die Arbeit zu erfüllen. Und wäre die Erfüllung einer Aufgabe das einzige Ziel, dann hätte man recht, nur dieses bisschen Mühe anzuwenden und nicht mehr. Man wird doch nicht, wie Lord Byron sagt, die Keule des Herkules schwingen, um einen Schmetterling zu zerdrücken oder eine Mücke zu erschlagen.

Aber die Legionäre müssen zur Einsicht gebracht werden, dass sie nicht unmittelbar für Ergebnisse arbeiten. Sie arbeiten für Maria, ganz ohne Rücksicht darauf, ob eine Arbeit leicht oder schwer ist; und bei jeder Tätigkeit muss der Legionär das Beste aus sich herausholen, mag das viel oder wenig sein. Dadurch wird die volle Mitarbeit Marias verdient, so dass sogar Wunder gewirkt werden, wo sie nötig sind. Kann jemand nur wenig tun und tut er es doch mit ganzem Herzen, wird Maria ihre Macht einsetzen und dem schwachen Bemühen die Wirkung einer übermenschlichen Kraft verleihen. Hat der Legionär alles getan, was er tun konnte, und ist er trotzdem noch tausend Meilen weit vom Erfolg entfernt – Maria wird diese Entfernung überbrücken, um das gemeinsame Werk zu einem guten Abschluss zu bringen.

Selbst wenn der Legionär zehnmal soviel Anstrengung aufwendet, als nötig ist, eine Aufgabe durchzuführen, so geht doch kein Teilchen davon verloren. Arbeitet er denn nicht ausschließlich für Maria? Steht er denn nicht ganz im Dienst ihrer großen Pläne und Ziele? Maria wird den Überschuss mit Freude in Empfang nehmen, ihn vervielfachen und mit ihm schweren Nöten im Haushalt des Herrn abhelfen. Nichts geht verloren, was den Händen der sorgfältigen Hausfrau von Nazaret anvertraut ist.

Leistet der Legionär andererseits einen nur kleinlichen Beitrag, viel weniger, als man von ihm vernünftigerweise erwarten darf, dann sind Marias Hände gehindert, großzügig zu schenken. Durch seine Nachlässigkeit hat der Legionär die mit Maria eingegangene Gütergemeinschaft, die so einzigartige Möglichkeiten bietet, zunichte gemacht – welch schwerer Verlust für die Seelen und für den Legionär selbst, der so auf seine eigenen Mittel angewiesen bleibt! Deshalb ist es nutzlos, wenn er ungenügenden Einsatz oder schlampige Methoden mit der Behauptung rechtfertigt, dass er sich ganz auf Maria verlässt. Ein solches Vertrauen, das ihn dazu verführt, ihm durchaus zumutbaren Anstrengungen auszuweichen, würde eine schwächliche und unwürdige Angelegenheit sein. Er will Marias Schultern eine Last aufbürden, die seine eigenen recht gut tragen könnten. Würde je irgendein gewöhnlicher Ritter seiner Herzensdame so dienen?

Als wäre noch nichts darüber gesagt, sei noch einmal dieser wichtige Grundsatz für den Bund des Legionärs mit Maria festgehalten: Der Legionär muss das Äußerste geben, dessen er fähig ist. Der Beitrag Marias besteht nicht darin, das zu ergänzen, was er nicht geben will. Es wäre ihr nicht entsprechend, wollte sie ihrem Legionär abnehmen, was er selbst an Mühe, methodischem Planen, Geduld und Überlegung beisteuern kann und was er Gottes Gnadenhaushalt schuldet.

Maria verlangt danach, in Überfülle zu schenken, aber sie kann es nur einer großmütigen Seele gegenüber tun. Und weil sie wünscht, dass die Legionäre, ihre Kinder, reichlich aus ihrem unermesslichen Gnadenmeer schöpfen, ruft Maria sie voll Sorge mit den Worten ihres Sohnes auf zu einem Dienst „mit ganzem Herzen und ganzer Seele, mit all deinen Gedanken und all deiner Kraft" (Mk 12,30).

Maria ergänzt, was fehlt, sie läutert, sie vervollkommnet, sie hebt das Natürliche ins Übernatürliche, sie befähigt schwaches menschliches Bemühen, das zu vollenden, was ihm unmöglich ist. Das, und nur das, darf der Legionär von Maria erwarten. Nur? Hier geschieht Großes! Es kann bedeuten, dass Berge sich emporheben und ins Meer stürzen (vgl. Mt 21,21; Mk 11,23), dass Hügel sich senken und Wege geebnet werden (vgl. Lk 3,5; Jes 40,4), um ins Reich Gottes zu führen.

„Wir alle sind unnütze Knechte, aber wir dienen einem Herrn, der sehr wirtschaftlich vorgeht. Er vergeudet nichts, keinen Schweißtropfen auf unserer Stirn und keinen Tropfen seines himmlischen Taues. Welches Schicksal wird dieses Buch erwarten? Werde ich es vollenden? Darf ich das Blatt noch voll schreiben, über das meine Feder jetzt gleitet? Ich weiß es nicht. Aber was ich weiß, ist Grund genug, den Rest meiner Kraft und meiner Zeit in diese Zeilen zu legen, mag das nun viel oder wenig sein." (Frederic Ozanam)

5. DIE LEGIONÄRE SOLLEN DIE WAHRE MARIENVEREHRUNG NACH LUDWIG MARIA VON MONTFORT ÜBEN

Es ist wünschenswert, dass die Ausübung der Marienverehrung der Legionäre vervollkommnet wird, indem sie jene bestimmte Form erhält, die der heilige Ludwig Maria „Vollkommene Hingabe" oder „Sklavenschaft Marias" genannt hat. Er lehrt sie uns in den beiden Schriften: *Abhandlung über die wahre Marienverehrung* und *Das Geheimnis Marias*. (Siehe Anhang 5)

Diese Vollkommene Hingabe fordert das formale Eingehen eines Vertrags mit Maria, bei dem man sich ihr selbst ganz und gar schenkt, mit allen Gedanken, Handlungen und allem Besitz, sowohl geistlichem wie irdischem, vergangenem, gegenwärtigem und zukünftigem, ohne Rückhalt des kleinsten Bruchteils oder des geringsten Dinges. Mit einem Wort: Der Geber macht sich einem Sklaven gleich, der aus sich selbst nichts besitzt und völlig abhängig ist von Maria, ihr voll und ganz zur Verfügung steht.

Aber der Sklave eines Menschen ist viel freier als der Sklave Marias. Ersterer bleibt Herr seiner Gedanken und seines Innenlebens, und in dieser Weise mag er frei sein in allem, was ihm etwas bedeutet. Die Hingabe an Maria hingegen schließt alles mit ein: jeden Gedanken, jede Regung der Seele, die verborgenen Reichtümer, das innerste Sein. Alles, bis zum letzten Atemzug alles, übergibt man ihr, damit sie es für Gott verwendet. Es ist eine Art Martyrium, eine Opferung des eigenen Ich an Gott, und Maria ist der Altar, auf dem dieses Opfer dargebracht wird. Wie ähnlich ist es dem Opfer Christi, das gleichsam im Herzen Marias begann und bei der Darstellung im Tempel öffentlich bestätigt wurde, als sie den Sohn in ihren Armen darbrachte! Es schloss jeden Augenblick seines Lebens mit ein und wurde auf Golgota am Kreuz ihres Herzens vollbracht.

Die Vollkommene Hingabe beginnt mit einem formalen Weiheakt, doch besteht sie im Wesentlichen darin, dass diese Weihe in der Folge gelebt wird. Die wahre Hingabe darf keine einmalige Handlung bleiben, sie muss ein Zustand sein. Maria muss das ganze Leben in Besitz nehmen, nicht nur Minuten oder Stunden, sonst hat der Weiheakt – und wenn man ihn noch so oft wiederholt – nur den Wert eines vorübergehenden Gebets. Er ist wie ein Baum, der gepflanzt wurde, aber nie Wurzel fassen konnte.

Das bedeutet aber nicht, dass der Geist immer auf die Weihe fixiert bleiben muss. Wie das physische Leben vom Atmen und vom Herzschlag bestimmt wird, auch wenn diese Vorgänge nicht bewusst gesehen werden, so ist es auch mit der Vollkommenen Hingabe. Sie wirkt unaufhörlich auf das Leben der Seele ein, auch wenn man nicht darauf achtet. Es genügt, wenn die

Vorstellung, dass man Marias Eigentum ist, ab und zu belebt wird durch einen bewussten Gedanken, durch innere Akte und Stoßgebete. Voraussetzung ist, dass die Tatsache unserer Abhängigkeit von Maria dauernd anerkannt bleibt, unserem Geist wenigstens vage gegenwärtig ist und in einer umfassenden Weise in allen Umständen des Lebens wirksam wird.

Empfinden wir dabei ein Gefühl der Begeisterung, so kann das eine Hilfe sein. Fehlt es aber, so hat das keinen Einfluss auf den Wert der Hingabe. Tatsächlich machen Gefühle oft weich und unzuverlässig.

Merken wir uns das gut: Die Vollkommene Hingabe hängt nicht von Leidenschaften oder Gefühlen irgendwelcher Art ab. Sie wird sich wie jedes hochragende Gebäude manchmal im Sonnenschein erwärmen, während die tiefen Grundmauern so kalt sind wie der Fels, auf dem sie ruhen.

Vernunft ist gewöhnlich etwas Kaltes. Der beste Vorsatz kann kalt sein wie Eis. Der Glaube selber kann kühl sein wie ein Diamant. Und doch sind das die Grundpfeiler der Vollkommenen Hingabe. Auf diesem Fundament gegründet, wird die Hingabe standhalten, und Frost und Sturm, die Berge abtragen können, werden sie nur stärker machen.

Die Gnaden, die mit der Übung der Vollkommenen Hingabe verbunden sind, und die Stellung, die sie im geistlichen Leben der Kirche eingenommen hat, darf man vernünftigerweise als Hinweis werten, dass sie tatsächlich eine echte Botschaft vom Himmel darstellt; und genau das hat der heilige Ludwig Maria von Montfort von ihr behauptet. Er verband mit ihr große Verheißungen und versicherte mit Überzeugung, diese würden eingelöst, wenn die Voraussetzungen erfüllt werden, die sie bestimmen.

Und was die alltägliche Erfahrung betrifft: Sprechen wir mit denen, für die die Hingabe mehr ist als etwas Oberflächliches, und sehen wir, mit welch vollkommener Überzeugung sie davon reden, was sie ihr verdanken. Und auf die Frage, ob sie nicht vielleicht ein Opfer ihrer Gefühle oder ihrer Einbildungskraft geworden seien, werden sie immer erklären, dass davon keine Rede sein kann; die Früchte sind zu deutlich sichtbar, um einräumen zu können, man hätte sich getäuscht.

Wenn die gesamten Erfahrungen jener einen Wert haben, welche die Vollkommene Hingabe lehren, verstehen und leben, erscheint es zweifellos, dass diese Hingabe das innerliche Leben vertieft und es mit einem besonderen Charakter von Selbstlosigkeit und Reinheit der Absicht prägt. Wer sie übt, weiß sich geführt und geborgen: eine frohe Gewissheit, dass man nunmehr sein Leben auf die beste Weise nützt. Übernatürliche Einstellung, mutige Entschlossenheit, gefestigter Glaube machen den in der Hingabe Lebenden bei jeder Unternehmung zur verlässlichen Stütze. Güte und Weisheit halten die Stärke im Zaum. Und auch jene sanfte Demut findet sich ein, die alle anderen Tugenden schützt. Man erhält Gnaden, die man nur als außergewöhnlich erkennen kann. Oft wird man zu einer großen Aufgabe berufen, die offensichtlich über die eigenen Verdienste und natürlichen Talente hinausgeht. Doch dazu bekommt man so viel Hilfe, dass man diese ehrenvolle, aber schwere Bürde tragen kann, ohne zu schwanken. Mit einem Wort: Für das großzügige Opfer der Vollkommenen Hingabe, in dem man sich selbst in diese Art Sklavenschaft verkauft hat, erhält man das Hundertfache – das ist denen versprochen worden, die um der größeren Ehre Gottes willen sich selbst entäußern. Wenn wir dienen, herrschen wir; wenn wir geben, besitzen wir; wenn wir uns ergeben, sind wir Sieger.

Manche Leute scheinen ihr geistliches Leben ganz einfach auf die Frage nach eigennützigem Gewinn oder Verlust zu reduzieren. Sie sind beunruhigt bei dem Vorschlag, dass sie ihre Schätze hergeben sollten – und sei es der Mutter unserer Seelen. Zu hören ist Ähnliches wie: „Wenn ich alles Maria gebe, werde ich dann nicht in meiner Todesstunde mit leeren Händen vor meinem Richter stehen und deshalb vielleicht für lange Zeit ins Fegefeuer kommen?" Darauf antwortete jemand treffend:

„Nein, durchaus nicht, weil Maria beim Gericht zugegen ist!" Eine Antwort, die einen tiefen Gedanken enthält.

Aber der Einwand gegen den Weiheakt ist gewöhnlich weniger auf einen rein egoistischen Standpunkt zurückzuführen als auf Verwirrung. Es gibt Schwierigkeiten im Verständnis, wie es um die Angelegenheiten stehen wird, für die zu beten man verpflichtet ist – für die Familie, die Freunde, das Vaterland, den Papst usw. –, wenn man vorbehaltlos alle geistlichen Güter herschenkt. Schieben wir diese Befürchtungen beiseite! Vollziehen wir mutig den Weiheakt! Bei Unserer Lieben Frau ist alles in Sicherheit. Sie hütet sogar die Schätze Gottes selber. Sie ist imstande, die Hüterin der Angelegenheiten jener zu sein, die ihr vertrauen. Legen wir darum zusammen mit den Verdiensten unseres Lebens auch all seine Verantwortlichkeit, die Pflichten und Verbindlichkeiten in ihr großes, erhabenes Herz. In ihrer Beziehung zu jedem von uns handelt sie, als hätte sie sonst kein anderes Kind. Unsere Rettung, unsere Heiligung, unsere vielfältigen Bedürfnisse sind ihr unabänderlich gegenwärtig. Wer für ihre Anliegen betet, ist selbst ihr erstes Anliegen. Aber hier, wo man angeregt wird zum Opferbringen, ist nicht die Stelle zur Beweisfindung, dass es bei diesem Geschäft keinerlei Verlust gibt. Denn das zu beweisen, würde gerade die Grundlagen des Opfers schwächen und ihm den Opfercharakter rauben, von dem sein Wert abhängt. Es wird genügen, sich daran zu erinnern, dass einmal zehn- oder zwölftausend Menschen in der Wüste versammelt waren und Hunger hatten (vgl. Joh 6,1–14). Unter all den Tausenden hatte ein Einziger etwas zu essen mitgebracht. Was er besaß, waren insgesamt fünf Brote und zwei Fische, und er wurde aufgefordert, sie für das allgemeine Wohl hinzugeben; und er tat es bereitwillig. Dann wurden diese wenigen Brote und Fische gesegnet, in Stücke gebrochen und an die Menge verteilt. Schließlich aß die ganze große Schar, bis keiner mehr essen konnte – unter ihnen auch der eine, der die ursprünglichen fünf Brote und zwei Fische hergegeben hatte.

Und doch füllten die Reste zwölf Körbe bis zum Überfließen! Nehmen wir an, dieser eine hätte gesagt: „Was nützen denn die paar Brote und Fische für so viele? Und außerdem brauche ich sie für meine Familie, die hier ist und Hunger hat. Ich kann nichts geben!" Doch nein! Er gab, und er und seine Leute erhielten von dem wunderbaren Mahl weit mehr, als sie dazu beigetragen hatten. Und sicher hätten sie eine Art Anspruch auf die zwölf Körbe gehabt, wenn sie darauf bestanden hätten. So verhalten sich Jesus und Maria immer gegenüber einem großherzigen Menschen, der ohne Vorbehalt und bedingungslos seinen Besitz hingibt. Die Gabe reicht, um die Bedürfnisse einer großen Menge zu befriedigen. Doch die eigenen Bedürfnisse und Anliegen, die zu kurz zu kommen schienen, werden im Überfluss erfüllt, und noch immer ist die göttliche Freigebigkeit nicht erschöpft.

Eilen wir also zu Maria! Drücken wir ihr unsere armseligen Brote und Fische in die Hände – damit Jesus und seine Mutter sie vermehren können, um den Hunger von Millionen Seelen zu stillen, die in der öden Wüste dieser Welt darben.

Der Vollzug der Weihe bedeutet nicht, dass wir die Form der täglichen Gebete und Werke nun ändern müssten. Man kann die gewohnten Wege des Lebens weitergehen und wie zuvor auf seine gewöhnlichen Meinungen und für besondere Anliegen beten. Aber das alles unterwirft man von nun an dem Wohlgefallen Marias.

„Maria zeigt uns ihren göttlichen Sohn und richtet dieselbe Bitte an uns wie einst an die Diener in Kana: ‚Was er euch sagt, das tut!' (Joh 2,5) Wenn wir auf ihren Wunsch hin das fade Wasser der tausend Kleinigkeiten unseres Alltags in die Gefäße der Liebe und des Opfers gießen, dann wiederholt sich das Wunder von Kana: Das Wasser wird in wohlschmeckenden Wein verwandelt, das heißt in die erlesensten Gnaden für uns und für andere." (Cousin)

7
DER LEGIONÄR UND DIE HEILIGE DREIFALTIGKEIT

Es ist bezeichnend, dass die erste gemeinschaftliche Handlung der Legion Mariens darin bestand, sich in Anrufung und Gebet an den Heiligen Geist zu wenden und anschließend dann durch den Rosenkranz an Maria und ihren Sohn.

Ähnlich bedeutungsvoll ist die Tatsache, dass unerwartet dasselbe geschah, als einige Jahre später das Vexillum entworfen wurde. Der Heilige Geist erwies sich als vorherrschendes Merkmal dieser Standarte. Das war seltsam, denn der Entwurf war das Ergebnis künstlerischen, nicht theologischen Denkens. Man hatte ein nicht-religiöses Zeichen, die Standarte der römischen Legion, gewählt und es den Zwecken der Legion Mariens angepasst. Die Taube ersetzte den Adler; das Bildnis Unserer Lieben Frau trat an die Stelle der Abbildung des Kaisers oder Konsuls. Doch das Endergebnis zeigte den Heiligen Geist, der Maria als Weg seines Leben spendenden Einflusses auf die Welt wählt und der auch von der Legion Besitz ergriffen hat.

Als später das Bild der Tessera gemalt wurde, brachte es dieselbe geistliche Einstellung zum Ausdruck: Der Heilige Geist breitet schützend seine Flügel über die Legion. Durch seine Macht vollzieht sich der nie endende Kampf: die Jungfrau zertritt das Schlangenhaupt – ihre Scharen rücken vor zum verheißenen Sieg über die feindlichen Gewalten.

Das wird noch illustriert durch den Umstand, dass die Farbe der Legion Rot ist und nicht, wie zu erwarten wäre, Blau. Die wurde im Zusammenhang mit der Entscheidung über eine kleine Einzelheit beschlossen: bei der Auswahl der Farbe für den Heiligenschein Unserer Lieben Frau im Vexillum und auf dem Tesserabild. Man fühlte, dass die Zeichen der Legion erforderten, Unsere Liebe Frau als die vom Heiligen Geist Erfüllte darzustellen, und dies sollte angedeutet werden durch die Verwendung der Farbe des Heiligen Geistes für ihren Heiligenschein. Das brachte den weiteren Gedanken mit sich, dass Rot die Farbe der Legion sein sollte. Dieselbe Vorstellung findet sich im Bild der Tessera, das Maria als die biblische Feuersäule darstellt, leuchtend und brennend im Heiligen Geist.

Als das Legionsversprechen verfasst wurde, war es folgerichtig – obwohl es anfangs etwas Erstaunen verursachte –, dass es an den Heiligen Geist gerichtet werden sollte und nicht an die Königin der Legion. Wiederum kommt derselbe lebenswichtige Gedanke zum Ausdruck: Immer ist es der Heilige Geist, der die Welt erneuert – ja selbst die kleinste Gnade, die ein Einzelner erhält, kommt von ihm, und sein Mittel ist immer Maria. Durch das Wirken des Heiligen Geistes in Maria wird Gottes Sohn Mensch. Dadurch ist die Menschheit mit der Heiligen Dreifaltigkeit vereint, und Maria selbst steht zu jeder der drei göttlichen Personen in einer ganz bestimmten einzigartigen Beziehung. Diese dreifache Stellung Marias müssen wir zumindest erahnen – gehört ja das Verstehen der Anordnungen Gottes zu den kostbarsten Gnaden; es ist eine Gnade, die nach seinem Willen für uns nicht unerreichbar ist.

Die Heiligen betonen mit Nachdruck, dass es notwendig ist, zwischen den drei göttlichen Personen zu unterscheiden und jede so zu verehren, wie es ihr zukommt. Das Athanasianische Glaubensbekenntnis stellt diese Forderung in befehlendem und seltsam drohendem Ton, denn die Verherrlichung der Dreifaltigkeit ist das Endziel der Schöpfung und der Menschwerdung.

Aber wie kann ein so unfassbares Geheimnis auch nur annähernd erforscht werden? Gewiss einzig und allein durch göttliche Erleuchtung, aber diese Gnade darf mit Vertrauen von Maria erbeten werden, denn sie war die Erste auf Erden, der die Lehre von der Dreifaltigkeit ausdrücklich anvertraut wurde. Das geschah im bahnbrechenden Augenblick der Verkündigung. Die Heilige Dreifaltigkeit offenbarte sich Maria durch einen der höchsten Erzengel in diesen Worten: „Der Heilige Geist wird über dich kommen, und die Kraft des Höchsten wird dich überschatten. Deshalb wird auch das Kind heilig und Sohn Gottes genannt werden." (Lk 1,35)

In dieser Offenbarung werden alle drei göttlichen Personen klar unterschieden: Erstens, der Heilige Geist, von dem gesagt wird, dass er die Menschwerdung bewirkt; zweitens, der Höchste, der Vater dessen, der geboren werden soll; und drittens, das Kind, das „groß sein und Sohn des Höchsten genannt werden" wird (Lk 1,32).

Die Betrachtung der verschiedenen Beziehungen Marias zu den einzelnen göttlichen Personen hilft uns, zwischen ihnen zu unterscheiden.

Zur Zweiten Göttlichen Person hat Maria jene Beziehung, die uns am verständlichsten ist, die der Mutter. Aber ihre Mutterschaft ist von einer Nähe, einer Dauer und einer Qualität, die das normale menschliche Verhältnis unendlich übersteigt. Bei Jesus und Maria war die Vereinigung der Seelen an erster Stelle, dann kam die des Fleisches. Selbst als die Geburt Jesu sie dem Leib nach trennte, wurde ihre Vereinigung nicht unterbrochen, sondern steigerte sich in unfassbare Fülle und Verbindung – so sehr, dass die Kirche erklären kann, Maria sei nicht nur die „Gehilfin" der Zweiten Göttlichen Person, Miterlöserin im Heil und Mittlerin der Gnaden, sondern tatsächlich „ihm ähnlich".

Zum Heiligen Geist: Maria wird allgemein „Tempel" oder „Heiligtum des Heiligen Geistes" genannt, aber diese Worte reichen an die Wirklichkeit nicht genügend heran; denn der Heilige Geist hat Maria so sehr mit sich selbst vereint, dass sie durch sein Wirken an Würde gleich nach ihm kommt. Maria ist so tief hineingenommen in den Heiligen Geist, so geeint mit ihm, so beseelt von ihm, dass er wie die Seele ihrer Seele ist. Sie ist nicht nur ein Werkzeug und nicht nur der Weg seines Wirkens; sie ist ihm eine verständige und wissende Mitarbeiterin – in so hohem Grad, dass, wenn sie wirkt, auch er es ist, der wirkt, und wenn ihr Eingreifen nicht angenommen wird, dann auch das seine nicht.

Der Heilige Geist ist Liebe, Schönheit, Macht, Weisheit, Reinheit und alles andere, was Gott eigen ist. Wenn er in Fülle herabkommt, kann jedes Bedürfnis erfüllt und das schwierigste Problem in Übereinstimmung mit Gottes Willen gebracht werden. Wer so den Heiligen Geist zu seinem Helfer macht, tritt in den Strom der Allmacht ein. Wenn eine der Bedingungen, ihn so herabzuziehen, das Verständnis der Beziehung Unserer Lieben Frau zu ihm ist, so ist eine andere lebenswichtige Bedingung die, dass wir den Heiligen Geist selbst mit seiner ihm eigenen Sendung uns gegenüber als eine reale, selbständige göttliche Person anerkennen. Dieses Verständnis für ihn kann aber nur Bestand haben, wenn man ihm entsprechend oft die Gedanken zuwendet. Jeder Akt der Verehrung der seligen Jungfrau kann zu einem weit geöffneten Weg zum Heiligen Geist werden, wenn dieser Blick auf ihn hin darin enthalten ist. Vor allem können die Legionäre den Rosenkranz auf diese Weise beten. Der Rosenkranz bildet eine der wichtigsten Formen der Verehrung des Heiligen Geistes, nicht nur, weil er das Hauptgebet an Maria ist, sondern auch, weil in den fünfzehn Geheimnissen jene bedeutsamsten Begebenheiten verehrt werden, in denen der Heilige Geist in das Erlösungsgeschehen eingegriffen hat.

Zum Ewigen Vater steht Maria in einer Beziehung, die man für gewöhnlich als die einer Tochter bezeichnet. Dieser Titel soll ausdrücken:

a) ihre Stellung als „das erste aller Geschöpfe: das würdigste Kind Gottes, ihm am nächsten und am liebsten" (Kardinal Newman);
b) die Fülle ihrer Vereinigung mit Jesus Christus, durch die Maria in eine neue Beziehung zum Vater tritt – „als Mutter Gottes erhält Maria eine gewisse Gemeinschaft mit dem Vater." *(Lépicier)* und nun mit Recht in geheimnisvollem Sinn „Tochter des Vaters" genannt wird;
c) die außergewöhnliche Ähnlichkeit mit dem Vater, die sie befähigt hat, das immerwährende, von diesem liebenden Vater ausgehende Licht in die Welt auszugießen.

Aber die Bezeichnung „Tochter" zeigt uns vielleicht nicht klar genug den Einfluss, den ihre Beziehung zum Vater auf uns ausübt, die wir seine Kinder und ihre Kinder sind. „Er hat Maria seine eigene Fruchtbarkeit mitgeteilt – insoweit ein einfaches Geschöpf sie empfangen kann –, um ihr das Vermögen zu schenken, seinen Sohn und alle Glieder des mystischen Leibes hervorzubringen." (Montfort, *Abhandlung über die wahre Marienverehrung*, 17) Ihre Beziehung zum Vater ist ein grundlegendes, stets gegenwärtiges Element, wenn Leben in eine Seele einströmt. Gott verlangt, dass alles, was er dem Menschen gibt, in Anerkennung und Mitarbeit Widerhall findet. Deshalb muss diese Leben spendende Vereinigung des Vaters mit Maria Gegenstand unserer Betrachtung werden. Daher wird vorgeschlagen, beim Vaterunser, das die Legionäre so oft beten, vor allem diese Intention zu bedenken. Jesus Christus, unser Herr, hat dieses Gebet verfasst, und deshalb bittet es auf die beste Art um die rechten Dinge. Aufmerksam und im Geist der katholischen Kirche gesprochen, muss es diesen Zweck vollkommen erfüllen: den Ewigen Vater zu verherrlichen und seine stets fließende Gabe dankbar anzuerkennen, die durch Maria zu uns kommt.

„Zum Beweis für die Abhängigkeit, in der wir von Maria leben sollen, erinnere ich an das, was ich oben gesagt habe (14-39), als ich von dem Beispiel sprach, das uns der Vater, der Sohn und der Heilige Geist für diese Abhängigkeit geben. Der Vater schenkte und schenkt seinen Sohn nur durch Maria, er schafft sich nur durch sie Kinder, und nur durch sie teilt er seine Gnaden mit.
Gott Sohn ist für alle Menschen insgesamt nur durch Maria gebildet worden, er wird jeden Tag nur durch sie in Verbindung mit dem Heiligen Geist gebildet und hervorgebracht. Er teilt seine Verdienste und Tugenden nur durch sie mit. Der Heilige Geist hat Jesus Christus nur durch Maria gebildet, er bildet die Glieder des mystischen Leibes nur durch sie, und nur durch sie teilt er seine Gaben und Gnaden aus. Angesichts dieser zahlreichen und beeindruckenden Beispiele der drei göttlichen Personen, können wir da ohne äußerste Blindheit an Maria vorbeigehen? Können wir darauf verzichten, uns ihr zu weihen und von ihr abhängig zu sein, um zu Gott zu gelangen, um uns Gott zu weihen?"
(Montfort, Abhandlung über die wahre Marienverehrung, 140)

8
DER LEGIONÄR UND DIE HEILIGE EUCHARISTIE

1. DIE HEILIGE MESSE

Es wurde bereits eindringlich darauf hingewiesen, dass die Heiligkeit des Legionärs von grundlegender Wichtigkeit für die Legion ist. Sie ist jedoch auch das wichtigste Mittel der Tätigkeit: Nur in dem Maß, in dem der Legionär selbst von Gnade erfüllt ist, kann er zum Weg der Gnade für andere werden. Deshalb steht am Beginn der Mitgliedschaft in der Legion die Bitte des Legionärs, durch Maria vom Heiligen Geist erfüllt und Werkzeug seiner Macht zu werden, die das Antlitz der Erde erneuern wird.

Die Gnaden, die der Legionär hier erbittet, strömen uns alle aus dem Opfer Jesu Christi auf Kalvaria zu. Durch die heilige Messe bleibt das Kreuzesopfer unter den Menschen gegenwärtig. Die Messe ist nicht bloß eine symbolische Darstellung des Vergangenen, sondern macht jene höchste Tat, die unser Herr auf Golgota vollbracht und durch die er die Welt erlöst hat, wirklich und wahrhaftig in unserer Mitte gegenwärtig. Das Kreuz war nicht wertvoller als die Messe, weil beide ein und dasselbe Opfer sind; die Allmacht Gottes hebt dabei Zeit und Raum auf. Es ist derselbe Priester und dasselbe Opfer, nur der Schauplatz ist ein anderer. Die Messe enthält alles, was Christus Gott geopfert, und alles, was er für die Menschen erlangt hat; und das Opfer der Gläubigen, die die heilige Messe mitfeiern, wird eins mit dem erhabenen Opfer Christi.

Deshalb muss der Legionär zur Messe seine Zuflucht nehmen, wenn er will, dass ihm selbst und anderen die Erlösungsgnaden in reichem Maß zufließen. Die unterschiedlichen Möglichkeiten und Umstände sind der Grund, warum die Legion ihren Mitgliedern in diesem Punkt keine Verpflichtung auferlegt. Doch in ihrer Sorge um die Legionäre und deren Apostolat bittet und drängt die Legion jeden Einzelnen, häufig – wenn nur irgend möglich jeden Tag – die heilige Messe mitzufeiern und dabei die heilige Kommunion zu empfangen.

Die Legionäre handeln in allem in Vereinigung mit Maria. Das gilt ganz besonders für ihre Mitfeier der Eucharistie.

„Die beiden Teile, aus denen die Messe gewissermaßen besteht, nämlich Wortgottesdienst und Eucharistiefeier, sind so eng miteinander verbunden, dass sie einen einzigen Kultakt ausmachen." (SC 56) So sollen die Christen „die heilige Handlung bewusst (...) mitfeiern, sich durch das Wort Gottes formen lassen und am Tisch des Herrenleibes Stärkung finden" (SC 48).

„Im Messopfer wird an das Kreuzesopfer Christi nicht bloß in sinnbildlicher Form erinnert. Das Opfer von Golgota tritt vielmehr nach seinem überzeitlichen Wirklichkeitsgehalt in die unmittelbare Gegenwart. Raum und Zeit sind dahin. Derselbe Jesus ist hier, der am Kreuze starb. Die ganze Gemeinde vereinigt sich mit seinem heiligen Opferwillen und weiht sich durch den gegenwärtigen Jesus dem himmlischen Vater als lebendiges Opfer. So ist die heilige Messe ein erschütterndes Wirklichkeitserlebnis, das Erlebnis der Wirklichkeit von Golgota. Und ein Strom von Reue und Buße, von Liebe und Andacht, von Opfergeist und Heldenmut geht vom Altar aus durch die betende Gemeinde." (Karl Adam, Das Wesen des Katholizismus, 13. Auflage, S. 277)

2. DER WORTGOTTESDIENST

Die Messe ist vor allem eine Feier des Glaubens, nämlich jenes Glaubens, der durch das Hören des Wortes Gottes in uns geboren und genährt wird. Wir rufen hier die Worte der Allgemeinen Einführung in das Römische Messbuch in Erinnerung (9): „Wann immer in der Kirche die Heilige Schrift gelesen wird, spricht Gott selbst zu seinem Volk, und verkündet Christus, gegenwärtig in seinem Wort, die Frohbotschaft. Daher sind die Lesungen des Wortes Gottes eines der wichtigsten Elemente der Liturgie und von allen mit Ehrfurcht aufzunehmen." Von großer Bedeutung ist auch die Predigt. Sie ist ein notwendiger Bestandteil der Messe an Sonn- und Feiertagen, an anderen Tagen ist es wünschenswert, dass eine Predigt gehalten wird. In ihr erklärt der Prediger die Heilige Schrift im Licht der Lehre der Kirche, um den Glauben in den Anwesenden aufzubauen.

Bei der Teilnahme am Wortgottesdienst ist Unsere Liebe Frau unser Vorbild, denn sie ist „die hörende Jungfrau, die das Wort im Glauben aufnimmt; mit einem Glauben, der für sie die Voraussetzung und der Weg zur göttlichen Mutterschaft war" (MCul 17).

3. DIE EUCHARISTIEFEIER IN VEREINIGUNG MIT MARIA

Unser Herr Jesus Christus begann sein Erlösungswerk nicht ohne die Zustimmung Marias, die feierlich erbeten und in Freiheit gegeben wurde. Genauso hat er es auf Kalvaria nicht ohne ihre Gegenwart und ihre Zustimmung vollendet. „Durch die Teilnahme an den Leiden und der Liebe Christi verdiente Maria, dass auch sie mit Recht die Wiederherstellerin der verlorenen Menschheit wurde, und deshalb auch zur Ausspenderin aller Gnadenschätze, die Christus durch seinen Tod und sein Blut erkaufte, eingesetzt wurde." (AD 9) Auf Golgota stand Maria als Vertreterin der ganzen Menschheit beim Kreuz Christi; und bei jeder Messe vollzieht sich das Opfer unseres Erlösers unter denselben Bedingungen. Maria steht beim Altar, wie sie beim Kreuz stand. Sie ist hier, und wie immer wirkt sie mit Jesus zusammen – die Frau, die der Schlange den Kopf zertritt, wie von Anfang an vorhergesagt worden ist (vgl. Gen 3,15). Wer die heilige Messe richtig mitfeiert, wird daher auch für Maria liebevolle Aufmerksamkeit haben.

Mit Maria standen auch Vertreter einer Legion auf Golgota: der Hauptmann und seine Leute. Sie spielten bei der Darbringung des Opfers eine traurige Rolle; sie wussten freilich nicht, dass sie den Herrn der Herrlichkeit ans Kreuz schlugen (vgl. 1 Kor 2,8). Und das Wunder geschah: Die Gnade brach mit aller Kraft über sie herein! „Schau und begreife, wie durchdringend das Auge des Glaubens ist", sagt der heilige Bernhard. „Betrachte aufmerksam, wie scharf es ist: Auf Golgota befähigte es den Hauptmann, im Tod Leben zu sehen und im Atem eines Sterbenden den höchsten Geist zu erkennen." Die Legionäre schauten auf ihr totes und entstelltes Opfer und erklärten: „Wahrhaftig, das war Gottes Sohn!" (Mt 27,54)

Die Bekehrung dieser kriegerischen, rauen Männer war die sofortige und ganz unerwartete Frucht des Gebetes Marias. Es waren seltsame Kinder, diese ersten, die der Mutter der Menschen auf Golgota geschenkt wurden, doch durch sie wird Maria wohl damals den Namen „Legionär" für immer lieb gewonnen haben. Wer kann da bezweifeln, dass sie ihre eigenen Legionäre – die ja wollen, was sie will, und an ihrer Aufgabe als Gehilfin ihres Sohnes teilhaben – um sich sammeln wird, wenn sie zur täglichen Messe kommen? Wer wird bezweifeln, dass sie ihnen die klaren Augen des Glaubens und ihr eigenes überströmendes Herz schenken wird, so dass sie ganz tief in die Fortdauer des erhabenen Opfers von Kalvaria hineingenommen werden und daraus ungeahnten Gewinn ziehen?

Wenn sie den Sohn Gottes emporgehoben sehen, vereinen sie sich mit ihm zu einer einzigen Opfergabe. Die heilige Messe ist sowohl ihr Opfer als auch sein Opfer. Dann sollten sie seinen anbetungswürdigen Leib empfangen. Um die Gnadenfrucht des göttlichen Opfers in Fülle zu erlangen, ist es notwendig, mit dem Priester am Fleisch des Opferlammes teilzuhaben.

Die Legionäre werden die unerlässliche Teilhabe Marias, der neuen Eva, in diesen heiligen Geheimnissen verstehen: eine Teilhabe solcher Art, dass, „als ihr geliebter Sohn auf dem Altar des Kreuzes die Erlösung der Menschheit vollbrachte, sie bei ihm stand, mit ihm litt und mit ihm erlöste" (Papst Pius XI.). Und Maria bleibt bei ihren Legionären, wenn sie das Gotteshaus verlassen; sie gibt ihnen Anteil an ihrer Gnadenverwaltung, so dass jedem, den sie treffen und für den sie arbeiten, die unendlichen Gnaden der Erlösung überreich zuteil werden,

„Diese ihre Mutterschaft wird vom christlichen Volk in besonderer Weise wahrgenommen und erlebt bei der *heiligen Eucharistie*, bei der liturgischen Feier des Erlösungsgeheimnisses, in der Christus mit seinem *wahren, aus der Jungfrau Maria geborenen Leib gegenwärtig wird.*

Zu Recht hat das christliche Volk in seiner Frömmigkeit immer eine *tiefe Verbindung* zwischen der Verehrung der heiligen Jungfrau und dem Kult der Eucharistie gesehen: Dies ist eine Tatsache, die in der westlichen wie östlichen Liturgie, in der Tradition der Ordensgemeinschaften, in der Spiritualität heutiger religiöser Bewegungen, auch unter der Jugend, und in der Pastoral der marianischen Wallfahrtsorte ersichtlich ist. *Maria führt die Gläubigen zur Eucharistie."* (RMat 44)

4. DIE EUCHARISTIE – UNSER GNADENSCHATZ

Die heilige Eucharistie ist Mittelpunkt und Quelle der Gnade. Deshalb muss sie im Legionssystem die Schlüsselstellung schlechthin innehaben. Der eifrigste Einsatz wird nichts Wertvolles zustande bringen, wenn der Legionär nur einen Augenblick lang das Hauptziel aus den Augen verliert: in allen Herzen das Reich der Eucharistie aufzurichten. Wenn das aber geschieht, ist das Ziel der Menschwerdung Jesu erreicht. Er selbst wollte sich den Menschen mitteilen, um sie ganz mit sich zu einen. Dieses Mitteilen Jesu geschieht vor allem anderen in der heiligen Eucharistie. „Ich bin das lebendige Brot, das vom Himmel herabgekommen ist", sagt Jesus. „Wer von diesem Brot isst, wird in Ewigkeit leben. Das Brot, das ich geben werde, ist mein Fleisch für das Leben der Welt." (Joh 6,51)

Die heilige Eucharistie ist das unendliche Gut. In diesem Sakrament ist Jesus selbst so gegenwärtig wie im Heim von Nazaret oder im Abendmahlsaal in Jerusalem. Die heilige Eucharistie ist nicht nur ein Sinnbild Christi, nicht nur ein Werkzeug seiner Macht, sondern Jesus Christus selbst, in seiner ganzen Person. Und deshalb fand seine Mutter, die ihn empfangen, geboren und ernährt hatte, „in der anbetungswürdigen Hostie die gebenedeite Frucht ihres Leibes wieder und durfte in der Vereinigung mit der sakramentalen Gegenwart ihres Sohnes aufs Neue die glücklichen Tage von Betlehem und Nazaret durchleben" (Hl. Peter Julian Eymard).

Viele, die in Jesus nur einen gottbegnadeten Menschen sehen, achten ihn und ahmen ihn nach. Würden sie mehr in ihm sehen, dann würden sie ihm auch mehr geben. Was hat er aber von denen zu erwarten, die im Glauben seine Hausgenossen sind (vgl. Eph 2,19)? Es gibt keine Entschuldigung für Katholiken, die zwar glauben, aber ihren Glauben nicht leben. Diesen Jesus, den die anderen bewundern – die Katholiken besitzen ihn: Für alle Zeit lebt er in der heiligen Eucharistie. Sie haben freien Zutritt zu ihm. Ihn können und sollten sie täglich empfangen als die Nahrung ihrer Seele.

Wenn man all das bedenkt, dann sieht man ein, wie traurig es ist, dass ein so großzügiges Erbe missachtet wird: Menschen, die an die Eucharistie glauben, lassen sich trotzdem von Sünde und Gedankenlosigkeit um etwas bringen, was für ihre Seele lebensnotwendig ist – um das Gut, das unser Herr ihnen vom ersten Augenblick seines Erdenlebens an schenken wollte. Schon als neugeborenes Kind in Betlehem (Betlehem bedeutet „Haus des Brotes") lag er auf dem Stroh: er, der göttliche Weizen, der bestimmt war, zum himmlischen Brot zu werden, das in seinem mystischen Leib die Menschen mit ihm und miteinander eint.

Maria ist die Mutter des mystischen Leibes. Wie sie sich einst mühte, für ihr Kind zu sorgen, so sehnt sie sich jetzt danach, den mystischen Leib zu nähren, dessen Mutter sie ja nicht weniger ist. Welchen Schmerz muss es ihr bereiten, dass ihr Kind in seinem mystischen Leib hungert, sogar vor Hunger stirbt, weil nur wenige mit dem göttlichen Brot so genährt werden, wie sie es sollten, so viele es überhaupt nicht empfangen! Wer an der Muttersorge Marias für das Heil der Menschen teilhaben will, muss auch ihre schmerzvolle mütterliche Sorge teilen, muss sich bemühen, in Vereinigung mit ihr den Hunger des Leibes Christi zu stillen. Was immer wir in der Legion tun, wir müssen alles dazu benützen, die Menschen das Allerheiligste Sakrament kennen und lieben zu lehren, und wir müssen Sünde und Gleichgültigkeit überwinden: sie trennen ja die Menschen von ihm. Jede heilige Kommunion, die vermittelt wird, ist wahrhaft ein unermesslicher Gewinn! Durch den einzelnen ernährt sie den ganzen mystischen Leib Christi und bewirkt, dass er heranwächst, dass seine Weisheit zunimmt und dass er Gefallen findet bei Gott und den Menschen (vgl. Lk 2,52).

„Diese Vereinigung der Mutter mit dem Sohne beim Werk der Erlösung erreicht ihren Höhepunkt auf dem Kalvarienberg, wo Christus, 'sich selbst als makelloses Opfer Gott darbrachte' (Hebr 9,14) und wo Maria beim Kreuze stand (vgl. Joh 19,25), 'indem sie tief mit ihrem Eingeborenen litt und sich in mütterlicher Liebe mit seinem Opfertod verband in liebender Zustimmung zum Tod des Opferlammes, das sie geboren hatte' und es auch ihrerseits dem Ewigen Vater darbrachte. Um das Kreuzesopfer durch die Jahrhunderte fortzusetzen, setzte der göttliche Heiland das eucharistische Opfer ein, Denkmal seines Todes und seiner Auferstehung, und vertraute es der Kirche, seiner Braut, an, die vor allem am Sonntag die Gläubigen zusammenruft zur Feier der Auferstehung des Herrn, bis er wiederkommt. Dies vollzieht die Kirche in Gemeinschaft mit den Heiligen des Himmels und besonders mit der Seligsten Jungfrau, deren tiefe Liebe und unerschütterlichen Glauben sie zum Vorbild nimmt." (MCul 20)

9
DER LEGIONÄR UND DER MYSTISCHE LEIB CHRISTI

1. DER LEGIONSDIENST BERUHT AUF DER LEHRE VOM MYSTISCHEN LEIB CHRISTI

Beim allerersten Treffen wurde der übernatürliche Charakter des Dienstes betont, den die Legionäre auf sich nehmen würden. Freundlich und liebenswürdig sollten sie zu anderen Kontakt suchen – aber nicht aus rein natürlichen Beweggründen. In jedem, dem sie einen Dienst erwiesen, sollten sie die Person Jesu Christi selbst sehen. Sie sollten immer daran denken, dass alles, was sie anderen tun – und wären es die Schwächsten und Niedrigsten –, unserem Herrn selbst getan ist. Er hat ja gesagt: „Amen, ich sage euch: Was ihr für einen meiner geringsten Brüder getan habt, das habt ihr mir getan." (Mt 25,40)

So wie es beim ersten Treffen war, so ist es immer geblieben. Man hat keine Mühe gespart, um den Legionären begreiflich zu machen, dass dieser Beweggrund das Fundament ihres Dienstes sein soll und dass ebenso die Disziplin und innere Harmonie der Legion in erster Linie auf diesem Grundsatz beruhen. In ihren Amtsträgern und in jedem anderen müssen sie Christus selbst sehen und ehren. Um sicher zu gehen, dass diese umwandelnde Wahrheit dem Gedächtnis der Mitglieder eingeprägt bleibt, hat man sie in die Regelmäßige Unterweisung aufgenommen, die jeden Monat bei der Zusammenkunft des Präsidiums verlesen wird. Diese Regelmäßige Unterweisung betont zudem noch einen anderen Legionsgrundsatz: Die Arbeit muss in solchem Geist der Vereinigung mit Maria getan werden, dass in Wirklichkeit durch den Legionär Maria selbst sie leistet.

Diese Grundsätze, auf denen das System der Legion aufbaut, sind eine Folge der Lehre vom mystischen Leib Christi. Sie ist das Hauptthema der Paulusbriefe. Das ist nicht überraschend, hatte er sich doch bekehrt, weil diese Lehre ihm vor Augen geführt wurde: Licht vom Himmel umstrahlte ihn, geblendet stürzte der große Christenverfolger zu Boden, und dann vernahm er jene überwältigenden Worte: „Saul, Saul, warum verfolgst du mich?" Paulus fragte: „Wer bist du, Herr?" Und Jesus sagte: „Ich bin Jesus, den du verfolgst." (vgl. Apg 9,3–5) Kein Wunder, dass sich diese Worte dem Herzen des Apostels so tief einbrannten, dass er ihre Wahrheit immerzu in Wort und Schrift verkünden musste.

Der heilige Paulus vergleicht die Einheit zwischen Christus und den Getauften mit der Einheit zwischen dem Haupt und den Gliedern des menschlichen Körpers. Jedes Glied hat seinen eigenen bestimmten Zweck und seine besondere Aufgabe. Einige Glieder sind edel, andere sind es weniger; aber alle sind aufeinander angewiesen und alle sind beseelt von demselben Leben. Versagt ein Glied, so ist das für alle ein Verlust, so wie alle Gewinn davon haben, wenn eines hohe Leistung erbringt.

Die Kirche ist der mystische Leib Christi und wird von ihm erfüllt (vgl. Eph 1,23). Christus ist ihr Haupt, der wichtigste, unentbehrliche und vollendete Teil des Leibes, von dem alle seine anderen Glieder Kraft, ja ihr eigentliches Leben erhalten. In der Taufe werden wir Christus durch das denkbar innigste Band angegliedert. Deshalb muss man begreifen, dass „mystisch" nicht „unwirklich" heißt. Die Heilige Schrift drückt das mit aller Deutlichkeit aus: „... wir sind Glieder seines Leibes" (Eph 5,30). Zwischen den Gliedern und dem Haupt und zwischen den Gliedern untereinander besteht die heilige Verpflichtung zur Liebe und zum Dienst (vgl. 1 Joh 4,15–21). Das Bild des menschlichen Körpers verhilft zu einer lebendigen Vorstellung von dieser Verpflichtung, und das ist der halbe Weg zu ihrer Erfüllung.

Diese Wahrheit ist die zentrale Lehre des Christentums genannt worden. Das ganze übernatürliche Leben, alle Gnaden, die dem Menschen verliehen werden, sind ja Frucht der Erlösung. Die Erlösung selbst beruht auf der Tatsache, dass Christus und die Kirche miteinander eine einzige mystische Person bilden, so dass die Sühneleistung Christi, des Hauptes, die unendlichen Verdienste seines Leidens allen seinen Gliedern, allen Gläubigen, gehören. Deshalb konnte Christus für den Menschen leiden und Genugtuung leisten für Sünden, die er selbst nicht begangen hatte. „Christus ist das Haupt der Kirche, er hat sie gerettet, denn sie ist sein Leib." (vgl. Eph 5,23) Das Handeln seines mystischen Leibes ist das Handeln Christi selbst. Die Gläubigen sind ihm eingegliedert und leben, leiden und sterben in ihm und erstehen in seiner Auferstehung. Die Taufe heiligt ja nur deshalb, weil sie zwischen Christus und der Seele diese lebensnotwendige Verbindung herstellt, durch die die Heiligkeit des Hauptes in die Glieder strömt. Die anderen Sakramente, ganz besonders die allerheiligste Eucharistie, sind eingesetzt, um die Einheit des mystischen Leibes mit seinem Haupt zu stärken. Diese Einheit wird aber auch mit jedem Akt des Glaubens und der Liebe vertieft, durch das Band von Leitung und gegenseitigem Dienst innerhalb der Kirche, durch Mühsal und Leid, die im rechten Geist getragen werden, und im allgemeinen durch jeden Akt des christlichen Lebens. Das alles wird besonders wirksam werden, wenn die Seele in bewusster Übereinstimmung mit Maria handelt.

Maria stellt ein hervorragendes Band der Einheit dar, ist sie doch Mutter sowohl des Hauptes als auch der Glieder. „Denn wir sind Glieder seines Leibes" (Eph 5,30), und deshalb sind wir – in der gleichen Wirklichkeit und Fülle – Kinder seiner Mutter Maria. Das Leben Marias hat nur den einen Sinn: den ganzen Christus zu empfangen und zu gebären, das heißt den mystischen Leib, vollkommen mit all seinen Gliedern, in rechter Weise zusammengefügt und eins mit seinem Haupt Jesus Christus (vgl. Eph 4,15–16). Maria bewirkt das in Mitarbeit mit dem Heiligen Geist und in seiner Kraft; er ist ja Leben und Seele des mystischen Leibes. Im Schoß Marias und ihrer mütterlichen Sorge anvertraut, wächst die Seele allmählich in Christus, bis sie ihn darstellt „in seiner vollendeten Gestalt" (vgl. Eph 4,13–15).

„Im Erlösungsplan Gottes spielt Maria eine hervorragende Rolle, ganz verschieden von allen anderen. Sie nimmt unter den Gliedern des mystischen Leibes eine besondere Stellung ein, die erste nach dem Haupt. In diesem göttlichen Organismus des ganzen Christus erfüllt Maria eine Aufgabe, die mit dem Leben des gesamten Leibes aufs engste verbunden ist: Sie ist das Herz ... In Anlehnung an den heiligen Bernhard vergleicht man die Stellung Marias im mystischen Leib gerne mit dem Hals, weil dieser den Körper mit dem Haupt verbindet. Dieser Vergleich zeigt recht gut die allgemeine Mittlerschaft Marias zwischen Haupt und Gliedern. Dennoch bringt der Hals nicht so deutlich wie das Herz zum Ausdruck, wie wichtig der Einfluss Marias ist, wie mächtig sie ist – die Zweite gleich nach Gott in ihrem Einfluss auf das übernatürliche Leben der Menschen. Der Hals ist ja nur ein Bindeglied. Er ruft nicht Leben hervor und er beeinflusst das Leben nicht. Das Herz hingegen ist das Sammelbecken des Lebens, das die Fülle des Reichtums in sich aufnimmt und an die Glieder ausspendet." (Mura, Le Corps Mystique du Christ)

2. MARIA UND DER MYSTISCHE LEIB

Maria hat den menschlichen Leib ihres göttlichen Sohnes genährt, gepflegt und geliebt. Dieselben Dienste erweist sie auch heute noch jedem Glied seines mystischen Leibes, dem geringsten wie dem angesehensten seiner Brüder. Wenn „die Glieder einträchtig füreinander sorgen" (vgl. 1 Kor 12,25), tun sie das nicht unabhängig von Maria, nicht einmal dann, wenn sie aus Gedankenlosigkeit oder aus Unwissenheit die Gegenwart Marias nicht erkennen. Sie fügen nur ihr eigenes Bemühen dem Bemühen Marias hinzu: Es ist schon ihr Werk, und sie vollbringt es in einzigartiger Weise von der Verkündigung des Herrn an bis heute. Deshalb ist es nicht so, dass die Legionäre Maria dazu bringen, ihnen bei ihrem Dienst an den anderen Gliedern des mystischen Leibes zu helfen. Sie ist es, die die Legionäre auffordert, ihr zur Seite zu stehen. Da dieser Dienst Marias besondere und ureigene Aufgabe ist, kann niemand daran teilnehmen ohne ihre wohlwollende Erlaubnis. Diejenigen, die versuchen, ihren Nächsten zu dienen, jedoch die Stellung und Vorrechte Marias schmälern wollen, sollten die logischen Konsequenzen der Lehre vom mystischen Leib bedenken. Noch mehr aber müsste diese Lehre jenen zu denken geben, die sich zwar zur Heiligen Schrift bekennen, aber gleichzeitig die Mutter Gottes ignorieren oder sie herabsetzen. Diese Menschen sollten sich erinnern, dass Christus seine Mutter geliebt hat und ihr gehorsam war (vgl. Lk 2,51) und dass sein Beispiel für die Glieder seines mystischen Leibes bindend ist. „Ehre deine Mutter" (vgl. Ex 20,12). Das Gebot Gottes verpflichtet uns, Maria unsere Kindesliebe zu schenken. Alle Geschlechter müssen diese Mutter selig preisen (vgl. Lk 1,48).

Niemand kann überhaupt versuchen, seinem Nächsten zu dienen, ohne dass Maria beteiligt ist. Ähnlicherweise kann niemand diese Pflicht angemessen erfüllen, ohne in einem gewissen Ausmaß auf Marias Absichten einzugehen. Daraus folgt: Je enger die Vereinigung mit Maria, desto vollkommener die Erfüllung des göttlichen Gebotes, Gott zu lieben und dem Nächsten zu dienen (vgl. 1 Joh 4,19–21).

Andere führen, trösten, unterweisen – das ist die besondere Aufgabe der Legionäre im mystischen Leib. Diese Aufgabe kann man nicht richtig erfüllen, ohne die Kirche als den mystischen Leib Christi zu erkennen. Die Kirche, ihre Stellung und ihre Vorrechte, ihre Einheit, ihre Autorität, ihr Wachstum, ihr Leiden, ihre Wunder, ihre Siege, die Gnadenvermittlung und die Sündenvergebung, das alles kann man nur richtig einschätzen, wenn man versteht, dass Christus in der Kirche lebt und durch sie seine Sendung fortführt. In der Kirche vollzieht sich wiederum das Leben Christi, und zwar alle Phasen seines Lebens.

Jedes Glied der Kirche wird von Christus, dem Haupt, aufgerufen, seine Aufgabe im Wirken des mystischen Leibes zu erfüllen. „Jesus Christus – so lesen wir in der Konstitution *Lumen Gentium* – hat, ‚indem er nämlich seinen Geist mitteilte, ... seine Brüder, die er aus allen Völkern zusammenrief, in geheimnisvoller Weise gleichsam zu seinem Leib gemacht. In jenem Leibe strömt Christi Leben auf die Gläubigen über. ... Wie aber alle Glieder des menschlichen Leibes, obschon sie viele sind, dennoch den einen Leib ausmachen, so auch die Gläubigen in Christus (vgl. 1 Kor 12,12). Auch bei der Auferbauung des Leibes Christi waltet die Verschiedenheit der Glieder und der Aufgaben' (LG 7). ... Der Geist des Herrn schenkt ... vielfältige Charismen, er lädt ... zu verschiedenen Diensten und Aufgaben ein" (CL 20).

Um zu begreifen, welche Art des Dienstes für die Legionäre im mystischen Leib charakteristisch sein soll, schauen wir auf Unsere Liebe Frau. Sie wurde als sein Herz bezeichnet. Ihre Rolle ist es, wie die des Herzens im menschlichen Körper, das Blut Christi durch die Arterien und Venen des mystischen Leibes strömen zu lassen, was Leben und Wachstum bringt. Vor allem ist es ein Werk der Liebe. Wenn nun die Legionäre ihr Apostolat in Vereinigung mit Maria ausführen, sind sie auch dazu berufen, mit ihr eins zu sein in ihrer lebenswichtigen Aufgabe als Herz des mystischen Leibes.

„Das Auge kann nicht zur Hand sagen: Ich bin nicht auf dich angewiesen. Der Kopf kann nicht zu den Füßen sagen: Ich brauche euch nicht." (1 Kor 12,21) Dieses Wort muss den Legionär die Wichtigkeit seines Apostolats lehren. Er ist ein Leib mit Christus und von Christus abhängig. Das gilt aber auch umgekehrt: Christus, das Haupt dieses Leibes, ist gleichfalls in einem wahren Sinn auf ihn angewiesen, so dass auch Christus, unser Herr, zum Legionär sagen muss: „Ich brauche deine Hilfe bei meinem Werk, die Seelen zu retten und zu heiligen." Auf diese Abhängigkeit des Hauptes vom Leib spielt Paulus an, wenn er sagt, er ergänze in seinem irdischen Leben, was an den Leiden Christi noch fehlt (vgl. Kol 1,24). Dieser treffende Ausdruck besagt nicht, dass am Werk Christi etwas irgendwie unvollkommen war, sondern unterstreicht ganz einfach den Grundsatz, dass jedes Glied des Leibes sich so sehr um sein und der anderen Heil mühen muss, wie es das nur kann (vgl. Phil 2,12).

Das soll den Legionären ihre hohe Berufung im mystischen Leib zeigen: ergänzen, was an der Sendung unseres Herrn noch fehlt. Was für ein mitreißender Gedanke für jeden Legionär: Christus braucht ihn, um den Menschen in ihrer Finsternis Licht und Hoffnung zu bringen, den Betrübten Trost, und Leben denen, die tot sind in der Sünde. Selbstverständlich ist es Aufgabe und Pflicht des Legionärs, in ganz besonderer Weise Christus, das Haupt, nachzuahmen, der seiner Mutter alles übersteigende Liebe und Gehorsam schenkte; beides muss sich im mystischen Leib fortsetzen.

„Wie Paulus sagen kann, dass er ergänzt, was an den Leiden Christi noch fehlt (vgl. Kol 1,24), so können auch wir sagen: Ein wahrer Christ, ein Glied Jesu Christi und mit ihm eins durch die Gnade, setzt mit jeder im Geist Jesu Christi vollbrachten Tat das friedvolle Wirken unseres Herrn hier auf Erden fort bis zur Vollendung. Wenn ein Christ betet, setzt er das Beten Jesu fort; wenn er arbeitet, führt er Jesu Leben mit den Menschen weiter. Jeder von uns muss hier auf Erden Christus sein und sein Leben und Tun, sein Wirken und Leiden in seinem Geist fortsetzen. In seinem Geist – das heißt in einer heiligen, auf das Himmlische ausgerichteten Geisteshaltung." (Hl. Johannes Eudes, Der Weg und das Königtum Jesu)

3. DAS LEIDEN IM MYSTISCHEN LEIB

Die Sendung der Legionäre bringt sie in engen Kontakt mit den Menschen, vor allem mit den leidenden. Deshalb sollten sie Einsicht haben in das, was die Welt beharrlich das Problem des Leidens nennt. Es gibt keinen Menschen, der ohne Schmerzenslast durchs Leben geht. Fast alle lehnen sich dagegen auf. Sie versuchen, diese Last abzuwerfen; ist das nicht möglich, bleiben sie unter ihr liegen. Dadurch sind die Pläne der Erlösung vereitelt: Wenn ein Leben Frucht bringen soll, muss in ihm auch das Leiden seinen Platz haben, so wie beim Weben das Schussgarn die Längsfäden kreuzen und ergänzen muss. Das Leiden scheint den menschlichen Lebenslauf zu kreuzen und zu durchkreuzen, in Wirklichkeit aber verleiht es dem Leben die Vollendung. Wie die Bibel uns auf jeder Seite lehrt, wurde uns die Gnade zuteil, „nicht nur an Christus zu glauben, sondern auch seinetwegen zu leiden" (vgl. Phil 1,29); und weiter: „Wenn wir mit Christus gestorben sind, werden wir auch mit ihm leben; wenn wir standhaft bleiben, werden wir auch mit ihm herrschen." (2 Tim 2,11f.)

Dieser Augenblick unseres Todes wird durch ein Kreuz versinnbildlicht, ein blutiges Kreuz, auf dem Christus, unser Haupt, soeben sein Werk vollbracht hat. Unter dem Kreuz steht eine Gestalt, so betrübt, dass es scheint, als könne sie unmöglich weiterleben. Diese Frau ist die Mutter des Erlösers wie auch der Erlösten. Es ist Blut von ihrem Blut, das jetzt unbeachtet versickert und doch die Welt erlöst hat. Von nun an wird dieses kostbare Blut durch den mystischen Leib fließen, um bis in das letzte Glied Leben hineinzupressen. Damit alle Folgen dieses Strömens zur Wirkung kommen können, müssen sie verstanden werden. Dieser kostbare Strom macht die Seele Christus ähnlich – aber dem ganzen Christus: nicht nur dem Christus von Betlehem und vom Berg Tabor – dem Christus der Freude und der Herrlichkeit –, sondern auch dem Christus der Schmerzen und des Opfers – dem Christus auf Golgota.

Jedem Christen sollte bewusst gemacht werden, dass er bei Christus nicht nach Belieben auswählen kann. Maria hat das vollkommen erkannt, sogar in der Freude der Verkündigung. Sie wusste, dass sie berufen war, nicht nur die Mutter der Freuden, sondern auch die Frau der Schmerzen zu werden. Sie hatte sich aber immer vollkommen Gott geschenkt, und nun empfing sie ihn in vollkommener Weise. In voller Kenntnis nahm sie das Leben dieses Kindes auf mit allem, wofür es stand. Sie war nicht weniger willens, mit ihm Qualen zu erdulden, als mit ihm alle Seligkeit zu genießen. In jenem Augenblick verbanden sich die beiden heiligen Herzen so eng, dass sie gleichsam ein Herz wurden. Von nun an werden sie miteinander im mystischen Leib und für diesen Leib schlagen. Dadurch ist Maria Mittlerin aller Gnaden geworden, der Kelch des Geistes, der das kostbare Blut unseres Herrn empfängt und gibt. Wie es mit Maria war, wird es mit all ihren Kindern sein. In welchem Ausmaß Gott jemanden verwenden kann, hängt immer davon ab, wie eng er mit dem Heiligsten Herzen vereinigt ist. Denn nur aus diesem Herzen kann man reichlich von dem kostbaren Blut schöpfen, um es anderen Seelen zu geben. Aber diese Vereinigung mit Christi Herz und Blut findet man nicht in einer einzelnen Phase seines Lebens, sondern in seinem ganzen Leben. Es ist zwecklos, und es ist unwürdig, den König der Herrlichkeit willkommen zu heißen und den Schmerzensmann zurückzuweisen, denn beide sind der eine Christus. Wer den Mann der Schmerzen nicht auf seinem Weg begleiten will, hat keinen Anteil an seiner Sendung zu den Seelen und auch keinen an der kommenden Herrlichkeit.

Daraus folgt, dass Leiden immer Gnade ist. Wenn es nicht der Heilung dient, dann soll es Kraft vermitteln. Niemals ist es nur eine Strafe für Sünden. „Erkennen wir doch", sagt Augustinus, „dass das Leid der Menschheit kein Strafvollzug ist; denn Leiden ist stets von heilendem Charakter." Und andererseits: Welch unschätzbar hohes Vorrecht – das Leiden Christi strömt über auf die Sündenlosen und Heiligen, um sie immer vollkommener Christus ähnlich zu machen. Alle Abtötung, alle Sühne basiert auf diesem Austausch, diesem Ineinanderfließen der Leiden.

Ein einfacher Vergleich mit dem Kreislauf des Blutes im menschlichen Körper wird diesen Sinn und Zweck des Leidens lebendiger darstellen. Betrachten wir unsere Hand: Der Puls klopft im Rhythmus des Herzens. Das warme Blut, das die Hand durchströmt, kommt vom Herzen. Diese Hand ist eins mit dem Körper und eines seiner Glieder. Wenn die Hand kalt wird, ziehen sich die Adern zusammen, und der Blutkreislauf ist behindert. Wird sie noch kälter, beginnt die Blutzufuhr allmählich zu stocken. Und wird die Kälte so groß, dass die Blutzufuhr aussetzt, kommt es zu Erfrierungen: Die Gewebe beginnen abzusterben, die Hand wird leblos und nutzlos. Sie ist eine tote Hand, und wenn man sie in diesem Zustand belässt, wird sie bald brandig werden. Diese Grade des Erkaltens geben ein gutes Bild von den möglichen Zuständen der Glieder des mystischen Leibes. Sie können für das Blut Christi, das diesen Leib durchpulst, so unempfänglich werden, dass sie in Gefahr sind, abzusterben wie ein brandiges Glied, das man amputieren muss. Es ist klar, was im Falle eines erfrorenen Gliedes getan werden muss: den Blutkreislauf anregen, damit es wieder zum Leben kommt. Das Blut wieder in die verengten Arterien und Venen zu pressen, ist ein schmerzhafter Prozess. Aber dieser Schmerz ist ein erfreuliches Zeichen. Die meisten der praktizierenden Katholiken sind wie Glieder, die noch nicht erfroren sind. Sie selber halten sich in ihrer Selbstzufriedenheit nicht einmal für kalt. Und doch empfangen sie vom kostbaren Blut viel weniger, als unser Herr ihnen geben will. Er muss ihnen sein Leben also geradezu aufzwingen. Wenn sein Blut ihre widerstrebenden Adern weitet, ist das mit Schmerzen verbunden. Und diese Bewegung des Blutes bedeutet die Leiden des Lebens.

Und doch: Wenn man das Leiden aus dieser Sicht betrachtet und versteht – muss sich dann der Schmerz nicht in Freude wandeln? Das Empfinden des Leides wird zum Empfinden der großen Nähe Christi.

„Jesus Christus hat alles erlitten, was er erleiden musste. Am Maß seines Leidens fehlt nichts mehr.
Ist also seine Passion zu Ende? Ja – aber erst für das Haupt. Noch bleibt die Passion des Leibes. Mit Recht fordert Christus, der weiterhin in seinem Leib leidet, dass wir an seinem Sühnopfer teilhaben. Da wir ihm geeint sind, müssen wir das tun. Da wir Leib Christi sind und seine Glieder, einer dem andern zugehörig, müssen wir, die Glieder, mit-erleiden, was das Haupt erlitten hat."

(Hl. Augustinus)

10
DAS LEGIONSAPOSTOLAT

1. DIE WÜRDE DES LEGIONSAPOSTOLATS

Die Würde des Apostolats, zu dem die Legion ihre Mitglieder aufruft, und seine Bedeutung für die Kirche lassen sich nicht besser ausdrücken als mit folgenden Erklärungen des kirchlichen Lehramtes:

„Pflicht und Recht zum Apostolat haben die Laien kraft ihrer Vereinigung mit Christus, dem Haupt. Denn durch die Taufe dem mystischen Leib Christi eingegliedert und durch die Firmung mit der Kraft des Heiligen Geistes gestärkt, werden sie vom Herrn selbst mit dem Apostolat betraut. Sie werden zu einer königlichen Priesterschaft und zu einem heiligen Volk (vgl. 1 Petr 2,4–10) geweiht, damit sie durch alle ihre Werke geistliche Opfergaben darbringen und überall auf Erden Zeugnis für Christus ablegen. Durch die Sakramente, vor allem die heilige Eucharistie, wird jene Liebe mitgeteilt und genährt, die sozusagen die Seele des gesamten Apostolats ist." (AA 3)

„Schon Pius XII. sagte: ‚Die Gläubigen, und genauer noch die Laien, stehen an der äußersten Front des Lebens der Kirche; die Kirche ist für sie das Lebensprinzip der menschlichen Gesellschaft. Darum müssen sie und gerade sie ein immer tieferes Bewusstsein gewinnen, **dass sie nicht nur zur Kirche gehören, sondern die Kirche sind,** das heißt, die Gemeinschaft der Gläubigen auf Erden unter der Führung des Papstes als des gemeinsamen Hauptes und der mit ihm geeinten Bischöfe. Sie **sind die Kirche...**'" (CL 9)

„Maria übt auf das Menschengeschlecht einen moralischen Einfluss aus, den man am besten durch einen Vergleich mit den physikalischen Kräften beschreibt, die in der Ordnung der Natur die Körper und ihre Einzelteile zusammenhalten: die Anziehungskraft, Affinität und Kohäsion ... Wir glauben gezeigt zu haben, dass Maria an allen großen Bewegungen Anteil gehabt hat, die das Leben der Völker und ihre wahre Zivilisation bilden." (Petitalot)

2. APOSTOLISCHE LAIEN UNBEDINGT NÖTIG

Man hat die Behauptung gewagt, die Gesundheit einer katholischen Gemeinschaft hänge davon ab, ob eine breite Schicht apostolisch gesinnter Menschen vorhanden ist, die dem Laienstand angehört, jedoch die Zielsetzung des Priesters teilt, seinen Kontakt mit den Leuten fördert und ihn über ihre Probleme informiert. Die Gemeinschaft ist nur dann gesichert, wenn zwischen Priester und Laien vollkommene Eintracht herrscht.

Der Kernpunkt des Apostolats aber ist ein brennendes Interesse am Wohl und Wirken der Kirche. Ein solches Interesse kann es kaum geben ohne ein gewisses Empfinden, selbst daran beteiligt zu sein. So ist die apostolische Organisation eine Gussform, die Apostel hervorbringt.

Es ist sicher: Überall, wo diese Eigenschaften des Apostolats nicht sorgfältig entwickelt und gepflegt werden, wird die nächste Generation vor einem ernsten Problem stehen – dem Mangel an jedem echten Interesse für die Kirche und an jeglichem Verantwortungsbewusstsein. Kann aus einem so unterentwickelten Katholizismus etwas Gutes kommen? Und wo ist er sicher außer in völliger „Flaute"? Die Geschichte lehrt uns, dass solch eine kraftlose Herde leicht in Panik versetzt wird, sogar bis zur Vernichtung der eigenen Hirten, oder dass sie dem erstbesten Rudel wilder Wölfe zur Beute fällt. Kardinal Newman vertrat den Grundsatz, zu allen Zeiten seien „die Laien der Maßstab katholischen Geistes" gewesen.

„Die Legion Mariens hat die große Aufgabe, das Wissen um die Berufung der Laien zu fördern. Es besteht die Gefahr, dass wir die Kirche mit Klerus und Ordensstand gleichsetzen, mit jenen Menschen also, denen Gott offensichtlich das verliehen hat, was wir in einem zu engen Sinn unter Berufung verstehen. Unbewusst lassen wir uns dazu verleiten, uns Übrige als eine anonyme Masse zu sehen, die gerettet wird, wenn wir nur das vorgeschriebene Mindestmaß erfüllen. Wir vergessen, dass Christus ‚seine Schafe einzeln beim Namen ruft' (vgl. Joh 10,3), dass ‚der Sohn Gottes *mich* geliebt und sich für *mich* hingegeben hat' (vgl. Gal 2,20), wie der heilige Paulus sagt, der – so wie wir – nicht in eigener Person auf Golgota anwesend war. Jeder von uns ist berufen, auch wenn er nur Zimmermann in einem Dorf ist wie Jesus selbst oder eine bescheidene Hausfrau wie seine Mutter Maria. Jeder einzelne ist von Gott aufgerufen,

ihn zu lieben und ihm zu dienen und eine bestimmte Aufgabe durchzuführen, die zwar ein anderer vielleicht besser erfüllen, aber nicht ersetzen kann. Nur ich selbst – kein anderer – kann Gott *mein* Herz schenken, kann *meine* Arbeit tun. Gerade diese ganz persönliche Religiosität wird in der Legion gefördert. Die Legionäre begnügen sich nicht länger mit einem passiven Gewohnheitschristentum. Jeder Legionär muss für Gott etwas sein und etwas tun. Religion ist keine Nebensache mehr, sondern wird zur Triebfeder des Lebens, mag dieses, rein menschlich betrachtet, noch so alltäglich verlaufen. Und aus der Überzeugung, persönlich berufen zu sein, erwächst naturgemäß apostolischer Geist: der Wunsch, Christi Werk fortzusetzen, ein zweiter Christus zu werden, in den geringsten seiner Brüder ihm zu dienen.
So tritt die Legion für die Laien an die Stelle eines Ordens. Sie trägt den Gedanken der christlichen Vollkommenheit in ihr Leben und schafft dem Reich Christi Eingang in unsere verweltlichte Zeit." (Msgr. Alfred O'Rahilly)

3. DIE LEGION UND DAS LAIENAPOSTOLAT

Wie so mancher andere wichtige Grundsatz ist auch das Apostolat an sich kalt und abstrakt. Daher ist die Gefahr sehr groß, dass es keine Anziehungskraft ausübt, so dass die Laien auf die ihnen angebotene hohe Bestimmung nicht reagieren, ja noch schlimmer, vielleicht sogar dazu für unfähig gehalten werden. Die verheerende Folge wäre, dass man sich nicht mehr bemüht, die Laien dazu zu bringen, ihren eigenen und unentbehrlichen Beitrag im Kampf der Kirche zu leisten.

Aber um es mit den Worten einer Kapazität auf diesem Gebiet – Kardinal Riberi, vormals Apostolischer Delegat für die Mission in Afrika, später Internuntius für China – auszudrücken:
„Die Legion Mariens ist apostolischer Dienst auf eine anziehende, verlockende Art; pulsierend vor Leben, gewinnt sie alle für sich; auf die Weise tätig, wie Pius XI. es gewünscht hat: in Abhängigkeit von der jungfräulichen Gottesmutter; sie verlangt Qualität als Grundlage der Mitgliedschaft und sogar als Schlüssel für zahlenmäßige Stärke; sie ist geschützt durch viel Gebet und durch Selbstaufopferung, durch ein exaktes System und durch die völlige Zusammenarbeit mit dem Priester. Die Legion Mariens ist ein Wunder der heutigen Zeit."

Dem Priester erweist die Legion Achtung und Gehorsam, wie sie rechtmäßigen Vorgesetzten zustehen, ja, mehr als das. Ihr Apostolat baut auf der Tatsache auf, dass die Messe und die Sakramente, deren unentbehrlicher Diener der Priester ist, die wichtigsten Zugänge zur Gnade darstellen. Alles Mühen, jedes Mittel dieses Apostolats muss auf das große Ziel ausgerichtet sein: den vielen, die hungrig und krank sind, diese gottgeschenkte Nahrung zu vermitteln. Daraus folgt, dass die Legionsarbeit grundsätzlich zum Ziel haben muss, den Priester zum Volk zu bringen, nicht immer in seiner Person – denn das mag unmöglich sein –, wohl aber überall in seinem Einfluss und seinem Verständnis.

Das ist der Grundgedanke des Legionsapostolats. Die überwiegende Mehrheit der Mitglieder sind Laien, doch ihre Tätigkeit vollzieht sich in untrennbarer Einheit mit den Priestern und unter deren Führung; Priester wie Laien verfolgen genau dasselbe Ziel. Mit glühendem Eifer trachten die Legionäre, das Wirken der Priester zu ergänzen und deren Einfluss auf das Leben der Menschen zu vergrößern, damit alle, die den Priester aufnehmen, den aufnehmen, der ihn gesandt hat.

„Amen, amen, ich sage euch: Wer einen aufnimmt, den ich sende, nimmt mich auf; wer aber mich aufnimmt, nimmt den auf, der mich gesandt hat."

(Joh 13,20)

4. DER PRIESTER UND DIE LEGION

Christus hat durch sein Beispiel gezeigt, dass sich eine getreue Gruppe um den Priester scharen und seine Mühen teilen soll. Um die Bekehrung der Welt vorzubereiten, sammelte der Herr seine Auserwählten um sich, die er lehrte und mit seinem Geist erfüllte.

Die Apostel lernten von Christus und folgten seinem Beispiel, als sie alle aufriefen, ihnen bei der Rettung der Seelen zu helfen. Vielleicht haben tatsächlich – wie Kardinal Pizzardo so schön sagte – jene Fremden aus Rom, die am Pfingsttag die Predigt der Apostel hörten (vgl. Apg 2,10), als erste Jesus Christus in Rom verkündet und damit die Saat gesät für die Mutterkirche, die bald danach von den heiligen Aposteln Petrus und Paulus formell errichtet wurde. „Was hätten die Zwölf getan, verstreut in der weiten Welt, hätten sie nicht Männer und Frauen, Junge und Alte um sich geschart und ihnen zugerufen: ‚Wir tragen den Schatz des Himmels mit uns. Helft uns, ihn zu verteilen!'" (Papst Pius XI.)

Das sind die Worte eines Papstes. Fügen wir ihnen die Worte eines anderen Papstes hinzu, um deutlich zu machen, dass nach dem Willen Gottes das Beispiel Christi und seiner Apostel in Bezug auf die Bekehrung der Welt **jedem Priester** als Vorbild dienen muss in Bezug auf seine eigene kleine Welt, ob Gemeinde, Dekanat oder Sonderauftrag:
Im Gespräch mit einigen Kardinälen stellte der heilige Papst Pius X. einmal die Frage: „‚Was ist heute das Notwendigste für das Heil der Seelen?' – ‚Katholische Schulen errichten', sagte der Eine, – ‚Nein.' – ‚Die Kirchen vermehren', meinte ein Anderer. ‚Auch nicht' – ‚Priesterberufe wecken', sagte ein Dritter. ‚Nein, nein', erwiderte Pius X., ‚was gegenwärtig am meisten Not tut, das sind in jeder Pfarrei eine Anzahl Laien, die tugendhaft, gut unterrichtet und zugleich voll Mut, und wahrhafte Apostel sind'. Es sind uns andere bedeutsame Begebenheiten aus dem Leben Pius X. bekannt, und so dürfen wir behaupten, dass dieser heilige Papst gegen Ende seines Lebens das Heil der Welt nur von den durch einen eifrigen Klerus herangebildeten Elitetruppen von Gläubigen erhoffte, die ein Apostolat sowohl durch Wort und Tat, aber vor allem durch das Beispiel ausüben. In den Diözesen, in denen er vor seiner Papstwahl Seelsorge ausübte, legte er weniger Wert auf ein allgemeines Pfarrregister als auf die Liste jener Gläubigen, die zu wirksamen Aposteln erzogen werden konnten. Er war der Ansicht, dass man in jeder Umgebung eine Elite heranbilden könne. Auch klassifizierte er die Priester nach den Resultaten, die ihr Eifer und ihre Fähigkeit gerade in dieser Hinsicht erzielte." (Chautard, *Innerlichkeit,* 4. Teil, 1)

„Die Hirtenaufgabe beschränkt sich aber nicht auf die Sorge für die einzelnen Gläubigen, sondern umfasst auch wesentlich die Bildung einer echten christlichen Gemeinschaft. Dieser Geist der Gemeinschaft muss, um recht gepflegt zu werden, nicht nur die Ortskirche, sondern die Gesamtkirche umfassen. Die Einzelgemeinde darf darum nicht nur die Sorge für die eigenen Gläubigen fördern, sondern muss, von missionarischem Eifer durchdrungen, allen Menschen den Weg zu Christus ebnen. Ihre besondere Sorge gelte jedoch den Katechumenen und Neugetauften; sie sind schrittweise zur Erkenntnis und Führung eines christlichen Lebens zu erziehen." (PO 6)

Der menschgewordene Gott hielt es für notwendig, seinen mystischen Leib auf Erden zurückzulassen. Sonst wäre Golgota das Ende seines Wirkens gewesen. Wohl hätte sein Tod die Menschheit erlöst. Aber wie viele Menschen könnten in den Himmel kommen, wenn nicht die Kirche ihnen vom Kreuz das Leben brächte? Christus setzt sich in besonderer Weise mit dem Priester gleich. Der Priester ist sozusagen sein zweites Herz, das den Seelen das übernatürliche Lebensblut zuführt. Er ist ein wesentlicher Bestandteil im geistlichen ‚Verbundnetz'. Wenn er versagt, ist die Leitung blockiert, und die Menschen, die von ihm abhängen, erhalten nicht die Leben spendende Kraft, die Christus ihnen schenken will. Was Christus für die Kirche ist, das muss der Priester für die Menschen sein – freilich innerhalb der ihm gesetzten Grenzen. Die Glieder Christi sind eine Erweiterung seiner selbst, und nicht nur Angestellte, Gefolgsleute, Anhänger, Helfer. Sie haben sein Leben. Sie nehmen an seinem Wirken teil. Sie sollten auch denken wie er. Priester müssen in jeder Hinsicht mit Christus eins sein. Christus hielt es für notwendig, sich einen geistlichen Leib zu bilden. Der Priester sollte dasselbe tun. Er sollte sich Glieder heranbilden, die mit ihm eins sind. Solang ein Priester nicht über lebendige Glieder verfügt, die er selbst geformt hat, und die mit ihm vereint sind, wird seine Tätigkeit auf ein geringfügiges Maß beschränkt bleiben. Er wird allein und ohne Hilfe sein. ‚Das Auge kann nicht zur Hand sagen: Ich bin nicht auf dich angewiesen. Der Kopf kann nicht zu den Füßen sagen: Ich brauche euch nicht.' (1 Kor 12,21)
Da Christus den mystischen Leib zur Grundlage seines Weges, seiner Wahrheit, seines Lebens für die Seelen gemacht hat, ist die gleiche Ordnung auch im zweiten Christus, im Priester, genauso wirksam. Übt er sein Amt nicht in vollem Umfang aus, um tatsächlich den Leib Christi aufzubauen, wie es im Brief an die Epheser (4,12) heißt, dann wird nur wenig göttliches Leben in die Seelen dringen und fruchtbringend wieder von ihnen ausströmen.
Dadurch beraubt der Priester aber auch sich selbst. Das Haupt hat zwar die Aufgabe, dem Leben des ganzen Leibes zu dienen, dennoch bleibt die Tatsache bestehen, dass auch das Haupt selbst vom Leben des Leibes abhängt: kraftvoll, wenn der Leib an Kraft gewinnt, seine Schwäche teilend, wenn er dahinsiecht. Ein Priester, der dieses Gesetz priesterlicher Sendung nicht begreift, wird in sei-

nem Leben nur einen Bruchteil der ihm verliehenen Kraft wirksam werden lassen. Seine wahre Bestimmung aber ist, in Christus allumfassend zu wirken."
(Kanonikus F. J. Ripley)

5. DIE LEGION IN DER PFARREI

„Unter den augenblicklichen Gegebenheiten können und müssen die Laien für das Wachsen einer wahren *communio der Kirche* innerhalb ihrer Pfarreien und für die Erweckung des *missionarischen Elans* gegenüber Nichtglaubenden und den Glaubenden, die die religiöse Praxis teilweise oder gänzlich aufgegeben haben, viel investieren." (CL 27) Es wird sich zeigen, dass die Einführung der Legion Mariens das Wachstum eines wahren Gemeinschaftsgeistes sehr fördern wird. Durch die Legion werden Laien geschult, in ihrer Pfarrei in enger Zusammenarbeit mit dem Priester zu wirken und an der pastoralen Verantwortung teilzuhaben. Die Regelung verschiedener pfarrlicher Aktivitäten durch ein wöchentliches Treffen ist ein Vorteil in sich. Eine tiefere Erwägung jedoch ist, dass die pfarrlichen Mitarbeiter durch ihre Mitgliedschaft in der Legion eine geistige Formung erlangen, durch die sie verstehen lernen, dass die Pfarrei eine eucharistische Gemeinschaft ist. Gleichzeitig ist ihnen ein wohl überlegtes System gegeben, das es ihnen ermöglicht, jeden einzelnen in der Pfarrei zu erreichen mit dem Ziel, diese Gemeinschaft aufzubauen. Einige Möglichkeiten des Legionsapostolats innerhalb einer Pfarrei werden im Kapitel 37, *Arbeitsvorschläge*, beschrieben.

„Der Priester muss das Laienapostolat als einen wesentlichen Teil seiner Seelsorge betrachten; der Gläubige soll darin eine Pflicht der christlichen Lebensführung erblicken." (Pius XI.)

6. DIE FRÜCHTE DES LEGIONSAPOSTOLATS: STARKER IDEALISMUS UND EIFRIGER EINSATZ

Noch einmal: Würde die Kirche nur vorsichtige Routine an den Tag legen, brächte sie die Wahrheit, deren Hüter sie ist, in eine sehr ungünstige Lage. Wenn die Jugend es sich einmal zur Gewohnheit macht, den aktiven Idealismus, nach dem großmütige Naturen sich sehnen, bei rein weltlichen oder sogar atheistischen Systemen zu suchen, ist arges Unheil angerichtet, und die kommenden Generationen werden dafür büßen müssen.

Hier kann die Legion zu Hilfe kommen, indem sie ein Programm aufstellt, das Unternehmung, Anstrengung und Opfer fordert und hilft, die beiden Begriffe „Idealismus" und „Einsatz" für die Kirche zu erobern und in den Dienst der kirchlichen Lehre zu stellen.

Der Historiker Lecky sagt, die Welt werde von ihren Idealen regiert. Wenn das stimmt, dann hebt jeder, der ein höheres Ideal schafft, die ganze Menschheit auf eine höhere Stufe. Natürlich muss dieses Ideal anwendbar sein und genügend klar, um ein Leitbild darzustellen. Man wird zugestehen können, dass die von der Legion hochgehaltenen Ideale diesen beiden Forderungen entsprechen.

Es ist ein bedeutsames Merkmal der Legion, dass ihr Wirken mit vielen geistlichen Berufungen aus den Reihen ihrer Mitglieder und deren Kinder gesegnet ist.

Aber man wird einwenden, mitten in der allgemein verbreiteten Selbstsucht werde niemand die schwere Last der Legionsmitgliedschaft auf sich nehmen. Diese Folgerung ist falsch. Die vielen, die dem Aufruf zu mehr oder minder belangloser Arbeit folgen, werden sich bald wieder verlaufen und keine Spur zurücklassen. Die wenigen, die dem Ruf nach hohem Streben Folge leisten, werden durchhalten, und nach und nach wird sich ihre Gesinnung den vielen mitteilen.

So kann ein Legionspräsidium ein mächtiges Hilfsmittel für den Priester sein, die Laien allmählich zur Mitarbeit am Auftrag zu gewinnen, die ihm Anvertrauten zu evangelisieren. Die eineinhalb Stunden, die der Priester einmal wöchentlich beim Treffen verbringt, um die Legionäre anzuleiten, zu ermutigen und geistlich zu betreuen, werden es ihm ermöglichen, überall zu sein, alles zu hören, auf jeden Einzelnen Einfluss zu nehmen, seine physischen Grenzen zu überwinden. Tatsächlich, es scheint, als ob sein Eifer für keinen besseren Zweck gebraucht werden könnte als zur geistlichen Leitung mehrerer Präsidien.

Wie David nur mit Stab, Beutel, Schleuder und Kieselsteinen ausgerüstet war, so sind auch die Legionäre in sich selbst ein höchst bescheidenes Rüstzeug, doch zusammen mit Maria werden sie zu Werkzeugen des Himmels. Deshalb kann der Priester, der mit Legionären ausgerüstet ist, wie ein zweiter David dem herausfordernden Goliat des Unglaubens und der Sünde voll Siegesgewissheit entgegentreten.

„Es ist keine materielle, sondern eine moralische Macht, die dein Bekenntnis rechtfertigt und deinen Triumph sichert. Es sind nicht die Riesen, die das meiste tun. Wie klein war das Heilige Land! Und doch hat es die Welt unterworfen. Wie arm der Flecken Attika! Und doch hat er den Geist gestaltet.
Mose war einer, Elias war einer, David war einer, Paulus war einer, Athanasius war einer, Leo war einer. Die Gnade wirkt immer durch wenige.
Es ist die scharfe Sicht, die starke Überzeugung, der unbezwingliche Entschluss der Wenigen, es ist das Blut des Märtyrers, das Gebet des Heiligen, die heldenmütige Tat, die Entscheidung eines Augenblicks, es ist die geballte Kraft eines Wortes oder Blickes, die Werkzeug des Himmels sind.
Fürchte dich nicht, kleine Herde, denn der in deiner Mitte steht, ist mächtig; er wird große Dinge für dich tun." (Newman, Die gegenwärtige Lage der Katholiken)

7. DIE METHODE DER SCHULUNG: MEISTER UND LEHRLING

Nach einer weit verbreiteten Auffassung besteht die Heranbildung von Aposteln hauptsächlich darin, dass sie Vorlesungen hören und Lehrbücher durchstudieren. Die Legion glaubt, dass eine solche Heranbildung nicht bewirkt werden kann, wenn sie nicht mit apostolischer Tätigkeit Hand in Hand geht. Und tatsächlich kann dieses Reden über das Apostolat, ohne dass es gleichzeitig ausgeübt wird, zum Gegenteil dessen führen, was man erreichen wollte. Denn man wird erkennen müssen: Wenn man bespricht, wie eine Arbeit getan werden sollte, ist es notwendig, ihre Schwierigkeiten zu beschreiben und auch an Geist und Ausführung sehr hohe Anforderungen zu stellen. Wenn man in dieser Weise zu Neulingen zu spricht, ohne ihnen gleichzeitig durch die Praxis zu zeigen, dass die Arbeit ihre Kraft nicht übersteigt und in Wirklichkeit leicht ist, wird man sie nur einschüchtern und abschrecken, die Arbeit zu übernehmen. Außerdem läuft die Schulung durch Vorträge darauf hinaus, Theoretiker hervorzubringen und solche Leute, die meinen, sie könnten mittels Denkvermögen die Welt bekehren. Diese werden abgeneigt sein, sich den bescheidenen Beschäftigungen zu widmen und mühsam einzelne Kontakte zu verfolgen, wovon in Wirklichkeit alles abhängt, und – man muss es sagen – gerade das nimmt der Legionär willig auf sich.

Die Auffassung der Legion von Schulung ist die Methode „Meister und Lehrling". Diese Art der Ausbildung ist ihrer Ansicht nach ideal und wird offensichtlich ausnahmslos in Gewerbe und Handwerk angewendet. Statt lange Vorträge zu halten, legt der Meister die Arbeit vor den Lehrling hin und zeigt ihm durch praktisches Vorführen, wie sie gemacht werden soll, und erläutert dabei die verschiedenen Schritte. Dann packt der Lehrling selber die Arbeit an und wird bei ihrer Ausführung korrigiert. Diese Methode bringt den erfahrenen Handwerker hervor. Jede Belehrung sollte auf der Tätigkeit selber begründet, jedes Wort an eine Handlung gebunden sein. Ist das nicht der Fall, wird die Belehrung nur wenig fruchten, ja sie mag sogar vergessen werden. Es ist seltsam, wie wenig von einer Vorlesung selbst Leute behalten, die das Studieren gewohnt sind.

Eine weitere Überlegung: Wenn man ein Vorlesungssystem als Einschulungsmethode für eine apostolische Gemeinschaft vorschlägt, werden sich nur wenige Anwärter melden. Die meisten Menschen sind entschlossen, nicht mehr in die Schule zu gehen, wenn sie diesem Stadium einmal entwachsen sind. Besonders die einfacheren Leute scheuen vor dem Gedanken zurück, wieder eine Art Klassenzimmer betreten zu müssen, auch wenn es ein heiliges Klassenzimmer ist. Das ist der Grund, weshalb apostolische Lehrsysteme keine große Anziehungskraft ausüben. Die Legion geht viel einfacher und psychologisch geschickter vor. Ihre Mitglieder sagen zu den anderen: „Komm und tu diese Arbeit mit mir!" Wer kommt, gerät nicht in ein Schulzimmer; man zeigt ihm eine Arbeit, die schon von jemandem durchgeführt wird, der so ist wie er selber. Dementsprechend sieht er, dass die Arbeit innerhalb seiner eigenen Fähigkeiten liegt, und er schließt sich dieser Gemeinschaft gerne an. Ist er einmal dabei, hat er beobachtet, wie die Arbeit getan wird, und selbst daran teilgenommen, hat er durch das Hören der Berichte und Stellungnahmen zu dieser Arbeit die beste Methode erlernt, sie zu tun, wird er bald selbst ein tüchtiger Arbeiter sein.

„Mitunter wirft man der Legion vor, dass ihre Mitglieder keine Fachleute seien und dass sie von ihnen nicht verlange, viel Zeit für das Studium aufzuwenden. Deshalb muss gesagt sein:
a) Die Legion setzt systematisch ihre besser geschulten Mitglieder so ein, dass deren Kenntnisse genützt werden.
b) Sie betont zwar das Studium nicht über Gebühr, bemüht sich aber, jeden Einzelnen auf geeignete Weise für sein besonderes Apostolat auszurüsten.
c) Der Hauptzweck ist jedoch, Voraussetzungen dafür zu schaffen, dass die Legion jeden Katholiken auffordern kann: ‚Komm! Bring dein Scherflein Talent! Wir werden dir zeigen, wie du es entfalten und durch Maria zur Ehre Gottes verwenden kannst.'
Man darf nicht vergessen, dass die Legion den Einfachen und den Benachteiligten genauso offen steht wie den Gelehrten und den Einflussreichen."
(Thomas P. O'Flynn CM, vormals Geistlicher Leiter des Concilium Legionis Mariae)

11
DAS SYSTEM DER LEGION

1. DIE PERSÖNLICHE HEILIGKEIT – ZIEL UND MITTEL

Das allgemeine und wesentliche Mittel, durch das die Legion Mariens ihr Ziel erreichen will, ist persönlicher Dienst unter der Führung des Heiligen Geistes. Erster Beweggrund und Stütze dieses Dienstes ist die göttliche Gnade, die Verherrlichung Gottes und die Rettung der Seelen sein endgültiges Ziel und sein Zweck.

Daher ist die Führung eines heiligen Lebens, das die Legion Mariens in den Mitgliedern zu fördern sucht, auch das Hauptmittel ihres Wirkens: „Ich bin der Weinstock, ihr seid die Reben. Wer in mir bleibt und in wem ich bleibe, der bringt reiche Frucht, denn getrennt von mir könnt ihr nichts vollbringen." (Joh 15,5)

„Es ist Gegenstand des Glaubens, dass die Kirche, deren Geheimnis die Heilige Synode vorlegt, unzerstörbar heilig ist. Denn Christus, der Sohn Gottes, der mit dem Vater und dem Geist als ‚allein Heiliger' gepriesen wird, hat die Kirche als seine Braut geliebt und sich für sie hingegeben, um sie zu heiligen (vgl. Eph 5, 25-26), er hat sie als seinen Leib mit sich verbunden und mit der Gabe des Heiligen Geistes reich beschenkt zur Ehre Gottes. Daher sind in der Kirche alle, mögen sie zur Hierarchie gehören oder von ihr geleitet werden, zur Heiligkeit berufen gemäß dem Apostelwort: ‚Das ist der Wille Gottes, eure Heiligung' (1 Thess 4,3; vgl. Eph 1,4). Diese Heiligkeit der Kirche tut sich aber in den Gnadenfrüchten, die der Heilige Geist in den Gläubigen hervorbringt, unaufhörlich kund und muss das tun. Sie drückt sich vielgestaltig in den Einzelnen aus, die in ihrer Lebensgestaltung zur Vollkommenheit der Liebe in der Erbauung anderer streben. In eigener Weise erscheint sie in der Übung der sogenannten evangelischen Räte. Diese von vielen Christen auf Antrieb des Heiligen Geistes privat oder in einer von der Kirche anerkannten Lebensform, einem Stand, übernommene Übung der Räte gibt in der Welt ein hervorragendes Zeugnis und Beispiel dieser Heiligkeit und muss es geben." (LG 39)

2. EIN GENAU GEORDNETES SYSTEM

Bleiben die großartigen natürlichen Kraftquellen ungezügelt, sind sie unbrauchbar. Ebenso führen planloser Eifer und ungesteuerte Begeisterung niemals zu großen Ergebnissen im Inneren oder im Äußeren, und sie sind selten von Dauer. Im Bewusstsein dessen legt die Legion ihren Mitgliedern eher eine Lebensform als ein Arbeitsprogramm vor. Sie bietet ihnen ein genau geordnetes System, in dem vielem die Kraft einer Regel gegeben ist, was in anderen Systemen nur empfohlen wird oder dem eigenen Verständnis überlassen bleibt; und in Bezug auf jede Einzelheit dieses Systems verlangt sie einen Geist gewissenhafter Befolgung. Sie verspricht im Gegenzug Beharrlichkeit und ein merkliches Wachsen jener Eigenschaften, die zur christlichen Vollkommenheit gehören; das sind: Glaube, Liebe zu

Maria, Furchtlosigkeit, Selbsthingabe, Brüderlichkeit, Frömmigkeit, Klugheit, Geduld, Gehorsam, Demut, Fröhlichkeit und apostolische Gesinnung.

„Das Aufkommen des sogenannten Laienapostolats gehört zu den besonderen Erscheinungen der heutigen Zeit. Dank seiner Zahlenstärke verfügt es über unbegrenzte Möglichkeiten. Doch hat man für diese gewaltige Bewegung offensichtlich nur ungenügend vorgesorgt. Wie viele hervorragend geregelte Orden stehen denen offen, die die Welt verlassen können! Und welche Art von Organisation mutet man den Leuten zu, die diese Berufung nicht haben? Was für ein Unterschied! Dort Gründlichkeit und klare Erkenntnis, die das Beste aus den Menschen herausholt! Wie primitiv und oberflächlich ist dagegen die Regelung hier! Das System verlangt zwar einen gewissen Dienst von seinen Mitgliedern, aber für die meisten von ihnen ist er kaum mehr als eine Nebensache im Ablauf der Woche, und er möchte auch kaum eine bedeutendere Rolle spielen. Eine höhere Auffassung davon ist unbedingt nötig. Müsste der Dienst nicht der Stab ihrer irdischen Pilgerschaft sein, das eigentliche Rückgrat ihres ganzen geistlichen Lebens?
Ohne Zweifel muss für eine apostolische Gemeinschaft das Ordensleben Vorbild sein. Bei gleichen Bedingungen darf man erwarten, dass um so bessere Arbeit geleistet wird, je näher man dem Ordensideal kommt. Das stellt uns jedoch vor die schwere Frage, wie weit die Bindung durch Regeln gehen darf. Schon im Interesse der Leistungsfähigkeit ist Disziplin notwendig. Und doch besteht immer die Gefahr, dass zu viel verlangt wird und die Organisation dadurch an Anziehungskraft verliert. Halten wir uns stets vor Augen: Wir wollen eine Laienbewegung aufbauen, und zwar eine auf Dauer. Sie soll kein neuer Orden sein und ein solcher auch nicht allmählich werden, wie es im Lauf der Geschichte schon so oft geschehen ist.
Wir haben nur ein Ziel: Wir wollen in einer leistungsfähigen Gemeinschaft Menschen zusammenschließen, die ein ganz gewöhnliches Leben führen, wie wir es kennen, und denen wir zugestehen müssen, dass sie nicht nur religiöse Interessen und Ziele haben. Deshalb dürfen nicht mehr Regeln aufgestellt werden, als der Durchschnitt der Mitglieder einhalten kann. Freilich dürfen es auch nicht weniger sein." (Michael Creedon, erster Geistlicher Leiter des Concilium Legionis Mariae)

3. VOLLKOMMENHEIT DER MITGLIEDSCHAFT

Die Legion wünscht, dass die Vollkommenheit der Mitgliedschaft danach beurteilt wird, wie genau jemand das System befolgt, und nicht nach der Befriedigung oder dem sichtbaren Grad des Erfolges, die mit den Bemühungen des Legionärs verbunden sein können. Sie betrachtet einen Legionär in dem Maß als Mitglied, in dem er sich dem System der Legion unterwirft.

Nichts anderes zählt. Die Geistlichen Leiter und die Präsidenten der Präsidien werden ermahnt, ihren Legionären diese Auffassung von Mitgliedschaft immer vor Augen zu halten. Sie bildet ein allen erreichbares Ideal – Erfolg und Trost sind das nicht –, und allein in der Verwirklichung dieses Ideals ist Abhilfe zu finden gegen Eintönigkeit, unangenehme Arbeit, wirklichen oder eingebildeten Misserfolg, die sonst viel versprechende Anfänge apostolischer Arbeit zu einem unvermeidlichen Ende bringen.

„Es muss bemerkt werden, dass unser Dienst für die ‚Gesellschaft Mariae' nicht nach der Wichtigkeit unserer Stellung bemessen werden darf, sondern nach dem Grad des übernatürlichen Geistes und Eifers für Maria, mit dem wir uns der uns aufgetragenen Pflicht im Gehorsam widmen, mag sie noch so niedrig, noch so verborgen sein." (Schellhorn, Petit Traité de Marialogie)

4. DIE WICHTIGSTE VERPFLICHTUNG

Die Pflicht der Teilnahme an den Zusammenkünften steht im System der Legion an erster Stelle; sie ist die wichtigste Verpflichtung jedes Mitglieds.

Das Treffen ist für die Mitglieder, was das Brennglas für die Strahlen der Sonne ist: Im Brennpunkt sammeln sie sich, entzünden sich und entflammen alles, was ihnen nahe kommt. Es ist das Treffen, das die Legion zu dem macht, was sie ist. Wird dieses Band zertrennt oder missachtet, entfernen sich die Mitglieder, und die Arbeit fällt in sich zusammen. Und umgekehrt: In dem Maß, in dem das Treffen geachtet wird, verstärkt sich die Kraft der Organisation.

Das Folgende, in den ersten Jahren des Bestehens der Legion geschrieben, erklärt heute wie damals die Auffassung der Legion von Organisation und damit von der Bedeutung des Treffens als deren Brennpunkt:
„In der Organisation gibt sich jeder Einzelne, so angesehen er auch ist, mit der Rolle eines Zahnrads zufrieden. Zugunsten des Ganzen, das heißt zugunsten der Mitglieder als Körperschaft, verzichtet jeder auf ein gut Teil seiner Unabhängigkeit. Aber

dadurch gewinnt die Arbeit hundertfach – auf Grund der Tatsache, dass mehrere Einzelne, die sonst nichts fertig gebracht oder gar nichts getan hätten, zum Einsatz gebracht werden, und zwar ein jeder nicht mit seiner persönlichen Schwäche, sondern mit der Begeisterung und der Kraft der höchsten Talente unter ihnen. Man denke an Kohlen, die ungenützt daliegen, und an Kohlen, die im Hochofen brennen. Dieser Vergleich drängt sich auf.

Zudem hat die organisierte Körperschaft ein gut ausgeprägtes Eigenleben, unabhängig von den Einzelpersonen, die sie bilden. Und erfahrungsgemäß zieht diese Eigenschaft eher als die Schönheit oder die Dringlichkeit der zu leistenden Arbeit wie ein Magnet neue Mitglieder an. Die Gemeinschaft schafft eine Tradition, zeugt Treue, genießt Achtung und Gehorsam, begeistert kraftvoll ihre Mitglieder. Reden Sie die Mitglieder an, und Sie werden sehen, dass sie sich auf die Gemeinschaft stützen wie auf eine alte weise Mutter. Und gut, dass es so ist! Bewahrt die Gemeinschaft sie denn nicht vor jeder Falle, vor der Unbesonnenheit des Eifers, vor der Entmutigung im Misserfolg, vor dem Hochmut im Erfolg, vor der Unschlüssigkeit, weil man mit der eigenen Ansicht allein ist, vor der Ängstlichkeit des Einsamseins, kurz, vor dem ganzen Treibsand der Unerfahrenheit? Die Gemeinschaft nimmt das Rohmaterial der bloßen guten Absicht und erzieht sie; sie geht nach einem geordneten Plan ans Werk, sichert Fortschritt und Bestand." (Michael Creedon, erster Geistlicher Leiter des Concilium Legionis Mariae)

„Für uns Mitglieder bedeutet die ‚Gesellschaft Mariae' das Weiterleben, das Sichtbarwerden Marias, unserer himmlischen Mutter. Maria hat uns in diese Gemeinschaft aufgenommen, wie in ihren mütterlichen Schoß, um uns Jesus ähnlich und so zu ihren auserwählten Kindern zu machen. Sie weist uns eine apostolische Aufgabe zu und lässt uns teilhaben an ihrer Sendung als Miterlöserin der Seelen. Für uns sind die Anliegen und Interessen unserer Gemeinschaft gleichbedeutend mit den Anliegen und Interessen Marias." (Schellhorn, Petit Traité de Marialogie)

5. DAS WÖCHENTLICHE TREFFEN DES PRÄSIDIUMS

In einer Atmosphäre, die übernatürlich ist durch den Reichtum an Gebet, die frommen Gewohnheiten und den freundlichen Geist der Brüderlichkeit, hält das Präsidium ein wöchentliches Treffen, bei dem jedem Legionär eine Aufgabe zugeteilt und von jedem Legionär ein Bericht über die geleistete Arbeit entgegengenommen wird. Dieses Wochentreffen ist das Herz der Legion, von dem das Leben spendende Blut in alle Adern strömt. Es ist das Kraftwerk, aus dem ihr Licht und ihre Energie kommt. Es ist die Schatzkammer, aus der für alle besonderen Bedürfnisse gesorgt wird. Es ist die große Gemeinschaftsübung, bei der jener Eine unsichtbar mitten unter ihnen ist, wie er verheißen hat. Hier wird der Arbeit ihre besondere Gnade verliehen. Hier werden die Mitglieder mit dem Geist religiöser Disziplin durchdrungen, der zuerst sucht, was Gott gefällt und der persönlichen Heiligung dient; danach wendet er sich der Organisation zu, die zur Erreichung dieser Ziele bestens angelegt ist. Und dann führt er, die privaten Wünsche unterordnend, zu der aufgetragenen Arbeit.

Deshalb sollen die Legionäre die Teilnahme am wöchentlichen Präsidiumstreffen als ihre erste und heiligste Pflicht der Legion gegenüber betrachten. Nichts anderes kann sie ersetzen, ohne das Treffen wäre die Arbeit wie ein Leib ohne Seele. Die Vernunft sagt uns, und die Erfahrung beweist es, dass die Vernachlässigung dieser wichtigsten Pflicht Hand in Hand geht mit fruchtloser Arbeit und sehr bald den Austritt aus den Reihen der Legion zur Folge hat.

„Jedem, der nicht mit Maria geht, rufen wir das Wort des heiligen Augustinus zu: ‚Bene curris, sed extra viam.' - ‚Du läufst gut, doch du bist vom Weg abgekommen.' Wohin wirst du am Ende geraten?"' (Petitalot)

12
DIE ÄUSSEREN ZIELE DER LEGION

1. DIE AUFGETRAGENE ARBEIT

Die Legion ist nicht auf die Durchführung irgendeiner bestimmten Arbeit ausgerichtet, sondern hat als Hauptziel die Heiligung ihrer Mitglieder. Um dies zu erreichen, stützt sie sich hauptsächlich auf die Teilnahme der Legionäre an den verschiedenen Treffen, in die Gebet und Hingabe derart eingeflochten sind, dass alles davon geprägt ist. Aber die Legion will diese Heiligkeit noch auf eine bestimmte Weise zur Entfaltung bringen, ihr apostolischen Charakter geben und sie zur Weißglut entfachen, so dass sie ausstrahlen muss. Dieses Ausstrahlen ist nicht einfach nur die Nutzung einer erschlossenen Kraft, sondern – in einer Art Wechselwirkung – ein notwendiges Element in der Entwicklung dieser Kraft. Der apostolische Geist entwickelt sich ja am besten durch das Apostolat. Deshalb trägt die Legion jedem ihrer Mitglieder als wesentliche Verpflichtung auf, jede Woche eine ihm vom Präsidium zugeteilte aktive Arbeit durchzuführen. Die Arbeit geht als Akt des Gehorsams vom Treffen aus. Das Präsidium kann, vorbehaltlich der unten angeführten Ausnahmen, jede aktive Arbeit als Erfüllung der wöchentlichen Verpflichtung gutheißen. In der Praxis jedoch sollte sich nach Auffassung der Legion die Arbeitsverteilung nach den herrschenden Bedürfnissen richten, vor allem nach den dringendsten. Denn der große Eifer, den die Legion in ihren Mitgliedern zu entzünden sucht, verlangt ein Betätigungsfeld, das seiner wert ist. Belanglose Aufgaben würden sich unvorteilhaft auf diesen Eifer auswirken: Herzen, die bereit wären, sich für Seelen aufzuopfern und Christi Liebe mit Gegenliebe, sein Leiden und Sterben mit Mühe und Opfer zu erwidern, würden sich schließlich mit Kleinigkeiten zufrieden geben und lau werden.

„Meine Neuerschaffung war nicht so leicht wie meine Erschaffung. Gott sprach, und alles war erschaffen. Doch während er mich durch ein einziges Wort erschuf, sprach er bei meiner Neuerschaffung viele Worte, wirkte Wunder und ging durch großes Leid." (Hl. Bernhard)

2. DAS ENTFERNTERE UND GRÖSSERE ZIEL: SAUERTEIG IN DER GEMEINSCHAFT

So wichtig die aufgetragene Arbeit auch sein mag, die Legion betrachtet sie trotzdem nicht als letztes, ja nicht einmal als Hauptziel des Apostolats ihrer Mitglieder. Diese Arbeit wird den Legionär wöchentlich zwei, drei oder auch viele Stunden beanspruchen, während die Legion darüber hinaus damit rechnet, dass jede Stunde dieser Woche vom Strahlen des apostolischen Feuers durchdrungen ist, das an ihrem Herd entzündet wurde. Die Organisation, die ein solches Feuer in den Seelen entflammt, hat eine gewaltige Kraft freigesetzt. Der apostolische Geist kann in einer Seele nur als Herrscher einziehen, er beherrscht jeden Gedanken, jedes Wort und jede Tat, und er ist in seinen äußerlichen Erscheinungen nicht an bestimmte Zeiten und Orte gebunden. Selbst ein äußerst zaghafter Mensch mit wenig Eignung fürs Apostolat erhält die besondere Gabe, andere zu beeinflussen, so dass sich unabhängig von der Umgebung und sogar ohne bewusstes Apostolat Sünde und Gleichgültigkeit schließlich einer stärkeren Macht beugen müssen. Das lehrt die allgemeine Erfahrung. Mit derselben Genugtuung, mit der ein General strategisch wichtige und entsprechend gesicherte Punkte ansieht, betrachtet die Legion jede Familie, jeden Betrieb, jede Fabrik, jede Schule, jedes Amt und jede Arbeits- oder Erholungsstätte, wohin die Umstände einen echten Legionär gestellt haben. Sogar dort, wo Unsittlichkeit und Gottlosigkeit am schlimmsten sind, sich sozusagen verschanzt haben, wird dieser neue „Turm Davids" ihnen den Weg versperren, ihren Vormarsch verhindern und dem Bösen den Kampf ansagen. Er wird sich mit Verderbtheit niemals abfinden, sondern sich immer bemühen, Abhilfe zu schaffen, er wird darunter leiden und dafür beten, entschlossen und unnachgiebig dagegen ankämpfen und letztendlich wahrscheinlich siegreich sein.

So ruft die Legion zuerst ihre Mitglieder zusammen, damit sie einmütig mit ihrer Königin im Gebet verharren. Dann sendet sie sie zu den Orten, wo Sünde und Leid herrschen, um dort gute

Arbeit zu tun und dabei Feuer zu fangen, um noch Größeres zu tun. Schließlich hält sie Ausschau auf den Straßen und Gassen des Alltagslebens, denn hier hat sie eine noch herrlichere Sendung zu erfüllen. Im Wissen, was wenige vollbringen können, in der Überlegung, dass sich ein fast unbegrenzt großes Heer von Menschen für den Dienst in ihren Reihen eignet, und im Glauben daran, dass ihr System, wenn es von der Kirche kraftvoll eingesetzt wird, ein unerhört wirkungsvolles Mittel zur Läuterung einer sündigen Welt ist, wünscht sich die Legion sehnlichst, dass die Anzahl ihrer Mitglieder sich vervielfache, so dass sie nicht nur dem Namen, sondern auch der Zahl nach Legion sein kann.

Mit den aktiven Mitgliedern, den Hilfslegionären und denen, die man bei der Arbeit erreicht, kann man die ganze Bevölkerung umfassen und so ihr Niveau von religiöser Gleichgültigkeit oder Gewohnheitschristentum zu eifriger Mitgliedschaft in der Kirche heben. Bedenken wir, was das für ein Dorf oder eine Stadt bedeutet: nicht mehr nur der Kirche anzugehören, sondern eine treibende Kraft in ihr zu sein, die direkt oder durch die Gemeinschaft der Heiligen ihre Impulse bis an die Enden der Erde und bis in die finstersten Winkel sendet. Was für ein Ideal – die ganze Bevölkerung im Einsatz für Gott! Aber es ist nicht nur ein Ideal. Es ist eine tatsächlich durchführbare und mögliche Angelegenheit in der heutigen Welt – wenn man die Augen erhebt und die Arme öffnet.

„Ja, die Laien sind ein ‚auserwähltes Geschlecht, eine heilige Priesterschaft', auch ‚Salz der Erde' und ‚Licht der Welt' genannt. Es ist ihre besondere Berufung und Sendung, das Wort Gottes durch ihr Leben zu verkünden und als Sauerteig in die Realität der Welt, in der sie leben und arbeiten, einzufügen. Die starken Kräfte, die die Welt formen – Politik, Massenmedien, Wissenschaft, Technik, Kultur, Bildung, Industrie und Arbeit – sind genau jene Gebiete, in denen Laien besonders befähigt sind, ihre Mission auszuüben. Wenn diese Kräfte von wahren Jüngern Christi getragen werden, die gleichzeitig im Glauben theoretische und praktische Kompetenz zeigen, wird die Welt tatsächlich von innen her durch die erlösende Kraft Christi umgewandelt werden."

(Ansprache von Papst Johannes Paul II. in Limerick, Irland, Oktober 1979)

3. DIE EINIGUNG ALLER MENSCHEN

Dieses Streben „zuerst nach dem Reich Gottes und seiner Gerechtigkeit" (vgl. Mt 6,33), das bedeutet also ihre direkten Bemühungen um Seelen, nimmt die Legion vollständig in Anspruch. Dennoch darf nicht übersehen werden, dass ihr noch anderes „dazugegeben" wurde. Die Legion hat zum Beispiel auch sozialen Wert. Das macht sie zum Vorteil für jede Nation und bringt den dort lebenden Menschen geistlichen Gewinn.

Damit das soziale Gefüge erfolgreich funktioniert, braucht es wie jeder andere Mechanismus die harmonische Zusammenarbeit der Bestandteile. Jeder Teil, das bedeutet, jeder einzelne Bürger, muss genau das tun, was von ihm verlangt wird, und zwar so reibungslos wie möglich. Wenn nicht jeder Teil ganzen Dienst leistet, entsteht Leerlauf, der das nötige Gleichgewicht stört, und die Zahnräder greifen nicht mehr ineinander. Eine Reparatur ist nicht möglich, weil es äußerst schwierig ist, Grad oder Ursache des Schadens festzustellen. Die zu wählenden Mittel sind daher: mehr Kraft anwenden oder die Maschine mit mehr Geld „ölen". Diese Arten der Abhilfe entfernen sich noch weiter vom Begriff des Dienens oder der freiwilligen Mitarbeit, so dass es zu immer größeren Fehlleistungen kommt. Gemeinschaften haben so viel Lebenskraft, dass sie weiterfunktionieren, auch wenn jeder zweite nicht mitarbeitet. Aber das geht nur um den furchtbar hohen Preis von Armut, Frustration und Elend. Geld und Kraft werden aufgewendet, um Teile anzutreiben, die sich mühelos bewegen oder eigentlich selbst Kraftquellen sein sollten. Das Ergebnis: Probleme, Durcheinander, Krisen.

Wer kann leugnen, dass heutzutage selbst in den bestgeordneten Staaten dieser Zustand herrscht? Selbstsucht regiert das Leben des einzelnen. Hass macht das Leben vieler zu einer rein zerstörerischen Kraft. Und Tag für Tag wird ein neuer und allgemeiner Beweis für eine entscheidende Wahrheit erbracht, die sich am besten so ausdrücken lässt: „Wer Gott leugnet, wer Gott verrät, ist auch sonst treulos: gegen jeden Menschen, gegen alles, was kleiner ist als Gott, gegen alles im Himmel und auf Erden." (Brian O'Higgins) Der Staat ist nur die Summe der einzelnen. Kann man da Großes von ihm erwarten? Sind aber die Völker Gefahr und Qual für sich selbst, was können sie dann der Welt anderes bieten als etwas von ihrem eigenen Durcheinander?

Aber angenommen, eine Macht dringt in ein Volk ein, weitet sich aus, ergreift einen nach dem anderen, so dass jeder an Selbstaufopferung, gegenseitiger Liebe und Idealismus seine Freude findet: Was für eine Änderung würde das bewirken! Die schmerzenden Wunden heilen, das ganze Leben findet auf einer anderen Ebene statt. Angenommen, eine Nation würde ihr Leben an hohen Idealen ausrichten und der Welt vor Augen führen, wie es ist, wenn ein ganzes Volk seinen Glauben in die Tat umsetzt und selbstverständlich auch alle Schwierigkeiten aus dem Glauben heraus bewältigt – wer kann bezweifeln, dass eine solche Nation für die ganze Welt ein helles Licht wäre, so dass alle Welt zu ihr käme, um von ihr zu lernen?

Es steht außer Frage, dass die Legion imstande ist, in den Laien lebendiges Interesse für den Glauben zu wecken und denen, die unter ihren Einfluss kommen, glühenden Idealismus zu vermitteln. Und so werden diese Laien dann auch ihre weltlichen Spaltungen, Unterschiede und Feindseligkeiten vergessen und nur mehr von dem Wunsch beseelt sein, sich für alle zu mühen und alle zu lieben. Dieser Idealismus, im Glauben verwurzelt, ist nicht bloß ein Gefühl. Er lässt den einzelnen in Begriffen des Dienens denken, spornt ihn zu großen Opfern an, führt ihn bis zum höchsten Heldentum und ist nichts Flüchtiges.

Warum? Die Ursache liegt im Beweggrund. Jede Kraft muss eine Quelle haben. Die Legion hat ein zwingendes Motiv, der Gemeinschaft zu dienen. Jesus und Maria lebten in Nazaret. Sie liebten diese Stadt und ihr Land mit religiöser Hingabe, denn Glaube und Heimat waren für die Juden so stark miteinander verbunden, als wären sie eins. Jesus und Maria teilten das Alltagsleben ihrer Stadt, und das mit Vollkommenheit. Jeder Mensch und jeder Gegenstand dort erfuhr ihr herzliches Interesse. Es wäre unmöglich, sie sich in irgendeiner Hinsicht als gleichgültig oder nachlässig vorzustellen.

Heute ist die ganze Welt ihre Heimat, und jeder Ort ist ihr Nazaret. Einem Volk, das getauft ist, sind sie inniger verbunden als einst ihren eigenen Blutsverwandten. Ihre Liebe muss sich jedoch nun durch den mystischen Leib mitteilen. Wenn seine Glieder sich mühen, in diesem Geist ihrem Wohnort zu dienen, werden Jesus und Maria durch ihn ziehen und nicht nur an den Seelen Gutes tun, sondern alles wohltuend beeinflussen. Die materielle Lage wird sich bessern, und die Schwierigkeiten werden sich verringern. Eine echte Wende zum Besseren kann auch keinen anderen Ursprung haben.

Wird die Christenpflicht überall auf diese Weise erfüllt, vermehrt das die Vaterlandsliebe. Dieses Wort umreißt ein unbekanntes Gebiet, denn was ist wahre Vaterlandsliebe? In der Welt gibt es dafür weder Beschreibung noch Vorbild. Ziemlich nahe kommen dem noch die Einsatzbereitschaft und der Opfermut, die sich während eines Krieges herausbilden. Aber sie entspringen eher dem Hass als der Liebe und haben dementsprechend Zerstörung zum Ziel. So ist es unbedingt erforderlich, ein echtes Beispiel für einen friedvollen Patriotismus zu geben.

Auf einen solchen geistlichen Dienst an der Gemeinschaft drängt die Legion unter dem Titel „Wahre Hingabe an das Vaterland". Dieser Einsatz soll nicht nur aus geistlichen Beweggründen erfolgen, sondern er selbst und alle sich durch ihn ergebenden Kontakte müssen genützt werden, um das geistliche Leben zu fördern. Unternehmungen, die nur auf materieller Ebene einen Fortschritt erzielen, würden die gesamte Idee der „Wahren Hingabe an das Vaterland" verfälschen. Kardinal Newman drückt diese grundlegende Idee sehr gut aus, wenn er sagt: Schon der Gedanke an materiellen Fortschritt, ohne dass gleichzeitig entsprechende moralische Grundsätze angewandt werden, ist grauenhaft. Das rechte Gleichgewicht muss gewahrt bleiben. Eine kleine Schrift zu diesem Thema ist beim Concilium erhältlich.

Seht, Völker der Welt! Wenn die Legion so beschaffen ist, bietet sie dann nicht offensichtlich ein Rittertum an, das zum Einsatz bereit steht und über die geheimnisvolle Kraft verfügt, alle Menschen in großem Wagnis für Gott zu einen? In einem Dienst, der die legendären Feldzüge des König Artus bei weitem übersteigt, der – laut Tennysons schönem Gedicht –

> „an sich zog die fahrend Ritterschaft
> des eignen Reichs und aller Reiche.
> Der Menschheit Ruhm und Blüte einte er
> in seiner Tafelrunde Orden.
> Sie sollten Vorbild sein den Mächtigen der Welt
> und heller Aufgang einer neuen Zeit."

„So geht denn diese Kirche, zugleich ‚sichtbare Versammlung und geistliche Gemeinschaft', den Weg mit der ganzen Menschheit gemeinsam und erfährt das gleiche irdische Geschick mit der Welt und ist gewissermaßen der Sauerteig und die Seele der in Christus zu erneuernden und in die Familie Gottes umzugestaltenden menschlichen Gesellschaft. – Das Konzil fordert die Christen, die Bürger beider Gemeinwesen, auf, nach treuer Erfüllung ihrer irdischen Pflichten zu streben, und dies im Geist des Evangeliums.
Die Wahrheit verfehlen die, die im Bewusstsein, hier keine bleibende Stätte zu haben, sondern die künftige zu suchen, darum meinen, sie könnten ihre irdischen Pflichten vernachlässigen, und so verkennen, dass sie, nach Maßgabe der jedem zuteil gewordenen Berufung, gerade durch den Glauben selbst um so mehr zu deren Erfüllung verpflichtet sind." (GS 40,43)
"Eine praktische Antwort auf diese Notwendigkeit und diese Verpflichtung, die das Konzilsdekret hervorhebt, finden wir in den Unternehmungen der Legion, die 1960 begonnen haben und als ‚Wahre Hingabe an das Vaterland' bekannt sind. Das Ausmaß der bereits erzielten Erfolge deutet auf ungeheure Entfaltungsmöglichkeiten. Wir müssen aber betonen: Was die Legion im Irdischen zu bieten hat, sind weder außergewöhnliches Wissen und Sachverständnis noch hervorragende Fertigkeiten, nicht einmal eine große Anzahl von Mitarbeitern, sondern es ist jene geistliche Dynamik, die sie zu einer Kraft für die Welt werden ließ. Und diese Dynamik kann eingesetzt werden, um jede Gruppe des Gottesvolkes höher zu führen, welche die Einsicht und den Willen hat, sich ihrer zu bedienen. Aber die Initiative muss von der Legion ausgehen. Während sie alles meidet, was nach Verweltlichung aussieht, muss die Legion dennoch im Sinn des oben zitierten Dekrets der Welt Beachtung schenken. Sie muss sich bewusst sein, dass der Mensch inmitten materieller Dinge lebt und dass seine Erlösung in hohem Grad eng mit diesen Dingen verbunden ist."
(P. Thomas P. O'Flynn CM, vormals Geistlicher Leiter des Concilium Legionis Mariae)

4. IN GROSSEM WAGNIS FÜR GOTT

Ein solches Rittertum ist notwendig in dieser Zeit besonderer Gefahr für die Religion. Verweltlichung und Gottlosigkeit erfassen, durch überlegte Propaganda gefördert, mit ihrem verderblichen Einfluss immer weitere Kreise und scheinen tatsächlich die Macht zu besitzen, die ganze Welt in den Abgrund zu ziehen.

Welch unscheinbar kleine Herde ist doch die Legion, verglichen mit diesen gewaltigen Kräften! Doch gerade dieser Gegensatz gibt Mut. Die Legion besteht ja aus Seelen, die mit der mächtigsten Jungfrau vereint sind. Überdies besitzt die Legion selbst hohe Grundsätze und weiß sie wirkungsvoll anzuwenden. Vielleicht wird er, der mächtig ist, Großes an ihr und durch sie tun.

Die Ziele der Legion Mariens und die der „anderen Legionen", die „Jesus Christus, unseren einzigen Herrscher und Herrn, verleugnen" (vgl. Jud 4), sind einander genau entgegengesetzt. Die Legion hat das Ziel, jeder Seele Gott und den Glauben zu bringen. Die gegnerischen Kräfte haben genau das Gegenteil zum Ziel. Man darf aber nicht meinen, das System der Legion sei in absichtlichem Widerstand zu diesem Reich des Unglaubens entworfen worden. Es war alles viel einfacher. Eine kleine Gruppe scharte sich um eine Statue Unserer Lieben Frau und bat sie: „Führe uns!" Mit ihr vereint, begannen sie, ein großes Spital voll von Kranken, Leidbeladenen und Gebrochenen einer großen Stadt zu besuchen, indem sie in jedem dieser Menschen Marias geliebten Sohn sahen. Und sie kamen zu der Erkenntnis, dass Jesus genau so in jedem Glied der Menschheit ist, und dass sie das mütterliche Werk Marias für ihn in jedem einzelnen teilen sollten. So begannen die Mitglieder Hand in Hand mit Maria ihren bescheidenen Dienst – und siehe da: sie sind Legion geworden. Weltweit vollbringt die Legion diese schlichten Akte der Liebe Gottes im Menschen und der Liebe zu den Menschen um Gottes willen. Und überall erweist diese Liebe ihre Kraft, die Herzen aufzurütteln und zu gewinnen.

Auch die weltlichen Systeme bekennen sich zur Menschenliebe und zum Dienst an der Menschheit. Sie predigen ein hohles Evangelium der Brüderlichkeit. Millionen glauben daran, und um seinetwillen verlassen sie eine Religion, von der sie denken, dass sie träge und unwirksam ist. Und doch ist die Lage nicht hoffnungslos. Es gibt einen Weg, diese Millionen wieder zum Glauben zu führen und unzählige weitere Millionen zu retten. Diese Hoffnung liegt in der Anwendung jenes großen Grundsatzes, der die Welt regiert; ihn hat Johannes Maria Vianney, der heilige Pfarrer von Ars, in die Worte gefasst: „Die Welt gehört dem, der sie am meisten liebt und diese Liebe unter Beweis stellt." Vor einem echten Glauben, der in einer aufrichtigen, heldenhaften Liebe zu allen Menschen wirksam wird, können die Leute ihre Augen nicht verschließen; er berührt sie. Überzeugen wir sie, dass die Kirche sie am meisten liebt, und sie werden trotz allem zum Glauben zurückfinden. Ja, sie werden für diesen Glauben sogar ihr Leben geben.

Keine gewöhnliche Liebe kann die Menschen derart erobern. Auch ein mittelmäßiger Katholizismus, der sich kaum selbst zu erhalten vermag, wird das nicht vollbringen. Erreichen kann es ein Katholizismus, der Christus, seinen Herrn, aus ganzem Herzen liebt und ihn daher auch in allen Menschen sieht und liebt, gleichgültig, wer und was sie sind. Doch diese höchste Christusliebe muss in solchem Ausmaß geübt werden, dass jene, die sie sehen, sie als tatsächliches Kennzeichen der Kirche anerkennen müssen und nicht nur als die Leistung außergewöhnlicher Glieder der Kirche. Deshalb muss diese Christusliebe im Leben der Allgemeinheit der Laien offensichtlich sein.

Ist es ein hoffnungsloses Beginnen, die Gesamtheit der Kirche mit diesem erhabenen Geist entflammen zu wollen? Gewiss, es braucht die Kräfte eines Herkules! Das Problem ist tatsächlich so unüberschaubar, die Mächte, die das Land beherrschen, sind so gewaltig, dass selbst das kühnste Herz den Mut verlieren könnte. Doch das Herz der Legion ist Maria, und dieses Herz ist Glaube und Liebe in unbeschreiblichem Maß. Indem die Legion so denkt, richtet sie ihren Blick auf die ganze Welt, und mit einem

Mal bricht glühende Hoffnung durch: „Die Welt gehört dem, der sie am meisten liebt." Und wie am Anfang wendet sich die Legion nun wieder ihrer großen Königin zu: „Führe uns!"

„Die Legion Mariens und ihre Gegenkräfte, der Säkularismus und die Gottlosigkeit, stehen einander gegenüber. Unterstützt durch ständige Propaganda von Presse, Fernsehen und Videos, haben diese Kräfte Abtreibung, Ehescheidung, Empfängnisverhütung, Drogen und alle Arten von Unanständigkeit und Brutalität in das Herz eines jeden Hauses gebracht. Deshalb sind die Einfachheit und Unschuld jedes Neugeborenen diesen verheerenden Einflüssen ausgesetzt.
Nichts weniger als die Mobilisierung des ganzen katholischen Volkes wird dieser irreführenden Beeinflussung Widerstand leisten können. Die Legion Mariens verfügt über einen vollkommenen Mechanismus zu diesem Zweck. Aber ein Mechanismus ohne ausreichende Antriebskraft ist ohne Nutzen. Diese Triebkraft liegt in der *Spiritualität* der Legion, das ist: echte Verehrung des Heiligen Geistes und großes Vertrauen zu ihm, vollkommene Hingabe an seine Braut, die seligste Jungfrau Maria, genährt vom Brot des Lebens, der heiligsten Eucharistie.
Wenn diese beiden Mächte aufeinander stoßen, dann wird der Geist der Legion die Oberhand gewinnen. Indem die Legionäre täglich das Kreuz des Herrn tragen, werden sie wirkungsvoll gegen die moderne Weichlichkeit, Freizügigkeit und Schwachheit bestehen können, die unsere heutige Gesellschaft verderben, und werden letztlich siegen." (P. Aedan McGrath, SSC)

13
MITGLIEDSCHAFT

1. Die Legion Mariens steht allen Katholiken offen, die
a) ihre Religion treu praktizieren;
b) den Wunsch haben, durch eine Mitgliedschaft in der Legion Mariens ihre Rolle im Apostolat der Kirche zu erfüllen;
c) bereit sind, jede einzelne Pflicht zu erfüllen, die mit der aktiven Mitgliedschaft in der Legion verknüpft ist.

2. Wer der Legion beitreten will, muss um Aufnahme in ein Präsidium ersuchen.

3. Kandidaten unter 18 Jahren können nur in Jugendpräsidien aufgenommen werden. (Siehe Kapitel 36,1)

4. Niemand darf als Anwärter auf die Mitgliedschaft in der Legion zugelassen werden, bevor der Präsident des Präsidiums, in das er aufgenommen werden möchte, nach sorgfältigen Erkundigungen überzeugt ist, dass die Person die geforderten Voraussetzungen erfüllt.

5. Vor der Aufnahme des Kandidaten in die Reihen der Legionäre ist eine zufrieden stellende Probezeit von mindestens drei Monaten erforderlich; aber der Kandidat darf von Anfang an voll an den Arbeiten der Legion teilnehmen.

6. Jedem Kandidaten soll ein Exemplar der Tessera überreicht werden.

7. Die formelle Aufnahme besteht im Wesentlichen darin, dass der Kandidat das Legionsversprechen ablegt und sein Name in die Mitgliederliste des Präsidiums eingetragen wird. Der Wortlaut des Legionsversprechens folgt im Kapitel 15. Die Form, in der es gedruckt ist, soll das Lesen erleichtern.
Monsignore Montini (später Papst Paul VI.), der im Auftrag Papst Pius XII. schrieb, erklärte: „Dieses apostolische und marianische Versprechen hat die Legionäre in ihrem christlichen Kampf auf der ganzen Welt gestärkt, vor allem jene, die um des Glaubens willen Verfolgung leiden."
Ein Kommentar zum Legionsversprechen, *Theologie des Apostolats der Legion Mariens* von Kardinal L. J. Suenens, wurde in mehreren Sprachen veröffentlicht. Dieses unschätzbare Werk sollte jeder Legionär besitzen. Genauso sollte es jeder verantwortungsbewusste Katholik lesen, denn es legt hervorragend die Grundsätze des christlichen Apostolats dar.

a) Kommt man zu dem Urteil, dass die Probezeit zufrieden stellend beendet ist, erhält der Kandidat mindestens eine Woche vor dem Termin die Verständigung, dass er in die Legion aufgenommen werden kann. Während dieser Woche soll er sich mit dem Wortlaut und dem Gedankengut des Versprechens vertraut machen, damit er es im Augenblick der Aufnahme ohne Schwierigkeiten, mit Verständnis und Ernst lesen kann.

b) Bei einem gewöhnlichen Wochentreffen des Präsidiums, unmittelbar nach dem Beten der Catena, wenn alle Mitglieder noch stehen, wird das Vexillum zum Kandidaten gestellt; dieser hält in der linken Hand den Text des Legionsversprechens und liest es laut, wobei er an der entsprechenden Stelle seinen Namen einfügt. Zu Beginn des dritten Abschnitts legt der Kandidat die rechte Hand an den Schaft des Vexillums und lässt sie dort, bis er das Versprechen vollendet hat. Ist ein Priester anwesend, so erteilt er danach dem neuen Legionär den Segen. Dann wird der Name in die Mitgliederliste eingetragen.

c) Nun setzen sich die Mitglieder, es folgt die Allocutio, und das Treffen nimmt seinen gewohnten Verlauf.

d) Falls das Präsidium noch kein Vexillum besitzt, soll der Kandidat statt dessen eine Abbildung davon halten. Die Tessera kann dazu dienen.

8. Sobald der Kandidat als geeignet beurteilt worden ist, soll die Ablegung des Versprechens nicht hinausgezögert werden. Man darf auch zwei oder mehr Kandidaten gleichzeitig aufnehmen. Aber das ist nicht wünschenswert. Je größer die Anzahl der Kandidaten, die gleichzeitig Aufnahme finden, desto weniger feierlich wird die Zeremonie für den einzelnen.

9. Für besonders empfindsame Menschen kann die Ablegung des Versprechens eine Feuerprobe sein. Doch in Wirklichkeit sind gerade sie im Vorteil, denn für sie hat die Zeremonie besondere Feierlichkeit und Bedeutung, was sich auf die künftige Mitgliedschaft auswirken wird.

10. Die Aufgabe, Kandidaten willkommen zu heißen, sie in ihren Pflichten zu unterweisen und sie während der Probezeit und auch danach zu fördern, ist ganz besonders dem Vizepräsidenten anvertraut; doch ist es eine Pflicht, an der sich alle beteiligen sollten.

11. Will ein Kandidat aus irgendeinem Grund das Versprechen nicht ablegen, kann die Probezeit um weitere drei Monate verlängert werden. Das Präsidium hat das Recht, die Ablegung des Versprechens hinauszuschieben, bis es von der Eignung des Kandidaten überzeugt ist. In gleicher Weise ist es nur gerecht, dass auch der Kandidat reichlich Gelegenheit hat, einen Entschluss zu fassen.

Nach Ablauf der zusätzlichen Probezeit muss der Kandidat jedoch entweder das Versprechen ohne geistigen Vorbehalt ablegen oder das Präsidium verlassen. Ein Mitglied, das bereits das Versprechen abgelegt hat, es aber später innerlich ablehnt, ist moralisch verpflichtet, die Legion zu verlassen.

Die Probezeit und das Versprechen sind das Eingangstor in die Legion. Dieses Tor darf nicht aus Nachlässigkeit offen gelassen werden, so dass Ungeeignete eintreten, das Niveau drücken und den Geist verwässern können.

12. Der Geistliche Leiter ist nicht verpflichtet, das Versprechen abzulegen. Tut er es, so ist das rechtens und erfreulich und eine Ehre für das Präsidium.

13. Das Versprechen sollte seinem eigentlichen Zweck vorbehalten bleiben. Es darf nicht als Weiheakt bei der Acies oder anderen Veranstaltungen gebraucht werden. Selbstverständlich dürfen die Legionäre es beim privaten Gebet verwenden, wenn sie wollen.

14. Bei Abwesenheit vom Präsidium sollen die dafür verantwortlichen Umstände mit dem richtigen Grad an Wohlwollen geprüft werden. Kein Name soll leichthin aus der Mitgliederliste gestrichen werden, vor allem nicht, wenn es um Krankheit geht, auch dann, wenn sie wahrscheinlich lang andauern wird. Wurde eine Mitgliedschaft jedoch als unterbrochen angesehen und der Name formell aus der Liste gestrichen, ist bei einem neuerlichen Eintritt wieder die Probezeit und ein nochmaliges Ablegen des Versprechens erforderlich.

15. Für die Zwecke der Arbeit der Legion, aber nur für diese Zwecke, nennen die Mitglieder einander „Bruder" beziehungsweise „Schwester".

16. Mit Zustimmung der Curia können die Mitglieder nach Bedarf in Männer-, Frauen-, Jungen-, Mädchen- oder gemischten Präsidien versammelt werden.

Die Legion wurde als eine Organisation für Frauen gegründet, und es dauerte acht Jahre, bis das erste Männerpräsidium errichtet wurde. Doch bildet sie eine genau so gute Basis für die Organisation von Männern, und jetzt sind Männerpräsidien und gemischte Präsidien in großer Zahl am Werk. Die ersten Präsidien in Nord- und Südamerika, in Afrika und in China waren Männerpräsidien.

Obwohl also die Frauen den Ehrenplatz in der Legion haben, wird in diesem Buch das männliche Fürwort für Legionäre beiderlei Geschlechts verwendet. Man vermeidet dadurch die ermüdende Phrase „er oder sie".

„Dazu ist die Kirche ins Leben getreten: sie soll zur Ehre Gottes des Vaters die Herrschaft Christi über die ganze Erde ausbreiten und so alle Menschen der heilbringenden Erlösung teilhaftig machen, und durch diese Menschen soll die gesamte Welt in Wahrheit auf Christus hingeordnet werden. Jede Tätigkeit des mystischen Leibes, die auf dieses Ziel gerichtet ist, wird Apostolat genannt: die Kirche verwirklicht es, wenn auch auf verschiedene Weise, durch alle ihre Glieder; denn die christliche Berufung ist ihrer Natur nach auch Berufung zum Apostolat. Wie sich im Gefüge eines lebendigen Leibes ein Glied nicht nur passiv verhält, sondern zugleich mit dem Leben des Leibes auch an seinem Tun teilnimmt, so bewirkt auch im Leib Christi, der die Kirche ist, der ganze Leib ‚gemäß der jedem einzelnen Glied zugemessenen Wirkkraft das Wachstum des Leibes' (Eph 4,16). Ja, so stark ist in diesem Leib die Verbindung und der Zusammenhalt der Glieder (vgl. Eph 4,16), dass man von einem Glied, das nicht nach seinem Maß zum Wachstum des Leibes beiträgt, sagen muss, es nütze weder der Kirche noch sich selber." (AA 2)

14
DAS PRÄSIDIUM

1. Die kleinste Einheit der Legion Mariens wird „Präsidium" genannt. Mit diesem lateinischen Wort bezeichnete man eine Abteilung der römischen Legion, die einen bestimmten Auftrag durchzuführen hatte; so wurde ihr zum Beispiel ein Frontabschnitt, eine befestigte Stellung, eine Garnison übertragen. Die Anwendung der Bezeichnung „Präsidium" ist daher für diese Einheit der Legion Mariens passend.

2. Jedes Präsidium ist nach einem der Titel Unserer Lieben Frau benannt, zum Beispiel „Mutter der Barmherzigkeit", oder nach einem ihrer Vorrechte, zum Beispiel „Unbefleckte Empfängnis", oder auch nach einem Ereignis aus ihrem Leben, zum Beispiel „Mariä Heimsuchung".
Glücklich der Bischof, der in seiner Diözese so viele Präsidien hat, dass sie gewissermaßen eine lebendige Litanei Marias bilden!

3. Das Präsidium besitzt Autorität über alle seine Mitglieder und ist ermächtigt, deren Aktivitäten zu kontrollieren. Die Mitglieder ihrerseits sollen alle rechtmäßigen Anordnungen des Präsidiums treu befolgen.

4. Jedes Präsidium muss entweder direkt oder durch einen ordnungsgemäß errichteten Rat – wie nachstehend erklärt – dem Concilium Legionis angeschlossen sein. Sonst gibt es keine Legionsmitgliedschaft. Daraus folgt, dass kein neues Präsidium errichtet werden kann ohne die formelle Erlaubnis seiner Curia oder, falls es keine in Frage kommende Curia gibt, des nächsthöheren Rates oder – im äußersten Fall – des Conciliums. Das Präsidium soll unmittelbar von einem solchen Legionsrat abhängig sein.

5. Kein Präsidium darf in einer Pfarrgemeinde ohne Zustimmung des Pfarrers oder des Ordinarius errichtet werden. Man soll den Pfarrer oder den Ordinarius einladen, die Gründung vorzunehmen.

6. Das Präsidium soll **jede Woche ein Treffen** halten, das so geleitet wird wie im Kapitel 18 *Die Ordnung des wöchentlichen Treffens* beschrieben. Diese Regel ist absolut unveränderlich. Immer wieder wird betont, dass es aus verschiedenen außerordentlichen Gründen schwierig sei, das Treffen wöchentlich zu halten, und dass eine Zusammenkunft einmal im Monat oder alle vierzehn Tage allen Zwecken dienen würde. Die Antwort darauf ist, dass die Legion unter keinen Umständen etwas anderem zustimmen kann als dem wöchentlichen Treffen und keinem ihrer Räte die Vollmacht gibt, diese Regel zu ändern. Ginge es nur um die Einteilung der durchzuführenden Arbeit, könnte eine monatliche Zusammenkunft vielleicht genügen, obwohl das zu bezweifeln ist, wenn die Arbeit jede Woche geleistet wird, wie es vorgeschrieben ist. Aber ein lebenswichtiger Zweck des Treffens ist das wöchentliche gemeinsame Gebet, und es ist überflüssig, klarzumachen, dass dieser Zweck nicht erreicht werden kann, wenn das Treffen nicht wöchentlich stattfindet. Ein wöchentliches Treffen mag Opfer kosten. Doch wenn die Legion nicht mit Vertrauen solche verlangen darf, auf welcher Grundlage soll sie dann aufbauen?

7. Jedes Präsidium soll einen Priester als Geistlichen Leiter haben, außerdem einen Präsidenten, einen Vizepräsidenten, einen Schriftführer und einen Kassenführer.
Diese sind die Amtsträger des Präsidiums und vertreten es bei der Curia. Ihre Pflichten werden im Kapitel 34 beschrieben, aber ihre erste Pflicht ist es, ihre gewöhnliche Arbeitsverpflichtung so gut zu erfüllen, dass sie allen übrigen Mitgliedern ein Vorbild geben.

8. Die Amtsträger sollten in ihren Präsidien über jedes Curientreffen Bericht erstatten, um ihre Mitglieder über die Vorgänge in der Curia auf dem Laufenden zu halten.

9. Der Geistliche Leiter wird vom Pfarrer oder vom Ordinarius ernannt und übt sein Amt solange aus, als dieser es wünscht. Ein Geistlicher Leiter kann mehrere Präsidien betreuen. Wenn der Geistliche Leiter an den Treffen des Präsidiums nicht teil-

nehmen kann, so darf er einen anderen Priester, einen Ordensangehörigen oder unter besonderen Umständen einen geeigneten Legionär, der als „Tribun" bezeichnet wird, beauftragen, an seiner Stelle zu wirken. Obwohl der Geistliche Leiter über die Treffen informiert werden sollte, ist es für die Gültigkeit der Treffen nicht wesentlich, dass er tatsächlich anwesend ist. Der Geistliche Leiter hat den Rang eines Amtsträgers des Präsidiums und soll jede rechtmäßige Autorität der Legion unterstützen.

10. Der Geistliche Leiter soll Entscheidungsautorität in allen Glaubens- und Sittenfragen haben, die im Präsidiumstreffen aufkommen, und aufschiebendes Vetorecht für alle Vorgänge im Präsidium, um eine Entscheidung des Pfarrers oder des Ordinarius einzuholen. „Dieses Recht ist eine notwendige Waffe. Aber, wie jede Waffe, muss man es mit großer Klugheit und Vorsicht gebrauchen, damit es nicht ein Werkzeug zur Zerstörung statt zum Schutz wird. In einer gut aufgebauten und gut geführten Gemeinschaft wird es nie notwendig sein, dieses Recht auszuüben." (Civardi, *Handbuch der Katholischen Aktion*)

11. Die Amtsträger des Präsidiums, der Geistliche Leiter ausgenommen, werden von der Curia ernannt. Falls keine Curia besteht, soll die Ernennung durch den nächsthöheren Rat erfolgen. Es ist wünschenswert, eine öffentliche Diskussion über die Verdienste möglicher Amtsträger, von denen einige gerade anwesend sein können, zu vermeiden. Deshalb ist bei Freiwerden eines Amtsträgerpostens folgender Vorgang üblich: Der Curienpräsident zieht sorgfältig Erkundigungen ein, vor allem beim Geistlichen Leiter des Präsidiums, in der Absicht, die am besten geeignete Person zu finden und deren Namen der Curia vorzuschlagen; erscheint sie der Curia entsprechend, kann sie diese Person ernennen.

12. Jede Ernennung eines Amtsträgers – Geistliche Leiter ausgenommen – gilt für einen Zeitraum von drei Jahren und kann für weitere drei Jahre erneuert werden, das sind sechs Jahre insgesamt. Ist die Amtszeit abgelaufen, darf der Amtsträger die

Pflichten dieses Amtes nicht länger ausüben. Wird der Amtsträger für ein anderes Amt ernannt oder erhält er dasselbe Amt in einem anderen Präsidium, so gilt das als Neuernennung. Nach einer Unterbrechung von drei Jahren darf ein Amtsträger im selben Präsidium dasselbe Amt neuerlich übernehmen. Übt ein Amtsträger aus irgendeinem Grund sein Amt nicht volle drei Jahre aus, betrachtet man mit dem Tag der Amtsniederlegung seine Amtszeit als vollendet, so als hätte sie drei Jahre gedauert. Dann ist die normale Regel zur Neubesetzung eines Amtes bestimmend, das heißt:

a) wird das Amt während der ersten Amtszeit niedergelegt, so darf der Legionär während der nicht vollendeten Amtsperiode für eine zweite Amtszeit in demselben Amt ernannt werden;
b) handelt es sich um die zweite Amtszeit, so ist erst nach Ablauf von drei Jahren, von der Niederlegung des Amtes an gerechnet, eine Wiederernennung erlaubt.

„Die Frage der Amtsdauer muss nach allgemein gültigen Grundsätzen entschieden werden. Die Gefahr, derer sich jede Organisation, besonders aber eine freiwillige religiöse, immer bewusst sein muss, ist, dass sie als Ganzes oder dass eine ihrer Gruppen verknöchern könnte. Diese Gefahr ist wirklich groß. Es entspricht der menschlichen Natur, dass Begeisterung allmählich nachlässt, sich Routine einschleicht und Methoden zur Schablone werden, während die Übel aber, die bekämpft werden müssen, ständig neue Formen annehmen.

Dieser Verfallsprozess führt schließlich zu fruchtloser Arbeit und Gleichgültigkeit, so dass die Organisation ihre Anziehungskraft verliert gerade für solche Menschen, die am meisten als Mitglieder erwünscht sind. Sie ist dem Tode nahe. Davor muss sich die Legion um jeden Preis schützen. Das Aufflammen fortwährender Begeisterung muss in jedem einzelnen Rat und in jedem Präsidium gesichert sein. Unsere erste Sorge muss klarerweise den natürlichen Quellen des Eifers gelten: den Amtsträgern. Diese müssen immer im Bann des ersten Feuereifers gehalten werden; und das ist am besten durch Wechsel zu bewirken. Versagen die Amtsträger, verkümmert alles. Verlieren die Amtsträger Feuer und Begeisterung, wird sich dieselbe Entwicklung in der Gemeinschaft, die sie leiten, fortpflanzen. Und das Schlimmste ist: die Mitglieder sind zufrieden mit dem Zustand, an den sie sich gewöhnt haben, so dass keine Hoffnung auf Abhilfe besteht, es sei denn, sie kommt von außen. In der Theorie würde eine Regel, welche die Erneuerung der Amtszeit in bestimmten Zeitabständen vorsieht, dagegen Abhilfe schaffen. Aber in der Realität wäre das nicht wirksam, weil sogar die übergeordneten Räte nicht erkennen würden, dass ein Verfallsprozess stattfindet, und sie üblicherweise die Amtszeit automatisch immer wieder verlängern würden.

Der einzig sichere Weg scheint also in einem System zu liegen, nach dem die Amtsträger ungeachtet ihrer Verdienste oder sonstiger Umstände gewechselt werden. Die Praxis geistlicher Orden bietet sich hier als Modell an, dem die Legionspraxis folgen soll: eine Beschränkung der Amtsdauer auf sechs Jahre, und das unter der Bedingung, dass nach den ersten drei Jahren eine Neuernennung notwendig ist." (Entscheidung der Legion über die Beschränkung der Amtszeit)

13. „Es gibt keine schlechten Soldaten, es gibt nur schlechte Offiziere". Mit diesem scharfen Wort erklärte Napoleon, dass die Soldaten immer das sind, was die Offiziere aus ihnen machen. Auch die Legionäre werden nie über die Maßstäbe von Geist und Arbeit hinauskommen, die von ihren Amtsträgern vorgegeben werden. Deshalb müssen die Besten, die verfügbar sind, Amtsträger werden. Wird der Arbeiter als würdig erachtet, seinen Lohn zu bekommen, so sollte gewiss auch der Legionär für würdig gehalten werden, eine gute Führung zu haben. Die Ernennung einer Folge von guten Amtsträgern sollte bedeuten, dass die Qualität des Präsidiums ständig steigt. Denn während jeder neue Amtsträger voll Eifer darüber wacht, dass das bereits erreichte Niveau nicht absinkt, wird er seinen eigenen besonderen Beitrag leisten, der dann seinerseits mithilft, das Präsidium zu formen.

14. Besonders die Ernennung des Präsidenten sollte Gegenstand sorgfältiger Überlegung sein. Ein Missgriff in dieser Rich-

tung kann das Präsidium zugrunde richten. Eine Wahl sollte erst dann getroffen werden, nachdem jede mögliche Person im Licht der Erfordernisse geprüft wurde, die im Kapitel 34, Abschnitt 2, *Der Präsident*, dargelegt sind. Personen, die diesen Richtlinien wahrscheinlich nicht entsprechen, sollten auf keinen Fall ausgewählt werden, auch wenn ihre Verdienste in anderen Bereichen groß sein mögen.

15. Wenn ein schlechtes Präsidium von der Curia neu aufzubauen ist, muss diese zugleich den Präsidenten auswechseln, außer es gibt sehr spezielle Gründe dagegen. In nahezu jedem Fall liegt das Versagen eines Präsidiums beim Präsidenten, in seiner Nachlässigkeit oder Unfähigkeit zur Führung.

16. Während der Probezeit kann ein Legionär in einem Erwachsenenpräsidium ein Amt nur stellvertretend oder provisorisch übernehmen. Wird ihm das Amt während der Probezeit nicht entzogen, so gilt er dann als endgültig ernannt. Die Zeit, in der er das Amt bereits ausgeübt hat, wird in die oben erwähnte Amtsdauer von drei Jahren mit eingerechnet.

17. Ohne Erlaubnis des Präsidenten darf kein Mitglied das Präsidium verlassen, um in ein anderes einzutreten. Die Aufnahme in ein anderes Präsidium soll nach den Vorschriften und Regeln für die Zulassung neuer Mitglieder erfolgen, nur dass Probezeit und Versprechen nicht verlangt werden sollen. Die erwähnte Erlaubnis sollte nicht ohne triftigen Grund vorenthalten werden. Berufung in einer solchen Angelegenheit ist bei der Curia einzulegen.

18. Der Präsident des Präsidiums hat nach Rücksprache mit den anderen Amtsträgern die Vollmacht, jedes Mitglied des Präsidiums zeitweise auszuschließen, und zwar aus jedem Grund, der ihnen nach ihrem Ermessen genügend erscheint. Die Amtsträger sind dem Präsidium darüber keine Rechenschaft schuldig.

19. Die Curia hat die Vollmacht, jedes Mitglied eines Präsidiums für immer oder zeitweilig auszuschließen. Dagegen kann nur

beim nächsthöheren Rat Berufung eingelegt werden. Die Entscheidung des nächsthöheren Rates ist endgültig.

20. Jede Meinungsverschiedenheit hinsichtlich Arbeitsgebieten sowie zwischen Präsidien entscheidet die Curia.

21. Es ist eine wesentliche Pflicht des Präsidiums, eine starke Gruppe von Hilfslegionären um sich herum aufzubauen und zu erhalten. Stellen wir uns ein Regiment Soldaten vor, mit guten Offizieren, voll Mut, hervorragend diszipliniert und ausgerüstet, ein Bild unwiderstehlicher Kraft! Und doch: Wäre es allein auf sich gestellt, wäre dieses Regiment nur kurze Zeit leistungsfähig. Es hängt Tag für Tag von einer großen unterstützenden Schar von Arbeitern ab, die es mit Munition, Lebensmitteln, Kleidung und medizinischer Hilfe versorgen. Abgeschnitten von diesen Diensten – was werden einige Tage des Kampfes dieser guten Truppe von Männern antun!? Was der Nachschub für die Truppe bedeutet, das sind die Hilfslegionäre für das Präsidium. Die Hilfslegionäre gehören zum Legionssystem. Ohne sie ist das Präsidium unvollständig. Die angemessene Methode, mit den Hilfslegionären in Verbindung zu bleiben, ist der persönliche Kontakt. Die Herausgabe von Rundschreiben allein ist zur Erfüllung dieser wichtigen Pflicht nicht genügend.

22. Eine Armee sorgt für ihre Zukunft durch die Einrichtung von Militärschulen. In gleicher Weise sollte es als notwendiger Teil des Selbstverständnisses jedes Erwachsenenpräsidiums angesehen werden, ein Jugendpräsidium zu führen. Zwei der erwachsenen Legionäre sollten als Amtsträger des Jugendpräsidiums bestellt werden. Da die Schulung von Jugendlichen bestimmte Fähigkeiten erfordert, ist nicht jeder erwachsene Legionär für diese Aufgabe geeignet. Diese Amtsträger sollten daher sorgfältig ausgewählt werden. Ihre Arbeit in dieser Eigenschaft kann als Erfüllung der Arbeitsverpflichtung im Erwachsenenpräsidium gelten. Sie vertreten das Jugendpräsidium bei der Curia oder bei der Jugendcuria, falls eine solche besteht. Die beiden anderen Amtsträger sollen Junglegionäre sein, die damit eine ausgezeichnete Schulung im Verantwortungsbewusstsein er-

halten. Sie vertreten das Präsidium bei einer Jugendcuria. Jung-legionäre können nicht Mitglieder einer Erwachsenencuria sein.

„Die Sonne hat zahllose Strahlen, aber nur ein Licht. Der Baum hat viele Zweige, aber nur einen Stamm, der fest in seinen Wurzeln ruht." (Hl. Cyprian, Von der Einheit der Kirche)

15
DAS LEGIONSVERSPRECHEN

Gott, Heiliger Geist,
ich (*Name des Bewerbers*) habe den Wunsch,
heute in die Legion Mariens aufgenommen zu werden.
Doch ich weiß: allein vermag ich nicht den Dienst zu leisten,
der deiner würdig ist.
So bitte ich: Komm du auf mich herab und erfülle mich,
damit mein schwaches Tun, von deiner Kraft getragen,
ein Werkzeug deiner mächtigen Pläne wird!

Ich weiß jedoch: Als du gekommen bist,
die Welt in Jesus Christus zu erneuern,
wolltest du es einzig durch Maria tun.
Wir können ohne sie dich nicht erkennen und nicht lieben.
Sie ist es, durch die alle deine Gaben,
deine Tugenden und deine Gnaden verteilt werden,
an wen sie will und wann sie will,
in welchem Maß und wie sie will.
Nun wird mir klar:
Das Geheimnis des vollkommenen Legionsdienstes
besteht in der völligen Vereinigung mit Maria,
die so ganz geeint ist mit Dir.

Deshalb nehme ich die Standarte der Legion in meine Hand,
die uns all das vor Augen führen will,
und stehe vor dir als Marias Streiter und ihr Kind.
Ich bekenne meine vollständige Abhängigkeit von ihr.
Sie ist die Mutter meiner Seele.
Ihr Herz und das meine sind eins.

Und aus diesem einen Herzen spricht sie wieder wie damals:
„Ich bin die Magd des Herrn."
Und du kommst wiederum durch sie, um Großes zu tun.

Lass deine Kraft mich überschatten,
komm in meine Seele mit Feuer und Liebe
und mach sie eins mit Marias Liebe und Marias Willen,
die Welt zu retten:
dass ich rein sei in ihr, die du zur Immaculata gemacht hast,
dass Christus, mein Herr, in mir ebenso sehr wachse durch dich;
dass ich ihn, mit Maria, seiner Mutter, der Welt bringe
und den Menschen, die ihn brauchen;
dass sie und ich nach siegreichem Kampf
für immer mit Maria herrschen
in der Herrlichkeit des Dreifaltigen Gottes.

Im Vertrauen, dass du mich heute annehmen –
und verwenden –
und meine Schwäche in Stärke verwandeln willst,
stelle ich mich auf meinen Platz in den Reihen der Legion
und wage es, treuen Dienst zu versprechen.
Ich will mich ganz ihrer Ordnung unterstellen:
sie bindet mich an meine Kameraden,
sie formt aus uns ein Heer
und hilft, unsere Reihen geschlossen zu halten,
während wir mit Maria voranziehen,
deinen Willen zu erfüllen,
die Wunder deiner Gnade zu vollbringen,
durch die das Angesicht der Erde erneuert
und überall Dein Reich errichtet wird, Gott Heiliger Geist.
Im Namen des Vaters und des Sohnes und des Heiligen Geistes. Amen.

„Es wurde betont, dass sich der Legionär beim Legionsversprechen an den Heiligen Geist wendet. Im allgemeinen verehren ihn die Katholiken viel zu wenig. Die Legionäre müssen ihm ihre ganz besondere Liebe schenken. Ihre Aufgabe, selbst heilig zu werden und andere Mitglieder des Mystischen Leibes zur Heiligkeit zu führen, hängt ja von der Macht und Wirkkraft des Heiligen

Geistes ab und verlangt daher die Einheit mit ihm. Zwei Dinge sind hier entscheidend: bewusstes Hören auf ihn und Hingabe an Maria, weil der Heilige Geist in untrennbarer Einheit mit ihr wirkt. Wahrscheinlich hat es nicht so sehr am Hören gemangelt, als vielmehr an der Hingabe an Maria, und deshalb fehlt es weithin an der wahren Verehrung des Heiligen Geistes, trotz der vielen Bücher, die über ihn geschrieben, und der vielen Predigten, die über ihn gehalten werden. Die Legionäre lieben ihre Königin und Mutter aus ganzem Herzen. Verbinden sie diese Liebe ausdrücklich mit der Verehrung des Heiligen Geistes, dann entsprechen sie voll und ganz dem Plan Gottes, der vorsieht, dass das Neuwerden der Welt nur im Zusammenwirken des Heiligen Geistes mit Maria geschehen kann. Es wird nicht ausbleiben, dass auf diese Weise die Mühen der Legionäre an Kraft gewinnen und mehr Erfolg haben.

Das erste Gebet der Legionäre war an den Heiligen Geist gerichtet: eine Anrufung und eine Bitte an ihn; dann folgte der Rosenkranz. Mit denselben Gebeten wird seither jedes Legionstreffen eröffnet. Es ist daher durchaus angemessen, auch die feierliche Aufnahme in die Legion unter die gleichen heiligen Vorzeichen zu stellen. Damit nimmt man den Gedanken des Pfingsttages wieder auf, an dem der Heilige Geist durch Maria die Gnade des Apostolats verliehen hat. Der Legionär, der durch Maria den Heiligen Geist zu empfangen strebt, wird seine Gaben in Fülle erhalten, und eine dieser Gaben wird eine wahrhaft erleuchtete Liebe zu Maria sein.

Die vorliegende Fassung des Versprechens stimmt auch mit der religiösen Haltung überein, die in der Legionsstandarte zum Ausdruck kommt: Die ‚Taube' überschattet die Legion und alles, was die Legion durch Maria für das Heil der Menschen tut." (Auszug aus dem Protokoll der 88. Zusammenkunft des Concilium Legionis)

Dieses Zitat ist kein Teil des Legionsversprechens.

16
WEITERE GRADE DER MITGLIEDSCHAFT

Zusätzlich zur normalen aktiven Mitgliedschaft kennt die Legion zwei weitere Grade:

1. DIE PRÄTORIANER

Der Prätorianergrad[1] ist ein höherer Grad der aktiven Mitgliedschaft, jenen Legionären zugänglich, die zu den allgemeinen Pflichten eines aktiven Mitglieds weitere übernehmen:

1. täglich alle Gebete der Tessera zu verrichten;
2. täglich die heilige Messe mitzufeiern und täglich die heilige Kommunion zu empfangen. Niemand sollte sich abhalten lassen, Prätorianer zu werden, aus Sorge, er könnte nicht wirklich jeden Tag die heilige Messe mitfeiern oder die heilige Kommunion empfangen. Keiner kann einer so genauen Regelmäßigkeit sicher sein. Jeder, der die heilige Messe normalerweise nicht öfter als ein- oder zweimal in der Woche versäumt, mag sich ruhig als Prätorianer eintragen lassen;
3. täglich ein kirchlich anerkanntes Offizium zu beten, besonders das offizielle Stundengebet der Kirche oder einen wesentlichen Teil davon, wie zum Beispiel Laudes und Vesper. Ein kleineres Stundenbuch mit diesen Gebetszeiten, einschließlich der Komplet, ist ebenfalls kirchlich approbiert worden.[2]

Gelegentlich wird vorgeschlagen, das Stundengebet durch eine Betrachtung zu ersetzen oder zumindest zwischen Betrachtung und Offizium die Wahl zu lassen. Dieser Vorschlag würde aber nicht mit der Grundidee des Prätorianergrades übereinstimmen: der Teilnahme des Legionärs am großen offiziellen Gebet des mystischen Leibes. Die aktive Arbeit des Legionärs ist Teilnahme am offiziellen Apostolat der Kirche. Der Prätorianergrad hat zum Ziel, den Legionär noch tiefer in das gemeinsame Leben der Kirche zu versenken. Es ist daher klar, dass dieser Grad heilige Messe und Kommunion vorschreiben muss, sind diese ja die zentrale Feier der Kirche, die täglich die höchste Handlung der Christenheit aufs neue vollzieht.

Das Stundengebet steht in der Liturgie gleich an zweiter Stelle. Es ist ja der gemeinsame Ausdruck des Gebetes der Kirche, in dem Christus selbst betet. In jedem Offizium, das auf die Psalmen aufgebaut ist, verwenden wir die vom Heiligen Geist inspirierten Gebete und schließen uns dadurch der Stimme des mystischen Leibes an, die vom Vater gehört werden muss. Deshalb ist für den Prätorianergrad das Breviergebet und nicht die Betrachtung Bedingung.

---

[1]Die Prätorianergarde war das Eliteregiment der römischen Armee.

[2]Ein solches Offizium wurde von der Legion Mariens in Irland herausgegeben. Im deutschsprachigen Raum stehen zahlreiche kirchlich approbierte Offizien zur Auswahl.

„Wenn die Gnade in uns wächst, muss unsere Liebe neuen Ausdruck finden", sagte Erzbischof Leen zu seinen Legionären. Das ganze Brevier zu beten, wenn man dazu in der Lage ist, wäre ein Zeichen solch größerer Liebe.

Folgendes muss man verstehen:

a) Der Prätorianergrad ist nur ein höherer Grad der Mitgliedschaft und keine gesonderte Organisationseinheit. Daher dürfen keine Prätorianer-Präsidien errichtet werden.
b) Die Mitgliedschaft als Prätorianer ist einzig und allein als private Verpflichtung des einzelnen Legionärs zu betrachten.
c) Zur Werbung von Prätorianern darf nichts angewandt werden, was auch nur im geringsten Maß moralischen Druck einschließt. Obwohl den Legionären also die Übernahme dieses Grades empfohlen werden darf – was oft geschehen sollte –, dürfen keine Namen öffentlich eingetragen oder erwähnt werden.
d) Die Mitgliedschaft als Prätorianer tritt durch Eintragung des Namens in eine eigene Liste in Kraft.
e) Die Geistlichen Leiter und die Präsidenten sollen sich bemühen, dass die Zahl ihrer Prätorianer steigt. Sie sollen aber auch mit denen in Kontakt bleiben, die diesen Grad der Mitgliedschaft übernommen haben, damit sie in ihrer hochherzigen Verpflichtung nicht ermüden.

Wenn der Geistliche Leiter bereit ist, seinen Namen in die Liste der Prätorianer eintragen zu lassen, so vertieft das seine Legionsmitgliedschaft und verbindet ihn noch enger mit seinem Präsidium. Ebenso würde es sich auf das Wachstum der Prätorianermitgliedschaft im Präsidium günstig auswirken.

Die Legion erwartet sich viel vom Prätorianergrad: Er führt viele Mitglieder zu einem Leben der innigeren Vereinigung mit Gott durch das Gebet. Er bedeutet, dass dem Legionssystem ein „Herz des Gebetes" eingegliedert wird. Immer mehr Legionäre werden trachten, sich darin zu versenken. Das wird unweigerlich den gesamten geistlichen Kreislauf der Legion beeinflussen und bewirken, dass sie im Geist des Vertrauens auf das Gebet wächst, und zwar bei allen ihren Unternehmungen. Ja, die Legion wird dadurch immer vollständiger erfassen, dass es ihre höchste und wahre Bestimmung ist, ihre Mitglieder zu einem wahrhaft geistlichen Leben zu führen.

"Ich weiß, du musst wachsen! Das ist deine Bestimmung. Das ergibt sich notwendig daraus, dass du katholisch bist: es ist ein Vorrecht des apostolischen Erbes. Bloß die Vorstellung, einem Fortschritt im rein Materiellen würde kein Fortschritt im geistigen Bereich gegenüberstehen, ist furchtbar." (J. H. Newman, Die gegenwärtige Lage der Katholiken)

2. DIE HILFSMITGLIEDSCHAFT

Diese Art der Mitgliedschaft steht Priestern, Ordensleuten und Laien offen. Sie ist für alle jene da, die nicht in der Lage oder nicht bereit sind, die Pflichten der aktiven Mitgliedschaft auf sich zu nehmen, aber sich mit der Legion verbinden, indem sie einen besonderen Gebetsdienst im Namen der Legion übernehmen.

Die Hilfsmitgliedschaft ist in zwei Grade unterteilt:

a) der erste Grad: diese Mitglieder nennt man einfach Hilfslegionäre, und
b) der höhere Grad: diese Mitglieder werden näher bezeichnet als Adjutores Legionis oder Adjutoren.

Für die Hilfsmitgliedschaft gibt es keine Altersgrenzen.

Dieser Dienst muss nicht direkt für die Legion geleistet werden. Es genügt, ihn zu Ehren der Gottesmutter zu verrichten. Es ist also denkbar, dass die Legion selbst leer ausgeht, doch will die Legion ja auch nichts empfangen, was anderswo mehr Gutes tun würde. Da es sich jedoch um einen Legionsdienst handelt, ist es wahrscheinlich, dass dieser die Königin dazu veranlassen wird, auf die Bedürfnisse ihrer Legion zu achten.

Es wird jedoch sehr empfohlen, dass dieser und jeder andere Legionsdienst Unserer Lieben Frau als uneingeschränktes Geschenk dargebracht wird, das sie nach ihren Absichten verwalten kann. Dies würde ihn auf eine höhere Stufe von Großmut heben und seinen Wert wesentlich steigern. Dieses Ziel behält man vor Augen, wenn man täglich mit irgendeiner Gebetsformel alles aufopfert, etwa mit den Worten: „Unbefleckte Jungfrau Maria, du Mittlerin aller Gnaden, dir biete ich all jene Gebete, Arbeiten und Leiden an, über die ich selbst verfügen darf."

Diese zweifache Hilfsmitgliedschaft ist für die Legion, was die Flügel für den Vogel sind: Hat sie also viele solche Mitglieder, sind diese Flügel weit ausgebreitet und schlagen kraftvoll im rhythmischen Antrieb treuen Betens, kann die Legion zur Höhe eines übernatürlichen Ideals und Mühens aufsteigen. Schnell fliegt sie hin, wohin immer sie will, und nicht einmal die Berge können ihren Flug hemmen. Sind diese Flügel aber geschlossen, hinkt die Legion unbeholfen und langsam über den Boden dahin, und schon das kleinste Hindernis bringt sie zum Stillstand.

DER ERSTE GRAD: DIE HILFSLEGIONÄRE

Dieser Grad, als Hilfslegionäre bezeichnet, ist der linke Flügel des betenden Legionsheeres. Ihr Dienst besteht in der täglichen Verrichtung der Gebete, die in der Tessera enthalten sind: Anrufung und Gebet zum Heiligen Geist, fünf Rosenkranzgesätze und die darauf folgenden Anrufungen, die Catena und die so genannten Schlussgebete. Diese Gebete dürfen – je nach Wunsch – auch über den Tag hin verteilt werden.

Wer bereits täglich den Rosenkranz betet, gleichgültig in welcher Intention, muss sich nicht zu einem zweiten Rosenkranz verpflichten, wenn er Hilfslegionär wird.

„Wer betet, hilft den Seelen aller Menschen. Er hilft seinen Brüdern, weil eine Seele, die Glaube, Erkenntnis und Willen hat, über eine erlösende und starke Kraft verfügt. Er gibt, was der heilige Paulus als Wichtigstes von uns verlangt: Gebet und Fürbitte und Dank im Namen aller: ‚Vor allem fordere ich zu Bitten und Gebeten, zu Fürbitte und Danksagung auf, und zwar für alle Menschen.' (1 Tim 2,1)

Wenn du aber aufhörst, zu wachen, zu beten, zu streben und auszuharren – wird dann nicht alles müde und schlaff? Die Welt fällt in ihre alten Fehler zurück, und deine Brüder spüren, dass sie schwächer geworden sind und weniger Hilfe bekommen. Ja, so ist es! Jeder von uns muss bis zu einem bestimmten Grad die Welt mittragen. Wer aufhört, zu arbeiten und zu wachen, überlastet dadurch die anderen." (Gratry, Die Quellen)

DER HÖHERE GRAD: DIE ADJUTOREN

Das ist der rechte Flügel der betenden Legion. Er umfasst jene Mitglieder, die
a) täglich alle Gebete der Tessera verrichten und außerdem
b) bereit sind, täglich die heilige Messe mitzufeiern und die heilige Kommunion zu empfangen sowie täglich ein von der Kirche anerkanntes Offizium zu beten.

Auf den besonderen Wert eines Offiziums ist bereits im Abschnitt „Die Prätorianer" hingewiesen worden.

Dementsprechend ist der Adjutorengrad für den Hilfslegionär, was der Prätorianergrad für den aktiven Legionär ist. Die zusätzlichen Verpflichtungen sind dieselben.

Das Versäumen der erforderten Verpflichtungen ein- bis zweimal in der Woche ist nicht als beachtenswertes Versagen anzusehen. Ordensleute, deren Regel kein Breviergebet vorschreibt, sind auch als Adjutoren nicht zum Offizium verpflichtet.

Man sollte sich darum bemühen, Hilfslegionäre zur Mitgliedschaft als Adjutor hinzuführen, denn sie bietet ihnen eine wahre Lebensform. Was im Abschnitt *Die Prätorianer* über die Teilnahme des Legionärs am Gebet der Kirche und über den besonderen Wert eines Offiziums gesagt worden ist, gilt ebenso für die Adjutoren.

Ein besonderer Aufruf ergeht an Priester und Ordensleute, Adjutoren zu werden. Die Legion hat den dringenden Wunsch, diesem gottgeweihten Stand verbunden zu sein. Ihm ist es ja in ganz besonderer Weise übertragen, ein Leben des Gebets und der innigen Nähe zu Gott zu führen, und er bildet in der Kirche ein wunderbares Kraftwerk geistlicher Energie. Wirksam mit diesem Kraftwerk verbunden, wird das Legionsleben mit unüberwindbarer Stärke durchströmt.

Die Überlegung wird zeigen, dass diese Mitgliedschaft den bestehenden Verpflichtungen der Priester und Ordensleute nur wenige weitere hinzufügen würde – tatsächlich nicht mehr als die Catena, die Schlussgebete und einige Anrufungen, also nur wenige Minuten mehr. Aber durch diesen Bund mit der Legion liegt es in ihrer Macht, die treibende Kraft der Legion zu werden.

„Gebt mir einen Hebel und einen Ansatzpunkt", sagte einst Archimedes, „und ich werde die Welt aus den Angeln heben." Mit der Legion vereint, werden die Adjutoren in ihr diesen wesentlichen Punkt finden, an dem ihr heiliges Gebet gleich einem langen Hebel ansetzen kann: es wird dann allmächtig werden, um die von Mühsal beladenen Seelen der ganzen Welt aufzurichten und die Berge ihrer Probleme zu versetzen.

„Im Abendmahlssaal, wo durch die Herabkunft des Heiligen Geistes die Kirche endgültig gegründet wurde, inmitten der Apostel und Jünger, die im Saal versammelt waren, erfüllt Maria, allen sichtbar, zum ersten Mal jene Aufgabe, die sie auf eine eher verborgene und innerliche Art durch alle Zeiten hin erfüllen wird: Herzen im Gebet zu vereinen und durch das Verdienst ihrer allmächtigen Fürsprache Seelen Leben zu geben. ‚Sie alle verharrten dort einmütig im Gebet, zusammen mit den Frauen und mit Maria, der Mutter Jesu, und mit seinen Brüdern.' (Apg 1,14)" (Mura, Le Corps Mystique du Christ)

ALLGEMEINE ÜBERLEGUNGEN ZU BEIDEN GRADEN DER HILFSMITGLIEDSCHAFT

a) Zusätzlicher Dienst. Die Legion ruft die Hilfsmitglieder beider Grade auf, die wesentlichen Bedingungen der Mitgliedschaft nicht als äußerste Grenze des Dienstes, sondern als ein Mindestmaß anzusehen, das sie großmütig durch viele andere Gebete und Handlungen in dieser besonderen Meinung ergänzen. Den Priesteradjutoren wird vorgeschlagen, in jeder heiligen

Messe der Absichten Marias und der Legion zu gedenken und ab und zu das heilige Messopfer in dieser Meinung darzubringen. Andere Hilfsmitglieder könnten vielleicht – sogar wenn es ein Opfer bedeutet – gelegentlich eine heilige Messe in derselben Meinung feiern lassen.

Und selbst wenn ein Hilfsmitglied der Legion gegenüber noch so großzügig ist – es wird ihm dennoch hundertfach, tausendfach, ja millionenfach vergolten. Wie ist das zu erklären? Es ist so, weil die Legion ihre Hilfsmitglieder nicht weniger als die aktiven Legionäre lehrt, wie groß Maria ist, sie anwirbt, als Soldaten Maria zu dienen, und sie zur richtigen Marienliebe führt. All das ist etwas so Großes, dass auch das Wort „millionenfach" die Größe des Gewinns nicht hinreichend ausdrückt. Es hebt das geistliche Leben auf eine höhere Stufe und sichert so eine glorreichere Ewigkeit.

b) Wer kann Maria diese Art von Geschenk verwehren? Sie, die Königin der Legion, ist ja ebenso die Königin des Weltalls und all dessen, was in ihm ist und es betrifft. Wenn man also ihr etwas gibt, dann kommt die Gabe dorthin, wo die Not am größten ist, wo das Gebet am meisten vollbringen kann.

c) Maria, die Unbefleckte, verwaltet die in ihre Hände gelegten Güter und wird dabei auf die Erfordernisse unseres Alltagslebens mit seinen Aufgaben und auf alle bestehenden Verpflichtungen achten. Möglicherweise erhebt sich die Frage: „Ich möchte gerne beitreten, aber ich habe Maria schon alles geschenkt!" oder: „Ich opfere schon alles für die Armen Seelen, für die Missionen auf. Ich besitze nichts mehr. Für die Legion ist nichts übrig geblieben. Von welchem Nutzen bin ich dann für die Reihen der Hilfsmitglieder?" Darauf antwortet die Legion: Es ist ein großer Vorteil für die Legion, einen solch selbstlosen Menschen zu gewinnen. Ihr Verlangen, der Legion zu helfen, ist in sich schon ein zusätzliches Gebet, ein Beweis für eine besondere Reinheit der Absicht und ein unwiderstehlicher Anruf an die grenzenlose Großmut der Schatzmeisterin Gottes. Sicher ist: Wenn Sie beitreten, wird Maria antworten, und die neue

Gebetsmeinung wird Nutzen haben, ohne dass es den bestehenden Intentionen schadet. Denn diese wunderbare Königin und Mutter verfügt über eine besondere Kunst: Obwohl sie sich unserer Gaben bedient und unsere geistlichen Schätze mit vollen Händen an andere ausgeteilt hat, sind wir selbst dabei doch auf seltsame Weise reicher geworden. Ihr Eingreifen hat Zusätzliches bewirkt: Eine wunderbare Vermehrung hat stattgefunden – der heilige Ludwig Maria von Montfort nennt es ein Geheimnis der Gnade und beschreibt es so: „Es ist jedoch zu beachten, dass unsere guten Werke, wenn sie durch die Hände Marias gehen, an Reinheit und folglich an Verdienst und an Sühne und Fürbittwert gewinnen. Dadurch werden sie viel wirksamer, den Seelen im Fegefeuer Erleichterung zu bringen und die Sünder zu bekehren, als wenn sie nicht durch die jungfräulichen und freigebigen Hände Marias gingen".
(Montfort, *Abhandlung über die wahre Marienverehrung*, 171)

Jedes Leben braucht die Macht dieses wunderbaren Tausches, in dem das, was wir haben, angenommen und gewinnbringend angelegt wird, seine Bestimmung erfüllt und mit Zins und Zinseszins zurückkehrt. Im Geschenk treuer Hilfsmitgliedschaft, Maria übergeben, kann diese Kraft gefunden werden.

d) Maria scheint ihrer Legion etwas von der ihr eigenen unwiderstehlichen Anziehung für die Herzen gegeben zu haben, vielleicht, weil die Legion mit so vielen bedrängten Seelen zu tun hat. Die Legionäre werden es nicht schwer finden, ihre Freunde für diesen Hilfsdienst zu gewinnen, der für die Legion so lebenswichtig und für die Hilfsmitglieder selber so wertvoll ist. Sie gehören damit der Legion Mariens an und haben Anteil an allen Gebeten und Werken der Legion.

e) Es hat sich auch gezeigt, dass die Hilfsmitgliedschaft – oder der betende Zweig der Legion – dieselbe Macht hat, die Phantasie zu beflügeln wie die aktive Mitgliedschaft. Leute, die niemals daran gedacht hätten, täglich den Rosenkranz zu beten, erfüllen mit großer Treue die Pflichten der Hilfsmitgliedschaft, das heißt, dass sie täglich alle Gebete der Tessera verrichten. Viele Menschen in Krankenhäusern und anderen Instituten, die den Mut verloren hatten, fanden durch den Beitritt in die Legion als Hilfsmitglied Interesse am Leben; viele andere, die in Dörfern oder in Umständen leben, durch welche Religion eine lahme Angelegenheit, wenn nicht gar bloße Gewohnheit zu werden droht, haben durch ihre Hilfsmitgliedschaft erkannt, dass sie für die Kirche wichtig sind. Sie wissen sich der Legion zugehörig und interessieren sich für alles in ihr; jede kleine Notiz, die sie zu sehen bekommen, wird eifrigst gelesen. Sie fühlen, dass sie selbst an den räumlich am weitesten entfernten Kämpfen um die Seelen teilhaben. Sie erfassen, dass dieser Kampf von ihrem Gebet abhängt. Berichte von verschiedenen Orten über heldenhafte und aufregende Taten für die Seelen füllen ihr eintöniges Leben mit der Spannung dieser weit entfernten Unternehmungen. Ihr Leben ist durch diese höchst begeisternde Vorstellung verwandelt: durch das Bewusstsein, an einem Kreuzzug teilzunehmen. Und sogar das heiligste Leben bedarf des Ansporns durch solche Gedanken.

f) Jedes Präsidium sollte sich als Ziel setzen, in seinem Gebiet jeden Katholiken für die Hilfsmitgliedschaft zu gewinnen. So wird für die Durchführung anderer Arten des Legionsapostolats ein guter Boden bereitet. Ein Hausbesuch zu diesem Zweck schließt eine Art Kompliment für den Besuchten ein, wird daher allgemein gut aufgenommen und lässt eine erfreuliche Antwort erhoffen.

g) In dem Ausmaß, in dem Mitglieder anderer katholischer Gemeinschaften und Aktionen zur Hilfsmitgliedschaft geführt werden, geschieht ein wünschenswerter Zusammenschluss all dieser Aktionen. Dadurch sind sie unter der Schirmherrschaft Marias in Gebet, Wohlwollen und Idealismus vereint, aber ohne die geringste Einmischung in ihre jeweilige Eigenständigkeit und Eigenart, und ihre Gebete werden der eigenen Bewegung nicht entzogen. Es ist ja zu beachten, dass die Gebete der Hilfsmitglieder zu Ehren Unserer Lieben Frau aufgeopfert werden und nicht für die Legion.

h) Ein Nichtkatholik kann nicht Hilfsmitglied sein. Falls ein Andersgläubiger bereit ist, täglich alle Gebete der Tessera zu verrichten – das kommt gelegentlich vor –, soll man ihm eine Tessera überreichen und ihn in seinem großherzigen Vorsatz ermutigen. Es ist besonders wichtig, seinen Namen schriftlich festzuhalten, um in Kontakt zu bleiben. Es ist sicher, dass Unsere Liebe Frau für alles sorgen wird, was dieser Seele not tut.

i) Mehr als die lokalen Nöte soll den Hilfsmitgliedern das weltweite Abenteuer und Kämpfen der Legion um die Seelen als Gebetsanliegen vor Augen gestellt werden. Ihrem Geist soll folgender Gedanke nahegebracht werden: Wenn sie sich auch nicht in den kämpfenden Reihen befinden, spielen sie dennoch eine wesentliche Rolle, vergleichbar der Bedeutung der Arbeiter in den Munitionsfabriken und beim Nachschub; ohne sie sind die kämpfenden Streitkräfte machtlos.

j) Niemand sollte leichtfertig als Hilfsmitglied aufgenommen werden. Man soll jeden im Voraus vollständig mit den Pflichten bekannt machen und eine begründete Sicherheit haben, dass sie treu erfüllt werden.

k) Den Hilfsmitgliedern sollte Einsicht in die Arbeit der Legion gegeben werden, um ihr Interesse an dem von ihnen übernommenen Dienst zu vertiefen. Somit werden
1. die Qualität des gegenwärtigen Dienstes gesteigert und seine Beharrlichkeit gesichert und
2. die Hilfsmitglieder zu einer zukünftigen Mitgliedschaft als Adjutor oder aktiver Legionär hingeführt.

l) Es ist notwendig, mit den Hilfsmitgliedern in Kontakt zu bleiben, um ihre Mitgliedschaft und ihr Interesse aufrechtzuerhalten. Das bedeutet eine wunderbare Arbeit für bestimmte Legionäre, die es sich zum Ziel setzen sollten, die ihnen Anvertrauten immer höher zu führen.

m) Man sollte jedes Hilfsmitglied über den großen geistlichen Gewinn informieren, den die Zugehörigkeit zur Rosenkranzbruderschaft mit sich bringt. Da der Hilfslegionär schon mehr Gebet verrichtet, als von den Mitgliedern dieser Bruderschaft verlangt wird, besteht im Fall des Beitritts seine Verpflichtung nur darin, seinen Namen eintragen zu lassen.

n) Im Interesse der vollen geistlichen Entwicklung der betenden Soldaten Marias sollte man ihnen auch die *Wahre Marienverehrung* – das heißt die Ganzhingabe des eigenen Lebens an Maria – zumindest erklären. Viele von ihnen wären gewiss froh, Maria auf diese vollkommenere Weise zu dienen, die es mit sich bringt, ihr, die Gott zu seiner eigenen Schatzmeisterin gemacht hat, alle geistlichen Güter zu überlassen. Was sollte man befürchten, sind doch Marias Absichten die Interessen des Heiligsten Herzens. Sie schließen jeglichen Bedarf der Kirche ein. Sie umfassen das gesamte Apostolat. Sie erstrecken sich über die ganze Welt. Sie steigen hinab zu den Armen Seelen im Fegefeuer, die dem Ende ihrer Läuterung entgegenharren. Sich für Marias Absichten mit Eifer einzusetzen, bedeutet, dass man für die Bedürfnisse des mystischen Leibes unseres Herrn Sorge trägt. Denn sie ist heute nicht weniger die fürsorgliche Mutter als einst in Nazaret. Wer sich ihren Absichten vereint, geht geradewegs auf das Ziel zu: den Willen Gottes. Geht man aber seinen eigenen Weg – welch eine gewundene Reiseroute ist das Ergebnis! Wird sie einen je ans Ziel der Reise bringen?

Damit nicht jemand glaubt, diese Hingabe könne nur von Leuten geübt werden, die im geistlichen Leben schon recht weit sind, ist es wichtig festzuhalten: Der heilige Ludwig Maria von Montfort wandte sich an Seelen, die eben erst den Fesseln der Sünde entkommen waren, und deren verdunkeltem Gedächtnis er die Grundwahrheiten des Katechismus neu beibringen musste. Und zu diesen Menschen sprach der heilige Ludwig Maria über den Rosenkranz, über die Hingabe an Maria und über die heilige Sklavenschaft der Liebe. (Montfort, *Abhandlung über die wahre Marienverehrung*, 70–72)

o) Es ist wünschenswert, ja notwendig, unter den Hilfslegionären eine lockere Form von Zusammenschluss mit eigenen

Treffen und Versammlungen aufzubauen. Ein solches Netzwerk in der Gemeinde würde beitragen, sie mit dem Legionsideal von Apostolat und Gebet zu durchdringen, so dass alle bald diese Ideale in die Praxis umsetzen, die alles umgestalten wird.

p) Eine Gemeinschaft, die auf der Hilfsmitgliedschaft aufbaut, ist nicht nur irgendeine Gemeinschaft, sie ist vielmehr ein Teil der Legion mit all der Wärme und den Wesenszügen der Legion. Durch die regelmäßigen Zusammenkünfte einer solchen Gemeinschaft bleiben deren Mitglieder mit dem Geist wie mit den Nöten der Legion in Verbindung und werden glühender im Dienst der Legion.

q) Es sollte Ziel sein, jeden Hilfslegionär als Patrizier zu gewinnen, denn beides ergänzt einander bestens. Die Patrizierrunde wird den Zweck des regelmäßigen Treffens erfüllen, das für die Hilfslegionäre empfohlen ist. Sie wird die Hilfsmitglieder mit der Legion in Kontakt halten und ihre Entwicklung in bedeutender Hinsicht fördern. Und umgekehrt: Wenn Patrizier für die Hilfsmitgliedschaft gewonnen werden, so stellt das für sie einen weiteren Schritt voran und aufwärts dar.

r) Hilfslegionäre dürfen nicht für die übliche aktive Legionsarbeit eingesetzt werden. Der Vorschlag, ihnen Arbeiten zu übertragen, ist zunächst anziehend: Das scheint eine gute Sache zu sein, um Hilfslegionäre weiterzuführen. Eine Prüfung zeigt jedoch, was hier in Wirklichkeit auf dem Spiel steht: Es würde Legionsarbeit gemacht ohne das Legionstreffen. Mit anderen Worten: die lebenswichtige Bedingung für die aktive Mitgliedschaft würde beiseite geschoben.

s) Wo es als erwünscht und möglich erachtet wird, können die Hilfsmitglieder an der Acies teilnehmen. Das ist für sie eine wunderbare Feier und bringt sie mit den aktiven Legionären in engen Kontakt. Hilfslegionäre, die bereit sind, den persönlichen Weiheakt zu vollziehen, sollten das nach den aktiven Legionären tun.

t) Für die Hilfsmitglieder soll auf der Tessera die Anrufung eingefügt sein: „Unbefleckte Jungfrau, du Mittlerin aller Gnaden, bitte für uns."

u) Der Aufruf der Legion an ihre aktiven Mitglieder, „immer im Dienst für die Seelen zu sein", ergeht auch an die Hilfslegionäre. Ebenso sehr wie der aktive Legionär muss auch der Hilfslegionär seine ganze Kraft einsetzen, um andere für den Legionsdienst zu gewinnen. Wird so Glied an Glied gefügt, kann die Catena Legionis zu einem goldenen Gebetsnetz werden, das die ganze Welt überzieht.

v) Oft wird der Vorschlag gemacht, für Blinde, Analphabeten oder Kinder den Gebetsdienst der Hilfslegionäre zu kürzen oder abzuändern. Abgesehen von der Tatsache, dass eine Verpflichtung leichter ihre bindende Kraft verliert, wenn sie weniger genau umschrieben ist, sollte es klar sein, dass ein derartiges Zugeständnis unmöglich durchführbar ist: Über kurz oder lang könnte und würde man diese Erleichterungen auch Menschen mit geringer Schulbildung, Sehbehinderten und Überbeschäftigten zuteil werden lassen. Und mit der Zeit würde die Ausnahme zur üblichen Praxis werden.

Nein! Die Legion muss darauf bestehen, dass der vorgeschriebene Gebetsdienst geleistet wird. Wenn das manchen zu viel ist, können sie nicht Hilfslegionäre sein. Aber sie können unschätzbare Hilfe geben, indem sie auf ihre Weise für die Legion beten, und dazu sollten sie ermutigt werden.

w) Es ist erlaubt, von den Hilfsmitgliedern die Bezahlung der Tessera und einer Mitgliedskarte zu verlangen, doch darf keine Art von Mitgliedsbeitrag erhoben werden.

x) Jedes Präsidium führt ein Verzeichnis der Hilfsmitglieder mit deren Namen und Adressen, nach Adjutoren und Hilfslegionären unterteilt. Dieses Verzeichnis muss von Zeit zu Zeit der Curia oder den von der Curia beauftragten Besuchern vorgelegt werden. Bei der sorgfältigen Überprüfung soll man darauf achten, ob die Liste ordentlich geführt wird, ob eifrig neue Mitglieder geworben und die vorhandenen Hilfsmitglieder gelegentlich besucht werden, damit sie nicht zurückblicken, nachdem sie einmal „die Hand an den Pflug gelegt haben" (vgl. Lk 9,62).

y) Die Aufnahme in die Hilfsmitgliedschaft wird durch die Eintragung des Namens in das Verzeichnis der Hilfsmitglieder eines Präsidiums vollzogen. Diese Liste soll in der Obhut des Vizepräsidenten sein.

z) Die Namen der Kandidaten für die Hilfsmitgliedschaft sollen bis nach Ablauf einer dreimonatigen Probezeit in einer vorläufigen Liste eingetragen sein. Dann muss das Präsidium sich vergewissern, ob die Gebetspflichten treu erfüllt werden, ehe der Name des Kandidaten in die Liste der Hilfsmitglieder eingetragen wird.

„Jesus schenkt diese Gnade als Belohnung für die heldenhafte und uneigennützige Tat, wenn man ihm durch die Hände seiner heiligen Mutter den Wert all seiner guten Werke überlässt. Wenn Jesus schon in dieser Welt dem das Hundertfache gibt, der aus Liebe zu ihm seine äußeren, zeitlichen und vergänglichen Güter verlässt, was wird er dann erst dem geben, der ihm sogar seine inneren und geistlichen Güter opfert!" (Montfort, Abhandlung über die wahre Marienverehrung, 137)

17
DIE SEELEN UNSERER HEIMGEGANGENEN LEGIONÄRE

Das Ende des Kampfes ist gekommen, ein Legionär ist heimgerufen worden. Nun ist er endgültig in seinem Legionsdienst bestätigt. In alle Ewigkeit wird er Legionär sein, denn die Legion hat diese Ewigkeit geprägt. Sie war die Struktur und die Gussform seines geistlichen Lebens. Darüber hinaus hat ihm die Macht der vereinten Bitte, dass die Legion sich ohne einen Verlust wieder vereint finden sollte, durch die Gefahren und Schwierigkeiten seines langen Weges geholfen. Diese Bitte wird ja von aktiven Mitgliedern wie Hilfslegionären täglich und gewissenhaft ausgesprochen. Was für ein beglückender Gedanke für alle Legionäre, um des Verstorbenen und um ihrer selbst willen! Doch im Augenblick herrscht Schmerz um den Freund und Kameraden, den man verloren hat. Und Gebet ist nötig, damit der abberufene Soldat rasch aus dem Fegefeuer befreit werde.

Ist ein aktiver Legionär gestorben, so sollte das Präsidium unverzüglich eine heilige Messe für den Verewigten aufopfern lassen, und jedes Mitglied des Präsidiums sollte wenigstens einmal alle Legionsgebete einschließlich des Rosenkranzes in derselben Intention verrichten. Diese Verpflichtung gilt jedoch nicht beim Tod von Anverwandten der Mitglieder. An der Seelenmesse und Bestattung sollen möglichst viele Legionäre – nicht nur die Mitglieder des Präsidiums – teilnehmen.

Es wird empfohlen, beim Begräbnis den Rosenkranz zu beten und andere Legionsgebete zu verrichten. Das könnte unmittelbar nach den offiziellen Gebeten der Kirche geschehen. Abgesehen davon, dass dieses Gebet dem Verstorbenen Hilfe bringt, ist es auch ein großer Trost für die Verwandten, die um ihn trauern, für die Legionäre selbst und für alle anwesenden Freunde.

Es wird erwartet, dass diese Gebete beim Sarg, während der Aufbahrung, mehr als einmal verrichtet werden. Und die Pflicht, des Toten im Gebet zu gedenken, sollte damit nicht als beendet gelten.

Im Lauf des November soll jedes Präsidium jährlich eine heilige Messe für alle verstorbenen Legionäre feiern lassen, nicht nur für die des eigenen Präsidiums, sondern für die der ganzen Welt. Bei dieser heiligen Messe wie bei allen anderen Gelegenheiten, wenn für verstorbene Legionäre gebetet wird, sind die Mitglieder aller Grade mit eingeschlossen.

„Auch das Fegefeuer gehört zum Reich Marias. Dort warten ihre Kinder – in Schmerzen, die vorübergehen – auf die Geburt zur immerwährenden Herrlichkeit.

Der heilige Vinzenz Ferrer, der heilige Bernardin von Siena, Ludwig Blosius und andere bezeichnen Maria ausdrücklich als Königin des Fegefeuers. Und der heilige Ludwig Maria von Montfort fordert uns auf, unser Denken und Tun danach auszurichten. Er möchte, dass wir den Schatz unserer Gebete und unserer Sühne in die Hände Marias legen. Er verspricht uns als Dank für diese unsere Gabe, dass die Seelen aller, die uns nahe stehen, in reicherem Maße getröstet würden, als hätten wir unsere Gebete ihnen direkt zugewendet." (Lhoumeau, La Vie Spirituelle a l'Ecole du Bx. L.M. Grignion de Montfort)

18
DIE ORDNUNG DES PRÄSIDIUMSTREFFENS

1. Der Rahmen jedes Treffens soll einheitlich sein. Die Mitglieder sitzen rund um einen Tisch, an dessen einem Ende für die Dauer des Treffens ein Altar aufgestellt ist. Auf einem genügend großen weißen Tuch steht eine Statue der Unbefleckten Empfängnis (in der Haltung der Gnadenausteilung), vorzugsweise etwa 60 cm hoch, rechts und links von ihr je eine Blumenvase und ein Leuchter mit einer brennenden Kerze. Ein wenig rechts von der Statue und etwas nach vorn gerückt soll das Vexillum stehen, das im Kapitel 27 beschrieben ist.

Die Abbildung eines Legionsaltares findet sich in diesem Buch nach Seite 160 und die eines Vexillums nach Seite 192.

Da es die Absicht ist, dass die Statue die Gegenwart der Königin inmitten ihrer Soldaten ausdrückt, darf der Altar nicht vom Tisch getrennt sein oder so aufgestellt werden, dass die Statue sich außerhalb des Kreises der Mitglieder befindet. Die kindliche Liebe zu unserer himmlischen Mutter verlangt, dass die zum Altar gehörenden Gegenstände und die Blumen so schön wie möglich sein sollen. Die Ausstattung des Altares erfordert ja nur einmal finanziellen Aufwand. Vielleicht kann ein Wohltäter oder sonst irgendein glücklicher Umstand dem Präsidium zu silbernen Vasen und Kerzenleuchtern verhelfen. Es sollte als Ehrenpflicht eines der Mitglieder betrachtet werden, Vexillum, Vasen und Leuchter rein und glänzend zu halten und auf Kosten des Präsidiums für Blumen und Kerzen zuverlässig zu sorgen.

Falls es ganz unmöglich ist, Naturblumen zu bekommen, darf man auch Kunstblumen verwenden; man sollte jedoch etwas frisches Grün hinzufügen als Element der lebendigen Natur.

In Gegenden, wo es nötig ist, die Kerzenflammen zu schützen, kann man einfache Glasschalen oder Kugeln aufsetzen, die freilich die Kerze nicht verdecken sollen.

In das Tuch darf die Aufschrift „Legio Mariae" eingestickt sein, nicht jedoch der Name des Präsidiums. Was eint und nicht was unterscheidet, soll betont werden.

„Die Mittlerschaft Marias ist ja *eng mit ihrer Mutterschaft verbunden* und besitzt einen ausgeprägt mütterlichen Charakter, der sie von der Mittlerschaft der anderen Geschöpfe unterscheidet, die auf verschiedene, stets untergeordnete Weise an der einzigen Mittlerschaft Christi teilhaben, obgleich auch Marias Mittlerschaft eine teilhabende ist. Wenn ‚nämlich keine Kreatur mit dem menschgewordenen Wort und Erlöser jemals verglichen werden kann', ‚so schließt (doch) die Einzigkeit der Mittlerschaft des Erlösers im geschöpflichen Bereich *ein verschiedenartiges Zusammenwirken* durch Teilhabe an der einzigen Quelle nicht aus, sondern regt es sogar an'. So ‚wird die Güte Gottes in verschiedener Weise wahrhaft auf die Geschöpfe ausgegossen'." (RMat 38)

2. Pünktlich zur festgesetzten Zeit sollen die Mitglieder auf ihren Plätzen sein, und das Treffen beginnt. Pünktlich anzufangen – das ist notwendig für die Leistungsfähigkeit des Präsidiums – wird nur dann möglich sein, wenn die Amtsträger schon etwas früher anwesend sind, um die nötigen Vorbereitungen zu treffen.

Kein Präsidiumstreffen soll beginnen, ohne dass sein schriftliches Programm, das sogenannte **„Werkblatt"**, vorliegt. Es sollte bereits vor jedem Treffen abgefasst werden, und ihm folgend geht der Präsident die einzelnen Punkte durch. Im Werkblatt sollte jede Arbeit, die das Präsidium unternimmt, einzeln aufgeführt und neben jedem Auftrag die Namen jener Mitglieder angegeben werden, die ihn erhalten. Es ist nicht notwendig, die einzelnen Punkte bei jedem Treffen in derselben Reihenfolge zu besprechen, aber jedes Mitglied soll aufgerufen werden und einen Bericht ablegen, auch wenn die Legionäre in Gruppen zu zweien oder mehreren zur Arbeit eingeteilt waren.

Bevor das Treffen endet, ist darauf zu achten, dass jedes Mitglied für die kommende Woche seinen Arbeitsauftrag erhalten hat. Der Präsident sollte ein gebundenes Buch haben, in das jede Woche das Arbeitsprogramm eingetragen werden kann.

„Idealismus kann noch so glühend sein und vom ganzen Menschen Besitz ergreifen, er ist niemals eine Entschuldigung für unbestimmte und unrealistische Gefühle. Wie bereits erwähnt, bestand die Größe des heiligen Ignatius darin, die religiösen Kräfte sorgfältig und methodisch einzusetzen. Dampf ist sinnlos, ja sogar eine Plage, wenn Zylinder und Kolben fehlen. Wie viel religiöser Eifer geht verloren, ohne dass er geprüft und für etwas Bestimmtes eingesetzt wird! Mit ein paar Litern Benzin kann man einen Wagen in die Luft sprengen oder mit Sorgfalt und Erfindungsgabe einen Berg hinauffahren." (Alfred O'Rahilly, Father William Doyle)

3. Das Treffen beginnt mit der Anrufung und dem Gebet zum Heiligen Geist. Er ist die Quelle der Gnade, des Lebens und der Liebe, als deren Mittlerin wir Maria freudig bekennen.

„Von dem Augenblick an, da sie den Sohn Gottes in ihrem Schoß empfing, besaß Maria sozusagen eine gewisse Vollmacht oder Verfügungsgewalt über alles Wirken des Heiligen Geistes in der Zeit, so sehr, dass kein Geschöpf von Gott eine Gnade erhält ohne ihre Vermittlung. ... Sie verteilt alle Gaben, Tugenden und Gnaden ebendieses Heiligen Geistes an wen sie will und wann sie will, in welchem Maß und wie sie will." (Hl. Bernardin von Siena, Predigt über die Geburt des Herrn)
Anmerkung: Der letzte Teil dieses Zitates findet sich fast gleichlautend bei Albert dem Großen, der 200 Jahre vor Bernardin von Siena gelebt hat. (Biblia Mariana, Liber Esther I)

4. Es folgen fünf Gesätze des Rosenkranzes, von denen das erste, dritte und fünfte vom Geistlichen Leiter, das zweite und vierte von den Mitgliedern vorgebetet werden. Kein Mitglied darf sich so verhalten, als wäre der Rosenkranz ein stilles Gebet. In das Beten muss so viel an Würde und Ehrfurcht gelegt werden, als wäre die Gnadenvolle, an die es gerichtet ist, selber da, sichtbar gegenwärtig anstelle ihrer Statue.

Man soll beim „Gegrüßet seist du, Maria", wenn man es richtig beten will, nicht mit dem zweiten Teil einsetzen, ehe der erste beendet und der heilige Name Jesu ehrfürchtig ausgesprochen ist. Da der Rosenkranz sowohl durch Regel als auch durch Empfehlung einen so wichtigen Platz im Leben des Legionärs einnimmt, wird jedem Legionär nahe gelegt, der Rosenkranzbruderschaft beizutreten. (Siehe Anhang 7)

Papst Paul VI. hat darauf bestanden, dass der Rosenkranz beibehalten werden muss. Er ist reinstes Gebet. Sein Inhalt ist in hohem Maße biblisch. Er fasst wirklich die ganze Heilsgeschichte zusammen und erfüllt den wesentlichen Zweck, Maria in den verschiedenen Weisen ihrer Mitwirkung darin vorzustellen.

„Unter den verschiedenen Gebetsweisen gibt es keine bessere als den Rosenkranz. Er birgt in sich die ganze Verehrung, die Maria gebührt. Er ist das Heilmittel gegen alles Böse in uns, die Wurzel unseres ganzen Segens." (Papst Leo XIII.)
„Von allen Gebeten ist der Rosenkranz das schönste und das gnadenreichste: Er ist das Gebet, das die allerheiligste Jungfrau Maria am allermeisten erfreut. Darum liebt den Rosenkranz und betet ihn jeden Tag mit Hingabe – dieses Testament hinterlasse ich euch, damit ihr dabei meiner gedenkt." (Hl. Papst Pius X.)
„Für die Christen ist das Evangelium das erste aller Bücher; und der Rosenkranz ist nichts anderes als eine Kurzfassung des Evangeliums." (Lacordaire)
„Es ist unmöglich, dass die Gebete der Vielen nicht erhört werden, wenn diese vielen Gebete nur ein einziges Gebet bilden." (Hl. Thomas von Aquin, In Matth. XVIII.)

5. Unmittelbar auf den Rosenkranz folgt die Geistliche Lesung. Sie wird vom Geistlichen Leiter oder, in dessen Abwesenheit, vom Präsidenten gelesen und soll nicht länger als etwa fünf Minuten dauern. Die Auswahl des Textes steht frei, es wird jedoch dringend empfohlen, sie zumindest während der ersten Jahre eines Präsidiums dem Handbuch zu entnehmen, um die Mitglieder mit dessen Inhalt vertraut zu machen und sie zu ernstem Handbuchstudium anzueifern.

Am Ende der Lesung ist es üblich, gemeinsam das Kreuzzeichen zu machen.

Ohne Zweifel ist Maria dieser Seligpreisung würdig schon aufgrund der Tatsache, dass sie für Jesus die Mutter nach dem Fleisch geworden ist (‚Selig die Frau, deren Leib dich getragen und deren Brust dich genährt hat', Lk 11,27), aber auch und vor allem deswegen, weil sie schon im Augenblick der Verkündigung das Wort Gottes angenommen hat, weil sie ihm geglaubt hat, *weil sie Gott gegenüber gehorsam war*, weil sie das Wort ‚bewahrte' und ‚es in ihrem Herzen erwog' (vgl. Lk 1,38. 45; 2,19.51) und es mit ihrem ganzen Leben verwirklichte. Wir können deshalb sagen, dass die von Jesus ausgesprochene Seligpreisung trotz des Anscheins nicht im Gegensatz zu jener Seligpreisung steht, die von der ‚Frau aus der Menge' ausgerufen worden ist, sondern dass sich beide in der Person jener Mutter und Jungfrau begegnen, die allein sich als ‚Magd des Herrn' bezeichnet hat (Lk 1,38)." (RMat 20)

6. Das Protokoll des vorhergegangenen Treffens wird verlesen und, falls die anwesenden Mitglieder einverstanden sind, vom Präsidenten unterzeichnet. Das Protokoll soll von einem vernünftigen Maß zwischen „zu ausführlich" und „zu knapp" sein und soll die fortlaufende Nummer jedes Treffens angeben.

Die Wichtigkeit des Protokolls wird im Abschnitt über die Pflichten des Schriftführers (Kapitel 34) hervorgehoben. Es ist der erste Geschäftsordnungspunkt des Treffens, und deshalb kommt ihm sozusagen eine Schlüsselstellung zu. Die Art, wie es geschrieben ist und verlesen wird, kann für den gesamten Verlauf des Treffens den Ton angeben, im Guten wie im Schlechten.

Ein gutes Protokoll ist wie ein gutes Beispiel, ein schwaches wie ein schlechtes Beispiel; und es ist notwendig, darauf zu bestehen, dass ein gut abgefasstes, aber schlecht verlesenes Protokoll als ein schlechtes anzusehen ist. Überaus groß ist der Einfluss, den dieses Beispiel auf die Mitglieder ausübt. Ihre Aufmerksamkeit und ihre Berichte sind vom Protokoll beeinflusst, weshalb das Treffen gut oder schlecht sein kann, einfach weil das Protokoll gut oder schlecht war. Die Qualität der Arbeit wiederum wird sich nach der Qualität des Treffens richten.

Das alles soll der Schriftführer bedenken, wenn er die verborgene Arbeit des Protokollschreibens leistet; das alles soll das Präsidium in seinem eigenen Interesse überwachen.

„Es wäre eine Schande, wenn in dieser Hinsicht das Wort Christi sich bestätigt, dass die Kinder dieser Welt klüger sind als die Kinder des Lichtes (vgl. Lk 16,8). Wir sehen doch, mit welchem Eifer sie ihren Geschäften nachgehen, wie oft sie Bilanz ziehen über das Soll und Haben, wie genau sie Buch führen, wie sehr sie ihre Verluste beklagen und wie hektisch sie sich bemühen, diese auszugleichen." (Hl. Papst Pius X.)

7. Die Regelmäßige Unterweisung. Folgende Regelmäßige Unterweisung ist dem Werkblatt einzufügen (oder sonst wie bereit zu legen, um sicherzugehen, dass sie zur rechten Zeit nicht übersehen wird) und beim ersten Treffen im Monat vom Präsidenten unmittelbar nach der Unterzeichnung des Protokolls zu verlesen.

REGELMÄSSIGE UNTERWEISUNG

„Der Legionsdienst verlangt von jedem Legionär:

Erstens: die pünktliche und regelmäßige Teilnahme am wöchentlichen Treffen des Präsidiums, bei dem er über die geleistete Arbeit einen angemessenen und gut hörbaren Bericht geben muss;

Zweitens: das tägliche Beten der Catena;

Drittens: die Durchführung einer wesentlichen aktiven Legionsarbeit im Geist des Glaubens und in solcher Vereinigung mit Maria, dass sie, die Mutter Jesu, Christus den Herrn selbst in den Mitlegionären und in denen, für die man arbeitet, aufs neue sieht und ihm dient.

Viertens: absoluten Respekt vor dem vertraulichen Charakter vieler Angelegenheiten, die beim Treffen besprochen oder in Verbindung mit der Legionsarbeit in Erfahrung gebracht wurden."

„Durch mich will Maria Jesus auch in den Herzen jener Menschen lieben, in denen ich durch meinen apostolischen Einsatz und mein immerwährendes Gebet die Liebe entzünden kann. Wenn ich wirklich eins bin mit ihr, wird sie mich mit Gnaden und mit ihrer Liebe überschütten – so sehr, dass ich einem Strom gleiche, der sich in die Herzen der anderen ergießt. Nun kann Maria durch mich Jesus lieben und ihm Freude bereiten, nicht nur durch mein eigenes Herz, sondern auch durch die vielen Herzen, die mit dem meinen eins sind."

(De Jaegher, Die Tugend des Vertrauens)

Dieses Zitat gehört nicht zur Regelmäßigen Unterweisung und wird nicht verlesen.

8. Der Kassenbericht. Der Kassenführer soll wöchentlich über die Einnahmen und Ausgaben des Präsidiums und dessen finanzielle Lage Bericht erstatten.

„Manchmal gehen Seelen verloren, weil es an Geld fehlt oder – mit anderen Worten – weil es im Apostolat an vollem Einsatz mangelt." (Mellett CSSp)

9. Die Berichte der Mitglieder werden entgegengenommen. Die Mitglieder sollen sitzen bleiben, während sie berichten. Der Bericht soll frei gegeben werden, dabei dürfen die Legionäre sich an Aufzeichnungen halten.

Falls die Legionspflicht nicht erfüllt wurde, sollte das Präsidium dies nicht als selbstverständlich hinnehmen. Waren Legionäre aus stichhaltigen Gründen verhindert, ihre Arbeit durchzuführen, sollten sie – soweit möglich – eine Erklärung dafür geben. Fehlt ein Bericht, ohne dass erklärt wird, warum, so erweckt das den Eindruck von Pflichtversäumnis und ist ein schlechtes Beispiel für alle Mitglieder.

Wenn die Mitglieder mit entsprechendem Ernst an ihre Arbeit gehen, werden Entschuldigungen nur selten nötig sein, und das ist gut; denn wo Entschuldigungen häufig sind, verkümmern Eifer und Disziplin.

Der Bericht soll nicht an den Präsidenten allein gerichtet sein, denn es muss ein gewisser psychologischer Prozess berücksichtigt werden: Wenn jemand nämlich zu einem einzelnen Menschen spricht, erhebt er die Stimme automatisch nur so laut, wie es bei der gegebenen Distanz eben nötig ist. Das könnte bedeuten, dass die etwas weiter entfernt Sitzenden nur mit Mühe die Worte verstehen, die an den Präsidenten gerichtet sind.

Der Bericht und jede Aussprache über ihn müssen mit so lauter Stimme vorgebracht werden, dass man sie im ganzen Raum verstehen kann. Ein Bericht mag noch so vollständig und gewissenhaft sein – wenn er für viele der Anwesenden nicht hörbar ist, wirkt er niederdrückend auf das Treffen und ist schlechter als gar keiner. Flüstern ist kein Zeichen von Bescheidenheit oder Sanftmut, wie manche zu denken scheinen. Wer ist so bescheiden, wer so sanft wie Maria? Und doch kann man sich nicht vorstellen, sie hätte nur gemurmelt oder so undeutlich gesprochen, dass die Leute neben ihr sie nicht verstehen konnten. Legionäre, ahmt eure Königin auch darin nach – wie in allem anderen!

Der Präsident soll sich weigern, Berichte zu akzeptieren, die man nur mit Mühe verstehen kann. Aber zuerst soll er selber in diesem Punkt über jeden Vorwurf erhaben sein. Er gibt für alle Mitglieder den Ton an. Für gewöhnlich sprechen die Mitglieder weniger laut als der Präsident. Spricht dieser nur mit gedämpfter Stimme oder im Plauderton, werden die übrigen Mitglieder ihre Berichte nur noch flüstern. Wenn der Präsident leise redet, meinen die anderen zu schreien, wenn sie deutlich sprechen, und senken ihre Stimme bis zur Unhörbarkeit. Die Mitglieder sollen darauf bestehen, dass alle laut reden, der Präsident mit eingeschlossen. Der Geistliche Leiter soll, wie ein Arzt, fordern, dass man jeden Beitrag gut hören kann, denn das ist ein für die Gesundheit des Präsidiums wesentliches Element.

Auf seine Art ist der Bericht für die Zusammenkunft genau so wichtig wie das Gebet. Gebet und Bericht ergänzen einander. Beide Elemente sind für ein Präsidiumstreffen notwendig.

Der Bericht stellt die Verbindung der Arbeit zum Präsidium her und muss deshalb klar darlegen, was das Mitglied getan hat -

in gewisser Weise so lebendig wie ein Bild auf einer Filmleinwand; so wird es den anderen Mitgliedern ermöglicht, im Geist an dieser Arbeit teilzunehmen, sie zu beurteilen, ihre Meinung zu äußern und daraus zu lernen. Deshalb muss aus dem Bericht ersichtlich sein,

was versucht und was erreicht wurde,
in welchem Geist das geschah,
wie viel Zeit es brauchte,
welche Methoden angewandt wurden,
was man nicht erreicht und wen man nicht angesprochen hat.

Das Treffen soll heiter und fröhlich sein. Daher sollten die Berichte so sein, dass sie sowohl der Information dienen als auch Interesse wecken. Es ist unvorstellbar, dass ein Präsidium gesund sein kann, wenn das Treffen todlangweilig ist; ohne Zweifel wird es junge Mitglieder abstoßen.

Manche Arbeiten sind so abwechslungsreich, dass es leicht fällt, einen guten Bericht zu geben. Andere bieten diese Möglichkeit nicht, so dass man sich jede Kleinigkeit merken sollte, die anders war als sonst, um sie im Bericht zu erwähnen.

Der Bericht darf nicht zu lang und nicht zu kurz sein, vor allem aber nicht zur Formel werden. Mängel in dieser Hinsicht beweisen nicht nur, dass der Legionär selbst seine Pflicht vernachlässigt, sondern auch, dass die anderen Mitglieder ihn bei diesem Versäumnis unterstützen. Das ist ein Schlag gegen einen Grundgedanken in der Legion: die Überwachung der Arbeit. Das Präsidium kann eine Arbeit nicht überwachen, wenn es nicht voll informiert ist.

Im allgemeinen ist die Arbeit der Legion so schwierig, dass die Mitglieder versucht sein könnten, es sich leicht zu machen, wenn sie beim Treffen nicht durch sorgfältiges Eingehen auf ihre Mühen angespornt werden. So darf es nicht sein. Sie sind in der Legion, um so viel Gutes wie möglich zu tun. Wahrscheinlich wird gerade in jenen Fällen, wo sie von Natur aus den stärksten Widerwillen verspüren, ihre Arbeit am allernötigsten sein. Die Legionsdisziplin, die diese Schwächen überwindet und das Mitglied antreibt, seine Aufgabe zu vollbringen, wird vor allem durch das Treffen ausgeübt. Wenn aber der Bericht kaum anzeigt, was der Legionär wirklich tut, kann das Präsidium nur eine ungenügende Kontrolle über die Tätigkeiten dieses Mitglieds ausüben. Es kann ihn nicht anspornen. Es wird ihn nicht schützen. Die Anteilnahme und die Führung durch das Präsidium werden ihm fehlen. Er kann es sich nicht leisten, diese wesentlichen Elemente zu entbehren. Die Legionsdisziplin verliert ihren Einfluss auf dieses Mitglied, und das hat in jeder Hinsicht böse Folgen.

Man darf nicht vergessen, dass schlechte Berichte bei den anderen Mitgliedern Schule machen, und zwar infolge der starken Neigung zur Nachahmung. In diesem Fall würde jemand, der den großen Wunsch hat, der Legion zu dienen, ihr einen sehr schlechten Dienst erweisen.

Kein Legionär sollte sich damit zufrieden geben, nur einen guten Bericht abzulegen. Warum das Ziel nicht sehr hoch stecken und ganz bewusst danach streben, die vollkommene Erfüllung der Arbeit mit einem vorbildlichen Bericht ans Präsidium zu ergänzen und so die anderen Mitglieder zu schulen, wie eine Arbeit zu tun und wie über sie zu berichten ist! „Das Beispiel", sagt Edmund Burke, „ist die Schule der Menschheit, und sie lernt in keiner anderen." Ein einziger Legionär, der danach handelt, kann ein ganzes Präsidium zu höchster Leistungsfähigkeit führen. Die Berichte machen zwar nicht das ganze Treffen aus, aber sie sind so sehr sein Nervenzentrum, dass alles andere im Präsidium auf sie reagieren wird, zum Besseren oder zum Schlechteren hin.

Weiter oben wurde auf Unsere Liebe Frau hingewiesen als Vorbild für einen einzelnen Aspekt des Berichtens. Aber auch in jeder anderen Hinsicht kann der Gedanke an sie eine Hilfe sein. Ein Blick auf ihre Statue, ehe man mit dem Bericht beginnt, wird diesen Gedanken gewährleisten. Sicher ist: Wer sich bemüht, seinen Bericht so zu geben, wie er glaubt, dass Maria ihn geben würde, wird keinen Bericht ablegen, der in irgendeiner Hinsicht unzulänglich ist.

Manche Christen sehen in Maria nur ein unendlich reines und auserlesenes Geschöpf, die liebevollste und mildeste Frau, die es je gab. Darin liegt eine Gefahr: Entweder werden sie Maria nur rein gefühlsmäßig verehren oder – wenn sie eher nüchtern veranlagt sind – werden sie sich kaum zu ihr hingezogen fühlen. Es ist ihnen nie bewusst geworden, dass diese sanfte Jungfrau, diese milde Mutter gleichzeitig auch die Unbezwingbare ist und dass es niemals einen Mann gab so charakterfest wie diese Frau." (Neubert, Marie dans le Dogme)

10. Das Beten der Catena Legionis. Zur festgesetzten Zeit stehen alle auf und beten gemeinsam die Catena Legionis (siehe Kapitel 22, *Die Legionsgebete*). Es ist dies erfahrungsgemäß ungefähr in der Mitte zwischen der Unterzeichnung des Protokolls und dem Ende des Treffens (eine Stunde nach Beginn des Treffens, das für gewöhnlich eineinhalb Stunden dauert).

Die Antiphon wird von allen gemeinsam gebetet, das Magnificat wechselweise vom Geistlichen Leiter (in dessen Abwesenheit vom Präsidenten) und von den Mitgliedern. Die Oration betet der Geistliche Leiter (oder der Präsident) allein vor.

Das Kreuzzeichen wird nicht vor der Catena gemacht. Alle machen es beim ersten Vers des Magnificat. Nach der Catena macht man kein Kreuzzeichen, weil sofort die Allocutio folgt.

Es gibt nichts Schöneres in der Legion als das gemeinsame Beten der Catena. Ob sich das Präsidium in einem Zustand von Freude oder Enttäuschung befindet oder müde auf dem Weg der Routine dahinschleppt – die Catena kommt wie ein Hauch vom Himmel, ganz erfüllt vom Wohlgeruch Marias, die Lilie und Rose ist, die auf wunderbare Weise erfrischt und erfreut. Das ist nicht nur eine bildhafte Beschreibung, wie jeder Legionär sehr gut weiß!

„In erster Linie möchte ich auf das Magnificat verweisen. Ich glaube nämlich, dass man in diesem Lobpreis ein unerhört wichtiges Dokument der Gnadenmutterschaft Marias sehen darf, was vielleicht noch nicht von allen erkannt worden ist. Wir wissen, dass die heiligste Jungfrau seit dem Augenblick der Verkündigung mit Christus eins ist. Sie bekennt sich als Vertreterin der gesamten Menschheit, eng verbunden mit ‚allen Geschlechtern' und eng verknüpft mit dem Schicksal jener, die wirklich ihr Eigen sind. Dieser Gesang ist das Lied ihrer geistlichen Mutterschaft." (Bernard OP, Le Mystère de Marie)

„Das Magnifikat ist das Gebet Marias im wahrsten Sinne des Wortes, das Lied der messianischen Zeiten, in dem der Jubel des alten und neuen Israel zusammenklingt, weil im Lobgesang Marias – wie der heilige Irenäus nahe zu legen scheint – das Frohlocken Abrahams anklang, der den Messias vorausahnte (vgl. Joh 8,56) und in prophetischer Schau die Stimme der Kirche erscholl. ... In der Tat, der Lobgesang der Jungfrau fand immer mehr Verbreitung und war zu allen Zeiten das Gebet der Kirche." (MCul 18)

11. Die Allocutio.[1] Wenn die Mitglieder wieder Platz genommen haben, hält der Geistliche Leiter eine kurze Ansprache. Wenn nicht besondere Gründe dagegen sprechen, sollte sie eine Erklärung zum Handbuch sein mit dem Ziel, die Mitglieder schließlich mit jedem einzelnen Punkt des Handbuchs völlig vertraut zu machen. Die Allocutio wird sehr geschätzt und spielt eine überaus wichtige Rolle für den Fortschritt der Mitglieder. Für diese Entwicklung zu sorgen, bedeutet Verantwortung, und es wäre ein Unrecht gegenüber den Mitgliedern und der Legion, nicht alle Fähigkeiten zu fördern. Dazu ist es wichtig, dass die Legionäre eine vollständige Kenntnis ihrer Organisation erhalten. Das Handbuchstudium wird eine große Hilfe sein, dieses Ziel zu erreichen, darf aber nicht als Ersatz für die Allocutio gelten. Die Legionäre werden meinen, sie hätten das Handbuch studiert, wenn sie es zweimal oder dreimal aufmerksam gelesen haben. Doch selbst wenn sie es zehn- oder zwanzigmal lesen, würden sie es noch nicht in dem Maß kennen, wie die Legion es wünscht. Diese Kenntnis wird nur vermittelt, wenn ihnen das Handbuch systematisch erklärt und dargelegt wird, Woche für Woche, Jahr für Jahr, bis ihnen jeder Gedanke, den es enthält, vollkommen vertraut ist.

In Abwesenheit des Geistlichen Leiters sollte der Präsident oder ein anderes vom Präsidenten bestimmtes Mitglied diese Erläuterung geben. Nachdrücklich sei darauf hingewiesen, dass es für die Allocutio nicht genügt, aus dem Handbuch oder aus sonst einer Schrift bloß vorzulesen. Die Allocutio sollte nicht länger als fünf bis sechs Minuten dauern.

[1] „Allocutio" nannte man in der römischen Legion die Ansprache des Feldherrn an die Soldaten.

Ein Präsidium, in dem die Allocutio mit Sorgfalt gehalten wird, und ein Präsidium, in dem man sie vernachlässigt, unterscheiden sich von einander wie eine ausgebildete Armee von einer nicht ausgebildeten.

„Gerade jetzt, da die Welt immer böser und böser wird, als habe Gott keine Macht mehr über die Herzen der Menschen, gerade jetzt – das spüre ich seit langem – erwartet er voll Sehnsucht und voll Sorge Großes von jenen, die ihm treu geblieben sind. Vielleicht kann er kein großes Heer um sein Banner scharen, aber er möchte, dass jeder einzelne darin ein *Held* ist, ihm rückhaltlos und voll Liebe ergeben. Wenn wir nur in diesen magischen Kreis von großzügigen Seelen hineingelangen könnten, ich glaube, es gäbe keine Gnade, die er uns nicht geben wollte, damit wir das Werk vollbringen, das ihm so sehr am Herzen liegt: unsere eigene Heiligung!" (Alfred O'Rahilly, Father William Doyle)

12. Nach der Allocutio machen alle das Kreuzzeichen. Dann folgen die restlichen Berichte und die weiteren Punkte der Tagesordnung.

„Historische Tatsache ist, dass die Sprache Unserer Lieben Frau die Sprache einer in hohem Maße gebildeten Frau ist. Ihrer natürlichen Veranlagung nach hätte die Gottesmutter ohne weiteres Dichterin werden können. Wenn sie sprach, flossen die Worte dahin wie Poesie. Ihre bilderreiche Ausdrucksweise war Kunst des Wortes." (Lord, Maria in der modernen Welt)

13. Die geheime Beutelkollekte. Unmittelbar nach der Allocutio wird eine geheime Sammlung durchgeführt, zu der jedes Mitglied, seinen Mitteln entsprechend beitragen soll. Zweck ist die Deckung der verschiedenen Ausgaben des Präsidiums und die Beitragsleistung an die Curia und die höheren Räte. Es sei wiederholt, dass die Räte keine andere Einnahmequelle und keine anderen Mittel haben, um ihre Führungs- und Ausbreitungsaufgaben erfüllen zu können, als jene, die ihnen von den Präsidien zukommen (siehe Kapitel 35, *Geldmittel*).

Das Treffen soll wegen der Kollekte nicht unterbrochen werden. Der Beutel wird unauffällig von einem Mitglied zum anderen weitergereicht, und jeder soll die Hand hineintun, auch wenn er nichts beitragen kann.

Man soll für einen ordentlichen Beutel sorgen, in den die Mitglieder ihre Beiträge legen. Ein Handschuh oder ein Papiersäckchen ist nicht entsprechend.

Die Kollekte ist geheim, weil es notwendig ist, dass die Begüterten und die Nicht-Begüterten vor dem Präsidium auf ein und der selben Ebene stehen. Deshalb ist der Grundsatz der Geheimhaltung zu beachten, und kein Mitglied sollte einem anderen verraten, wie viel es gegeben hat. Andererseits sollten sich alle vor Augen halten, dass nicht nur das Präsidium, sondern auch die höhere Führung der Legion auf das angewiesen ist, was der einzelne Legionär in den Beutel legt. Die geheime Beutelkollekte darf daher nicht als bloße Formalität betrachtet werden. Die Beitragspflicht ist nicht erfüllt, wenn man so wenig gibt, dass man es selbst gar nicht spürt. Tatsache ist: Dem Legionär ist das Vorrecht gewährt, an der größeren Sendung der Legion teilzuhaben. Deshalb sollte die Beitragsleistung zu diesen Mitteln in der Haltung von Verantwortung und Großmut geübt werden.

Nur der Beitrag des einzelnen ist geheim, die Gesamtsumme darf man angeben. Selbstverständlich muss sie ordnungsgemäß verbucht und muss über ihre Verwendung Rechenschaft abgelegt werden.

„Vielleicht dachte Jesus an Maria, an seine Mutter, als er die Opfergabe der Witwe pries, die nicht ‚von ihrem Überfluss', sondern ‚ihren ganzen Lebensunterhalt' gab (vgl. Lk 21,3–4)." (Orsini, Geschichte der Allerseligsten Jungfrau Maria, der Mutter Gottes)

14. Das Treffen wird beendet. Wenn alle Punkte der Tagesordnung durchgeführt sind, jedes Mitglied einen Arbeitsauftrag erhalten hat und die Anwesenheitsliste ausgefüllt worden ist, endet das Treffen mit den Schlussgebeten der Legion und dem priesterlichen Segen.

Das Treffen darf nicht länger dauern als **eineinhalb Stunden,** vom festgesetzten Beginn an gerechnet.

„Weiter sage ich euch: Alles, was zwei von euch auf Erden gemeinsam erbitten, werden sie von meinem himmlischen Vater erhalten. Denn wo zwei oder drei in meinem Namen versammelt sind, da bin ich mitten unter ihnen." (Mt 18,19f)

19
DAS TREFFEN UND DAS MITGLIED

1. Die Achtung vor dem Treffen. Überall in der natürlichen Ordnung hängt Kraftübertragung davon ab, ob eine Verbindung hergestellt oder unterbrochen wird. Ähnlich kann es auch im Legionssystem an einem bestimmten Punkt eine lebensgefährliche Unterbrechung geben. Es kann sein, dass ein Mitglied am Treffen teilnimmt und doch nur wenig oder nichts von der Begeisterung, Hingabe und Kraft empfängt, die das Leben der Legion ausmachen, wie es bereits dargestellt worden ist. Zwischen dem Treffen und dem Mitglied muss eine innere Verbindung bestehen, und diese Verbindung wird nicht durch die bloße Anwesenheit des Mitglieds bewirkt. Hier muss noch ein Element hinzukommen, damit die Teilnahme zu einem wirksamen Bindeglied zwischen dem Treffen und dem Legionär wird, und dieses Element ist **Achtung.** Von dieser Achtung des Mitglieds vor dem Treffen, die sich in Gehorsam, Treue und Wertschätzung erweist, hängt im Legionssystem alles ab.

2. Das Präsidium muss dieser Achtung würdig sein. Wenn sich eine Gemeinschaft in ihren Anforderungen nicht über den Durchschnitt ihrer Mitglieder erhebt, fehlt ihr die wichtigste Voraussetzung für ihre Führungsaufgabe, und sie wird die Achtung der Mitglieder nicht lange halten können.

3. Das Präsidium muss die Legionsregeln beachten. In dem Maß, in dem ein Legionär dem Präsidium Achtung entgegenbringt, wird sich das, was das Leben der Legion ausmacht, dem Legionär mitteilen. Und weil das Wesen des

Legionsgeistes das Bemühen ist, Erstklassiges zu erreichen, muss das Präsidium seinerseits alles daransetzen, die Achtung der Mitglieder im höchsten Maß zu gewinnen, so dass es sie entsprechend beeinflussen kann.

Wenn ein Präsidium von seinen Mitgliedern Achtung verlangt, selbst aber der Regel, unter der es arbeitet, die Achtung verweigert, versucht es, auf Sand zu bauen. Das ist der Grund, der die Beharrlichkeit erklärt, mit der dieses Handbuch auf die Notwendigkeit hinweist, die Ordnung des Treffens und des allgemeinen Vorgehens genau zu befolgen, wie es festgelegt ist.

4. Das Präsidium muss ein Vorbild der Beständigkeit sein. Die Legion verlangt, dass Ton und Handeln in ihren Treffen sogar für das eifrigste Mitglied noch beispielgebend sind, und die Vielfalt ihres Lebens befähigt die Legion, diese Pflicht zu erfüllen. Krankheit, Urlaub oder sonstige unvermeidbare Umstände können den einzelnen Legionär hindern, seinen Legionspflichten nachzukommen. Doch das Präsidium, das aus vielen Legionären besteht, die nicht alle gleichzeitig verhindert sein werden, kann deshalb über die Grenzen des Einzelnen hinauswachsen. Das Wochentreffen sollte aus keinem Grund ausfallen, außer es ist ganz unmöglich, es abzuhalten. Kann es am gewohnten Tag durchaus nicht stattfinden, soll es auf einen anderen Tag verlegt werden. Die Tatsache, dass ein Großteil der Mitglieder abwesend sein wird, stellt keinen Grund dar, das Treffen nicht zu halten. Es ist besser, mit einigen wenigen ein Treffen abzuhalten, als es ganz ausfallen zu lassen. Es ist wahr, dass bei einem solchen Treffen nur wenig erledigt wird; dennoch hat das Präsidium zumindest seine wichtigste Pflicht erfüllt. Und die Arbeit bei den künftigen Treffen wird durch die gestiegene Achtung unermesslich gewinnen: Diese werden die Mitglieder unwillkürlich vor etwas haben, das - fast möchte man sagen: trotz seiner Mitglieder – weitergeht, das sich beständig erweist inmitten ihrer eigenen Schwächen, Fehler und diversen Verpflichtungen, und so andeutungsweise das wichtigste Merkmal der Kirche selbst widerspiegelt.

5. Heizung und Licht. Der Raum soll gut beleuchtet und angenehm erwärmt sein. Durch Mängel in dieser Hinsicht wird das Treffen, das doch Freude machen sollte, zu einer Art Bußübung; und das wird die Interessen des Präsidiums gefährlich beeinträchtigen.

6. Sitzgelegenheiten. Stühle oder wenigstens Bänke sollten vorhanden sein. Sitzen die Mitglieder verstreut an Schultischen oder anderen improvisierten Sitzgelegenheiten, entsteht eine Atmosphäre der Unordnung, in welcher der Legionsgeist, der ein Geist der Ordnung ist, nicht gedeihen kann.

7. Die Präsidien müssen sich zu geeigneten Zeiten treffen. Da die meisten Menschen tagsüber ihrem Beruf nachgehen, finden die Wochentreffen für gewöhnlich am Abend oder am Sonntag statt. Es gibt aber auch viele, die Abend- oder Nachtdienst haben. Auch für sie muss gesorgt werden, indem Präsidiumstreffen zu Zeiten stattfinden, die für sie günstig sind.

Ebenso muss Vorsorge getroffen werden für Schichtarbeiter, deren Arbeitszeiten in einem bestimmten Rhythmus wechseln. Zwei Präsidien, die ihre Treffen zu verschiedenen Zeiten abhalten, sollen zusammenarbeiten, um die Schichtarbeiter aufzunehmen. Diese Legionäre können dann zwischen diesen Präsidien entsprechend ihrer Freizeit abwechseln. Um die Stetigkeit von Anwesenheit und Arbeit zu sichern, werden die beiden Präsidien engen Kontakt halten müssen.

8. Die Dauer des Treffens. Das Wochentreffen darf nicht länger als **eineinhalb Stunden** dauern, vom vereinbarten Beginn an gerechnet. Wenn das Treffen gut geführt ist und man trotzdem die Behandlung einzelner Punkte abbrechen oder „durchpeitschen" muss, um rechtzeitig schließen zu können, sollte man darin ein Zeichen sehen, dass das Präsidium zu viel zu tun hat, und eine Teilung des Präsidiums überlegen.

9. Unzulängliche Dauer des Treffens. Es ist keine Mindestdauer vorgeschrieben. Wenn aber die Treffen für gewöhnlich kaum eine Stunde in Anspruch nehmen (wobei etwa eine halbe Stunde auf Gebet, Geistliche Lesung, Protokollverlesung und Allocutio entfällt), dann scheint etwas nicht in Ordnung zu sein. Ob das an der Zahl der Mitglieder, am Umfang der Arbeit oder an der Qualität der Arbeitsberichte liegt – es sollte verbessert werden. In der Industrie würde es als schwer wiegender Systemfehler gelten, eine Maschine nicht auf vollen Touren laufen zu lassen, wenn Bedarf an den erzeugten Gütern besteht. Ähnlich muss das Legionssystem bis zum Äußersten genützt werden. Niemand kann behaupten, es bestehe kein Bedarf am höchsten geistlichen Gewinn, der möglich ist.

10. Zuspätkommen und vorzeitiges Weggehen. Legionäre, die zu den Eröffnungsgebeten zu spät kommen, sollen niederknien und still die Gebete der Tessera verrichten, die dem Rosenkranz vorausgehen, sowie die Anrufungen, die ihm folgen; aber der Schaden durch das versäumte gemeinsame Rosenkranzgebet kann nicht wieder gutgemacht werden. Ähnlich sollen Mitglieder, die vor Beendigung des Treffens weggehen müssen, zuerst den Präsidenten um Erlaubnis bitten, dann niederknien und das Gebet „Unter deinen Schutz und Schirm" mit den darauf folgenden Anrufungen verrichten.

Unter keinen Umständen darf man zulassen, dass ein Mitglied ständig zu spät kommt oder vorzeitig weggeht. Es ist wahr, dass trotzdem die Arbeit geleistet und der Bericht gegeben werden kann, aber Gleichgültigkeit gegenüber dem Versäumen der Eröffnungs- oder der Schlussgebete zeigt wohl eine Geisteshaltung, die dem wahren Geist der Legion fremd, ja entgegengesetzt ist. Denn der Geist der Legion ist ein Geist des Gebetes. Schaden, nicht Nutzen würde die Frucht einer solchen Mitgliedschaft sein.

11. Ordnung ist die Wurzel der Disziplin. Die Legion vertraut darauf, dass ihre Mitglieder im Geist der Disziplin Fortschritte machen werden,

a) wenn der Rahmen des Treffens der Regel treu entspricht;
b) wenn eine Aufgabe der anderen ordnungsgemäß folgt;
c) wenn die Tätigkeiten wie vorgeschrieben pünktlich in Angriff genommen werden;
d) wenn das Bewusstsein herrscht, dass Maria die Hauptquelle dieser Ordnung ist.

Ohne diesen Geist der Disziplin ist das Treffen wie ein gesunder Kopf auf einem gelähmten Körper, machtlos, die Mitglieder zurückzuhalten, anzuspornen oder in irgendeiner Weise zu formen. Ohne Disziplin sind sie der natürlichen menschlichen Neigung ausgeliefert, allein oder mit möglichst wenig Kontrolle zu arbeiten, sich in der Arbeit von der augenblicklichen Laune bestimmen zu lassen und sie so zu tun, wie es ihnen gefällt. Und daraus wird nichts Gutes kommen. Andererseits liegt in einer Disziplin, der man sich aus religiösen Gründen freiwillig unterwirft, eine der gewaltigsten Kräfte der Welt. Diese Disziplin wird sich als unwiderstehlich erweisen, wenn sie unerschütterlich wirksam ist, jedoch gleichzeitig ohne Beimischung von Härte und in herzlicher Aufgeschlossenheit der kirchlichen Autorität gegenüber.

In ihrem charakteristischen Geist der Disziplin besitzt die Legion einen Schatz, den sie auch außerhalb ihrer eigenen Reihen weiterschenken kann. Er ist eine unbezahlbare Gabe, denn die Welt schwankt zwischen den zwei Extremen von Tyrannei und Zügellosigkeit, die beide nichts einbringen. Die Ausübung einer starken äußeren Disziplin als Ergebnis von Tradition oder Zwang kann das Fehlen der inneren Disziplin verschleiern. Wo Einzelne oder Gemeinschaften allein auf diese äußere Disziplin angewiesen sind, werden sie zusammenbrechen, sobald diese weggenommen wird, etwa in Krisenzeiten. Obgleich die innere Disziplin unendlich wichtiger ist als jedes System äußerer Disziplin, darf man nicht annehmen, letztere wäre unwichtig. In Wirklichkeit bedarf eine der anderen. Wenn sich beide im richtigen Verhältnis verbinden, verflochten mit dem Glauben als anziehendem Beweggrund, haben wir jene dreifache Schnur, von der die Heilige Schrift sagt, dass sie „nicht so schnell reißen wird" (vgl. Koh 4,12).

12. Pünktlichkeit ist äußerst wichtig. Ohne Pünktlichkeit kann man den Auftrag des Herrn nicht erfüllen: „Bestell dein Haus!" (vgl. Jes 38,1). Ein System, das seine Mitglieder zur Unordnung erzieht, verdirbt sie gründlich. Zusätzlich verwirkt es jene Achtung, welche die Grundlage jeder echten Erziehung und Disziplin ist. Etwas Wichtiges zu vernachlässigen, das doch so leicht eingehalten werden könnte, ist ein so verrücktes Vorgehen, wie ein Schiff untergehen zu lassen, um die paar Groschen für Teer zu sparen, wie ein englisches Sprichwort sagt.

Manchmal wird eine Uhr vorsorglich auf den Tisch gelegt, aber auf den Verlauf des Treffens hat sie keinen Einfluss. In anderen Fällen spielt sie eine Rolle hinsichtlich Beginn, Mitte und Ende des Treffens, aber nicht, was die Einteilung der Berichte und anderer Punkte betrifft. Doch der Grundsatz der Pünktlichkeit und Ordnung muss auf alles angewendet werden, vom Anfang bis zum Ende. Wenn Amtsträger in dieser Hinsicht Fehler machen, sollen die Mitglieder dagegen protestieren. Andernfalls leisten sie Vorschub.

13. Die Art des Betens. Manchen impulsiven Seelen fällt es schwer, sich zurückzuhalten, sogar beim Beten. Diese falsche Art von Führung kann ein ganzes Präsidium dazu bringen, die Gebete in einer Weise zu verrichten, die an Ehrfurchtslosigkeit grenzt. Tatsächlich: Wenn es einen Fehler gibt, der mehr oder weniger allgemein verbreitet ist, so ist es der, dass die Gebete zu rasch gesprochen werden. Damit scheinen sich die Legionäre über jene ausdrückliche Anordnung hinwegzusetzen, die ihnen gebietet, so zu beten, als wäre Unsere Liebe Frau selbst sichtbar anstelle ihrer Statue unter ihnen gegenwärtig.[1]

[1]Das im deutschen Sprachraum mitunter übliche allzu lange Hinausziehen der Gebetsworte ist einer echten Andacht freilich ebenso abträglich wie die oben erwähnte Hast. (Anmerkung des Übersetzers)

14. Gebet und Treffen müssen eine Einheit bilden. Von Zeit zu Zeit wird der Vorschlag gemacht, die Legionäre sollten den Rosenkranz vor dem Allerheiligsten beten und sich dann erst zum Raum des Treffens begeben. Das kann grundsätzlich nicht erlaubt werden, weil die Einheit des Treffens für das gesamte Legionssystem wesentlich ist. Wird diese Einheit gewahrt, erhält die gesamte Tätigkeit einen besonderen Charakter des Gebets (der außergewöhnliche Früchte von Heldenmut und Bemühen hervorbringt). Dieser Charakter ginge verloren, würde der Großteil der Gebete anderswo verrichtet. Ein Ortswechsel würde den gesamten Charakter des Treffens und damit der Legion selbst verändern, die ja auf das Treffen aufgebaut ist. In der Tat wäre das Ergebnis eine Organisation, die – so groß ihre Verdienste auch sein mögen – nicht die Legion Mariens wäre. Nach dem Gesagten erübrigt es sich wohl festzustellen, dass es noch weniger zulässig ist, den Rosenkranz oder sonst einen Teil der Gebete auszulassen, wie auch immer die aktuellen Umstände sein mögen. Was der Atem für den menschlichen Körper, das ist der Rosenkranz für die Legionstreffen.

15. Andachten in der Kirche und das Treffen. Aus dem eben genannten Grund ist ein Präsidium verpflichtet, bei seinem wöchentlichen Treffen auch dann alle Legionsgebete zu verrichten, wenn es diese vor dem Treffen bereits in einer Kirche oder sonst wo bei einer Veranstaltung gebetet hat.

16. Besondere Gebete beim Treffen. Häufig wird angefragt, ob es erlaubt sei, die Gebete des Treffens in besonderen Anliegen aufzuopfern. Da sehr oft Anträge für solche Gebete gestellt werden, ist es notwendig, den Standpunkt zu klären:

a) Geht es bei der Frage darum, die gewöhnlichen Legionsgebete beim Treffen in einer besonderen Intention aufzuopfern, so lautet die Entscheidung: Diese Gebete sollen den Anliegen Unserer Lieben Frau, der Königin der Legion, aufgeopfert werden und nicht in einer anderen Meinung.

b) Geht es darum, den Legionsgebeten noch andere Gebete in besonderen Anliegen hinzuzufügen, so ist entschieden worden: Die vorhandenen Gebete sind schon lang genug, und man sollte gewöhnlich nichts mehr hinzufügen. Es wird aber anerkannt, dass außergewöhnliche Legionsangelegenheiten mitunter nach besonderem Gebet verlangen; ist das der Fall, so darf den gewöhnlichen Gebeten des Treffens noch ein kurzes Gebet angefügt werden. Es muss aber nachdrücklich gesagt sein, dass das nur sehr selten geschehen darf.

c) Selbstverständlich ist es erlaubt, den Mitgliedern zu empfehlen, besondere Anliegen in ihr privates Gebet einzuschließen.

17. Verstößt der Bericht gegen die Demut? Bisweilen haben Mitglieder einen wertlosen Bericht gerechtfertigt, indem sie sagten, sie würden es als Verstoß gegen die Demut empfinden, ihre guten Werke zur Schau zu stellen. Es gibt jedoch etwas wie einen Stolz, der die Demut nachahmt; die Dichter nennen ihn des Teufels Lieblingssünde. Daher sollten sich jene Mitglieder sehr in acht nehmen, dass dieses ihr Bedenken nicht vom feinen Wirken des Stolzes statt der Demut getragen wird und auch ein wenig von dem Wunsch, ihre Tätigkeiten der genauen Kontrolle durch das Präsidium zu entziehen. Denn gewiss würde wahre Demut sie nicht drängen, ein so verkehrtes Beispiel zu geben, das – würde es von den anderen nachgeahmt – der Ruin des Präsidiums wäre. Nein, gerade christliche Einfachheit wird die Mitglieder antreiben, jede Eigenbrötelei zu vermeiden, sich schlicht den Regeln und Vorschriften ihrer Organisation zu unterwerfen und ihren vollen persönlichen, nichtsdestoweniger wesentlichen Beitrag zum Aufbau des Treffens zu geben. Dabei bildet ja, wie schon gesagt, jeder Bericht einen Baustein.

18. Eintracht drückt Einheit aus. Es muss Eintracht herrschen, die den Geist der Liebe im Treffen nach außen bekundet. Und Tüchtigkeit im Sinn, wie die Legion das Wort versteht, schließt niemals den Gedanken der Eintracht aus. Auf Kosten der Eintracht etwas Gutes zu vollbringen, ist ein zweifelhafter Gewinn; jene Fehler, die ihrem Wesen nach der Eintracht entgegenstehen, müssen in der Legion gemieden werden wie die Pest. Das bezieht sich auf Dinge wie Rechthaberei, Kritiksucht, schlechte Laune, verletzende Spott und Überheblichkeit. Wo sie in einem Präsidium Einlass finden, ist die Eintracht dahin.

19. Die Arbeit des Einzelnen geht alle an. Das Treffen beginnt mit Gebet, wobei jedem klar ist, dass daran alle in gleicher Weise beteiligt sind. Dieses Gefühl der gleichen Anteilnahme durch alle sollte jeden weiteren Punkt des Treffens kennzeichnen. Daher dürfen Gespräche oder Kichern zwischen einzelnen Mitgliedern hier keinen Platz finden. Den Mitgliedern sollte verständlich gemacht werden, dass jeder Fall nicht nur den einzelnen Legionär oder das Legionspaar angeht, dem diese Aufgabe übertragen wurde, sondern alle Anwesenden, und zwar in einem solchen Maß, dass jeder Einzelne im Geist die Menschen und die Orte aufsucht, von denen im Arbeitsbericht die Rede ist. Wird das nicht verwirklicht, werden die Mitglieder den Berichten und Überlegungen zur Arbeit der Anderen mit bloßer Aufmerksamkeit folgen – doch diese Aufmerksamkeit, die man einer interessanten Erzählung über geschehene Arbeit widmet, genügt nicht: Jeder Moment muss erfüllt sein von der Gesinnung einer innigen Begegnung, einer persönlichen Beziehung.

20. Vertraulichkeit ist von größter Bedeutung. Monat für Monat bekommen die Legionäre die Regelmäßige Unterweisung zu hören. Dadurch sollten sie klar begreifen, wie überaus wichtig die Vertraulichkeit im gesamten System der Legion ist. Mangel an Mut ist für den Soldaten eine Schande, aber Verrat ist unvergleichlich ärger. Und es ist Verrat an der Legion, Angelegenheiten vertraulichen Charakters, die man beim Präsidiumstreffen erfahren oder besprochen hat, außerhalb der Legion weiterzuerzählen. Gleichzeitig muss man in allen Dingen Vernunft walten lassen. Hin und wieder fordern übereifrige

Leute, die Legionäre sollten aus Nächstenliebe dem Präsidium alle Namen und Berichte vorenthalten, bei denen es um religiöse Nachlässigkeit geht.

In diesem scheinbar einleuchtenden Vorschlag liegt ein Irrtum und eine Bedrohung für das Leben der Legion, denn das Präsidium könnte unter solchen Bedingungen nicht zufrieden stellend arbeiten:

a) Dieses Vorgehen stünde im Gegensatz zur Praxis der Gemeinschaften, die alle gewöhnlich ihre Fälle besprechen.

b) Die logische Folge dieses Vorschlags wäre, dass sogar die beiden Legionäre miteinander nicht über den Besuch sprechen sollten, den sie gemeinsam gemacht haben.

c) Träger der Arbeit, der Kenntnisse und der Nächstenliebe ist nicht das einzelne Mitglied, nicht das Paar der Besucher, sondern das Präsidium; deshalb hat es ein Anrecht darauf, im Normalfall alle Einzelheiten zu erfahren. Werden Berichte zurückgehalten, verliert diese Einheit ihre Wirkung. Unter dem Vorwand der Nächstenliebe werden die wahren Interessen der Nächstenliebe beeinträchtigt.

d) Man kann den Legionär nicht mit dem Priester vergleichen, dessen geweihter Dienst ihn auf eine andere Ebene stellt. Der Legionär wird bei seinem Besuch nur wenig mehr erfahren als irgend eine andere geachtete Person, und oft nur das, was die Nachbarn oder der Bezirk ohnehin wissen.

e) Beseitigt man die Verpflichtung der Legionäre, angemessene Berichte abzulegen, so beseitigt man damit auch jenen Sinn der genauen Aufsicht, dem im Legionssystem so große Bedeutung zukommt. Kein wirksamer Rat, keine Anleitung, keine Kritik kann erfolgen, so dass die eigentliche Aufgabe des Präsidiums vereitelt wird. Ausbildung und Schutz der Mitglieder, die auf den Berichten gründen, werden unmöglich gemacht. Wenn die wöchentlichen Berichte nicht entsprechend genau sind, so dass diese genaue Aufsicht, wie oben erwähnt, möglich ist, wird es mit großer Wahrscheinlichkeit zu Vertrauensbrüchen kommen, vielleicht zum Schaden der Legion.

f) Das Seltsamste von all dem ist, dass die Verpflichtung zur Vertraulichkeit selbst gelockert wird. Denn für die Vertraulichkeit in der Legion (die jetzt so vorbildlich geübt wird) bürgt der Einfluss des Präsidiums auf das Mitglied. Wird dieser Einfluss geschwächt, dann schwächt man auch die Verpflichtung zur Vertraulichkeit. Mit einem Wort, das Präsidium ist nicht nur die kleinste Einheit der Nächstenliebe und der Vertraulichkeit, sondern auch deren tragende Stütze.

Die Berichte im Präsidiumstreffen sind so zu betrachten wie das Gespräch einer Familie über ihre Geheimnisse und sollen dieselbe Ausdrucksfreiheit erlauben, außer es stellt sich heraus, dass es undichte Stellen gibt. Aber sogar da heißt das Heilmittel nicht Einschränkung der Berichte, sondern Ausschluss des Verräters.

Natürlich ist anzuerkennen, dass gelegentlich ein extremer Fall auftritt, dessen Umstände absolute Geheimhaltung nahe legen. In einem solchen Fall sollte man sich unverzüglich an den Geistlichen Leiter wenden (falls dieser nicht erreichbar ist, an einen anderen geeigneten Ratgeber), der in diesem Punkt entscheiden wird.

21. Redefreiheit. Ist es in Ordnung, dass man es zur Sprache bringt, wenn man der Vorgangsweise im Treffen nicht zustimmt? Die Atmosphäre im Präsidium sollte nicht wie beim Militär, sondern eher wie in einer Familie sein.

Wohlwollende Kritik sollte von den Mitgliedern daher begrüßt werden. Aber selbstverständlich darf eine solche Stellungnahme niemals im Ton herausfordernd sein oder es an Achtung vor den Amtsträgern fehlen lassen.

Der Altar der Legion Mariens

22. Das Treffen ist der wichtigste Halt für die Mitgliedschaft. Es ist eine menschliche Neigung, ungeduldig sichtbare Ergebnisse zu erwarten und dann unzufrieden zu werden mit allem, was immer auch erreicht wurde. Noch einmal: Sichtbare Ergebnisse sind ein unzuverlässiger Prüfstein für erfolgreiche Arbeit. Ein Mitglied sichert sie bloß mit einem Fingerschnippen, während das heroische Durchhalten eines anderen fruchtlos bleibt. Das Gefühl der vergeblichen Mühe führt zum Aufgeben der Arbeit. So ist die Arbeit, die rein von ihren Ergebnissen her eingeschätzt wird, wie Treibsand, der die Mitgliedschaft nicht lange stützen wird. Eine solche Stütze ist aber wesentlich. Die Legionäre finden sie im Reichtum des Gebets, im genau festgelegten Ablauf des Treffens, in der besonderen Atmosphäre, in den Berichten über die durchgeführten Aufträge, in der segensreichen Kameradschaft, in der Anziehungskraft der Disziplin, in der lebendigen Anteilnahme – in der gesamten inneren wie äußeren Ordnung, die Woche für Woche das Treffen ausmacht.

Da ist kein Gedanke an vergebliche Mühe noch an Aufgeben der Mitgliedschaft, sondern alles ist dazu angetan, sie zu festigen! Wenn stetig Treffen auf Treffen folgt, gewinnt man die Empfindung, Teil eines reibungslos funktionierenden Mechanismus zu sein, der bestimmt das Ziel erreicht, für das er erfunden wurde, und die feste Gewissheit gibt, erfolgreich zu arbeiten. Von dieser Gewissheit hängt eine beharrliche Mitgliedschaft ab. Die Legionäre mögen noch ein wenig weiter nachsinnen und in diesem Mechanismus Marias Rüstzeug für den Kampf erkennen, um damit das Reich ihres Sohnes auszubreiten. Die Legionäre sind dessen Teile. Sein Funktionieren hängt von der Art und Weise ab, in der sie sich zur Verfügung stellen. Ihre treue Mitgliedschaft bedeutet sein vollkommenes Funktionieren, das Maria benützt, um die Ergebnisse zu erreichen, die sie wünscht. Diese werden vollkommene Ergebnisse sein, denn „Maria allein weiß genau, wo die größte Ehre des Allerhöchsten liegt" (Hl. Ludwig Maria von Montfort).

23. Das Präsidium ist „Gegenwart Marias". Die Erläuterungen in diesem Abschnitt beabsichtigen, den einzelnen vollkommener in einer Gemeinschaft zu festigen, damit diese überall im offiziellen, pastoralen Apostolat der Kirche umfassend eingesetzt werden kann. Das Verhältnis zwischen dem Apostolat der Gemeinschaft und dem Apostolat des Einzelnen kann mit dem Verhältnis zwischen Liturgie und Privatgebet verglichen werden.

Dieses Apostolat ist vereint mit dem mütterlichen Wirken Marias und getragen von ihr, „die das Leben selbst, das alles erneuert, der Welt geboren hat und von Gott mit den einer solchen Aufgabe entsprechenden Gaben beschenkt worden ist" (LG 56). Durch den Dienst der Menschen, die bereit sind, ihr zu helfen, erfüllt Maria weiterhin diese Aufgabe. Ein Präsidium bietet ihr eine Gruppe liebender Seelen, die das Verlangen haben, ihr bei diesem Werk zu helfen. Es ist sicher, dass Maria diese Hilfe annehmen wird. Deshalb darf man ein Präsidium als eine Art Gegenwart Marias ansehen, durch die sie ihre einzigartigen Gaben entfaltet und weiter als Mutter tätig ist. Von einem Präsidium, das seinen Idealen treu ist, kann man daher erwarten, dass es seiner Umgebung Leben, Erneuerung, Heilung und Lösungen bringt. Wo immer es Probleme gibt, sollte dieser geistliche Grundsatz Anwendung finden.

„Beuge deinen Nacken und trage sie (die Weisheit, Anm.), werde ihrer Stricke nicht überdrüssig! Mit ganzem Herzen schreite auf sie zu, mit voller Kraft halte ihre Wege ein! Frage und forsche, suche und finde! Hast du sie erfasst, lasse sie nicht wieder los. Denn schließlich wirst du bei ihr Ruhe finden, sie wandelt sich dir in Freude. Ihre Fessel wird dir zum sicheren Schutz, ihre Stricke werden zu goldenen Gewändern. Ein Goldschmuck ist ihr Joch, ihre Garne sind ein Purpurband." (Sir 6,25–30)

20
DAS LEGIONSSYSTEM IST UNABÄNDERLICH

1. Es steht den Mitgliedern nicht frei, Regeln und Praxis nach Gutdünken abzuändern. Das System, das hier beschrieben wird, ist das System der Legion. Jede Änderung, und sei sie noch so geringfügig, bringt zwangsläufig andere mit sich, bis eines Tages eine Gruppe besteht, die zwar den Namen der Legion trägt, doch sonst wenig mit ihr gemeinsam hat. Und würde diese Gruppe auch an sich wertvolle Arbeit leisten, würde die Legion dennoch ohne Zögern feststellen, dass sie nicht zu ihr gehört.

2. Die Erfahrung hat gezeigt, dass der Name einer Organisation für manche Menschen kaum eine bestimmte Bedeutung hat. Denn sie betrachten es als ausgesprochene Tyrannei, wenn es ihnen nicht erlaubt ist, den Namen einer bestehenden Organisation als Deckmantel für eine Komposition ihrer eigenen Ideen zu benützen.

Es gibt „Modernisierer", die anfangen, fast alles an der Legion zu ändern, während der Name beibehalten wird. Erkennen sie nicht, dass es – weil auf geistlicher Ebene – die schlimmste Form von Plünderung ist, sich die anerkannte Stellung der Legion und die Mitgliedschaft in ihr derart unrechtmäßig anzueignen?

3. Orte wie Menschen neigen zur Annahme, sie wären „außergewöhnlich" und ihr Fall müsste daher besonders geregelt werden. Deshalb wird von Zeit zu Zeit vorgeschlagen, das Legionssystem sollte angepasst werden, damit es den – angeblich – besonderen Umständen entsprechen könne. Würden solche Abänderungen durchgeführt, hätten sie eine unheilvolle Auswirkung. Denn fast ausnahmslos entspringen solche Veränderungen nicht der Notwendigkeit – die Legion hat ja schon gezeigt, dass sie universell anwendbar ist –, sondern dem Wir-

ken eines trügerischen Geistes von Unabhängigkeit. Das wird niemals den besonderen Segen des Himmels herabziehen, und die Frucht dieser Unabhängigkeit wird immer Niedergang sein. Es ist jedoch nicht immer möglich, die Leute davon zu überzeugen. Jene, die darauf bestehen, ein Recht zur privaten Beurteilung der Legionsregeln zu haben, muss man zumindest aufmerksam machen, dass die einzige für sie ehrenhafte Vorgehensweise die ist, davon abzusehen, ihre Unternehmungen mit dem Namen der Legion zu decken.

4. Diesem raffinierten Auswählen einzelner Teile, das überkluge Leute gerne betreiben, gelingt es überdies nie, jene Frische und Begeisterung einzufangen, die dem Original seine Kraft verliehen haben. So ist das Ergebnis eines solchen „chirurgischen Eingriffs" gewöhnlich eine Leiche. Selbst im besten Fall wird lediglich ein schöner Mechanismus geschaffen und nicht mehr. Folgen dann magere Ergebnisse oder Fehlschläge, sieht man sich einer schweren Verantwortung gegenüber.

5. Die verschiedenen Räte der Legion bestehen in erster Linie zum Zweck, das Legionssystem unversehrt zu erhalten. Um jeden Preis müssen sie in Treue bewahren, was ihnen zu treuen Händen übergeben wurde.

„Das System der Legion Mariens ist hervorragend!" (Papst Johannes XXIII.)

„Du musst das Ganze annehmen oder das Ganze ablehnen. Abstriche schwächen und Amputationen verkrüppeln. Es ist dumm, einen Teil nicht anzunehmen, der doch genauso zum Ganzen gehört wie alles andere."

(Kardinal J. H. Newman, Über die Entwicklung)

21
DAS MYSTISCHE HEIM VON NAZARET

Die Lehre vom mystischen Leib Christi lässt sich besonders auf die Legionstreffen anwenden, vor allem auf das Treffen des Präsidiums, das ja das Herz des Legionslebens bildet.

„Wo zwei oder drei in meinem Namen versammelt sind, da bin ich mitten unter ihnen." (Mt 18,20) Mit diesen Worten versichert uns der Herr, dass seine einflussreiche Gegenwart in den Gliedern seines mystischen Leibes um so wirksamer ist, je mehr Glieder sich zusammenschließen, um ihm gemeinsam zu dienen. Er gibt eine Anzahl an als eine Bedingung für die volle Entfaltung seiner Macht. Möglicherweise ist das eine Folge unserer persönlichen Unvollkommenheit, die Tugenden jedes Einzelnen sind so begrenzt, dass Christus in ihm nur teilweise sichtbar zu werden vermag.

Ein einfaches Bild aus der Natur kann das deutlich machen: Ein einzelnes farbiges Glas lässt das Licht nur in seinem eigenen Farbton durchscheinen, alle anderen Farbtöne bleiben aus. Wenn aber Gläser in allen unterschiedlichen Farben zusammen aufleuchten, geben sie miteinander die Fülle des Lichtes wieder. Ähnlich ist es, wenn eine Anzahl Christen sich um der Absichten des Herrn willen zusammen schließt: Ihre guten Eigenschaften ergänzen einander, und es wird ihm durch sie ermöglicht, seine Vollkommenheit und seine Macht besser zu zeigen.

Wenn sich also Legionäre in seinem Namen und für sein Werk im Präsidium versammeln, so ist Christus auf diese machtvolle Weise gegenwärtig. Es hat sich gezeigt, dass dort „eine Kraft von ihm ausströmt" (vgl. Mk 5,30).

Mit Jesus sind auch seine Mutter und der heilige Josef in dieser kleinen Legionsfamilie zugegen, und sie haben zum Präsidium dieselbe Beziehung, die sie zu ihm hatten. Deshalb dürfen wir das Präsidium als ein Abbild des Heims von Nazaret ansehen, und das nicht nur als eine fromme Andachtsübung, sondern als etwas, das auf Wirklichkeit gründet. „Wir sind verpflichtet", sagt Bérulle, „die Angelegenheiten und die Geheimnisse Jesu nicht als etwas Vergangenes und Totes zu behandeln, sondern als etwas Lebendiges und Gegenwärtiges und sogar Ewiges." So dürfen wir auch voll Ehrfurcht die Räumlichkeiten und die Ausstattung des Präsidiums mit dem Bau und der Einrichtung des Heiligen Hauses gleichsetzen. Und die Art, wie die Legionäre mit den Dingen umgehen, die zum Präsidium gehören, können wir als Probe betrachten, wie weit sie die Wahrheit würdigen, dass Christus in uns lebt und durch uns wirkt und sich dabei eben auch der Gegenstände bedient, die wir selbst benützen.

Dieser Gedanke bietet einen liebenswürdigen und unwiderstehlichen Beweggrund, allen Dingen, die unser Präsidium umgeben und sein Zuhause bilden, sorgsame Aufmerksamkeit zu schenken.

Vielleicht haben die Legionäre über den Raum, in dem sie ihre Treffen halten, nur beschränkte Aufsicht, aber das andere, was zum Treffen gehört, liegt viel mehr in ihrer Verantwortung, etwa Tisch, Stühle, Altar, Bücher. Wie ermöglichen es die Legionäre der Mutter des Präsidiums, das ja Heim von Nazaret ist, in ihm weiterhin hingebungsvoll den Haushalt zu führen, den sie einst in Galiläa begann? Maria braucht ihre Hilfe. Sie können sie ihr versagen oder nur nachlässig gewähren – und dadurch Marias Wirken für den mystischen Leib Christi entstellen. Daran sollen die Legionäre denken und versuchen, sich vorzustellen, wie Maria für ihr eigenes Heim gesorgt hat.

Es war ein ärmliches Heim und die Einrichtung alles andere als kunstvoll. Und doch muss es sehr schön gewesen sein. Denn unter den Frauen und Müttern aller Zeiten war diese eine einzigartig, begabt mit Geschmack und Feinheit erlesener Art, was in ihrem Heim an jedem Gegenstand zum Ausdruck gekommen sein muss. Jedes kleine Detail muss irgendwie etwas Entzückendes besessen haben, jedes gewöhnliche Ding hatte Liebreiz. Maria liebte ja alle diese Gegenstände – wie nur sie lieben konnte – um seinetwegen, der sie geschaffen hatte und sie nun als Mensch gebrauchte. Sie pflegte sie, reinigte und polierte sie und versuchte, sie hübsch zu machen, denn alle sollten auf ihre je eigene Art ganz vollkommen sein. Wir können sicher sein, dass es in diesem ganzen Heim keinen einzigen Misston gab. Es konnte unmöglich einen geben. Denn dieses kleine Haus war wie kein anderes. Es war die Wiege der Erlösung, die Umgebung des Herrn der Welt. Auf seltsame Weise diente alles dazu, denjenigen zu formen, der alles geschaffen hatte. Daher musste alles geeignet sein, diesem erhabenen Zweck zu dienen; und geeignet war es durch die Ordnung, die Sauberkeit, den Glanz und die unerklärliche Qualität, die Maria ihm zu geben verstand.

Im Präsidium trägt alles auf seine eigene Weise zur Formung des Mitglieds bei, und deshalb sollte alles diese Eigenschaften des heiligen Hauses widerspiegeln, genauso wie die Legionäre selbst Jesus und Maria widerspiegeln sollten.

Ein französischer Schriftsteller hat ein Buch verfasst mit dem Titel: „Eine Reise durch mein Zimmer" (De Maistre). Machen Sie in Gedanken eine solche Reise durch Ihr Präsidium und untersuchen Sie sehr kritisch alles, was zu sehen und zu hören ist: den Fußboden, die Wände, die Fenster, die Einrichtung, die Bestandteile des Altares, besonders die Statue, die den Dreh- und Angelpunkt des Heimes darstellt, seine Mutter. Vor allem beachten Sie das Verhalten der Mitglieder und die Art, wie das Treffen geführt wird.

Wenn das Gesamtergebnis der Beobachtungen nicht mit dem Heim von Nazaret in Einklang steht, dann ist es nicht wahrscheinlich, dass der Geist von Nazaret in diesem Präsidium wohnt. Aber ohne diesen Geist ist das Präsidium schlechter, als wenn es tot wäre.

Manchmal sind Amtsträger wie unwürdige Eltern: sie verderben jene, die ihrer Sorge anvertraut sind. Fast immer können die Mängel eines Präsidiums auf die Amtsträger zurückgeführt werden. Wenn Mitglieder unpünktlich und unregelmäßig zum Treffen kommen, wenn sie ungenügende Arbeit leisten oder sie regelwidrig tun, wenn ihre Haltung beim Treffen nicht in Ordnung ist, dann deshalb, weil die Amtsträger ihr mangelhaftes Verhalten hinnehmen, weil die Mitglieder von ihnen nichts Besseres lernen. Diese Art Schulung durch die Amtsträger verdirbt die Mitglieder.

Vergleichen Sie diese Unzulänglichkeiten mit dem Heim von Nazaret! Stellen Sie sich vor, Unsere Liebe Frau wäre in den kleinen Dingen und im Ganzen so nachlässig gewesen, hätte ihrem Kind diese entstellende Art Ausbildung gegeben! Stellen Sie sich vor – das ist schwierig, aber versuchen Sie es –, sie sei schlampig, willensschwach, unzuverlässig und gleichgültig gewesen; sie hätte das heilige Haus verfallen und verkommen lassen, so dass es zum Gespött der Nachbarn geworden wäre! Natürlich ist schon der bloße Gedanke unsinnig. Und doch lassen nicht wenige Amtsträger der Legion im Präsidium die Dinge so schändlich laufen im Heim von Nazaret, von dem sie erklären, dass sie es wirklich Maria ähnlich verwalten.

Wenn aber andererseits alle diese Dinge durch ihre Vollkommenheit von der Hingabe des Präsidiums zeugen, dürfen wir gewiss sein, dass unser Herr in der Fülle da ist, auf die seine Worte hinweisen. Der Geist der Heiligen Familie war nicht eingeschränkt auf das Heilige Haus, auch nicht auf Nazaret, nicht auf Judäa, noch durch irgendeine Grenze. So kann auch der Geist des Präsidiums nicht begrenzt sein.

Die Liebe der Katholiken zur Mutter Gottes beweist bewundernswertes Feingefühl; das zeigt sich in der Scheu, in alle Einzelheiten des Lebens in Nazaret eindringen zu wollen. Wir wissen ja, dass dieses Leben in Nazaret mit unserer menschlichen Erfahrung nichts zu tun hat, ja, dass wir es kaum begreifen können. Wer könnte beschreiben, wie diese beiden in übermenschlicher Hingabe verbunden sind, wie dabei ihr Fühlen, Lieben und Streben vollkommen verschmelzen?
Vom Hügel oberhalb Nazarets beobachte ich, wie eine Frau zum Brunnen geht, den Krug auf dem Kopf, ein Fünfzehnjähriger ihr zur Seite. Ich weiß: Eine Liebe, wie diese beiden sie einander schenken, finden wir nicht einmal bei den Engeln vor Gottes Thron. Aber ich weiß auch, dass ich nicht noch mehr sehen darf, sonst müsste ich vergehen vor Staunen." (Vonier, Die Gottesmutterschaft)

22
DIE GEBETE DER LEGION

Nun folgen die Gebete der Legion Mariens, und zwar in der Anordnung, in der sie bei den Treffen verrichtet werden. Beim privaten Beten muss man nicht die angegebene Reihenfolge einhalten.
Alle diese Gebete sind von den Hilfslegionären täglich zu verrichten.
Das Kreuzzeichen, am Beginn und am Ende jedes Gebetsabschnittes angeführt, ist Hinweis auf die Aufteilung der Gebete. Werden sie nicht aufgeteilt, ist das Kreuzzeichen nur am Beginn und am Schluss des Betens zu machen.

1. Die Gebete zur Eröffnung des Treffens

Vorbeter: Im Namen des Vaters und des Sohnes und des Heiligen Geistes. Amen.
Komm, Heiliger Geist, erfülle die Herzen deiner Gläubigen, entzünde in uns das Feuer deiner Liebe. Sende deinen Geist aus, und alles wird neu geschaffen,
Alle: und du erneuerst das Antlitz der Erde.
V: Lasset uns beten. – Gott und Herr, du heiligst deine Kirche in jedem Volk und jedem Land. Gieße die Gaben deines Geistes über die ganze Erde aus. Und was deine Gnade gewirkt hat, als die Frohe Botschaft ihren Anfang nahm, das wirke sie jetzt in den Herzen aller Gläubigen. Darum bitten wir durch Christus, unsern Herrn.
A: Amen.
V: Herr, öffne meine Lippen,
A: damit mein Mund dein Lob verkünde.
V: O Gott, komm mir zu Hilfe.
A: Herr, eile mir zu helfen.
V: Ehre sei dem Vater und dem Sohn und dem Heiligen Geist,
A: wie im Anfang, so auch jetzt und allezeit und in Ewigkeit. Amen.

Nun folgen fünf Gesätze des Rosenkranzes und das „Salve Regina".

V: Lasset uns beten. – Gott, dein eingeborener Sohn hat uns durch sein Leben, seinen Tod und seine Auferstehung die Schätze des ewigen Heiles erworben. Wir verehren diese Geheimnisse im heiligen Rosenkranz der seligen Jungfrau Maria. Lass uns nachahmen, was sie enthalten, und erlangen, was sie verheißen. Darum bitten wir durch ihn, Christus, unsern Herrn.
A: Amen.

V: Heiligstes Herz Jesu, *A:* erbarme dich unser.
V: Unbeflecktes Herz Mariä, *A:* bitte für uns.
V: Heiliger Josef, *A:* bitte für uns.
V: Heiliger Johannes der Evangelist, *A:* bitte für uns.
V: Heiliger Ludwig Maria von Montfort, *A:* bitte für uns.
V: Im Namen des Vaters und des Sohnes und des Heiligen Geistes. Amen.

2. Die Catena Legionis *wird nach der ersten Hälfte des Treffens gebetet; jeder Legionär betet sie täglich.*

Antiphon. Wer ist es, die da aufsteigt wie die Morgenröte, schön wie der Mond, leuchtend wie die Sonne, furchtbar wie ein Heer in Schlachtbereitschaft?
V: Meine Seele preist die Größe des Herrn,
A: und mein Geist jubelt über Gott, meinen Retter.
V: Denn auf die Niedrigkeit seiner Magd hat er geschaut.
Siehe, von nun an preisen mich selig alle Geschlechter.
A: Denn der Mächtige hat Großes an mir getan,
und sein Name ist heilig.
V: Er erbarmt sich von Geschlecht zu Geschlecht
über alle, die ihn fürchten.
A: Er vollbringt mit seinem Arm machtvolle Taten:
Er zerstreut, die im Herzen voll Hochmut sind;
V: er stürzt die Mächtigen vom Thron
und erhöht die Niedrigen.

A: Die Hungernden beschenkt er mit seinen Gaben
und lässt die Reichen leer ausgehen.
V: Er nimmt sich seines Knechtes Israel an
und denkt an sein Erbarmen,
A: das er unsern Vätern verheißen hat,
Abraham und seinen Nachkommen auf ewig.
V: Ehre sei dem Vater und dem Sohn
und dem Heiligen Geist
A: wie im Anfang, so auch jetzt und allezeit
und in Ewigkeit. Amen.

Antiphon. Wer ist es, die da aufsteigt wie die Morgenröte, schön wie der Mond, leuchtend wie die Sonne, furchtbar wie ein Heer in Schlachtbereitschaft?
V: Maria, ohne Sünde empfangen,
A: bitte für uns, die wir zu dir unsre Zuflucht nehmen.
V: Lasset uns beten. – Herr Jesus Christus, unser Mittler beim Vater, dir hat es gefallen, die allerseligste Jungfrau Maria, deine Mutter, auch uns zur Mutter zu geben, damit sie unsere Mittlerin bei dir sei. Gewähre denen, die von dir Gnaden erbitten, die Freude, alles durch Maria zu erlangen.
A: Amen.

3. **Das Legionsgebet** *wird am Ende des Treffens verrichtet. Es ist unterteilt, damit man es leichter lesen kann.*

V: Im Namen des Vaters und des Sohnes und des Heiligen Geistes. Amen.
Unter deinen Schutz und Schirm fliehen wir, heilige Gottesmutter. Verschmähe nicht unser Gebet in unseren Nöten, sondern errette uns jederzeit aus allen Gefahren, o du glorwürdige und gebenedeite Jungfrau.
V: Unbefleckte Jungfrau, du Mittlerin aller Gnaden,
A: bitte für uns.

Beim Präsidiumstreffen wird die dem Präsidium eigene Anrufung verwendet

V: Heiliger Michael und heiliger Gabriel,
A: bittet für uns.

V: All ihr himmlischen Mächte,
Marias Legion der Engel,
A: bittet für uns.
V: Heiliger Johannes der Täufer,
A: bitte für uns.
V: Heilige Apostel Petrus und Paulus,
A: bittet für uns.

Das folgende Gebet wird bis zum ersten Amen von allen gemeinsam gesprochen. Die Bitte für die Verstorbenen betet der Priester allein.

A: Gewähre, o Herr, uns allen,
die wir unter dem Banner Marias dienen, den Glauben an dich und das Vertrauen auf sie in jener Fülle, der es gegeben ist, die Welt zu überwinden.
Schenke uns einen lebendigen, liebebeseelten Glauben, der uns die Kraft gibt, alles aus reiner Liebe zu dir zu tun und in unserem Mitmenschen stets dich zu sehen und dir in ihm zu dienen; einen felsenfesten, unerschütterlichen Glauben, in dem wir ruhig und standhaft verharren inmitten von Kreuz und Mühsal und all den Enttäuschungen die das Leben bringt;
einen kühnen Glauben, der uns treibt, ohne Zaudern Großes zu wagen und zu vollbringen zu deiner Ehre und zur Rettung der Seelen;
einen Glauben, der gleich einer Feuersäule unsere Legion einig und geschlossen vorwärts führt, überall den Brand der Gottesliebe zu entzünden,
Lichtbringer zu sein in Dunkel und Todesschatten, zu entflammen die Lauen und neu zu beleben, die im Tode der Sünde erstarrt sind.
Gib uns einen Glauben, der unsere Schritte auf dem Weg des Friedens lenkt, so dass sich unsere Legion nach dem großen Lebenskampf ohne einen Verlust wieder vereint findet im Reiche deiner Liebe und Herrlichkeit. Amen.
V: Lass die Seelen unserer heimgegangenen Legionäre und aller verstorbenen Gläubigen durch deine Barmherzigkeit ruhen in Frieden. Amen.

Unmittelbar nach diesem Gebet erteilt der Priester den Segen. Ist kein Priester anwesend, so schließt man mit dem Kreuzzeichen.
Im Namen des Vaters und des Sohnes und des Heiligen Geistes. Amen.

„Marias Glaube ist stärker als der Glaube aller Menschen und aller Engel. Sie sieht ihren Sohn im Stall von Betlehem und glaubt, dass er der Schöpfer der Welt ist. Sie erlebt seine Flucht vor Herodes, und doch wird sie nie irre in ihrem Glauben, dass er der König der Könige ist. Sie sieht ihn zur Welt kommen und glaubt, dass er von Ewigkeit her ist. Sie sieht, dass ihm in seiner Armut selbst das Notwendigste mangelt, und dennoch glaubt sie, dass er der Herr des Alls ist. Sie sieht ihn als Kind auf Stroh gebettet, und ihr Glaube sagt ihr, dass er der Allmächtige ist. Er spricht kein Wort, und doch glaubt sie, dass er die ewige Weisheit selbst ist. Sie hört ihn weinen, und doch glaubt sie, dass er die Freude des Paradieses ist. Und schließlich sieht sie ihn sterben, ans Kreuz genagelt, Spott und Hohn ausgesetzt, und da alle anderen im Glauben schwach werden, bleibt Maria stark und glaubt unerschütterlich daran, dass er Gott ist."

(Hl. Alfons von Liguori)

(Dieses Zitat gehört nicht zu den Legionsgebeten.)

23
DIE GEBETE SIND UNABÄNDERLICH

Die Gebete der Legion sind als unabänderlich zu betrachten. Selbst bei den Anrufungen darf nichts abgeändert oder hinzugefügt werden, nicht einmal die Anrufung des Landes- oder Ortspatrons oder sonst eines Heiligen. Das gilt auch für den Fall, dass eine Änderung oder Hinzufügung eine überlegenswerte Sache wäre.

Hier wird ein Opfer verlangt; doch folgt es bloß einem der größten Opfer seiner Art; das wird jeder zugeben, der das Land kennt, aus dem diese Konstitutionen stammen, und der die einzigartige Stellung versteht, die der Apostel dieses Landes in der Zuneigung des Volkes einnimmt.[1]

Würden besondere Anrufungen geduldet, so wäre das gewiss an sich noch keine große Abweichung vom allgemeinen Brauch.

---

[1]Der heilige Patrick, der Apostel Irlands, wirkte von 432 bis 461 als Bischof auf dieser Insel. Er wird heute noch von den Iren sehr verehrt. (Anmerkung des Übersetzers)

Und doch liegt darin bereits der Keim eines Abweichens vom System, und die Legion fürchtet selbst diesen Keim.

Noch einmal: Die Seele der Legion zeigt sich in ihren Gebeten, und dementsprechend stellen diese durch strengste Einheitlichkeit – in welcher Sprache sie im Lauf der Zeit auch verrichtet werden mögen – die vollkommene Einheit des Geistes, des Herzens, der Regel und der Tat dar – jene Einheit, zu der die Legion alle aufruft, wo immer sie unter ihrer Standarte dienen.

„Da ihr Kinder Christi seid, sollt ihr auch Kinder Roms sein." (Hl. Patrick)
„Lieber Gott, schenk mir die Gnade, auch zu erkämpfen, was ich erbitte."
(Hl. Thomas Morus)

24
DIE PATRONE DER LEGION

1. DER HEILIGE JOSEF

In den Legionsgebeten folgt der Name des heiligen Josef den Anrufungen der Herzen Jesu und Marias, weil er im himmlischen Hof nach ihnen den höchsten Rang einnimmt. Josef war das Haupt der Heiligen Familie und erfüllte Jesus und Maria gegenüber eine grundlegende und ganz und gar besondere Aufgabe. Denselben Dienst – nicht mehr und nicht weniger – erweist dieser größte der Heiligen auch fortwährend dem Mystischen Leib Jesu und dessen Mutter. Er unterstützt Bestehen und Handeln der Kirche – und damit auch der Legion. Seine Sorge ist unablässig, lebenswichtig und erfüllt von väterlicher Liebe; sie steht an Einfluss nur der mütterlichen Sorge Marias nach. Daher muss die Legion sie hoch schätzen. Wenn seine Liebe in uns mächtig sein soll, müssen wir uns ihr ganz öffnen durch ein Verhalten, das die hingebungsvolle Sorge widerspiegelt, mit der er uns freigebig beschenkt. Jesus und Maria waren immer seiner eingedenk und dankbar für alles, was er für sie tat. In ähnlicher Weise müssen die Legionäre dem heiligen Josef beständige Aufmerksamkeit schenken.

Das Hochfest des heiligen Josef, des Bräutigams der Gottesmutter, wird am 19. März gefeiert, das Gedenken an Josef den Arbeiter am 1. Mai.

„Wir dürfen das geschichtliche Leben Jesu nicht von seinem mystischen Leben trennen, das in der Kirche seine Fortsetzung findet. Nicht ohne Grund haben die Päpste den heiligen Josef zum Schutzpatron der Kirche erklärt. Im Wechsel der Zeiten und Lebensweisen bleibt seine Aufgabe immer dieselbe: Als Beschützer der Kirche setzt er die Sendung, die er auf Erden erfüllt hat, weiterhin fort. Seit den Tagen von Nazaret ist die Familie Gottes gewachsen und hat sich über die ganze Welt verbreitet. Josefs Herz ist groß und weit geworden, so groß und weit wie seine neue Vaterschaft, die jene Vaterschaft fortsetzt und noch übertrifft, die Gott Abraham, dem Vater der Unzähligen, verheißen hat. Gottes Handlungsweise uns gegenüber ist unwandelbar; in seinem Planen gibt es kein nachträgliches Überlegen und willkürliches Ändern. Alles ist Einheit, geordnet, folgerichtig und von Dauer. Josef, der Nährvater Jesu, ist auch der Nährvater der Brüder Jesu, das heißt aller Christen aller Zeiten. Josef, der Bräutigam Marias, die Jesus geboren hat, bleibt ihr auch bei der mystischen Geburt der Kirche, die sich in der Welt vollzieht, auf geheimnisvolle Weise verbunden. Der Legionär Mariens arbeitet, um das Reich Gottes, und das ist die Kirche, hier auf Erden auszubreiten. Er darf daher mit Recht den ganz besonderen Schutz jenes Heiligen in Anspruch nehmen, der das Haupt der neugeborenen Kirche, der heiligen Familie, war." (Kardinal L. J. Suenens)

2. DER HEILIGE JOHANNES DER EVANGELIST

Das Evangelium nennt den heiligen Johannes den „Jünger, den Jesus liebte" (Joh 19,26; 20,2); darin erscheint er als Vorbild der Hingabe an das Heiligste Herz. Treu bis ans Ende, blieb er diesem Herzen nah, bis er es im Tod reglos und durchbohrt sah. Später wird er als Vorbild der Hingabe an das Unbefleckte Herz Marias bekundet. Selbst rein wie ein Engel, trat er an die Stelle Jesu, und er erwies weiterhin Maria die Liebe eines Sohnes, bis auch sie heimging.

Aber das dritte Wort unseres Herrn am Kreuz beinhaltet mehr als die Fürsorge eines Sohnes für seine heilige Mutter. Im heiligen Johannes wies unser Herr auf das ganze Menschengeschlecht hin, aber besonders auf jene Menschen, die sich durch den Glauben mit Jesus verbinden würden. Damit war Marias Mutterschaft für die Menschen verkündet – für die vielen Brüder, deren Erstgeborener Christus selber war. Der heilige Johannes vertrat alle diese neuen Kinder, nahm als erster das Erbe in Besitz, ein Vorbild für alle, die nach ihm kommen sollten, und ein Heiliger, dem die Legion liebevollste Verehrung schuldet.

Er liebte die Kirche und jede Seele in ihr, ihrem Dienst widmete er all seine Fähigkeiten. Er war Apostel und Evangelist und erwarb sich Verdienste wie ein Märtyrer.

Johannes war Marias Priester: Deshalb ist er ein besonderer Patron des Legionspriesters bei dessen Dienst an der Organisation, die anstrebt, ein lebendiges Abbild Marias zu sein.
Sein Fest wird am 27. Dezember gefeiert.

"Als Jesus seine Mutter sah und bei ihr den Jünger, den er liebte, sagte er zu seiner Mutter: Frau, siehe, dein Sohn! Dann sagte er zu dem Jünger: Siehe, deine Mutter! Und von jener Stunde an nahm sie der Jünger zu sich."
(Joh 19,26f)

3. DER HEILIGE LUDWIG MARIA VON MONTFORT

„Im Hinblick auf die wiederholte Entscheidung, dass weder die Anrufung von Landespatronen noch sonst einzelner Heiliger innerhalb der Legionsgebete zugelassen wird, erscheint es auf den ersten Blick anfechtbar, den Namen des seligen Grignion von Montfort den Anrufungen einzufügen. Hier kann man jedoch sehr entschieden geltend machen, dass kein anderer Heiliger für die Entfaltung der Legion von größerer Bedeutung war. Von seinem Geist ist das Handbuch erfüllt. Die Gebete sind ein Widerhall seiner Worte. Er ist wirklich der Lehrer der Legion; deshalb gebührt ihm die Anrufung beinahe wie eine moralische Verpflichtung." (Entscheidung der Legion, den Namen des seligen Grignion von Montfort in die Reihe der Anrufungen aufzunehmen.)

Er wurde am 20. Juli 1947 heilig gesprochen. Sein Fest wird am 28. April gefeiert.

„Er ist nicht nur ein Gründer, er ist auch Missionar! Und mehr als ein Missionar! Wir sehen noch eine andere Seite seines Wesens: Er ist Lehrer und Theologe und hat uns eine Mariologie geschenkt wie kein anderer vor ihm. Er hat die Wurzeln

der Marienverehrung so tief erforscht, er hat ihren Gesichtskreis so sehr erweitert, dass er dadurch zweifellos das marianische Geschehen unserer Tage schon angekündigt hat – von Lourdes bis Fatima, vom Dogma der Unbefleckten Empfängnis bis zur Legion Mariens. So wurde er zum Verkünder der Ankunft des Gottesreiches durch Maria und zum Vorläufer des ersehnten Heiles, das die jungfräuliche Gottesmutter durch ihr unbeflecktes Herz der Welt bringen wird, wenn die Fülle der Zeiten gekommen ist." (Aus der Ansprache des Kardinals Federigo Tedeschini, Erzpriester von St. Peter, bei der Enthüllung der Statue des heiligen Ludwig Maria von Montfort im Petersdom, am 8. Dezember 1948)
„Ich sehe voraus, dass reißende Bestien voller Wut kommen werden, um mit ihren teuflischen Zähnen diese kleine Schrift zu zerreißen und auch denjenigen, dessen sich der Heilige Geist bedient hat, um sie abzufassen. Zumindest werden sie das Büchlein im Dunkel und im Schweigen einer Kiste vergraben, damit es nicht veröffentlicht wird. Die es lesen und in die Tat umsetzen, werden angegriffen und verfolgt werden. Aber was bedeutet das schon? Umso besser! Diese Aussicht macht mir Mut und lässt mich auf einen großen Erfolg hoffen, auf eine große Schar tapferer und mutiger Streiter für Christus und Maria, Männer und Frauen, die in den gefährlichen Zeiten, die sich nahen, die Welt, den Teufel und die verderbte Natur bekämpfen werden!" (Hl. Ludwig Maria von Montfort, gestorben 1716, Abhandlung über die wahre Marienverehrung, 114)

4. DER HEILIGE ERZENGEL MICHAEL

„Michael ist zwar der Fürst des himmlischen Hofes, doch mit brennendem Eifer will er Maria ehren und dazu beitragen, dass sie geehrt werde. In steter Bereitschaft harrt er der Auszeichnung, auf ihren Wunsch hin einem ihrer Diener zu Hilfe kommen zu dürfen." (Hl. Augustinus)

Der heilige Michael war immer schon der Schutzherr des auserwählten Volkes, zuerst im Alten und dann im Neuen Bund. Er bleibt der treue Verteidiger der Kirche, aber er hat den Juden wegen ihrer Abkehr seinen Schutz nicht entzogen. Eher hat er ihn verstärkt, weil sie ihn brauchen und sie mit Jesus, Maria und Josef blutsverwandt sind. Die Legion dient unter dem heiligen Michael. Unter seinem Einfluss muss sich die Legion voll Liebe mühen, jenes Volk zurückzugewinnen, mit dem Gott einen immerwährenden Bund der Liebe geschlossen hat.

„Der Anführer des Heeres des Herrn" (Jos 5,14) wird am 29. September gefeiert.

„Der Offenbarung nach sind die Engel, die im Licht der himmlischen Herrlichkeit am Leben der Dreifaltigkeit teilhaben, dazu berufen, ihren Beitrag in der Erlösungsgeschichte der Menschheit zu leisten, und zwar in jenen Augenblicken, die die Göttliche Vorsehung bestimmt.
‚Sind sie nicht alle nur dienende Geister, ausgesandt, um denen zu helfen, die das Heil erben sollen?' fragt der Verfasser des Briefes an die Hebräer (1,14). So glaubt und lehrt es die Kirche, und zwar ausgehend von der Heiligen Schrift, aus der wir lernen, dass die Aufgabe der guten Engel darin besteht, die Menschen zu beschützen und für ihr Heil zu sorgen." (Papst Johannes Paul II., Generalaudienz, 6. August 1986)

5. DER HEILIGE ERZENGEL GABRIEL

In einigen Liturgien werden die heiligen Erzengel Michael und Gabriel gemeinsam angerufen als Kämpfer und Fürsten, Führer der himmlischen Heerscharen, Befehlshaber der Engel, Diener der göttlichen Herrlichkeit, Hüter und Führer der Menschen.

Der heilige Gabriel ist der Engel der Verkündigung. Er war es, durch den der Gruß der Allerheiligsten Dreifaltigkeit an Maria gerichtet war, durch ihn wurde das Geheimnis der Dreieinigkeit gegenüber dem Menschen erstmals erwähnt, durch ihn die Menschwerdung Gottes angekündigt, durch ihn die Unbefleckte Empfängnis Marias ausgesagt, er ließ zum ersten Mal den Rosenkranz anklingen.

Im vorhergehenden Abschnitt wurde die Beziehung des heiligen Michael zu den Juden erwähnt. Vielleicht kann man vom heiligen Gabriel und den Moslems dasselbe sagen. Die Moslems glauben, Gabriel habe ihnen ihre Religion mitgeteilt. Diese Behauptung, obwohl unbegründet, zeigt eine Aufmerksamkeit ihm gegenüber, die er auf geeignete Weise zu vergelten suchen wird: Er wird sie erleuchten in Bezug auf die christliche Offenbarung, deren Hüter er war. Aber er kann diese Umwandlung nicht allein bewirken. Immer muss menschliche Mitarbeit ihren Teil beitragen.

Jesus und Maria haben im Koran eine ungewöhnlich herausragende Stellung, sie werden fast so dargestellt wie im Evangelium, aber ohne jede Aufgabe. So hat dieses heilige Paar im

Islam zu warten, bis jemand ihnen hilft, sich zu erklären und zu behaupten. Es hat sich gezeigt, dass die Legion in dieser Weise über eine Gabe verfügt, und dass ihre Mitglieder von den Moslems mit Aufgeschlossenheit empfangen werden. Welch reicher Stoff zur Erklärung liegt in all diesen Koran-Texten!

Das gemeinsame Fest der heiligen Erzengel Michael, Gabriel und Rafael wird am 29. September gefeiert.

„Die Heilige Schrift zeigt uns einen der höchsten Himmelsfürsten, der in sichtbarer Gestalt zu Maria entsandt wurde, um ihr das Geheimnis der Menschwerdung zu verkünden. Ein Engel bat Maria, die Mutter Gottes zu werden, denn die Gottesmutterschaft wird ihr Hoheit, Macht und Herrschaft über alle Engel verleihen. ‚Man kann sagen', schrieb Pius XII., ‚dass der Erzengel Gabriel der erste Himmelsbote war, der das königliche Amt Marias verkündete.' (Ad Coeli Reginam) Gabriel wird als Schutzpatron all jener verehrt, die wichtige Aufträge übernehmen, die eine wichtige Nachricht für Gott überbringen. Er brachte Gottes Botschaft zu Maria. In diesem Augenblick vertrat Maria die gesamte Menschheit, und Gabriel war Stellvertreter aller Engel. Ihr Zwiegespräch wird bis ans Ende der Zeiten in den Menschen lebendig sein. Es führte zu dem Bündnis, aus dem ‚ein neuer Himmel und eine neue Erde' erstehen werden. Wie wunderbar war der Engel, der zu Maria sprach! Wie falsch ist es, seine Aufgabe auf ein rein passives Weitergeben der Botschaft herabzumindern! Er war in alles eingeweiht und zeigte auch, dass er um alles wusste. Ehrfurchtsvoll beantwortete er jede Frage, die Maria stellte, denn Gott hatte ihn ja zu seinem Wortführer und zu seinem Sachwalter gemacht. Die Begegnung zwischen Gabriel und der Gottesmutter bewirkte die Erneuerung der Schöpfung: Die neue Eva hat in Heil gewandelt, was die erste Eva an Verderben verschuldet hatte. Der neue Adam, das Haupt des mystischen Leibes, dem auch die Engel angehören, hat nicht nur die Menschheit erlöst, sondern auch die Ehre der Engel wiederhergestellt, die durch den gefallenen Engel befleckt worden war." (Dr. Michael O'Carroll CSSp)

6. DIE HIMMLISCHEN MÄCHTE, MARIAS LEGION DER ENGEL

„Regina Angelorum! Königin der Engel! Sich vorzustellen, wie Maria, unsere Mutter, unaufhörlich von Legionen Engeln begleitet wird – das ist wunderschön! Das ist ein Vorgeschmack des Himmels!" (Papst Johannes XXIII.)

„Maria führt die Heerscharen Gottes an. Die Engel sind die herrlichsten Truppen jener Frau, die ‚furchtbar wie ein Heer in Schalchtbereitschaft'!" (Boudon, Die Engel)

Von Anfang an wurden in den Legionsgebeten die Engel angerufen, und zwar in folgender Form:

Heiliger Erzengel Michael, bitte für uns.
Unsere heiligen Schutzengel, bittet für uns.

Man muss annehmen, dass die Legion hierin geführt war, denn wie eng die Beziehung der Engel zur Legion ist, hatte man damals nicht so klar gesehen. Im Lauf der Zeit wurde es immer offensichtlicher, dass es angemessen ist, bei den Engeln Zuflucht zu nehmen. Man erfasste, dass sie himmlische Verbündete im Feldzug der Legion sind. Dieses Bündnis hat verschiedene Gesichtspunkte. Jeder Legionär, ob aktiver oder betender, hat einen Schutzengel, der Schritt um Schritt an seiner Seite kämpft. In gewisser Hinsicht bedeutet dieser Kampf dem Engel mehr als dem Legionär, denn der Engel begreift in lebhafter Weise, worum es geht: die Ehre Gottes und den Wert der unsterblichen Seele. Deshalb ist die Anteilnahme des Engels so stark, und seine Hilfe versagt nie. Aber alle anderen Engel sind ebenso an diesem Kampf beteiligt. So haben zum Beispiel alle, für die die Legion arbeitet, ihre Schutzengel, die Hilfe leisten.

Zudem eilt das ganze Heer der Engel an den Schauplatz, denn unser Kampf ist ein Teil des großen Krieges, den die Engel seit Anbeginn gegen Satan und seine Anhänger führen.

Sowohl im Alten wie im Neuen Testament kommt den Engeln ein eindrucksvoller Platz zu, einige hundert Schriftstellen weisen auf sie hin. Darin werden sie geschildert als himmlische Begleiter des Kampfes der Menschen und als ihre persönlichen Beschützer. In wichtigen Augenblicken greifen die Engel ein. Immer wieder heißt es: „Gott sandte seinen Engel." Alle neun Chöre der Engel haben ein gewisses Schutzamt: über einzelne Menschen, über Orte, Städte und Länder; über die Natur, einige Engel führen sogar andere Engel an. Aus der Heiligen Schrift geht hervor, dass selbst heidnische Königreiche ihre Schutzengel haben (vgl. Dan 4,10 und 20; 10,13). Die Namen der neun Chöre lauten: Engel, Erzengel, Kerubim, Serafim, Mächte, Fürsten, Throne, Gewalten, Herrschaften.

Die Engel kommen uns also zu Hilfe, einzeln und als Gesamtheit – im Verhältnis zu uns spielen sie eine Rolle vergleichbar etwa der einer Luftwaffe zu den Bodentruppen.

Schließlich erkannte man, dass die bestehende Anrufung der Engel dieses umfassende Schutzamt nicht genug ausdrückte. Deshalb beschloss man:
a) die Anrufung besser zu formulieren;
b) das Wort „Legion" mit den Engeln zu verbinden. Unser Herr selber hat es für die Engel verwendet und so geheiligt, indem er es auf seine Lippen nahm. Als seine Feinde ihn bedrohten, sagte er: „Oder glaubst du nicht, mein Vater würde mir sogleich mehr als zwölf Legionen Engel schicken, wenn ich ihn darum bitte?" (Mt 26,53);
c) der Anrufung auch den Namen Maria einzufügen. Sie ist die Königin der Engel, ja in Wahrheit die Heerführerin der Legion der Engel, und für unsere Legion würde es eine neue Gnade sein, sie mit diesem zutiefst bedeutungsvollen Titel zu grüßen.

Lange Erörterungen innerhalb der Legion führten schließlich am 19. August 1962 zur Annahme des folgenden Wortlautes der Anrufung:
„All ihr himmlischen Mächte, Marias Legion der Engel, bittet für uns."

Die Kirche gedenkt der Schutzengel am 2. Oktober.

Es gibt eine Vereinigung namens „Philangeli", die das Wissen um die Engel und die Verehrung der Engel zu verbreiten sucht. Der Hauptsitz dieser Vereinigung befindet sich in England (Adresse: Philangeli, Hon. General Secretary, Salvatorians, 129 Spencer Road, Harrow Weald, Middlesex HA3 7BJ, England).

„‚Maria, Königin der Engel' – diese Bezeichnung ist mehr als nur ein ehrenvoller Titel. Marias königliches Amt ist Teilhabe am Königtum Christi, und ihm ist die absolute, allumfassende Herrschaft über die Schöpfung gegeben. Die Art und Weise dieser Mitherrschaft Marias mit Christus dem König haben uns die Theologen noch nicht systematisch dargestellt. Aber es ist klar, dass das Tun und Handeln der Gottesmutter aus ihrem Königtum kommt und dass ihr Wirken sich bis zu den Grenzen des sichtbaren und des unsichtbaren Alls erstreckt. Sie führt die guten Geister, die bösen hält sie im Zaum. Maria hat zwischen Menschen und Engeln jenes unauflösliche Bündnis geschlossen, durch das die ganze Schöpfung zu ihrem wahren Ziel geführt wird: zur Verherrlichung des dreifaltigen Gottes. Ihr Königtum ist unser Schild, denn unsere Mutter und Beschützerin hat die Macht, den Engeln zu gebieten, uns zu Hilfe zu eilen. Für Maria selbst bedeutet dieses Königtum Mitarbeit am Werk ihres Sohnes, die Herrschaft Satans über die Menschen zu brechen und zu vernichten."

(Dr. Michael O'Carroll CSSp)

7. DER HEILIGE JOHANNES DER TÄUFER

Es ist überraschend und nicht leicht zu erklären, dass der heilige Johannes der Täufer erst am 18. Dezember 1949 formell unter die Patrone der Legion aufgenommen wurde. Denn er ist mit der religiösen Haltung der Legion inniger verbunden als all die anderen Legionspatrone, mit Ausnahme des heiligen Josef.

a) Er war das Urbild aller Legionäre: der Vorläufer des Herrn, der ihm voranging, ihm den Weg zu bereiten und die Pfade zu ebnen. Er war ein Vorbild unerschütterlicher Festigkeit und Treue zur Sache des Herrn, für die zu sterben er bereit war, und für die er tatsächlich starb.

b) Noch mehr: Er wurde von Maria selbst für seine Aufgabe herangebildet – wie das auch bei den Legionären geschehen soll. Der heilige Ambrosius erklärt, die Formung und Heranbildung des kleinen „großen Propheten" sei der Hauptzweck des langen Aufenthalts Marias bei Elisabet gewesen. Der Augenblick dieser Formung wird in der Catena gepriesen, unserem Hauptgebet, das jedem Legionär als tägliche Pflicht auferlegt ist.

c) Die Begegnung mit Elisabet zeigt uns die Gottesmutter zum ersten Mal in ihrer Eigenschaft als Mittlerin und den heiligen Johannes als ersten, dem diese Mittlerschaft zugute kommt. Deshalb wurde er von Anfang an als ein besonderer Patron der Legionäre angesehen, als Schutzherr aller Legionskontakte, aller Arten von Besuchen und überhaupt aller Legionstätigkeiten –

diese sind ja nichts anderes als das Bemühen, an Marias Mittleramt mitzuwirken.

d) In der Sendung unseres Herrn war Johannes eines der wesentlichen Elemente. Jede Gemeinschaft, die diese Sendung nachvollziehen will, sollte alle diese Elemente aufweisen: Der Vorläufer bleibt immer notwendig. Ist er nicht da, um Jesus und Maria einzuführen, werden sie vielleicht überhaupt nicht in Erscheinung treten können. Die Legionäre müssen diese besondere Stellung des heiligen Johannes des Täufers erkennen und ihm durch ihr Vertrauen in ihn ermöglichen, seine Sendung fortzusetzen. „Wenn Jesus immerwährend der ist, ‚der kommt', dann ist es immer Johannes, der ihm vorangeht, denn der göttliche Plan der geschichtlichen Menschwerdung Christi wird in seinem mystischen Leib fortgeführt." (Danielou)

e) Der angemessene Platz für die Anrufung des heiligen Johannes ist in den Schlussgebeten unmittelbar nach den Engeln. Diese Gebete zeigen dann die Legion im Vormarsch, beherrscht vom Heiligen Geist, der sich durch Maria als Feuersäule kundtut; unterstützt durch die Legion der Engel und ihre Fürsten, Michael und Gabriel; der heilige Johannes der Täufer geht ihr als Vorhut und Vorläufer voran und erfüllt damit wie eh und je seine durch die göttliche Vorhersehung bestimmte Sendung. Dann kommen die Feldherren der Legion, die heiligen Apostel Petrus und Paulus.

f) Der hl. Johannes der Täufer wird an zwei liturgischen Festen gefeiert. Das eine, das Hochfest seiner Geburt, wird am 24. Juni begangen, das Gedenken seines Martyriums am 29. August.

„Ich glaube, das Geheimnis Johannes des Täufers vollzieht sich auch heute noch in der Welt. Wer an Jesus Christus glauben soll, von dessen Seele müssen zuerst der Geist und die Kraft des Täufers Besitz ergreifen, um dem Herrn ein vollkommenes Volk zu bereiten, um in diesem Herzen gerade zu machen, was krumm ist, und Christus die Straße zu ebnen. Bis zum heutigen Tag gehen Geist und Kraft des Johannes dem Kommen unseres Herrn und Erlösers voraus."

(Origenes)

8. DER HEILIGE PETRUS

„Der heilige Apostelfürst Petrus ist in ganz besonderer Weise Patron einer apostolischen Organisation. Er war der erste Papst, doch steht er für die gesamte erhabene Reihe von Päpsten und für den jetzigen Heiligen Vater. Mit der Anrufung des heiligen Petrus drücken wir daher einmal mehr die Treue der Legion zu Rom aus, dem Zentrum unseres Glaubens, dem Ursprung der Autorität, der Disziplin und der Einheit." (Beschluss der Legion, den Namen des heiligen Petrus in die Reihe der Anrufungen aufzunehmen)

Das Hochfest der heiligen Apostel Petrus und Paulus wird am 29. Juni gefeiert.

„Ich aber sage dir: Du bist Petrus, und auf diesen Felsen werde ich meine Kirche bauen, und die Mächte der Unterwelt werden sie nicht überwältigen. Ich werde dir die Schlüssel des Himmelreichs geben; was du auf Erden binden wirst, das wird auch im Himmel gebunden sein, und was du auf Erden lösen wirst, das wird auch im Himmel gelöst sein." (Mt 16,18f)

9. DER HEILIGE PAULUS

Eine Seele, die andere gewinnen will, muss groß und weit sein wie das Meer. Wer die Welt bekehren will, dessen Seele muss größer sein als die Welt. – So war es beim heiligen Paulus seit dem Tag, da plötzlich ein Licht vom Himmel ihn umstrahlte (vgl. Apg 9,3). Sein Glanz traf ihn bis in die Seele und entfachte in ihr das brennende Verlangen, die Welt mit dem Namen Christi und dem Glauben an ihn zu erfüllen. „Völkerapostel" – sein Werk ist sein Name. Unermüdlich war er tätig, bis das Schwert des Scharfrichters seinen unbezwingbaren Geist zu Gott sandte. Und dann lebten seine Schriften weiter und werden immer weiterleben, um seine Sendung fortzusetzen.

Es ist Brauch der Kirche, den heiligen Paulus in ihrem Gebet stets gemeinsam mit dem heiligen Petrus zu nennen, was wirklich eine hohe Auszeichnung ist. Es ist auch angemessen, denn zusammen haben diese beiden Großen durch ihr Martyrium Rom geheiligt. Die Kirche feiert ihr Fest am selben Tag.

„Ich ertrug mehr Mühsal, war häufiger im Gefängnis, wurde mehr geschlagen, war oft in Todesgefahr. Fünfmal erhielt ich von Juden die neununddreißig Hiebe; dreimal wurde ich ausgepeitscht, einmal gesteinigt, dreimal erlitt ich Schiffbruch, eine Nacht und einen Tag trieb ich auf hoher See. Ich war oft auf Reisen, gefährdet durch Flüsse, gefährdet durch Räuber, gefährdet durch das eigene Volk, gefährdet durch Heiden, gefährdet in der Stadt, gefährdet in der Wüste, gefährdet auf dem Meer, gefährdet durch falsche Brüder. Ich erduldete Mühsal und Plage, durchwachte viele Nächte, ertrug Hunger und Durst, häufiges Fasten, Kälte und Blöße." (2 Kor 11,23–27)

25
DAS LEGIONSBILD

1. Auf dem Einband des Handbuchs ist eine Wiedergabe des Legionsbildes zu sehen. Das Original wurde von einem großartigen jungen Künstler aus Dublin als Geschenk an die Legion gemalt. Wie es ein Werk, von diesem Geist beseelt, erwarten lässt, ist das Bild von außerordentlicher Schönheit und Aussagekraft, die selbst in kleiner Wiedergabe zum Ausdruck kommen.

2. Das Bild ist ein vollständiger, eigentlich ein erstaunlicher Ausdruck der religiösen Ausrichtung der Legion.

3. Die Legionsgebete sind sichtbar dargestellt. Die Anrufung und das Gebet zum Heiligen Geist sowie der Rosenkranz, aus denen die Eröffnungsgebete bestehen, sind durch die Taube versinnbildlicht, die Maria überschattet und mit Licht und mit dem Feuer der göttlichen Liebe erfüllt. In diesen Gebeten ehrt die Legion den Augenblick, der der Mittelpunkt aller Zeiten ist. Marias Zustimmung zur Menschwerdung machte sie zugleich zur Mutter Gottes und zur Mutter der göttlichen Gnade. Ihre Kinder in der Legion binden sich durch ihren Rosenkranz an sie. Sie nehmen sich dabei die Worte Papst Pius IX. zu Herzen: „Ich könnte die Welt erobern, wenn ich eine Armee von Rosenkranzbetern hätte."

Überdies ist es ein Hinweis auf Pfingsten, wo Maria der Weg der zweiten Ausgießung des Heiligen Geistes war, die als die Firmung der Kirche bezeichnet werden könnte. Mit sichtbaren Zeichen hat er die Kirche öffentlich beglaubigt, hat sie mit apostolischem Feuer erfüllt, welches das Antlitz der Erde erneuern sollte. „Sie war es, die durch ihre mächtige Fürbitte erlangte, dass der schon am Kreuze geschenkte Geist des göttlichen Erlösers am Pfingsttag der neugeborenen Kirche in wunderbaren Gaben gespendet wurde." (MC 108) Ohne Maria würde dieses Feuer in den Herzen der Menschen nicht entzündet.

4. Wie es ihrem Namen entspricht, ist die Catena durch die Kette versinnbildlicht, die das Bild der Tessera umrahmt. Getreu der Antiphon zeigt das Bild Maria, die aufsteigt wie die Morgenröte, schön wie der Mond, leuchtend wie die Sonne, furchtbar wie ein Heer in Schlachtbereitschaft. Auf ihrer Stirn trägt sie einen leuchtenden Stern. Er bedeutet, dass sie der wahre Morgenstern ist, umfangen von den ersten Strahlen der Erlösungsgnade, und dass sie die Morgendämmerung des Heiles ankündigt.

Das Magnificat ist durch seinen Eröffnungsvers dargestellt: dieser Gedanke, der in Marias Bewusstsein immer gegenwärtig war, ist daher in feurigen Lettern über ihrem Haupt zu lesen. Das Magnificat besingt den Triumph ihrer Demut. Nicht weniger als damals ist es heute der Wille Gottes, seine Siege von der demütigen Magd aus Nazaret abhängig zu machen. Durch das Handeln derer, die mit ihr vereint sind, vollbringt er fortwährend Großes zur Verherrlichung seines Namens.
Versikel und Antwortvers stammen vom Hochfest der Unbefleckten Empfängnis. Dieses Geheimnis, von der Legion vorrangig verehrt, kommt durch das Zertreten der Schlange zum Ausdruck. Am Rand stehen die Worte, die ebenfalls darauf hinweisen: „Feindschaft stifte ich zwischen dir und der Frau, zwischen deinem Nachwuchs und ihrem Nachwuchs. Er trifft dich am Kopf." (Gen 3,15)[1] Das Bild zeigt diesen immerwährenden Kampf: Maria und die Schlange, Marias Kinder und die Nachkommen der Schlange, die Legion und die Kräfte des Bösen, die zurückweichen und in der Niederlage zerstreut werden.

Die Catena schließt mit dem Tagesgebet des früher am 31. Mai gefeierten Festes „Mittlerin aller Gnaden", der Mutter Gottes und der Mutter aller Menschen.

Auf dem Bild ganz oben ist der Heilige Geist als Spender aller guten Gaben dargestellt; unten die Erdkugel, umgeben von den Guten und den Bösen, als Sinnbild der Welt der Seelen; zwischen beiden Maria, voller Gnade, brennend von Liebe, als Weg, auf dem alle Bitten zu Gott gelangen und über den alle Gnaden verteilt werden. Doch zuerst wird sie ihre treuesten Kinder reich beschenken, die wie der hl. Johannes am Herzen Jesu geruht und sie voll Liebe als ihre Mutter zu sich genommen haben. Die Worte am Bildrand: „Frau, siehe, dein Sohn! ... Siehe, deine Mutter!" (Joh 19,26–27)[2], weisen auf die Verkündigung dieser Mutterschaft inmitten der unfassbaren Schmerzen auf Kalvaria hin.

5. Die Schlußgebete spiegeln sich in jeder Einzelheit des Bildes wider. Die Legion erscheint als eine unzählbare Schar, die unter der Führung ihrer Königin und ihren Feldzeichen in Schlachtordnung voranschreitet, „das Kruzifix in der Rechten, den Rosenkranz in der Linken, im Herzen die Namen Jesu und Marias und zeigten in ihrem ganzen Verhalten die Bescheidenheit und die Abtötung Jesu." (Montfort, *Abhandlung über die wahre Marienverehrung*, 59) Sie beten um einen Glauben, der alle Regungen und Handlungen ihres Lebens übernatürlich werden lässt und sie fähig macht, alles für Christus den König zu wagen und zu tun. Dieser Glaube ist durch die Feuersäule versinnbildlicht, welche die Herzen aller Legionäre zu einem einzigen verschmelzen lässt. Sie führt sie zum Sieg und in das Land der Ewigen Verheißung, indem sie ihnen vorausgeht und die Leben spendenden Flammen der göttlichen Liebe ausstrahlt. Die Feuersäule ist Maria, die durch ihren Glauben die Welt gerettet hat. „Selig ist die, die geglaubt hat" (Lk 1,45)[3] , heißt es in der

[1] „Inimicitias ponam inter te et mulierem; et semen tuum et semen illius; ipsum conteret caput tuum." (Gen 3,15)
[2] „Mulier, ecce filius tuus ... Ecce mater tua." (Joh 19,26–27)
[3] „Beata quae credidit." (Lk 1,45)

Umrandung des Bildes. Und Maria führt nun alle, die sie selig preisen, unbeirrbar durch das Dunkel, das sie hier umgibt, bis der ewige Glanz Gottes des Herrn über sie kommt.

6. Abschließend wendet sich das Gebet von den Mühen des Legionsdienstes dem Eintritt in die Ewigkeit zu, wenn die treuen Legionäre Schulter an Schulter ohne einen einzigen Verlust antreten werden, um die unvergängliche Krone ihrer Mitgliedschaft zu erhalten.

In der Zeit bis dahin: ein Gebet für jene, die den Kampf beendet haben, die glorreiche Auferstehung erwarten und vielleicht das Bittgebet ihrer Kameraden brauchen.

„Im Alten Testament lesen wir, dass der Herr ‚bei Tag in einer Wolkensäule, bei Nacht in einer Feuersäule' (vgl. Ex 13,21) sein Volk aus Ägypten ins Land der Verheißung führte. Diese wunderbare Säule, die bald als Wolke, bald als Feuer erschien, ist ein Sinnbild Marias und der verschiedenen Aufgaben, die sie an uns erfüllt." (Hl. Alfons von Liguori)

26
DIE TESSERA

Jedes Mitglied, also jeder aktive oder betende Legionär, soll eine Gebetskarte bekommen, die „Tessera" genannt wird, die Gebete der Legion enthält und eine Abbildung des Legionsbildes trägt.

Das lateinische Wort „tessera" bedeutete einen Ausweis oder ein Erkennungszeichen, das von Freunden auseinander gebrochen wurde, so dass sie oder ihre Nachkommen einander immer an den Bruchstücken erkennen konnten. Beim Militär bezeichnete man damit ein viereckiges Täfelchen, auf dem ein Losungswort stand, das innerhalb der römischen Legion im Umlauf war.

Die Legion Mariens wendet das Wort Tessera für die Gebetskarte mit ihren Gebeten und ihrem Bild an. Auch hier sind dieselben Gedanken enthalten:

a) die allgemeine Verbreitung in der Legion;
b) die Ausgabe des wahren Losungswortes der Legion – das sind ihre Gebete;
c) ein Kennzeichen der Einheit und Brüderlichkeit zwischen allen Legionären, wo immer sie sind.

Derselbe Grundgedanke der Universalität trifft auch auf die anderen lateinischen Bezeichnungen in der Legion zu – es sind etwa ein Dutzend. Sie tragen so sehr zum gegenseitigen Verständnis bei, dass sie fast unersetzlich sind. Der Einwand, sie würden ein fremdes Element in der Legion bilden, ist unzulässig. Sie haben so sehr Wurzeln geschlagen, dass sie jetzt Legionswörter sind. Man würde der Legion schweres Unrecht zufügen, wollte man sie dieses so hilfreichen und kennzeichnenden sprachlichen Gewandes berauben.

„Gemeinsam sind wir unterwegs auf dieser elenden Welt, und wir sind alle so schwach, dass jeder von uns den stützenden Arm des Bruders braucht, um auf dem Weg nicht zusammenzubrechen. Aber in der Ordnung des Heils und der Gnade verlangt Gott besonders, dass wir miteinander verbunden seien. Das Gebet ist das Band, das alle Herzen und Stimmen eint und sie zu einem Herzen und zu einer Stimme werden lässt. Unsere Stärke liegt im gemeinsamen Gebet: Das allein wird uns unbesiegbar machen. Darum lasst uns eilends unsere Gebete, unsere Mühen, unsere Anliegen miteinander vereinen. Jedes von ihnen allein ist stark, doch miteinander vereint, werden sie sich als unbesiegbar erweisen." (Ramiere)

27
DAS VEXILLUM LEGIONIS
Die Standarte der Legion

Das Vexillum Legionis wurde nach dem Vorbild der Standarte der römischen Legion entworfen. Der Adler an der Spitze der Standarte wurde durch die Taube ersetzt, das Symbol des Heiligen Geistes. Ein Querbalken unterhalb der Taube trägt die Inschrift „Legio Mariae" (Legion Mariens). Zwischen Querbalken und Schaft (mit dem Balken durch eine Rose und eine Lilie verbunden) findet sich in einem Oval eine Darstellung der Unbefleckten Empfängnis (die Wunderbare Medaille). Der Schaft steht auf einer Kugel, die beim Tischvexillum auf einem quadratischen Sockel ruht. Das ganze Zeichen drückt den Gedanken aus, dass die Welt vom Heiligen Geist erobert werden soll, der durch Maria und ihre Kinder wirkt.

a) Das offizielle Briefpapier der Legion sollte eine Abbildung des Vexillums tragen.

b) Bei den Treffen sollte ein Exemplar des Vexillums auf dem Tisch stehen, etwa 15 cm vor und 15 cm rechts von der Statue. Das übliche Tischmodell ist einschließlich des Sockels 32 cm hoch. Eine Fotografie davon findet sich nach Seite 192. Vexilla aus Metall und Onyx sind beim Concilium erhältlich.

c) Für Prozessionen oder zum Gebrauch bei der Acies wird ein großes Modell (siehe S. 193) benötigt. Es sollte ungefähr 2 m hoch sein; davon entfallen etwa 60 cm auf den Schaft unterhalb der Erdkugel. Das Übrige sollte entsprechend dem Modell nach Seite 192 im Maßstab 12:1 angefertigt werden. Während der Acies und wenn das Vexillum nicht getragen wird, steckt der Schaft in einem Sockel (der nicht Bestandteil der Standarte ist), damit das Vexillum aufgerichtet bleibt.
Dieses große Vexillum ist beim Concilium nicht erhältlich, ist aber überall leicht anzufertigen und zu bemalen. Räte und Präsidien, die kunstvollere Ausstattung wünschen, werden ohne Zweifel auch andere Materialien als Holz verwenden. Der Entwurf bietet weiten Raum für künstlerische Gestaltung.

d) Das Tisch-Vexillum ist urheberrechtlich geschützt und darf nur mit ausdrücklicher Erlaubnis des Conciliums hergestellt werden.

„Diese wunderschöne Standarte der Legion Mariens!" (Papst Pius XI.)

VEXILLUM LEGIONIS
Die Standarte der Legion

„Der heilige Ludwig Maria von Montfort erkannte mit äußerster Klarheit, dass die heilige Jungfrau nie vom Heiligen Geist getrennt werden darf. Was der Heilige über dieses Band der Einheit lehrt, hat sich die Legion aus voller Überzeugung zu eigen gemacht. Darum bemüht sich die Legion ernsthaft, die Lehre vom Heiligen Geist immer besser kennen zu lernen." (Laurentin)

28
DIE FÜHRUNG DER LEGION

1. WAS FÜR ALLE RÄTE GILT

1. Sowohl die örtliche als auch die zentrale Führung der Legion soll durch ihre Räte geschehen. Ihre Pflicht es ist, in ihrem jeweiligen Wirkungsbereich

die Einheit zu sichern,
die ursprünglichen Ideale der Legion Mariens aufrecht zu erhalten,
Geist, Regeln und Praxis der Legion unversehrt zu bewahren, wie sie im Offiziellen Handbuch der Legion Mariens dargelegt sind, und
die Organisation auszubreiten.

Die Legion wird überall so gut sein, wie diese Räte sie bilden wollen.

2. Alle Räte sollten häufige regelmäßige Treffen halten, das ist nach einer allgemeinen Regel nicht seltener als einmal im Monat.

3. Gebete, Form und Ablauf der Treffen eines Legionsrates sollen dieselben sein, wie sie für das Präsidiumstreffen vorgeschrieben sind, mit folgenden Ausnahmen:
a) die zeitliche Beschränkung gilt nicht;
b) die Regelmäßige Unterweisung braucht nicht verlesen zu werden;
c) die geheime Beutelkollekte soll freigestellt sein.

4. Die wichtigste Pflicht eines jedes Rates ist die Treue seinem nächsthöheren Rat gegenüber.

5. Kein Präsidium und kein Rat soll ohne die formelle Erlaubnis des nächsthöheren Rates oder des Concilium Legionis und ohne

Tischvexillum

Standarte für die Acies und für Prozessionen

die Genehmigung der zuständigen kirchlichen Autorität errichtet werden.

6. Sowohl der Diözesanbischof als auch das Concilium Legionis haben jederzeit das Recht, ein Präsidium oder einen Rat aufzulösen. Sofort mit der Auflösung endet die Zugehörigkeit des Präsidiums oder des Rates zur Legion Mariens.

7. Jeder Rat soll einen Priester als Geistlichen Leiter haben, der von der zuständigen kirchlichen Behörde ernannt wird und sein Amt solange ausüben soll, als diese es wünscht. Er soll Entscheidungsautorität in allen Sitten- und Glaubensangelegenheiten haben, die bei den Treffen des Rates zur Sprache kommen, und aufschiebendes Vetorecht für alle Vorgänge, um die Entscheidung jener Autorität einzuholen, die ihn ernannt hat.

Der Geistliche Leiter hat den Rang eines Amtsträgers eines solchen Rates und soll jede rechtmäßige Autorität der Legion unterstützen.

8. Jeder Rat soll auch einen Präsidenten, einen Vizepräsidenten, einen Schriftführer und einen Kassenführer haben. Er kann noch weitere Amtsträger haben, sofern der nächsthöhere Rat das als notwendig anerkennt. Die Amtsträger sollen für eine Dauer von drei Jahren gewählt werden und sind in der Folge für dasselbe Amt für eine weitere Amtszeit von drei Jahren wählbar (das sind also insgesamt sechs Jahre). Ein Legionär, dessen Amtszeit abgelaufen ist, darf die Pflichten dieses Amtes nicht weiter ausüben.

Übt ein Amtsträger aus irgendeinem Grund sein Amt nicht die gesamte erste Amtszeit von drei Jahren aus, dann gilt mit dem Tag der Amtsniederlegung seine Amtszeit als vollendet, genauso als hätte sie drei Jahre gedauert. Während der Zeit der nicht vollendeten Amtsperiode kann er für dasselbe Amt für weitere drei Jahre wieder gewählt werden, was dann als zweite Amtszeit gilt. Wenn ein Amtsträger die drei Jahre seiner zweiten Amtszeit nicht vollendet, gilt seine zweite Amtszeit mit dem

Tag der Amtsniederlegung als beendet, so als hätte sie sechs Jahre gedauert.

Nachdem eine zweite Amtszeit vollendet ist, muss ein Zeitraum von drei Jahren verstreichen, bevor der Legionär wieder für dasselbe Amt in demselben Rat gewählt werden kann. Dieser Zeitraum ist nicht erforderlich, wenn es sich um ein anderes Amt im selben Rat oder jedes beliebige Amt in einem anderen Rat handelt.

Jeder Amtsträger eines Rates muss ein aktives Mitglied eines Präsidiums sein und untersteht der Regelmäßigen Unterweisung.

9. Die Erhebung eines Rates zu einem höheren Rang (zum Beispiel einer Curia zu einem Comitium u.ä.) hat keinen Einfluss auf die Amtszeit seiner Amtsträger.

10. Die Amtsträger eines Rates sollen bei einem gewöhnlichen Treffen des Rates von seinen Mitgliedern gewählt werden (das heißt von den Amtsträgern jedes direkt angeschlossenen Präsidiums sowie den Amtsträgern jedes direkt angeschlossenen Rates und von jedem gewählten Amtsträger des Rates), die anwesend sind. Jeder Legionär kann bei einer solchen Wahl gewählt werden. War der Gewählte vorher nicht Mitglied des Rates, wird er nun Mitglied auf Grund des Amtes. Jede Amtsträgerwahl unterliegt der Bestätigung durch den nächsthöheren Rat, doch dürfen die Gewählten in der Zwischenzeit die Aufgaben ihres Amtes ausüben.

11. Man soll – womöglich beim letzten Treffen vor der Wahl - die Mitglieder informieren, dass beim nächsten Treffen Vorschläge entgegengenommen werden und eine Wahl stattfindet. Es ist wünschenswert, dass Kandidaten über die Pflichten des Amtes in Kenntnis gesetzt werden.

12. Es ist erlaubt, sich über die Eignung der Kandidaten zu äußern, natürlich mit entsprechender Zurückhaltung. Die Amts-

träger eines Rates dürfen auch geschlossen eine Wahlempfehlung geben, wenn sie alle übereinstimmend der Meinung sind, dass ein bestimmter Kandidat für das Amt gut geeignet ist. Eine solche Wahlempfehlung darf jedoch kein Grund sein, dass andere Kandidaten nicht vorgeschlagen werden, oder eine Wahl nicht rechtmäßig durchgeführt wird.

13. Die Wahl ist geheim. Sie ist auf folgende Weise durchzuführen:
Für jedes Amt muss eine eigene Wahl durchgeführt werden, beginnend mit dem höheren Amt. **Jeder Kandidat muss formell von jemandem vorgeschlagen werden, und diesen Vorschlag muss ein zweiter unterstützen (sekundieren).** Wird nur ein einziger Name genannt, so ist eine geheime Abstimmung natürlich unnötig. Werden zwei oder mehr Legionäre ordnungsgemäß vorgeschlagen und sekundiert, muss eine Wahl mit Hilfe von Stimmzetteln stattfinden. Jedes anwesende Mitglied, das wahlberechtigt ist (einschließlich Geistliche Leiter), erhält einen Stimmzettel. Man muss genau darauf achten, dass nur die Mitglieder des Rates wahlberechtigt sind. Die ausgefüllten Stimmzettel müssen sorgfältig gefaltet und dann von den Wahlhelfern eingesammelt werden. Der Name des Wählers darf nicht auf dem Stimmzettel stehen.

Zeigt die Zählung, dass ein Kandidat die absolute Mehrheit erhalten hat, das heißt, dass auf ihn wenigstens eine Stimme mehr als auf alle anderen Kandidaten insgesamt entfallen ist, dann ist er als gewählt zu erklären. Hat jedoch keiner die absolute Mehrheit erzielt, wird das Wahlergebnis bekannt gegeben, und es findet nochmals eine Abstimmung über dieselben Kandidaten statt. Sollte auch beim zweiten Wahlgang kein Kandidat die absolute Mehrheit erreichen, dann scheidet der aus, der die geringste Stimmenanzahl erhalten hat, und über die verbleibenden Kandidaten wird neuerlich abgestimmt. Verläuft auch der dritte Wahlgang ergebnislos, dann scheidet wiederum der Kandidat aus, der die wenigsten Stimmen hat. Dieser Wahlvorgang wird solange wiederholt, bis ein Kandidat die absolute Stimmenmehrheit erlangt hat.

Die Tatsache, dass es sich um die Wahl von Amtsträgern einer geistlichen Organisation handelt, darf nicht zur Rechtfertigung ungenauer Methoden herhalten. Die Wahlen müssen sehr genau und in entsprechender Form durchgeführt werden, und das Wahlgeheimnis für jeden Stimmzettel muss gewahrt bleiben. Der vollständige Bericht über die Wahl, einschließlich die Namen der Vorschlagenden wie der Sekundierenden und die Zahl der Stimmen für die einzelnen Kandidaten (falls es mehr als einen Kandidaten gab), muss im Protokoll des Treffens enthalten sein und dem nächsthöheren Rat vorgelegt werden, damit die Bestätigung beraten werden kann.

14. Die Amtsträger jedes Präsidiums und jedes Rates sollen deren Vertreter beim nächsthöheren Rat sein.

15. Die Erfahrung hat gezeigt, dass die Ernennung von Korrespondenten die wirkungsvollste Methode für einen höheren Rat ist, um seine Aufsichtspflicht über entfernte angeschlossene Räte zu erfüllen. Der Korrespondent steht in regelmäßigem Kontakt mit dem jeweiligen Rat. Vom Protokoll, das er monatlich erhält, erstellt er einen Bericht zur Vorlage beim Treffen des höheren Rates, wenn ein solcher verlangt wird. Er besucht die Treffen des höheren Rates und beteiligt sich am Geschehen, er hat aber kein Stimmrecht, es sei denn, er ist Mitglied des höheren Rates.

16. Mit Erlaubnis des Rates dürfen an seinen Treffen andere Personen als Gäste teilnehmen, gleichgültig ob sie Mitglieder der Legion sind oder nicht. Sie haben aber kein Stimmrecht und sind an die Vertraulichkeit des Treffens gebunden.

17. Die Räte der Legion sind: die Curia, das Comitium, die Regia, der Senatus und das Concilium Legionis sowie jeder weitere Rat, der gemäß der Satzung eingeführt werden kann.

18. Die lateinischen Namen der verschiedenen Räte stimmen recht gut mit den jeweiligen Aufgaben überein, die diese Räte erfüllen.

In der Legion ist Maria Königin. Sie sammelt die Legionsheere zu deren glorreichem Kampf, befehligt sie im Feld, begeistert sie, und sie persönlich führt sie zum Sieg. Es ist nur ein Schritt von der Königin hin zu ihrem besonderen Rat, dem „Concilium“, der sie sichtbar vertritt und ihre Aufsicht über all die anderen Räte der Legion teilt.

Die Räte kleinerer Gebiete werden naturgemäß aus den Vertretern aller angeschlossenen Gruppen gebildet. Für höhere Räte wird das weniger gelten, weil es praktisch unmöglich ist, die Teilnahme aller Mitglieder an den regelmäßigen Treffen der zentralen Räte ausgedehnter Gebiete zu sichern. Die Bezeichnungen „Curia“, „Comitium“, „Regia“ und „Senatus“ bringen daher sehr gut das Wesen und den Rang des jeweiligen Rates zum Ausdruck und entsprechen seinem Wirkungsbereich.

19. Ein höherer Rat darf gleichzeitig mit seinen eigenen Aufgaben auch die Aufgaben eines untergeordneten Rates erfüllen. Ein Senatus kann zum Beispiel gleichzeitig als Curia handeln. Dieses Zusammenlegen von Aufgaben kann aus folgenden Gründen von Vorteil sein:

a) Für gewöhnlich sind es dieselben Personen, die mit der Führung sowohl des höheren als auch des regionalen Rates befasst sind; es würde diesen die Arbeit erleichtern, wenn ein Treffen den Aufgaben beider Räte dienen kann.

b) Es gibt aber einen noch wichtigeren Grund. Im allgemeinen kommen die Vertreter beim höheren Rat aus einem großen Gebiet. Wahrscheinlich wird es ihnen daher nicht möglich sein, vollzählig an den Treffen teilzunehmen, die der Rat regelmäßig und in kurzen Abständen abhalten muss. Das hat zur Folge, dass einer kleinen Gruppe von eifrigen Legionären eine schwere Verantwortung und eine große Arbeitslast aufgebürdet wird. Es ist unvermeidlich, dass dann ein Großteil der Arbeit nur nebenbei erledigt wird oder ungetan bleibt, sehr zum Schaden der Legion.

Werden die Aufgaben eines solchen höheren Rates mit denen eines untergeordneten zusammengelegt, dann ist auch gesichert, dass immer eine große Anzahl von Mitgliedern beim Treffen anwesend ist. Diese Legionäre werden jedoch nicht nur die Pflichten des untergeordneten Rates erfüllen, sondern werden auch für die Arbeit des höheren Rates interessiert und für sie ausgebildet. Schon bald wird man sie für die so wichtigen Aufgaben der Überwachung und der Ausbreitung sowie für die Schreibarbeiten des höheren Rates heranziehen können.

Vielleicht wird man einwenden: Durch dieses Vorgehen wird einem Rat, der im Grunde genommen nur ein regionaler ist, die Leitung eines ausgedehnten Gebietes übertragen. Das ist ein Irrtum, denn die Mitglieder des untergeordneten Rates bilden ja nur den Kern des höheren Rates. Die Vertreter jedes einzelnen angeschlossenen Rates sind verpflichtet, am Treffen teilzunehmen, und sicher tun sie es gewissenhaft, so gut es ihnen möglich ist. Als Alternative wird vorgeschlagen, der höhere Rat solle getrennt arbeiten und sich mit etwa vier Treffen im Jahr begnügen. So würde es ermöglicht, die Anwesenheit einer großen Anzahl von Vertretern zu sichern. Tatsächlich aber ist ein solcher Vorschlag, der angeblich im Interesse einer repräsentativen Führung ist, weit davon entfernt, dies wirklich zu sein. Der Rat wäre ja gezwungen, in den langen Zeitspannen zwischen den Treffen die Durchführung aller seiner Aufgaben den Amtsträgern zu überlassen. Er selbst hätte nur dem Namen nach die Leitung. Die Folge davon wäre, dass seine Mitglieder sich bald für die Arbeit des Rates nicht mehr verantwortlich fühlen und das echte Interesse an ihr verlieren.

Außerdem hätte eine Körperschaft, die sich so selten trifft, eher den Charakter einer Tagung als eines Rates. Sie würde nicht die Voraussetzungen zur Führung besitzen; deren wichtigste ist der Sinn für Kontinuität und für geistige Verbundenheit mit der Arbeit der Verwaltung und ihren Problemen.

20. Jeder Legionär hat das Recht, sich privat mit seiner Curia oder mit jedem anderen höheren Legionsrat in Verbindung zu

setzen. Bei allen Dingen, die auf diese Weise an ihn herangetragen werden, soll dieser Rat mit großer Umsicht vorgehen, selbstverständlich mit dem gebührenden Respekt für die Lage und die Rechte jeder untergeordneten Legionsgruppe. Man mag einwenden, es sei ein Akt von Unloyalität, vom Instanzenweg abzuweichen, das heißt, mit höheren Räten Verbindung aufzunehmen und dabei die eigene unmittelbare Gemeinschaft (Präsidium oder Rat) zu übergehen. Das trifft nicht zu. Denn man muss sich der Tatsache bewusst sein, dass Amtsträger mitunter aus verschiedenen Gründen vor den höheren Räten Dinge zurückhalten, die sie ihnen mitteilen müssten. Stünde kein anderer Weg offen, den höheren Rat zu informieren, würden ihm Dinge vorenthalten, von denen er Kenntnis haben muss. Jeder Rat hat das Recht zu wissen, was in dem seiner Sorge anvertrauten Gebiet tatsächlich vor sich geht. Weiß er das nicht, so kann er nicht richtig arbeiten. Deshalb muss dieses wichtige Recht gewährleistet sein.

21. Jede Legionsgruppe ist verpflichtet, zu den Geldmitteln des nächsthöheren Rates beizusteuern. (Siehe diesbezüglich Kapitel 34 und Kapitel 35)

22. Das eigentliche Wesen eines Legionsrates ist die offene und freie Besprechung seiner Angelegenheiten und Probleme. Er ist nicht nur eine überwachende und beschließende Körperschaft, sondern eine Schule für Amtsträger. Aber wie können diese geformt werden, wenn es zu keiner Aussprache kommt, wenn Legionsgrundsätze, Legionsideale und anderes nicht zur Sprache kommen? Diese Aussprachen müssen überdies allgemein sein. Auf keinen Fall darf ein Rat einem Theater gleichen, in dem eine kleine Minderheit den schweigenden Zuschauern etwas vorspielt. Der Rat ist nur dann voll funktionsfähig, wenn alle Mitglieder dazu beitragen. Ein Mitglied, das sich nicht aktiv beteiligt, erfüllt seine Aufgabe im Rat nicht. Wer nur zuhört, wird vom Rat vielleicht etwas erhalten, aber er gibt ihm nichts. Möglicherweise geht er beim Treffen des Rates sogar ganz leer aus, und zwar auf Grund der psychologischen Tatsache, dass geistige Untätigkeit das Gedächtnis abstumpft. Ein Mitglied

eines Rates, das gewöhnlich stumm bleibt, gleicht so einer untätigen Zelle im Gehirn oder im Körper des Menschen, die nicht gibt, was von ihr gebraucht wird, die ihrem Zweck untreu wird und für den Menschen eine potentielle Gefahr darstellt. Es wäre traurig, wenn jemand für die Legionsgruppe, der er doch so gerne dienen möchte, auf diese Weise zur Gefahr würde. Wo Aktivität lebensnotwendig ist, dort ist Passivität ähnlich wie Verfall. Verfall aber greift gewöhnlich weiter um sich.

Deshalb darf grundsätzlich kein Mitglied passiv sein. Jeder muss seinen vollen Beitrag zum Leben des Rates leisten, und zwar nicht nur durch seine Anwesenheit und sein Zuhören, sondern durch Reden. Es klingt lächerlich, aber es ist ernst gemeint: **Jedes Mitglied sollte wenigstens einmal im Jahr eine Bemerkung machen.** In schüchternen Menschen wehrt sich manchmal alles gegen die Vorstellung, zu sprechen. Aber diese Abneigung muss man bezwingen, und darin sollte ein wenig jener Mut bewiesen werden, den die Legion immer und überall erwartet.

Dagegen lässt sich natürlich einwenden, dass in der zur Verfügung stehenden Zeit unmöglich jeder einzelne zu Wort kommen kann. Das ist zweifellos richtig. Aber dieses Problem soll behandelt werden, wenn es sich stellt. Für gewöhnlich ist genau das Gegenteil das Problem: Die Beteiligung an der Aussprache ist eher zu gering, und sämtliche Beiträge kommen von einer Handvoll redefreudiger Sprecher. Die Redegewandtheit einiger weniger tarnt manchmal das Schweigen der Gruppe.

Allzu oft lässt der Präsident niemanden zu Wort kommen, weil er selbst zu viel spricht. Vor der lähmenden Wirkung solcher Monologe kann man sich nicht genug fürchten! Manchmal entschuldigt sich der Präsident damit, er müsse reden, sonst würde Totenstille herrschen. Vielleicht trifft das zu, aber er darf diesen Augenblick der Stille nicht fürchten. Dieses Schweigen wäre eine äußerst beredte Aufforderung an die Mitglieder, den Rat durch ihre Wortmeldung zu beleben. Den Schüchternen wird diese Stille die Gewissheit geben, dass nun ihr Augenblick gekommen ist, denn jetzt halten sie keinen anderen vom Sprechen ab, wenn sie selbst etwas sagen.

Der Präsident muss dem Grundsatz folgen, kein einziges überflüssiges Wort zu sprechen. Daran sollte er prüfen, ob er das Treffen richtig leitet.

23. Wer zum Gelingen des Treffens beitragen will, darf nicht herausfordernd sprechen; darf keine Frage stellen, ohne auch eine Idee zu deren Beantwortung hinzuzufügen; darf keine Schwierigkeit aufwerfen, ohne eine Lösung zu versuchen. Nur negativ zu sein, ist bloß eine Spur weniger schlimm als das zerstörerische Schweigen.

24. Überzeugen, nicht Niederstimmen, sollte der Grundton jedes Legionstreffens sein. Wenn eine rasche Entscheidung erzwungen wird, kann es geschehen, dass zwei Parteien übrig bleiben: eine Minderheit und eine siegreiche Mehrheit, beide mit gereizten Gefühlen und verhärteten Meinungsverschiedenheiten. Wird die Entscheidung aber erst nach geduldiger Prüfung und reichlichem Gedankenaustausch getroffen, wird sie von allen Mitgliedern angenommen, und zwar in einem solchen Geist, dass der Unterlegene sich durch seine Niederlage Verdienste erwirbt und der Sieger sie im Sieg nicht einbüßt.

Bei Meinungsverschiedenheiten müssen also jene, die offensichtlich in der Mehrheit sind, vollkommene Geduld an den Tag legen. Vielleicht haben sie Unrecht, und es wäre bedauerlich, wenn sich ein falscher Standpunkt durchsetzte. Die Entscheidung sollte womöglich auf ein anderes Treffen verschoben werden, vielleicht sogar mehrmals, damit alles gründlich überlegt werden kann. Die Mitglieder des Rates sollten alle Gesichtspunkte der Frage kennenlernen und angeleitet werden, um Erleuchtung zu beten.

Alle müssen zur Erkenntnis gelangen, dass es hier nicht darum geht, eine Meinung durchzusetzen, sondern sich demütig zu fragen, was Gott in dieser Angelegenheit will. Dann wird man gewöhnlich finden, dass sich Einmütigkeit einstellt.

25. Wenn man schon im Präsidium, wo nur selten Gelegenheit zu Meinungsverschiedenheiten gegeben ist, sehr wachsam sein muss, um die Eintracht zu bewahren, welche Vorsicht muss man dann erst bei den Räten walten lassen! Und zwar aus folgenden Gründen:

a) Die Mitglieder eines Rates sind weniger gewohnt, zusammenzuarbeiten.

b) Es gibt viele Meinungsverschiedenheiten, und es gehört zu den Hauptaufgaben der Räte, solche zu regeln. Die Überlegung neuer Arbeiten, das Streben nach einem höheren Niveau, disziplinäre Angelegenheiten im allgemeinen, die Erörterung von Mängeln – das alles kann leicht zu Meinungsverschiedenheiten führen, die einen unerfreulichen Verlauf nehmen können.

c) Unter einer großen Anzahl von Mitgliedern finden sich nur allzu leicht einige, die, obwohl sie ausgezeichnet arbeiten, dem Typ zugehören, der allgemein als „Eigenbrötler" bezeichnet wird. Solche üben auf eine Versammlung einen sehr unglücklichen Einfluss aus. Sie sind tüchtig, und so finden sie Anhänger; aber sie verbreiten eine Atmosphäre des Streitgesprächs, deren Folge Gereiztheit ist. Der Rat, der allen ihm Unterstellten als ein Vorbild dienen soll, der ihnen praktischen Unterricht in Brüderlichkeit und Führungsstil geben soll, wird nun letzten Endes allen Legionären ein schlechtes Beispiel geben. Das Herz pumpt Gift in den Kreislauf des Legionskörpers.

d) Oft besteht eine falsche Loyalität, eine Neigung, sich gegen einen benachbarten oder gegen einen höheren Rat zu wenden, dem vorgeworfen wird, seine Machtbefugnisse zu überschreiten oder sich unwürdig zu verhalten. (Wie leicht wird ein einleuchtender Grund gefunden und gerne geglaubt!)

e) „Nie kommen Menschen in größerer Zahl zusammen, ohne dass Leidenschaft, Eigenwille, Stolz und Unglaube, wie sie in jedem einzelnen mehr oder weniger schlummern mögen, zur Flamme sich entzünden und ein Element ihrer Einheit werden.

Und selbst wenn Glaube in einem ganzen Volk vorhanden ist, wenn religiöse Menschen sich zu religiösen Fragen zusammentun, so offenbaren sie, wenn sie als Körperschaft auftreten, recht bald die angeborene Schwäche der menschlichen Natur und geraten in Geist und Gebaren, in Wort und Tat in einen ernsten Kontrast zu der Einfachheit und Geradlinigkeit des Christentums. Das meinen ja gerade die heiligen Schriftsteller mit dem Wort ‚die Welt', und dies ist auch der Grund, warum sie uns vor ihr warnen –, und ihre Schilderung trifft mehr oder minder auf alle Vereinigungen und Parteien der Menschen, hoch und nieder, zu, auf nationale und berufliche, weltliche und kirchliche." (Kardinal J. H. Newman, *„In der Welt, doch nicht von der Welt"*)

Das sind erschreckende Worte, doch sie stammen von einem großen Denker. Der heilige Gregor von Nazianz sagt dasselbe mit anderen Worten. Sucht man zu ergründen, was mit dieser zunächst seltsam klingenden Behauptung gemeint ist, ergibt sich: dass „Welt" Mangel an Liebe bedeutet, dass die Liebe in uns schwach ist; dass diese Schwäche bis zu einem gewissen Grad durch Bande von Verwandtschaft, Vertrautheit, Freundschaft überdeckt wird, also von Beziehungen, die auf eine kleine Anzahl von Menschen zutreffen. Wenn aber die Anzahl groß wird und Kritik und Meinungsverschiedenheiten auftauchen, können die Schwächen dieser Liebe leicht an den Tag kommen – mit sehr unglücklichen Folgen. „Gott und die Liebe sind ein und dasselbe", sagt der heilige Bernhard. „Wo nicht Liebe regiert, dort herrschen Leidenschaften und Fleischeslust. Wenn die Flamme des Glaubens nicht vom Feuer der Liebe entzündet wird, dann brennt sie niemals lange genug, um uns zur ewigen Seligkeit zu führen. (...) Ohne Liebe gibt es keine echte Tugend."

Es nützt den Legionären wenig, die Warnungen vor diesen Gefahren zu lesen und dann zu beteuern, dass bei ihnen „so etwas nie vorkommen wird". Es kann vorkommen, und es wird vorkommen, wenn es bei den Treffen an Liebe fehlt und wenn man zulässt, dass die übernatürliche Haltung geschwächt wird.

Unsere Wachsamkeit darf niemals nachlassen. Aus der Geschichte wissen wir, dass die römische Legion niemals, nicht einmal auf ihren längsten Märschen, eine Nacht verbrachte, ohne ein Lager aufzuschlagen, das sorgfältig verschanzt und befestigt wurde. Das geschah selbst dann, wenn dieses Lager nur für eine einzige Nacht bestimmt und der Feind weit entfernt war, ja sogar in Friedenszeiten! Nach diesem Beispiel strenger Disziplin muss auch die Legion Mariens sich an die Befestigung ihrer Lager – das sind die Zusammenkünfte – machen, um sich gegen das Eindringen des unheilvollen Geistes der "Welt" zu schützen. Dieser Schutz liegt darin, in Wort und Benehmen alles zu vermeiden, was gegen die Liebe ist, und – im allgemeinen – in der Durchdringung jedes Treffens mit dem Geist des Gebets und der ganzen Frömmigkeit der Legion.

„Auch die Gnade kennt Gefühle und Neigungen, genauso wie die Natur. Sie weiß um Liebe, Eifer, Hoffnung, Freude, Schmerz. In der Gottesmutter waren diese ‚Gefühle' der Gnade stets voll und ganz lebendig. Maria lebte ja weit mehr aus der Gnade als aus der Natur. Die überwiegende Mehrheit der Gläubigen befindet sich eher im Stand der Gnade als im Leben der Gnade. Bei der seligsten Jungfrau war das anders. Ihr ganzes Erdenleben lang war sie immer in der Gnade, noch mehr: im Leben der Gnade, ja, in der höchsten Vollkommenheit des Gnadenlebens." (Gibieuf, De la Vierge Souffrante au pied de la Croix)

2. DIE CURIA UND DAS COMITIUM

1. Sobald in einem Bezirk, einer Stadt oder einem Ort zwei oder mehr Präsidien gegründet sind, sollte dort ein leitender Rat errichtet werden. Dieser Rat heißt Curia. Alle Amtsträger der Präsidien im Curiengebiet, Geistliche Leiter mit eingeschlossen, bilden zusammen die Curia.

2. Falls es notwendig ist, einer Curia zusätzlich zu ihrem eigenen Aufgabenkreis auch noch die Aufsicht über eine oder mehrere andere Curien zu übertragen, dann erhält diese höhere Curia die Bezeichnung Comitium.

Das Comitium ist kein neuer Rat: Es arbeitet in seinem eigenen Gebiet als Curia und leitet die ihm angeschlossenen Präsidien. Zusätzlich aber überwacht es eine oder mehrere Curien.

Alle Curien und alle Präsidien, die einem Comitium unmittelbar unterstellt sind, sollen die Berechtigung haben, in ihm vollständig vertreten zu sein.

Da die Anwesenheit bei sämtlichen Treffen des Comitiums für Curienamtsträger eine ungebührliche Belastung sein könnte (sie müssen ja auch an den Zusammenkünften ihrer eigenen Curia teilnehmen), ist es erlaubt, die Angelegenheiten einer Curia nur bei jedem zweiten oder dritten Comitiumstreffen zu behandeln und die Anwesenheit der Curienamtsträger nur bei diesen Treffen zu verlangen.

Der Wirkungsbereich eines Comitiums soll für gewöhnlich nicht mehr als eine Diözese umfassen.

3. Der Geistliche Leiter soll vom Bischof ernannt werden, in dessen Diözese die Curia oder das Comitium arbeitet.

4. Gemäß der Satzung der Legion soll die Curia Autorität über die Präsidien ausüben. Sie soll die Amtsträger der Präsidien ernennen, mit Ausnahme der Geistlichen Leiter, und über die Dauer der Amtszeiten wachen.
Über die Ernennung von Amtsträgern siehe Kapitel 14, *Das Präsidium*, Abschnitt 11.

5. Die Curia stellt sicher, dass die Präsidien und deren einzelne Mitglieder sich gewissenhaft an die Regeln halten.

Folgende Aufgaben sind wichtige Bestandteile der Arbeit einer Curia:

a) Schulung und Überwachung der Amtsträger bei der Ausübung ihrer Amtspflichten sowie bei der allgemeinen Führung ihrer Präsidien.

b) Die Entgegennahme eines Berichts von jedem Präsidium mindestens einmal im Jahr.
c) Erfahrungsaustausch.
d) Überlegung neuer Arbeiten.
e) Die Schaffung hoher Anforderungen.
f) Die Gewährleistung, dass jeder Legionär seiner Arbeitsverpflichtung zufrieden stellend nachkommt.
g) Die Ausbreitung der Legion und die Ermutigung der Präsidien zur Werbung von Hilfslegionären (und deren Weiterführung und planmäßiger Betreuung).

Es ist also klar, dass von den Curien – und vor allem von ihren Amtsträgern – ein hohes Maß an sittlichem Mut gefordert ist, um diese Pflichten auf die rechte Weise zu erfüllen.

6. Das Schicksal der Legion liegt in der Hand ihrer Curien, und die Zukunft der Legion hängt von der Entwicklung ihrer Curien ab. Solange in einem Gebiet noch keine Curia besteht, muss man die Legion dort als ungesichert erachten.

7. Legionäre unter 18 Jahren können nicht Mitglied einer Erwachsenencuria sein. Falls es der Curia ratsam erscheint, kann jedoch eine Jugendcuria errichtet werden, die der Erwachsenencuria untersteht.

8. Es ist unbedingt notwendig, dass die Curienamtsträger – besonders der Präsident – für die Legionäre, die der Curia angehören, leicht erreichbar sind, damit Schwierigkeiten, Vorschläge oder anderes, was für eine Erörterung in größerem Kreis noch nicht reif ist, besprochen werden können.

9. Es ist äußerst wünschenswert, dass die Curienamtsträger – besonders der Präsident – in der Lage sind, ihren Amtspflichten, von deren Erfüllung so viel abhängt, ein beträchtliches Ausmaß an Zeit zu widmen.

10. Wenn einer Curia viele Präsidien angeschlossen sind, dann wird auch die Zahl der Teilnehmer beim Curientreffen ziemlich

hoch sein. Das kann Schwierigkeiten bei der Raumbeschaffung und der guten Erledigung der Aufgaben mit sich bringen. Aber die Legion glaubt, dass diese Nachteile in anderer Hinsicht bei weitem aufgewogen werden. Die Legion erwartet von ihren Curien, dass sie nicht nur einen Verwaltungsapparat darstellen, sondern eine andere Aufgabe erfüllen: Jede Curia ist Herz und Hirn der Gruppe von Präsidien, die ihr angeschlossen sind. Sie ist der einende Mittelpunkt. Daraus folgt: Je mehr Fäden (das heißt: Amtsträger) sie mit den einzelnen Präsidien verbinden, desto stärker wird diese Einheit sein, und desto sicherer werden auch die Präsidien Geist und Methode der Legion hervorbringen. Einzig und allein beim Curientreffen kann man die Dinge angemessen besprechen und erlernen, die mit dem Wesen der Legion zusammenhängen. Von hier aus werden sie an die Präsidien übermittelt und dort unter den Mitgliedern verbreitet.

11. Die Curia soll dafür sorgen, dass jedes Präsidium regelmäßig besucht wird, wenn möglich zweimal im Jahr, und zwar in der Absicht, das Präsidium zu ermutigen und nachzuschauen, ob alles so durchgeführt wird, wie es sein sollte. Wichtig ist, dass man bei der Erfüllung dieser Pflicht nicht kleinliche Kritik übt und nicht nach Fehlern sucht. Sonst würde das Erscheinen von Besuchern bald gefürchtet, und ihre Ratschläge würden übel genommen. Der Besuch soll im Geist der Liebe und der Demut erfolgen, in dem die Besucher annehmen werden, dass von dem besuchten Präsidium ebenso viel zu lernen ist, wie es zu lehren gibt.

Der beabsichtigte Besuch sollte dem Präsidium spätestens acht Tage vor dem Termin angekündigt werden.

Gelegentlich bekommt man zu hören, dass solche Besuche übel genommen werden, weil sie eine „Einmischung von außen" seien. Eine derartige Einstellung zeigt wenig Achtung vor der Legion, denn jedes Präsidium ist nur ein Glied der Legion, und es sollte ein treues Glied sein. Soll die Hand zum Kopf sagen: „Ich brauche deine Hilfe nicht"? Außerdem ist diese Haltung undankbar, denn verdanken diese Legionsgruppen ihre Existenz nicht einer solchen „Einmischung von außen"? Sie ist inkonsequent, denn jedes Präsidium nimmt von seinem vorgesetzten Rat bereitwillig alles an, was es für vorteilhaft hält. Sie ist auch dumm, denn diese Präsidien widersetzen sich einer allgemeinen Erfahrung: Jedes organisierte Leben (ob religiös, zivil oder militärisch) weiß um das Prinzip, dass eine zentrale Führung bereitwillig, umfassend und tatkräftig anerkannt werden muss, damit Geist und Schlagkraft erhalten bleiben. Eine überaus wichtige Konsequenz aus diesem Grundsatz ist der regelmäßige Besuch der Gruppen, die zur Organisation gehören. Keine fähige Führung wird diese Pflicht vernachlässigen.

Davon abgesehen, dass der Besuch durch die Curia für das gute Gedeihen notwendig ist, sollte jedes Präsidium bedenken, dass die Regel ihn vorschreibt, und daher darauf bestehen, dass die Curia diese Pflicht nicht außer acht lässt. Selbstverständlich sollen die Besucher mit großer Herzlichkeit aufgenommen werden.

Bei diesen Besuchen müssen die verschiedenen Mitgliederlisten, die Protokolle und das Kassenbuch, das Werkblatt und alles, was sonst noch zum Legionssystem dazugehört, überprüft werden. Dadurch soll man sich vergewissern, dass sie ordentlich geführt sind, und dass jedes Mitglied nach der erforderlichen Probezeit das Legionsversprechen abgelegt hat.

Diese Überprüfung wird von zwei Vertretern der Curia vorgenommen. Es brauchen nicht unbedingt Curienamtsträger sein - jeder erfahrene Legionär kann beauftragt werden. Die Besucher sollen den Curienamtsträgern einen schriftlichen Bericht über das Ergebnis der Überprüfung vorlegen. Ein Musterblatt für einen solchen Bericht ist beim Concilium erhältlich.

Entdeckt man Fehler, sollte man sie nicht gleich beim Präsidium oder in der Curia öffentlich zur Sprache bringen. Zuerst sollte man mit dem Geistlichen Leiter und mit dem Präsidenten des Präsidiums darüber sprechen. Wenn dadurch keine Besserung erreicht wird, sollte die Angelegenheit vor die Curia gebracht werden.

12. Zwischen der Curia und den Curienmitgliedern besteht dieselbe Beziehung wie zwischen dem Präsidium und den Präsidiumsmitgliedern. Alles, was in diesem Buch über die Anwesenheit und das Verhalten der Legionäre beim Präsidiumstreffen gesagt wird, gilt daher in vollem Umfang auch für die Einstellung der Präsidiumsamtsträger zu den Treffen ihrer Curia. Eifer auf anderen Gebieten ist kein Ersatz, wenn Amtsträger es versäumen, an den Treffen ihrer Curia treu teilzunehmen.

13. Zeit und Ort des Curientreffens werden von der Curia selbst festgelegt, mit Genehmigung des nächsthöheren Rates. Diese Treffen sollten, wenn möglich, mindestens einmal im Monat stattfinden. Die Gründe für diese Häufigkeit sind in diesem Kapitel (Abschnitt 1, Punkt 19) angegeben.

14. Die Tagesordnung für das Treffen wird im Voraus vom Schriftführer nach Rücksprache mit dem Präsidenten vorbereitet und jedem Geistlichen Leiter und jedem Präsidenten zugestellt, und zwar vor dem Präsidiumstreffen, das dem Curientreffen unmittelbar vorausgeht. Es ist Pflicht des Präsidenten, die anderen Vertreter des Präsidiums zu benachrichtigen.

Diese Tagesordnung soll nur provisorisch sein. Die Mitglieder sollten soviel Freiheit wie möglich haben, noch weitere Angelegenheiten zur Sprache zu bringen.

15. Die Curia muss aufmerksam darüber wachen, dass die Präsidien nicht dahin kommen, materielle Hilfe zu leisten, was das Ende jeder wirklich brauchbaren Legionsarbeit bedeuten würde. Die regelmäßige Überprüfung der Aufzeichnungen des Kassenführers wird es der Curia ermöglichen, schon die ersten Anzeichen eines Abweichens von dieser Vorschrift zu erkennen.

16. Der Präsident sollte sich vor dem weitverbreiteten Fehler hüten, jede Verantwortung, und sei sie noch so geringfügig, in seinen eigenen Händen zu behalten. Das gilt selbstverständlich auch für alle anderen, die eine leitende Stellung innehaben. Ein derartiges Vorgehen wird die Arbeit verlangsamen. In großen

Gebieten, wo die Arbeit einen beträchtlichen Umfang annimmt, kann es sogar das ganze System lähmen. Je schmäler der Flaschenhals ist, desto langsamer fließt der Inhalt aus, bis manchmal jemand in seiner Ungeduld den Hals der Flasche zerbricht.

Nicht nur das: Legionären, die zur Übernahme von Verantwortung fähig sind, eine solche vorzuenthalten, ist Unrecht sowohl gegenüber den einzelnen wie gegenüber der ganzen Legion. Nur wenn ein Mensch ein gewisses Maß an Verantwortung übernimmt, werden große Fähigkeiten zur Entfaltung gebracht. Verantwortung vermag tatsächlich bloßen Sand in Gold zu verwandeln!

Die Tätigkeit des Curienschriftführers darf nicht auf seine Büroarbeit, die des Kassenführers nicht auf die Buchhaltung beschränkt werden. Allen Amtsträgern – und auch erfahrenen sowie viel versprechenden neuen Mitgliedern – sollte ein gewisses Maß an Initiative und Kontrolle anvertraut werden, wofür sie – natürlich in Abhängigkeit von der höheren Autorität – verantwortlich sind. Endgültiges Ziel muss sein, dass jeder Legionär mit Verantwortungsbewusstsein erfüllt wird für Gedeihen und Ausbreitung der Legion als ein machtvolles Mittel, den Seelen zu helfen.

„Alle Werke Gottes sind auf Einheit gegründet; denn sie sind auf ihn gegründet, der die erhaben einfachste und die transzendenteste aller möglichen Einheiten ist. Er ist betont der Eine Einzige; und mag er auch vielfach sein in seinen Eigenschaften und seinen Handlungen, wie sie sich unserem Geist kundtun, es ergibt sich dennoch, dass Ordnung und Harmonie zu seinem eigentlichen Wesen gehören." (Kardinal J. H. Newman, Sendungsvollmacht, Zeugnis und Werkzeug der Einheit) Dieses Zitat und die drei folgenden Zitate bilden im Original einen geschlossenen Abschnitt.

3. DIE REGIA

1. Ein Rat, der vom Concilium beauftragt wird, die Leitung der Legion Mariens für ein großes Gebiet auszuüben, und der im Rang nach dem Senatus kommt, soll Regia heißen. Das Concilium entscheidet, ob eine Regia direkt dem Concilium oder einem Senatus angeschlossen wird.

2. Wenn der Status einer Regia einem bestehenden Rat übertragen worden ist, soll dieser seine ursprünglichen Funktionen zusätzlich zu seinen neuen Aufgaben erfüllen. (Siehe Abschnitt 1, Punkt 19 in diesem Kapitel über *Die Führung der Legion*)

Die Mitglieder einer Regia sind
a) die Amtsträger jedes Legionszweiges, der direkt der Regia angeschlossen ist und
b) die Mitglieder des Rates, dem der Status einer Regia übertragen worden ist, wenn das der Fall ist.

3. Der Geistliche Leiter der Regia wird von den Bischöfen jener Diözesen ernannt, über die sich der Wirkungsbereich der Regia erstreckt.

4. Die Wahlen der Amtsträger der direkt angeschlossenen Räte müssen von der Regia bestätigt werden. Diese Amtsträger sind verpflichtet, die Regiatreffen zu besuchen, es sei denn, es gibt Umstände, die das verhindern (Entfernung etc.).

5. Die Erfahrung hat gezeigt, dass die Ernennung von Korrespondenten die wirkungsvollste Methode für die Regia ist, um ihre Aufsichtspflicht über entfernte angeschlossene Räte zu erfüllen. Der Korrespondent steht in regelmäßigem Kontakt mit dem jeweiligen Rat. Vom Protokoll, das er monatlich erhält, erstellt er einen Bericht zur Vorlage beim Treffen der Regia, wenn ein solcher verlangt wird. Er besucht die Treffen der Regia und beteiligt sich am Geschehen in ihr, er hat aber kein Stimmrecht, es sei denn, er ist Mitglied der Regia.

6. Eine Kopie der Protokolle der Regiatreffen sollte an den Rat geschickt werden, dem sie direkt angeschlossen ist.

7. Jede vorgeschlagene Änderung der Zusammensetzung einer Regia, die sich auf die regelmäßige Anwesenheit beim Treffen bedeutsam auswirkt, erfordert eine formelle Genehmigung des Conciliums, gleich ob die Regia direkt dem Concilium oder einem Senatus angeschlossen ist.

8. Im alten Rom war die Regia die Residenz und das Amtsgebäude des Pontifex Maximus; später bezeichnete man damit die Stadt oder Burg des Königs.

„Vielfach und verschieden in seinen Eigenschaften und trotz allem nur Einer zu sein, Heiligkeit zu sein, Gerechtigkeit, Wahrheit, Liebe, Macht, Weisheit, jedes davon zugleich und so vollkommen zu sein, als wäre er nur dies und als gäbe es das Übrige überhaupt nicht – das bedeutet eine unendlich erhabene Ordnung der göttlichen Natur, eine Ordnung jenseits aller Begreifbarkeit, als Eigenschaft so wunderbar wie jede andere und das Ergebnis aller anderen." (Newman, a.a.O.)

4. DER SENATUS

1. Ein Rat, der vom Concilium beauftragt wird, die Leitung der Legion Mariens in einem Land auszuüben, heißt Senatus.

Er muss dem Concilium direkt angeschlossen sein. In Ländern, wo aufgrund ihrer Größe oder aus anderen Gründen ein einziger Senatus nicht ausreicht, könnten auch zwei oder mehr Senatus zugelassen sein, von denen jeder direkt vom Concilium abhängt und die Autorität über die Legion in dem vom Concilium zugeteilten Gebiet ausübt.

2. Wenn der Status eines Senatus einem bestehenden Rat übertragen worden ist, soll dieser seine ursprünglichen Funktionen zusätzlich zu seinen neuen Aufgaben erfüllen. (Siehe Abschnitt 1, Punkt 19 in diesem Kapitel über *Die Führung der Legion*)

Die Mitglieder eines Senatus sind
a) die Amtsträger jedes Legionszweiges, der direkt dem Senatus angeschlossen ist und
b) die Mitglieder des Rates, dem der Status eines Senatus übertragen worden ist, wenn das der Fall ist.

3. Der Geistliche Leiter des Senatus wird von den Bischöfen jener Diözesen ernannt, über die sich der Wirkungsbereich des Senatus erstreckt.

4. Die Wahlen der Amtsträger der direkt angeschlossenen Räte müssen vom Senatus bestätigt werden. Diese Amtsträger sind verpflichtet, die Senatustreffen zu besuchen, es sei denn, es gibt Umstände, die das verhindern (Entfernung etc.).

5. Die Erfahrung hat gezeigt, dass die Ernennung von Korrespondenten die wirkungsvollste Methode für den Senatus ist, um seine Aufsichtspflicht über entfernte Räte zu erfüllen. Der Korrespondent steht in regelmäßigem Kontakt mit dem jeweiligen Rat. Vom Protokoll, das er monatlich erhält, erstellt er einen Bericht zur Vorlage beim Treffen des Senatus, wenn ein solcher verlangt wird. Er besucht die Treffen des Senatus und beteiligt sich am Geschehen in ihm, er hat aber kein Stimmrecht, es sei denn, er ist Mitglied des Senatus.

6. Eine Kopie der Protokolle der Senatustreffen sollte an das Concilium geschickt werden.

7. Jede vorgeschlagene Änderung der Zusammensetzung eines Senatus, die sich auf die regelmäßige Anwesenheit beim Treffen bedeutsam auswirkt, erfordert eine formelle Genehmigung des Conciliums.

Gott „ist ein unendliches Gesetz so gut wie eine unendliche Kraft, Weisheit und Liebe. Überdies schließt gerade die Vorstellung von Ordnung die Vorstellung von Unterordnung ein. Herrscht in den göttlichen Eigenschaften Ordnung, so müssen sie Beziehungen zueinander haben, und obschon jede in sich vollkommen ist, muss sie so wirken, dass sie die Vollkommenheit der übrigen nicht schmälert, und muss bei besonderen Gelegenheiten hinter die übrigen scheinbar zurücktreten." (Newman, a.a.O.)

5. DAS CONCILIUM LEGIONIS MARIAE

1. Es soll einen zentralen Rat geben, das Concilium Legionis Mariae, dem die oberste leitende Autorität der Legion obliegt. Ihm allein (immer in Abhängigkeit von den Rechten der kirchlichen Autorität, so wie dieses Buch es vorsieht) steht das Recht zu, Regeln zu erstellen, zu ändern und auszulegen; Präsidien und untergeordnete Räte zu errichten oder nicht anzuerkennen, wo immer sie liegen; die Verfahrensweise der Legion in allen Punkten zu bestimmen; über alle Meinungsverschiedenheiten und Beschwerden zu entscheiden, ebenso in allen Fragen der Mitgliedschaft und allen Angelegenheiten betreffend die Eignung von Arbeiten und die Art ihrer Ausführung.

2. Das Concilium Legionis Mariae hält monatlich sein Treffen in Dublin, Irland, ab.

3. Das Concilium kann einen Teil seiner Aufgaben an untergeordnete Räte oder einzelne Präsidien abgeben und das Ausmaß eines derartigen Auftrages jederzeit abändern.

4. Das Concilium kann die Aufgaben eines untergeordneten Rates oder mehrerer Räte mit seinem eigenen Aufgabenbereich verbinden.

5. Das Concilium Legionis Mariae besteht aus den Amtsträgern jedes Legionszweiges, der dem Concilium direkt angeschlossen ist. Die Amtsträger der Erwachsenencurien der Erzdiözese Dublin bilden den Grundbestand in der Anwesenheit bei den Conciliumstreffen. Aufgrund der Entfernung etc. ist die Anwesenheit des Großteils der anderen Legionszweige nicht möglich. Das Concilium behält sich das Recht vor, die Vertretung der Dubliner Stadtcurien jeweils abzuändern.

6. Der Geistliche Leiter des Conciliums wird von den Bischöfen Irlands ernannt.

7. Die Wahlen der Amtsträger der direkt angeschlossenen Räte müssen vom Concilium bestätigt werden.

8. Das Concilium ernennt Korrespondenten, um seine Aufsichtspflicht über entfernte Räte zu erfüllen. Der Korrespondent steht in regelmäßigem Kontakt mit dem jeweiligen Rat. Vom Protokoll, das er monatlich erhält, erstellt er einen Bericht zur Vorlage beim Treffen des Conciliums, wenn ein solcher verlangt wird. Er besucht die Treffen des Conciliums und beteiligt sich am Geschehen in ihm, er hat aber kein Stimmrecht, es sei denn, er ist Mitglied des Conciliums.

9. Die bevollmächtigten Vertreter des Conciliums haben zu jedem Wirkungsbereich der Legion Zutritt. Sie sind berechtigt, dort die verschiedenen Legionsgruppen zu besuchen, Ausbreitungsarbeiten durchzuführen und allgemein jede Tätigkeit auszuüben, die dem Concilium zusteht.

10. Das Recht, am Handbuch Änderungen vorzunehmen, steht einzig und allein, vorbehaltlich der Satzung und den Regeln der Legion, dem Concilium Legionis Mariae zu.

11. Änderungen der Regel können ohne die Zustimmung einer großen Mehrheit der Legionsgruppen nicht vollzogen werden. Die einzelnen Gruppen müssen durch die zuständigen Räte von der geplanten Regeländerung verständigt werden und ausreichend Zeit haben, Stellung zu nehmen. Sie können ihre Ansicht entweder durch ihre beim Conciliumstreffen anwesenden Vertreter oder schriftlich bekannt geben.

„So ist Gottes Macht zwar unendlich, aber sie ist doch seiner Weisheit und Gerechtigkeit untergeordnet; seine Gerechtigkeit wiederum ist unendlich, aber auch sie ist seiner Liebe untergeordnet; seine Liebe ist ihrerseits unendlich, aber sie ist seiner unveräußerlichen Heiligkeit untergeordnet. Es besteht ein Einvernehmen zwischen Eigenschaft und Eigenschaft, so dass die eine die andere nicht durchkreuzt, denn jede ist in ihrer eigenen Sphäre souverän; und so findet sich eine Unendlichkeit von Unendlichkeiten, von denen jede in ihrer eigenen Ordnung wirksam ist, vereinigt in der unendlich einfachen Einheit Gottes." (Newman, a.a.O.)

29
DIE TREUE IN DER LEGION

Die Grundidee von Organisation besteht darin, aus Vielen eine Einheit zu machen. Vom einfachen Mitglied bis zu den höchsten Autoritäten in der Legion muss das Prinzip der Verbundenheit herrschen, und in dem Maß, in dem das fehlt, wird man sich vom Prinzip des Lebens entfernen.

In einer freiwilligen Organisation ist das Bindemittel dieser Verbundenheit die Treue; die Treue des Mitglieds seinem Präsidium gegenüber, des Präsidiums seiner Curia gegenüber, und so weiter durch die aufsteigenden Grade der Legionsautorität bis hin zum Concilium Legionis; und überall gegenüber den kirchlichen Autoritäten. Wahre Treue wird Legionär, Präsidium und Rat vor unabhängigem Handeln zurückscheuen lassen. Bei jedem Zweifel, in jeder schwierigen Lage, vor jeder neuen Arbeit oder jedem ungewohnten Weg muss die zuständige Autorität um Weisung und Erlaubnis gebeten werden.

Die Frucht der Treue ist der Gehorsam, und dessen Prüfstein ist die Bereitschaft, Situationen und Entscheidungen anzunehmen, die einem unangenehm sind, und – das soll angemerkt sein – sie freudig anzunehmen. Sofort und von Herzen zu gehorchen ist immer schwierig. Diesen Gehorsam zu leisten, tut manchmal den natürlichen Neigungen so sehr Gewalt an, dass es Heldenhaftigkeit gleichkommt, ja sogar einer Art Martyrium. Diesen Ausdruck verwendet auch der heilige Ignatius von Loyola: „Wer in einem großmütigen Aufschwung sich zum Gehorsam entschließt, erwirbt große Verdienste. Das Opfer des Gehorsams gleicht dem Martyrium." Die Legion erwartet von ihren Kindern überall diesen Geist heldenhafter und bereitwilliger Fügsamkeit gegenüber jedweder rechtmäßigen Autorität.

Die Legion ist eine Armee – die Armee der demütigen Jungfrau. Was in jeder irdischen Armee im Überfluss zu finden ist, muss auch in der Arbeit des Legionsalltags zu sehen sein: Heldenmut und Opfer, sogar höchstes Opfer. Auch an die Legionäre werden ständig höchst anspruchsvolle Anforderungen gestellt. Nur selten sind sie genötigt, wie die Soldaten der weltlichen Heere ihren Leib der Verwundung und dem Tod auszusetzen. Umso mehr sollen sie in geistlichen Dingen nach Ruhmvollem streben! Sie sind aufgerufen, ihre Gefühle, ihr Urteil, ihre Unabhängigkeit, ihren Stolz und ihren Willen vom Widerspruch verwunden zu lassen und in hochherziger Unterwerfung dem Tod preiszugeben, wenn es verlangt wird.

„Ein großes Übel ist's, nicht zu gehorchen, da doch Gehorsam jeder Ordnung Band", sagt Tennyson, aber die lebenswichtige Verbindung in der Legion kann nicht nur durch vorsätzlichen Ungehorsam zerstört werden. Dasselbe Ergebnis erreichen Amtsträger, die ihre Pflichten hinsichtlich Anwesenheit oder Korrespondenz vernachlässigen und so ihre Präsidien oder Räte vom Hauptstrom des Legionslebens abschneiden. Derselbe große Schaden wird verursacht durch solche Amtsträger oder einfache Mitglieder, die wohl an ihren Treffen teilnehmen, deren Verhalten aber – aus welchem Grund auch immer – zur Uneinigkeit beiträgt.

„Jesus gehorchte seiner Mutter.
Du weißt, dass die Evangelisten vom verborgenen Leben Christi in Nazaret mit Maria und Josef nichts anderes berichtet haben, als dass er ‚ihnen gehorsam war' und ‚heranwuchs' und dass ‚seine Weisheit zunahm' (vgl. Lk 2,51–52).
War das unvereinbar mit seiner göttlichen Natur? Gewiss nicht. ‚Das Wort ist Fleisch geworden'! (Joh 1,14) Er hat sich so tief erniedrigt, dass er eine Natur annahm, die der unsern gleich ist, die Sünde ausgenommen. Christus ist - wie er sagte - ‚nicht gekommen, um sich dienen zu lassen, sondern um zu dienen' (Mt 20, 28) und um ‚gehorsam bis zum Tod zu sein' (vgl. Phil 2,8). Deshalb wollte er seiner Mutter gehorchen. In Nazaret gehorchte er Maria und Josef, den beiden bevorzugten Menschen, die Gott ihm zur Seite gegeben hatte.
In gewissem Maß hatte Maria Anteil an der Autorität des Ewigen Vaters über den menschgewordenen Sohn. Was Jesus von seinem Vater im Himmel (Joh 8, 29) sagte, das konnte er auch von seiner Mutter sagen: ‚Ich tue immer, was ihr gefällt.'" (Marmion, Christus, das Leben der Seele)

30
VERANSTALTUNGEN

Jeder Curia obliegt die Pflicht, die Mitglieder der Legion in ihrem Gebiet regelmäßig zu versammeln, damit sie einander kennen lernen, und der Geist der Einheit gefördert wird. Es gibt folgende Legionsveranstaltungen:

1. DIE ACIES

Im Bewusstsein, wie wichtig im Legionssystem die Hingabe an Maria ist, muss jedes Jahr eine Weihe der Legionäre an Unsere Liebe Frau stattfinden. Die Weihe, die sowohl von jedem einzeln als auch von der ganzen Gemeinschaft vollzogen wird, soll am 25. März oder an einem der Tage um diesen Zeitpunkt vorgenommen werden und heißt Acies. Dieses lateinische Wort bedeutet „Heer in Schlachtordnung" und ist eine passende Bezeichnung für die Feier, bei der sich die Legionäre geschlossen versammeln, um ihre treue Ergebenheit Maria, der Königin der Legion, gegenüber zu erneuern und um Stärke und Segen für ein weiteres Jahr des Kampfes gegen die Mächte des Bösen zu empfangen. Außerdem steht dieses Wort in wirkungsvollem Gegensatz zum „Präsidium", das die Legion nicht in geschlossener Schlachtordnung darstellt, sondern aufgeteilt in ihre einzelnen Gruppen, jede in ihrem bestimmten Aufgabenbereich eingesetzt.

Die Acies ist die große jährliche Hauptfeier der Legion; daher ist es nötig, mit Nachdruck darauf hinzuweisen, wie wichtig es ist, dass jedes einzelne Mitglied an ihr teilnimmt. Die Vereinigung mit Maria und die Abhängigkeit von ihr, der Königin der Legion – das ist der Grundgedanke der Legion, auf dem alles andere aufbaut. Die Acies ist der feierliche Ausdruck dieser Vereinigung und Abhängigkeit, in ihr erneuert die Legion – im einzelnen Mitglied wie als Gemeinschaft – das Bekenntnis ihrer treuen Ergebenheit. Daraus ergibt sich, dass jeder Legionär, der an der Acies teilnehmen kann und es doch nicht tut, den Geist der Legion kaum oder gar nicht besitzt. Die Mitgliedschaft solcher Leute ist für die Legion kein Gewinn.

Der Ablauf der Feier:
An dem für die Acies festgesetzten Tag versammeln sich die Legionäre, wo möglich in einer Kirche. Eine Statue der Unbefleckten Empfängnis ist an einem geeigneten Platz aufgestellt, entsprechend geschmückt mit Blumen und Kerzen. Vor der Statue steht die große Legionsstandarte. (Siehe Kapitel 27)

Die Feier beginnt mit einem Lied; es folgen die Eröffnungsgebete der Legion mit dem Rosenkranz. Ein Priester spricht über die Bedeutung der Weihe an Unsere Liebe Frau. Dann beginnt die Prozession zur Statue. Zuerst gehen die Geistlichen Leiter einzeln vor, dann die Legionäre, ebenfalls einzeln; nur wenn es sehr viele sind, können sie paarweise gehen. Vor der Legionsstandarte bleibt man – einzeln oder paarweise – stehen, legt die Hand an den Schaft der Standarte und spricht – als persönlichen Weiheakt – vernehmbar die Worte: „Ich bin ganz dein, meine Königin, meine Mutter, und alles, was ich habe, ist dein". Nun zieht der Legionär die Hand von der Standarte zurück, macht eine Verneigung und geht weiter. Bei einer großen Anzahl von Legionären nimmt der persönliche Akt der Weihe einige Zeit in Anspruch, aber das Ergreifende der Zeremonie gewinnt dadurch eher, als dass es verliert. Es ist hilfreich, wenn während der Prozession der Legionäre die Orgel spielt.

Es ist nicht in Ordnung, mehr als ein Vexillum aufzustellen. Ein solches Vorgehen würde zwar den Zweck erfüllen, den Ablauf zu verkürzen, würde aber seine Einheit zerstören. Außerdem wäre das Zeichen der Eile ein Misston. Das besondere Kennzeichen der Acies sollte ihre Ordnung und Würde sein.

Sobald alle Legionäre ihre Plätze wieder eingenommen haben, spricht der Priester im Namen aller Anwesenden laut ein Weihegebet an Unsere Liebe Frau. Es folgt die Catena, die man gemeinsam stehend betet. Anschließend soll, wenn irgend möglich, der Segen mit dem Allerheiligsten erteilt werden. Mit den Schlussgebeten und einem Lied endet die Feier der Acies.

Selbstverständlich ist es in Ordnung, aus Anlass der Acies anstelle des Segens eine heilige Messe zu feiern, während die sonstigen Einzelheiten dieselben bleiben. Die Feier des Paschamysteriums würde alle Hingabe und alle geistlichen Opfer mit sich vereinen, die in die mütterlichen Hände der „großmütigen Gefährtin und demütigen Magd des Herrn" (LG 61) gelegt werden, und sie durch den „einzigen Mittler" und im Heiligen Geist dem Ewigen Vater darbringen.

Die oben zitierte Weiheformel („Ich bin ganz dein ...") sollte nicht mechanisch oder gedankenlos gesprochen werden. Jeder einzelne sollte das Höchstmaß an Verständnis und Dankbarkeit in diese Formel hineinlegen. Das Studium von Anhang 11, *Zusammenfassendes Marienlob*, kann ihm dabei helfen. Dieses versucht die einzigartige Rolle Marias bei der Erlösung und dem entsprechend das Maß der Schuldigkeit jedes Einzelnen Maria gegenüber herauszustellen. Vielleicht könnten diese Überlegungen bei einem Präsidiumstreffen kurz vor der Acies als Geistliche Lesung dienen und Thema der Allocutio sein. Es wird vorgeschlagen, sie auch bei der Acies selbst für den gemeinsamen Weiheakt zu verwenden.

„Maria ist der Schrecken der Höllenmächte. Sie ist ‚furchtbar wie ein Heer in Schlachtbereitschaft' (Hld 6,10), denn wie ein kluger Feldherr weiß sie ihre Macht, ihre Güte und ihr Bitten einzusetzen zur Verwirrung ihrer Feinde und zum Heil ihrer Diener." (Hl. Alfons von Liguori)

2. DAS JÄHRLICHE GEMEINSCHAFTSFEST

An einem Tag möglichst nahe dem Hochfest der Unbefleckten Empfängnis (8. Dezember) soll eine Zusammenkunft aller Mitglieder stattfinden. Falls gewünscht, kann sie mit einer kirchlichen Feier beginnen.

Es folgt ein geselliges Beisammensein. Wurden die Legionsgebete nicht schon bei der kirchlichen Feier gebetet, sind die gesamten Legionsgebete zu verrichten, in drei Teilen wie beim Treffen.

Es ist besser, das Programm auf die Beiträge von Legionären zu beschränken. Zusätzlich zu den heiteren Punkten sollten auch Ansprachen oder Referate von Interesse für die Legion geboten werden.

Es ist sicher unnötig, die Legionäre zu erinnern, dass für Förmlichkeiten hier kein Platz sein darf. Vor solchen wird man sich besonders hüten müssen, wenn viele Legionäre teilnehmen. Das Ziel muss sein, dass alle Anwesenden einander besser kennen lernen. Deshalb sollte das Programm Gelegenheit zu Bewegung und Gespräch bieten. Die für das Fest Verantwortlichen sollten dafür sorgen, dass sich die Mitglieder nicht in Gruppen absondern und dadurch den Hauptzweck des Festes zunichte machen: in der Legionsfamilie den Geist der Einheit und Liebe zu fördern.

„Freude verklärte das geistliche Rittertum des heiligen Franziskus. Als wahrer Christusritter war Franziskus unaussprechlich glücklich, seinem Herrn zu dienen, ihm in Armut nachzufolgen und im Leiden ähnlich zu werden, und diese beglückende Gottseligkeit des Dienstes, der Nachfolge und des Leidens Christi verkündete er als ritterlicher Minnesänger und Spielmann Gottes der ganzen Welt. ... Auf diesen Grundton der Freude blieb fortan sein ganzes Leben gestimmt. ... Mit unverwüstlichem Gleichmut und Frohsinn sang er sich und sang er Gott in seinem Herzen Lieder der Freude. Sein unaufhörliches Streben ging darauf, sich innerlich und äußerlich in freudvoller Stimmung zu halten. Auch im Kreise der Brüder wusste er den Ton der Fröhlichkeit so rein anzuschlagen und in solch volle Harmonie ausklingen zu lassen, dass man sich in eine fast himmlische Sphäre versetzt fühlt. Dieselbe Freudenstimmung durchweht den Umgang des Heiligen mit allen Mitmenschen. Sogar seine

Bußpredigt wird zum Freudenpsalm und sein bloßes Erscheinen und Auftreten zu einem einzigen Hochfeste für alle Klassen der Bevölkerung." (Hilarin Felder OFMCap, Die Ideale des hl. Franziskus von Assis)

3. EINE VERANSTALTUNG IM FREIEN

Veranstaltungen im Freien hält die Legion schon seit ihren frühesten Tagen ab. Sie sind nicht vorgeschrieben, aber empfohlen. Man kann einen Ausflug, eine Wallfahrt oder ein Fest im Freien veranstalten. Die Curia entscheidet, ob es eine Curien- oder eine Präsidiumsveranstaltung sein soll. Im letzteren Fall können sich dazu auch zwei oder mehr Präsidien zusammenschließen.

4. DAS PRÄSIDIUMSFEST

Es wird sehr empfohlen, dass jedes Präsidium in der Zeit um Mariä Geburt (8. September) eine gesellige Veranstaltung hält. An Orten, wo es viele Präsidien gibt, können sich mehrere zusammentun – wenn sie es wünschen –, um ein solches Fest zu feiern.

Geeignete Leute, die nicht Legionäre sind, können eingeladen werden, auch in der Hoffnung, sie zur Mitgliedschaft zu veranlassen.

Es ist empfohlen, die gesamten Legionsgebete (einschließlich Rosenkranz) zu verrichten, aufgeteilt in drei Teile wie beim Präsidiumstreffen. Der gesellige Teil des Abends wird dadurch nicht viel kürzer, aber diese Huldigung an Unsere Liebe Frau wird durch größeren Erfolg des Festes mehr als zurückgezahlt. Die Königin der Legion ist die „Ursache unserer Freude", und sie wird antworten, indem sie das Ereignis zu einem besonders freudigen macht.

Zwischen den musikalischen (und anderen) Darbietungen sollte wenigstens ein kurzes Gespräch über ein Legionsthema stattfinden. Alle werden dadurch ein wenig mehr über die Legion lernen, und nebenbei macht es das Programm abwechslungsreicher. Bloße Unterhaltung neigt dazu, langweilig zu werden.

5. DER KONGRESS

Der erste Legionskongress wurde am Ostersonntag des Jahres 1939 von der Curia Clare in Irland gehalten. Sein Erfolg führte zur Nachahmung, wie das bei Erfolgen immer ist, und heute ist der Kongress fest ins Legionssystem verwurzelt.

Ein Kongress sollte auf ein Comitium oder eine Curia beschränkt sein. Versammlungen auf einer breiteren Basis würden weder mit der ursprünglichen Vorstellung von einem Kongress übereinstimmen noch die beabsichtigten Früchte bringen. Für solche Zusammenkünfte – falls sie gehalten werden – sollte man daher nicht den Namen „Kongress" verwenden und sie auch nicht als Ersatz für einen Kongress betrachten. Besucher von anderen Gebieten können aber zu einem Kongress eingeladen werden.

Das Concilium hat die Regel aufgestellt, dass ein Gebiet nicht öfter als jedes zweite Jahr einen Kongress abhalten sollte. Der Veranstaltung sollte ein ganzer Tag gewidmet sein. Wenn ein geistliches Haus zur Verfügung stehen kann, lassen sich viele Probleme leichter lösen. Wenn möglich soll mit einer heiligen Messe begonnen werden, darauf folgt eine kurze Ansprache des Geistlichen Leiters oder eines anderen Priesters, und den Abschluss bildet der Segen mit dem Allerheiligsten.

Der Tag ist in Sitzungen eingeteilt, deren jede ein oder mehrere Themen hat. Jedes Thema sollte sehr kurz eröffnet werden von jemandem, der diesen Beitrag vorbereitet hat. Alle sollten sich an den Aussprachen beteiligen. Diese allgemeine Teilnahme macht das eigentliche Leben des Kongresses aus.

Auch hier sei betont, dass Amtsträger, die den Vorsitz führen, nicht viel reden und auch nicht ständig in die Aussprache eingreifen dürfen. Ein Kongress ist – genauso wie das Treffen eines Rates – mit parlamentarischen Methoden zu halten, das heißt nach den Grundsätzen der allgemeinen Beteiligung, geordnet durch den Vorsitz. Manche Vorsitzende zeigen eine Neigung dazu, die Äußerung jedes Sprechers zu kommentieren. Dies widerspricht ganz der Idee des Kongresses, und es sollte nicht geduldet werden.

Es wäre wünschenswert, dass Vertreter eines höheren Rates beim Kongress mithelfen. Sie könnten manche der besonderen Aufgaben übernehmen, zum Beispiel den Vorsitz führen, Aussprachen einleiten, usw.

Jedes Streben, durch Rhetorik zu glänzen, muss vermieden werden, da es eine gekünstelte Atmosphäre schafft. Das ist nicht das Klima der Legion; dadurch wird niemand begeistert und kein Problem gelöst.

Manchmal werden alle Legionäre zum Kongress zusammengeholt, manchmal nur die Präsidiumsamtsträger. Im ersten Fall ist es gestattet, bei der ersten Sitzung die Legionäre ihren verschiedenen Ämtern entsprechend aufzuteilen. Die gewöhnlichen Mitglieder bilden eine eigene Gruppe. Dann werden die besonderen Aufgaben und Erfordernisse überlegt. Die Legionäre könnten aber auch entsprechend ihren Arbeiten aufgeteilt werden. Ein solches Aufteilen steht jedoch frei, und bei den folgenden Sitzungen sollten die Teilnehmer auf jeden Fall nicht in Gruppen unterteilt werden. Es wäre widersprüchlich, die Legionäre zusammenzurufen und sie dann die meiste Zeit voneinander zu trennen. Es ist zu bedenken, dass die Pflichten der Amtsträger einen größeren Bereich umfassen als die Routineaufgaben, die mit dem jeweiligen Amt verbunden sind. Ein Schriftführer zum Beispiel, dessen Amtsverständnis sich auf die Führung des Protokolls beschränkt, wäre ein schlechter Amtsträger. Da alle Amtsträger Mitglieder der Curia sind, muss ihre Beratung dazu dienen, Methoden zu suchen, die die Arbeit der Curia verbessern, und zwar sowohl das Treffen selbst als auch die übrigen Aufgaben.

Ein Kongress darf nicht einem bloßen Curientreffen entsprechen und sich nicht mit denselben Verwaltungseinzelheiten und Anfragen befassen, die in die Zuständigkeit der Curia fallen würden. Der Kongress sollte sich den wichtigsten Grundsätzen der Legion widmen. Aber natürlich soll alles, was beim Kongress erarbeitet wurde, von der Curia verwirklicht werden.

Die Besprechungsthemen sollten sich mit den wichtigsten Grundsätzen der Legion befassen, allgemein gesagt sind das:

a) der religiöse Aufbau der Legion. Die Legion wird nicht verstanden, wenn die Mitglieder nicht in einem zumutbaren Ausmaß ihre vielseitige Frömmigkeit verstehen; und die Legion wird nicht richtig angewandt, wenn diese Frömmigkeit nicht so eng mit der Arbeit verbunden wird, dass sie ihr Motiv und ihr Geist ist. Mit anderen Worten: Die Frömmigkeit muss die ganze Arbeit beleben, wie die Seele den Körper belebt.
b) die Eigenschaften eines Legionärs, und wie sie zu entwickeln sind.
c) das planmäßige System der Legion, einschließlich der Führung der Treffen und die lebenswichtige Angelegenheit der Berichte, das heißt die Art, wie die Mitglieder sie geben und sie kommentieren.
d) die Legionsarbeiten einschließlich der Verbesserung der Methoden und die Planung von neuen Unternehmungen, die es der Legion ermöglichen, jeden einzelnen Menschen zu erreichen.

Ein Punkt des Kongresses soll ein besonderer Vortrag sein, gehalten von einem Geistlichen Leiter oder einem dazu befähigten Legionär, über einige Aspekte der Frömmigkeit, des Idealismus oder der Pflicht in der Legion. Jede Sitzung sollte mit einem Gebet begonnen und beendet werden. Die Legionsgebete werden für drei dieser Gelegenheiten dienen.

Sorgfalt beim Einhalten des Zeitplans und bei der Durchführung des gesamten Kongresses ist dringend nötig. Ein Versagen in diesem Bereich wird den Tag zunichte machen.

Kongresse, die im selben Gebiet aufeinander folgen, müssen sich durch abwechslungsreiche Gestaltung unterscheiden. Erstens kann bei einem einzelnen Kongress nur eine beschränkte Anzahl von Themen behandelt werden, wo es doch notwendig ist, im Lauf einiger Jahre viel Neuland durchzuackern. Zweitens darf nie der Eindruck entstehen, es komme alles ins Stocken. Deshalb muss man um der Abwechslung willen für Abwechslung sorgen. Drittens legt der Erfolg eines Kongresses es nahe, bei nächster Gelegenheit am selben Programm festzuhalten. Aber ein Teil jenes Erfolges war sicher dem Element der Neuheit zu verdanken; dieses jedoch ist durch die erste Anwendung erschöpft. Wenn Neues aber eine belebende Zutat für jeden neuen Kongress bilden soll, muss die Veranstaltung durch einfallsreiches Planen vorbereitet werden.

„Wenn wir wissen wollen, auf welche Weise eine gläubige Seele auf das Kommen des göttlichen Trösters vorbereitet werden soll, dann versetzen wir uns am besten in den Abendmahlssaal, wo die Jünger sich versammelt haben. Dort verharren sie im Gebet, getreu dem Befehl des Meisters, und erwarten die Kraft von oben, die auf sie herabkommen und sie wie mit Waffen für den Kampf rüsten soll, der ihnen bevorsteht. An dieser heiligen Stätte der Sammlung und des Friedens verweilt unser Blick ehrfürchtig bei Maria, der Mutter Jesu, dem Meisterwerk des Heiligen Geistes, der Kirche des lebendigen Gottes. Aus ihr wird durch das Wirken desselben Heiligen Geistes wie aus dem Schoß einer Mutter die kämpfende Kirche hervorgehen, die diese neue Eva darstellt und noch in sich trägt." (Gueranger, Das Kirchenjahr)

31
AUSBREITUNG UND WERBUNG

1. Die Pflicht der Ausbreitung gilt nicht für die höheren Räte allein, auch nicht nur für Curienamtsträger. Sie ist Pflicht jedes Curienmitglieds – nein, mehr noch, sie ist Pflicht jedes einzelnen Legionärs, und jeder muss dazu gebracht werden, diese Tatsache zu begreifen und dann und wann Rechenschaft darüber abzulegen, wie er diesen seinen nötigen Dienst erfüllt hat. Selbstverständlich kann man durch Gespräche oder Briefe auf andere einen guten Einfluss ausüben. Das sind nahe liegende Wege, diese Pflicht zu erfüllen, aber besondere Wege werden sich jedem einzelnen von selbst zeigen.

Könnten viele Zentren dazu gebracht werden, Impulse zur Ausbreitung der Legion Mariens auszusenden, so würde sie bald an allen Orten existieren, und die Erntefelder des Herrn wären umdrängt von willigen Arbeitern (vgl. Lk 10,2). Daher sollten diese wichtigen Themen der Ausbreitung und Werbung den Mitgliedern oft in Erinnerung gerufen werden, so dass jedem einzelnen klar bewusst wird, worin seine Pflicht in dieser Hinsicht besteht.

2. Eine leistungsfähige Legionsgruppe wird die Quelle von überaus viel Gutem sein. Da man vermuten darf, dass dieses Gute durch das Errichten einer weiteren Gruppe verdoppelt wird, sollte sich jedes Mitglied (und nicht nur die Amtsträger) bemühen, dieses wünschenswerte Ziel herbeizuführen.

Sobald man merkt, dass im Treffen die Berichte der Mitglieder und andere Punkte der Tagesordnung regelmäßig gekürzt und damit vorzeitig beendet werden müssen, ist das Stadium erreicht, in dem eine Teilung nicht nur wünschenswert, sondern notwendig ist. Wird sie jetzt nicht vollzogen, so tritt ein schwammiger Zustand ein, das Interesse an der Arbeit wird abnehmen und die Mitgliederzahl sich verringern. Das Präsidium verliert nicht nur die Kraft, Leben an einen anderen

Zweig weiterzugeben, sondern wird es auch schwierig finden, seine eigene Existenz zu erhalten.

Wenn vorgeschlagen wird, an einem bestimmten Ort ein weiteres Präsidium zu errichten, kommt oft der Einwand, dass die gegenwärtige Zahl ausreicht, um sich mit den bestehenden Problemen auseinander zu setzen. Dagegen muss betont werden: Da der Hauptzweck der Legion die Heiligung ihrer eigenen Mitglieder und – durch die Entfaltung dieser Heiligkeit - die Heiligung der Gemeinschaft im Ganzen ist, folgt logischerweise, dass schon aus diesem Grund allein auch das Anwachsen der Mitgliederzahl ein Hauptziel sein muss. Möglicherweise kann es in kleinen Orten Probleme bereiten, Arbeit für die neuen Mitglieder zur Verfügung zu haben. Trotzdem mögen neue Mitglieder gesucht und aufgenommen werden! Die Legion darf nie in Begriffen von Begrenzung denken: Es könnte sonst geschehen, dass sie bessere Leute ausschließt, als sie bereits in ihren Reihen hat. Wenn für die offensichtlicheren Bedürfnisse bereits gesorgt ist, soll man tiefer schauen. Die „Maschine" braucht eben Arbeit, damit sie funktionieren kann. Deshalb muss die Arbeit gefunden werden, und es gibt sie!

An Orten, wo es die Legion schon gibt, soll man sich bemühen, für die Errichtung eines neuen Präsidiums die Amtsträger und einen angemessenen Teil der neuen Mitglieder durch Übernahme aus einer bestehenden Gruppe zur Verfügung zu stellen. Präsidien sollten es als die höchste Ehre betrachten, ihre besten Leute für die Bildung eines neuen Präsidiums abzutreten. Das ist die gesündeste Art des Beschneidens. Ein Präsidium, das durch ein solches Geschenk seiner Mitglieder kleiner geworden ist, wird seine Reihen schnell wieder gefüllt und sein Apostolat durch zusätzlichen Segen begleitet finden.

In Städten oder Orten, wo noch keine Gruppe der Legion besteht, ist es vielleicht nicht möglich, Mitglieder mit Legionserfahrung zu gewinnen; dann müssen sich die Gründer des neuen Präsidiums um so eifriger dem Studium des Handbuchs und aller dazu verfügbaren Kommentare widmen.

Bei der Errichtung des ersten Präsidiums an einem neuen Ort ist es gut, dessen Arbeit so abwechslungsreich wie möglich zu gestalten. Dadurch werden die Treffen interessant bleiben, und so wird das Wohl des Präsidiums gefördert. Überdies kann dadurch den verschiedenen Fähigkeiten und Neigungen der Mitglieder entsprochen werden.

3. Es ist notwendig, ein Wort der Warnung bezüglich der Werbung von Mitgliedern zu sagen: Es besteht die wirkliche Gefahr, dass zu strenge Anforderungen gestellt werden könnten. Naturgemäß wird das Niveau jener, die schon eine Zeit lang Mitglieder sind, höher sein als das allgemeine Niveau. Dies ist zu berücksichtigen, wenn man neue Mitglieder in Betracht zieht. Es wäre nicht richtig, bei einem neuen Mitglied auf einem Niveau zu bestehen, das von den vorhandenen Mitgliedern erst nach einiger Zeit in der Legion erreicht wurde.

Es ist sehr üblich, dass Präsidien die geringe Zahl von Neuwerbungen mit der Begründung entschuldigen, es seien keine geeigneten Leute verfügbar. Wenn man aber alle Umstände prüft, wird man diese Erklärung selten berechtigt finden. Es sei darauf hingewiesen, dass die Schuld fast immer beim Präsidium selber liegt:

a) entweder werden keine ernsthaften Anstrengungen zur Werbung unternommen – das bedeutet, dass jeder einzelne für sich und alle zusammen ihre Pflicht vernachlässigen;

b) oder das Präsidium begeht den Fehler, an mögliche Anwärter all zu strenge Maßstäbe anzulegen, die den Großteil der ursprünglichen und der jetzigen Mitglieder ausgeschlossen hätten.

Die Verantwortlichen behaupten dagegen, dass sie den Beitritt ungeeigneter Leute nicht riskieren dürfen. Aber genauso wenig dürfen sie die Vorteile der Mitgliedschaft allen mit ganz wenigen Ausnahmen verweigern. Wenn zwischen übermäßiger Strenge und übermäßiger Nachsicht gewählt werden muss, ist die Strenge der größere Fehler, denn sie zerstört das Laienapostolat durch den Mangel an Mitarbeitern. Die andere Richtung würde höchstens zu Fehlern führen, und solche können wieder gut gemacht werden.

Das Präsidium wird einen Mittelweg einschlagen, aber ein gewisses Risiko muss man unvermeidlich ins Auge fassen. Der einzig sichere Weg herauszufinden, ob jemand geeignet ist, liegt im tatsächlichen Versuch. Der eigentliche Schutz besteht darin, dass ein Ungeeigneter, falls er beitritt, bald unter der Last der Arbeit aufgeben wird.

Wer hat jemals gehört, dass der Aufbau einer Armee aufgegeben wurde aus Angst, es könnten sich unbrauchbare Leute einschleichen? Das System der Armee ist dazu da, eine Menge von durchschnittlichen Menschen zu formen und zu führen. Genauso muss die Legion, die eine Armee ist, eine recht große Mitgliederzahl anstreben. Sie hat natürlich ihre Prüfungen für die Mitgliedschaft, aber diese sollten nicht so sein, dass gute durchschnittliche Leute sie nicht bestehen können. Das geistliche und fest gefügte System der Legion gilt dem Zweck, Menschen zu formen und zu führen, die Formung und Disziplin benötigen, sie ist nicht für Übermenschen gedacht. Es sollte gar nicht in Frage kommen, nur solche Leute aufzunehmen, die so überragend heilig und taktvoll sind, dass sie unter den durchschnittlichen Laien kaum vorkommen.

Um es daher zusammenzufassen: Das Beklagenswerte ist nicht, dass es so wenige für die Mitgliedschaft Geeignete gibt, sondern dass so wenige gewillt sind, deren Bürde auf sich zu nehmen. Das führt zu folgenden weiteren Überlegungen:

c) Geeignete Personen können vom Beitritt abgeschreckt werden, weil die Atmosphäre des Präsidiums übertrieben seriös oder steif ist oder ihnen in anderer Weise nicht zusagt.

Die Legion beschränkt ihre Mitgliedschaft nicht auf die Jugend, doch müssen besonders die Jungen gesucht und umworben werden. Wenn die Legion sie nicht anzieht, verfehlt sie weithin ihr Ziel, denn eine Bewegung, die bei der Jugend keinen Anklang findet, wird niemals großen Einfluss ausüben. Darüber hinaus ist die Jugend der Schlüssel zur Zukunft. Daher müssen die vernünftigen Vorlieben der Jugend verstanden und berücksichtigt werden. Eine aufgeweckte, großzügige, begeisterte Jugend darf nicht von der Legion ferngehalten werden, indem man Maßstäbe aufstellt, die der Jugend unangemessen sind oder jeden Frohsinn ersticken.

d) Die übliche Entschuldigung „Ich habe keine Zeit!" ist wahrscheinlich richtig. Die meisten Menschen füllen ihre Zeit aus. Aber sie tun es nicht mit religiösen Aktivitäten; diese werden an die letzte Stelle gesetzt. Für jene Leute würde es aber einen ewigen Gewinn darstellen, wenn man ihnen verständlich machen könnte, dass sie nach einer falschen Werteskala leben. **Das Apostolat sollte Vorrang haben,** so dass einige dieser anderen Dinge ihm Platz machen.

„Es ist ein Grundgesetz jeder religiösen Gemeinschaft, ihren Fortbestand zu sichern, die apostolische Tätigkeit über die ganze Welt zu erstrecken und möglichst viele Menschen zu erfassen: ‚Seid fruchtbar und vermehrt euch, bevölkert die Erde' (Gen 1,28). Diesem Lebensgesetz ist jedes Mitglied der Gemeinschaft verpflichtet. Pater Chaminade sagt das so: ‚Wir müssen für Maria Eroberungen machen und allen, mit denen wir leben, zeigen, wie schön es ist, zu Maria zu gehören, damit wir viele dazu bewegen, sich unserem Voranschreiten anzuschließen.'" (Schellhorn, Petit Traite de Marialogie)

32
WELCHE EINWÄNDE MAN ERWARTEN KANN

1. „Hier wird die Legion nicht gebraucht"

Eifrige Leute, die beabsichtigen, die Legion in einem neuen Gebiet zu beginnen, können mit dem Einwand rechnen, dass die Legion an diesem besonderen Ort nicht benötigt wird. Da die Legion keine Organisation ist, die nur eine ganz bestimmte Art von Arbeit durchzuführen hat, sondern in erster Linie der Förderung von wahrhaft katholischem Eifer und Geist dient (der dann angewandt werden kann, jede gewünschte Arbeit zu tun), läuft dieser Einwand in der Regel auf die Feststellung hinaus, in jenem Ort bestehe kein Bedürfnis nach katholischem Eifer – eine Behauptung, die sich selbst zur Genüge widerlegt. Pater Raoul Plus hat das kurz und bündig ausgedrückt: „Ein Christ ist einer, dem Gott seine Mitmenschen anvertraut hat."

An jedem Ort, ohne Ausnahme, ist ein intensives Apostolat lebensnotwendig, und zwar aus mehreren Gründen:
Erstens, weil jenen Pfarrangehörigen, die zu einem apostolischen Leben fähig sind, dazu wirksame Gelegenheit geboten werden sollte. Zweitens, weil es in unserer Zeit notwendig ist, durch ein derartiges Apostolat die Allgemeinheit aufzurütteln, will man verhindern, dass Religion zur bloßen Gewohnheit oder zum Materialismus absinkt. Drittens, weil es des geduldigen und beharrlichen Mühens solcher Arbeiter bedarf, damit all denen nachgegangen wird, die vom Leben enttäuscht sind, oder jenen, die dazu neigen, in die Irre zu gehen.

Alle Vorgesetzten tragen dafür Verantwortung, die geistlichen Talente der ihnen Anvertrauten voll zur Entfaltung zu bringen. Wie ist es dann mit dem Apostolat, dem Kennzeichen und Wesenselement des Christseins? Deshalb muss man zum Apostolat aufrufen. Doch aufzurufen, ohne für geeignete Mittel zu sorgen, damit auch geantwortet werden kann, ist nicht viel besser als Schweigen; denn nur wenige von denen, die hören, sind ja fähig, selber Mittel und Wege zu finden. Deshalb muss das nötige Werkzeug in Form einer apostolischen Organisation zum Einsatz gebracht werden.

2. „Für die Mitgliedschaft stehen keine geeigneten Leute zur Verfügung"

Dieser Einwand kommt gewöhnlich aus einer falschen Auffassung, welche Art Mitarbeiter gebraucht wird. Ganz allgemein kann man sagen, dass sich in jedem Amt, in jedem Geschäft, an jeder Arbeitsstätte mögliche Legionäre befinden. Gelehrte oder Analphabeten, Arbeiter oder Begüterte oder Arbeitslose – sie alle sind potentielle Legionäre. Es gibt kein Monopol einer bestimmten Hautfarbe oder Rasse oder Gesellschaftsschicht, sondern Legionäre sind überall zu finden. Der Legion ist die besondere Fähigkeit gegeben, diese verborgenen Kräfte, diese noch unentwickelten Charakterschätze für den Dienst in der Kirche zu gewinnen. Das Ergebnis einer Studie über die Legionstätigkeit bewog Msgr. Alfred O'Rahilly, Folgendes zu schreiben: „Ich machte eine große Entdeckung, oder genauer, ich fand heraus, dass die Entdeckung gemacht worden war: Es gibt ein verborgenes Heldentum in scheinbar gewöhnlichen Männern und Frauen; unbekannte Energiequellen waren angezapft worden."

Anforderungen für die Mitgliedschaft sollten nicht über jene hinausgehen, welche die Päpste im Sinn hatten, als sie erklärten, dass in jeder Gesellschaftsschicht eine Elite geformt und für das Apostolat ausgebildet werden kann.

In diesem Zusammenhang sollte man Absatz 3 b) des Kapitels 31, *Ausbreitung und Werbung*, besonders sorgfältig lesen und ebenso den Abschnitt 7 des Kapitels 40: *Die Legion als Ergänzung des Missionars*, worin mit Nachdruck die Werbung vieler Mitglieder in den neu gewonnenen christlichen Gemeinden empfohlen wird.

Eine echte Schwierigkeit, Mitglieder zu finden, wäre ein Zeichen, dass das geistliche Leben an diesem Ort auf einer außergewöhnlich niedrigen Stufe steht. Keineswegs würde das beweisen, dass Untätigkeit gefordert ist. Es würde vielmehr beweisen, dass ein Legionszweig dringend notwendig ist, der die Rolle eines guten Sauerteigs spielt. Man bedenke, dass der Sauerteig das Rezept unseres Herrn ist, um das allgemeine Niveau zu heben (siehe Mt 13,33). Es sei daran erinnert, dass ein Präsidium schon mit vier, fünf oder sechs Mitgliedern gegründet werden kann. Wenn diese sich der Arbeit widmen und die Anforderungen verstehen, werden sie schnell andere geeignete Mitglieder finden und einführen.

3. „Legionsbesuche würden übelgenommen"

Wäre das wirklich der Fall, so läge der Schluss nahe, dass man eine andere Arbeit wählen, nicht aber, dass der Gedanke, die Legion einzuführen (mit all ihren Möglichkeiten des Guten für die Mitglieder und die Gemeinschaft) verworfen werden sollte. Es bleibt jedoch festzustellen, dass die Legion, was die Hausbesuche betrifft, bis jetzt nirgends auf dauerhafte oder grundsätzliche Schwierigkeiten gestoßen ist. Vorausgesetzt, die Besuche werden im wahren Geist des Legionsapostolates unternommen, kann man gewöhnlich annehmen, dass eine Kälte gegenüber den Legionären das Vorhandensein von religiöser Gleichgültigkeit oder Schlimmerem offenbart, so dass gerade dann, wenn die Legionäre am wenigsten erwünscht sind, der größte Bedarf für ihre Anstrengung besteht. Anfangsschwierigkeiten dieser Art rechtfertigen nicht, die Besuche einzustellen. Fast ausnahmslos waren Legionäre, die diesen eisigen Barrieren die Stirn geboten haben, imstande, sie aufzutauen und auch die schwereren zu Grunde liegenden Ursachen zu beseitigen.

Großes Gewicht sollte der Tatsache beigemessen werden, dass die Familie im geistlichen Bereich die Schlüsselstellung einnimmt. Hat man die Familien gewonnen, erobert man die Gesellschaft. Will man aber die Familien gewinnen, muss man sie zu Hause besuchen.

4. „Junge Leute müssen tagsüber schwer arbeiten und brauchen ihre Freizeit zur Erholung"

Wie vernünftig das klingt! Aber wenn danach gehandelt würde, bliebe die Welt eine religiöse Wildnis, denn das Werk der Kirche wird nicht durch die Müßigen getan. Ist es zudem nicht wahr, dass die lebhaften Jugendlichen ihre freien Stunden einer mehr oder weniger ungeordneten Unterhaltung widmen, statt sich wirklich auszuruhen? In solch einem Wechsel zwischen einem Tag voller Mühe und einem Abend voller Vergnügen ist es sehr leicht, in einen praktischen Materialismus abzudriften, der nach wenigen Jahren das Herz ohne ein Ideal zurücklässt. Was bleibt, ist eine sich verzehrende Sehnsucht nach der Jugend, die allzu früh geschwunden ist, und die die einzigen Dinge mit sich genommen hat, die diese Menschen zu schätzen gelernt haben. Und es kann sogar noch unglücklicher enden. Sagt nicht der hl. Johannes Chrysostomus, dass es ihm nie gelungen ist, sich davon zu überzeugen, dass jemand das Heil erlangen könnte, der nie etwas für das Heil seines Nächsten getan hat?

Unendlich klüger wäre es, junge Menschen dringend zu bitten, Gott in einer Legionsmitgliedschaft die ersten Früchte dieser freien Zeit darzubringen. Diese ersten Früchte werden das ganze Leben inspirieren und das Herz – und auch das Gesicht – heiter und jung erhalten. Und es bleibt noch ein Überschuss an Zeit übrig für Erholung, die doppelt genossen wird, weil sie doppelt verdient wurde.

5. „Die Legion ist nur eine unter vielen Organisationen mit den gleichen Idealen und Programmen"

Es ist wahr, dass reichlich Idealismus vorhanden ist, und genauso, dass ein Programm wünschenswerter Arbeiten in wenigen Minuten von jedem aufgezeichnet werden kann, der Papier und Bleistift besitzt. Gewiss ist die Legion nur eine von zehntausend Organisationen, die einen edlen Kampf um die Seelen führen wollen und ein Programm mit wichtigen Arbeiten vorschlagen.

Aber es ist auch wahr, dass sie eine der wenigen ist, die ihr Apostolat in einer bestimmten, genau festgelegten Form zur Durchführung bringt. Ein verschwommener Idealismus mit allgemeinen Aufforderungen, die Mitglieder mögen in ihrer Umgebung Gutes tun, wird immer von einer verschwommenen Durchführung begleitet. Die Legion fasst ihre Kriegführung in eine bestimmte Spiritualität, ein bestimmtes Gebetsprogramm, eine bestimmte wöchentliche Arbeit, einen bestimmten wöchentlichen Bericht und, wie es sich herausstellt, in bestimmte Leistungen. Und nicht zuletzt: Sie gründet dieses methodische System auf das dynamische Prinzip der Vereinigung mit Maria.

6. „Die Legionsarbeiten werden schon von anderen Organisationen durchgeführt. Die Legion könnte mit ihnen in Konflikt kommen"

Wie seltsam, diese Worte in Gebieten zu hören, wo ein hoher Prozentsatz der Bevölkerung nicht praktiziert oder nicht katholisch ist, und es nur unbedeutenden Fortschritt gibt.

Wie traurig, wenn sich jemand mit diesem Zustand abfindet, der bedeutet, dass hier Herodes den Thron in den Herzen der Menschen besetzt, während der Herr aber und seine liebe Mutter für immer in den elenden Stall verbannt bleiben.

Auch werden diese Worte, die der Legion die Zulassung verwehren, oft im Interesse von Organisationen verwendet, die zwar dem Namen nach vorhanden sind, aber keine Leistung erbringen, Armeen, die zwar existieren mögen, aber nie einen Feind besiegen.

Überdies ist eine Arbeit nur getan, wenn sie angemessen getan ist. Deshalb ist eine Arbeit nicht erledigt, die Dutzende von apostolischen Arbeitern beschäftigt, wo genau genommen Hunderte oder Tausende sein sollten. Unglücklicher Weise ist das für gewöhnlich der Fall. Häufig führt der Mangel an Organisation zu geringen Mitgliederzahlen, entspricht aber auch einem Mangel an Geist und Methode.

Gewiss wäre es weise, die Legion auf die Probe zu stellen, indem man ihr wenigstens ein begrenztes Betätigungsfeld zuweist. Der Erfolg mag überzeugen, und die Mitglieder einer einzigen kleinen Legionsgruppe können wie die fünf Brote vervielfacht werden, so dass sie schließlich alle Bedürfnisse decken, und das überreich (vgl. Mt 14,16–21).

Die Legion hat kein spezielles Arbeitsprogramm. Sie setzt nicht voraus, dass neue Aufgaben in Angriff genommen werden, sondern bietet einen neuen Rahmen für bereits gegebene Arbeiten, die noch nicht systematisch genug durchgeführt werden. Die Wirkung ist ähnlich, wie wenn eine Arbeit, die früher mit der Hand ausgeführt wurde, nun mit Hilfe der elektrischen Kraft getan wird.

7. „Es gibt schon zu viele Organisationen. Die richtige Vorgehensweise ist, die bestehenden Vereinigungen neu zu beleben oder ihre Funktionen zu erweitern, so dass sie die Arbeiten erledigen, die als Tätigkeiten für die Legion vorgeschlagen werden"

Das kann ein rückständiges Argument sein. Die Worte „zu viel" können in Wirklichkeit auf jeden Lebensbereich um uns angewendet werden. Man lehnt doch das Neue nicht ab, nur weil es neu ist, und von Zeit zu Zeit wird ein großer Fortschritt gemacht. So beansprucht auch die Legion die Gelegenheit, sich zu bewähren. Wenn sie nicht nur „noch etwas anderes" ist, sondern von Gott stammt: was für ein Verlust wäre es, ihr die Tür zu weisen!

Außerdem setzt der oben angeführte Einwand voraus, dass die in Frage stehende Arbeit im Augenblick gar nicht getan wird. Unter diesen Umständen ist es weder vernünftig noch allgemein üblich, ein neues Werkzeug abzulehnen, das anderswo seine Eignung zu dieser Arbeit schon unter Beweis gestellt hat. Wie wunderlich würde derselbe Einwand klingen, wenn man ihn so formulierte: „Es ist ganz unnötig, das Flugzeug einzuführen. Es gibt hier schon zu viel Technik. Stattdessen lasst uns lieber das Automobil weiterentwickeln, so dass es fliegen kann!"

8. „Das hier ist ein kleiner Ort. Da ist kein Platz für die Legion"

Nicht selten bekommt man diese Worte in Ortschaften zu hören, die zwar nicht groß sind, aber keinen beneidenswerten Ruf genießen.

Noch dazu mag eine Ortschaft eine gewohnheitsmäßige Frömmigkeit besitzen und doch träge sein: träge in moralischen Eigenschaften und träge in menschlichen Interessen, so dass die Jugend von ihr weg in die Ballungszentren flieht, wo ihnen die moralische Unterstützung fehlt.

Das Unheil entsteht, weil es keinen religiösen Idealismus gibt, weil niemand zu sehen ist, der mehr tut, als er unbedingt muss. Ist der religiöse Idealismus vergangen, bleibt eine religiöse Wüste (und Dörfer sind nicht die einzigen Wüsten dieser Art). Um diese Wüste wieder zum Blühen zu bringen, muss man den Vorgang umkehren: Man schafft einen kleinen Trupp von Aposteln, der seinen eigenen Geist ausstrahlt und neue Maßstäbe für das Verhalten setzt. Für den Ort passende Arbeiten werden in Angriff genommen, das Leben bekommt Glanz, und der Abwanderung wird Einhalt geboten.

9. „Bestimmte Arbeiten der Legion bestehen in geistlichen Tätigkeiten, die ihrer eigentlichen Natur nach dem Priester zustehen und an die Laien nur abgetreten werden sollen, wenn sie der Klerus nicht übernehmen kann. So wie es jetzt ist, kann ich meine Herde mehrere Male im Jahr besuchen, mit zufrieden stellendem Erfolg"

Dieser Einwand wird umfassend im Kapitel 10, *Das Legionsapostolat,* beantwortet. Der nun folgende Abschnitt will noch auf einige Einzelheiten eingehen. Aber im Voraus sei darauf hingewiesen, dass keine Arbeit unternommen werden muss, die als unerwünscht erachtet wird.

Die eingehende Kenntnis einer Stadt, die fraglos zu den frömmsten der Welt zählt, offenbart riesige Menschenmengen, die krank an der Sünde sind, nur an das Diesseits denken und aufgewühlt sind von den schrecklichen Problemen der modernen Zivilisation. Weder für sie noch irgendeine andere Stadt ist das Gefühl gerechtfertigt, dass durch einen noch so fruchtbaren Besuch ein-, zwei- oder viermal im Jahr alles gesichert sei. Falls alles in Ordnung ist, werden zum Beispiel viele Menschen täglich die heilige Kommunion empfangen, noch mehr werden es wöchentlich tun und alle mindestens einmal im Monat. Wieso genügt es dann meist, dass der Priester jede Woche nur vier oder fünf Stunden Beichte hört? Woher kommt dieses schreckliche Missverhältnis?

Noch einmal: Welcher Grad von Vertrautheit oder wenigstens von persönlichem Kontakt ist erforderlich, um die Hirtenpflicht jeder anvertrauten Seele gegenüber zu erfüllen; einer Seele gegenüber, die, wie der heilige Karl Borromäus zu sagen pflegte, Diözese genug für einen Bischof ist? Eine einfache Berechnung wird zeigen, was nur eine halbe Stunde pro Jahr für jeden insgesamt bedeutet. Und würde diese halbe Stunde genügen? Die heilige Madeleine Sophie Barat schrieb einem einzigen schwierigen Menschen zusätzlich zu unzähligen Aussprachen noch 200 Briefe. Wie viele Legionäre sind einem Menschen zehn und mehr Jahre nachgegangen und tun es immer noch! Was aber ist, wenn der überlastete Priester nicht einmal diese halbe Stunde erübrigen kann und wenn (wie behauptet wird) die Legion ihm eifrige Vertreter bereitstellt? Sie sind viele, wo er nur einer ist. Sie gehorchen jedem seiner Worte. Sie sind zuverlässig und diskret. Sie sind (mit seiner Hilfe) fähig, wie er Zugang zu Einzelpersonen und Familien zu erlangen. Sie besitzen unwiderstehliche Gaben, Seelen höhere Dinge verlockend zu machen. Sie geben dem Priester die Möglichkeit, den Seelen mehr zu bieten als die gewöhnlichen Dienste. Ist es da seiner Arbeit und ihm selber gegenüber fair, diese Hilfe abzulehnen?

„Die Legion Mariens bringt dem Priester zweierlei Gnaden, eine so kostbar wie die andere: erstens, eine Eroberungswaffe, die das authentische Siegel des Heiligen Geistes trägt. Darum muss ich mir die Frage stellen: Habe ich das Recht, eine solche von der Vorsehung gegebene Waffe abzulehnen? Zweitens, eine Quelle lebendigen Wassers, die unser ganzes inneres Leben zu erneuern vermag. Das führt mich zur nächsten Frage: Wenn mir diese reine und tiefe Quelle des Lebens angeboten wird, habe ich nicht die Pflicht, daraus zu trinken?" (Kanonikus Guynot)

10. „Ich fürchte, die Mitglieder könnten nicht genug Takt und Verschwiegenheit üben"

Hier fehlt das Gespür für die Gegebenheiten der Situation. Genauso gut könnte man sich weigern, die Ernte einzubringen, weil einige Ähren durch Ungeschicklichkeit ruiniert werden könnten! Die Ernte, die auf dem Spiel steht, sind Seelen: Seelen, arm und schwach, blind und lahm; in solcher Not, in solcher Zahl, dass die Gefahr besteht, diesen Zustand als unheilbar hinzunehmen. Doch gerade jene befiehlt der Herr zu suchen, in den Straßen und Gassen, auf den Landstraßen und vor der Stadt, damit sein Haus mit ihnen voll wird (vgl. Lk 14,21–23). Eine so ausgedehnte Ernte kann auf keine andere Weise eingebracht werden als durch die Mobilisierung der Scharen von Laien. Vielleicht kommt es manchmal zu einigen Unbesonnenheiten. In einem gewissen Maß sind sie von Eifer und Leben nicht zu trennen. Es gibt zwei Wege, sich dagegen abzusichern: durch beschämende Untätigkeit oder durch sorgfältige Disziplin. Das Herz, das vom Verlangen unseres Herrn nach der Vielzahl der Kranken widerhallt, wird sich von der ersten Möglichkeit mit Abscheu abwenden und sich mit all seiner Kraft in die Ernte dieser verwundeten Seelen stürzen.

Die Geschichte der Legion bis zum heutigen Tag legt nicht nahe, dass man Indiskretionen erwarten muss, weder schwerwiegende noch zahlreiche; und zumindest wird da sorgfältige Disziplin an den Tag gelegt.

11. Anfangsschwierigkeiten wird es immer geben

Das betrifft unter den guten Werken nicht nur die Legion. Ein wenig Entschlossenheit wird zeigen, dass diese Schwierigkeiten, die vorher gewaltig scheinen, einem Wald gleichen: aus der Entfernung wirkt er dicht und undurchdringlich, aber wenn man ihm einmal nahe gekommen ist, findet man es leicht, hinein zu gehen.

Man erinnere sich auch daran: „Wer immer nur zielt, trifft nie. Wer niemals wagt, gewinnt nie. Stets auf Sicherheit bedacht sein, heißt immer schwach bleiben. Wer wahrhaft Gutes tut, gleicht viel Unvollkommenheit des Anfangs aus." (Kardinal Newman)

Wenn man von einem Werk der Gnade redet, soll niemand aus weltlicher Klugheit das Vorhandensein der Gnade übersehen. Man sollte nicht Einwände machen und auf möglichen Schaden hinweisen, ohne sich die Hilfen vor Augen zu halten. Die Legion ist auf das Gebet gebaut, arbeitet für die Seelen und gehört ganz und gar Maria. Wenn es um die Legion geht, darf man nicht von menschlichen Maßstäben reden, man muss von den Maßstäben Gottes sprechen.

„Maria ist eine einzigartige Jungfrau, und keine andere ist ihr gleich: Virgo Singularis. Wenn es um sie geht, dann sprich nicht von menschlichen Maßstäben zu mir. Nenne mir die Maßstäbe Gottes." (Bossuet)

33
DIE GRUNDPFLICHTEN DER LEGIONÄRE

1. DIE REGELMÄSSIGE UND PÜNKTLICHE TEILNAHME AM WÖCHENTLICHEN TREFFEN DES PRÄSIDIUMS

(Vgl. Kapitel 11, *Das System der Legion*)

a) Diese Verpflichtung ist schwerer zu erfüllen, wenn man müde ist, als wenn man sich wohl fühlt, sie ist schwieriger bei schlechtem Wetter als bei gutem, und überhaupt, wenn man versucht ist, anderswohin zu gehen. Aber wo liegt die Prüfung, wenn nicht in der Schwierigkeit? Wo das wahre Verdienst, wenn nicht in der Überwindung von Schwierigkeiten?

b) Es ist leichter, den Wert der aktiven Arbeit zu sehen als den Wert der Teilnahme am Treffen, bei dem über die Arbeit berichtet wird. Doch das Treffen ist die erste Pflicht: Es ist für die Arbeit, was die Wurzel für die Blume ist – ohne Wurzel kann die Blume nicht leben.

c) Treue Teilnahme auch bei einer langen An- und Rückreise beweist eine tiefe, übernatürliche Sichtweise, denn natürliches Denken flüstert einem ein, dass die Zeitverschwendung durch den langen Weg hin und zurück mehr wiegt als der Wert des Treffens. Aber diese Zeit ist nicht verschwendet. Sie ist ein Teil, ja ein ganz besonders verdienstvoller Teil der gesamten Arbeit. War Marias weiter Weg zum Besuch Elisabets Zeitverschwendung?

„Neben anderen Tugenden besaß die heilige Therese auch unbeugsamen Mut, der sie vor nichts zurückschrecken ließ. Immer vertrat sie den Standpunkt, dass wir ‚bis ans Ende unserer Kräfte gehen müssen, ehe wir klagen'.
Wie oft nahm sie trotz Schwindelanfällen und heftiger Kopfschmerzen an der Matutin teil! ‚Ich kann immer noch gehen', pflegte sie zu sagen, ‚und deshalb muss ich auf meinem Posten sein.' Dank dieser unverzagten Energie brachte sie Dinge fertig, die heroisch waren." (Hl. Therese von Lisieux)

2. DIE ERFÜLLUNG DER WÖCHENTLICHEN ARBEITSVERPFLICHTUNG

a) Diese Arbeit sollte „wesentlich" sein, das bedeutet: der Legionär sollte zwei bis drei Stunden pro Woche damit verbringen. Die Legionäre sollten sich aber nicht mathematisch genau darauf beschränken. Ein großer Teil von Legionären überschreitet dieses Mindestmaß bei weitem und schenkt mehrere Tage pro Woche. Viele geben jeden Tag. Diese Arbeit muss eine genau beschriebene Aufgabe sein, die vom Präsidium zugeteilt wird, nicht etwas, was von der Lust und Laune des einzelnen Legionärs bestimmt ist. Gebet oder sonstige geistliche Übungen, von welchem Ausmaß auch immer, genügen für diese Verpflichtung nicht, sie können die aktive Arbeit auch nicht teilweise ersetzen.

b) Legionsarbeit ist Gebet in anderer Form, und die Regeln des Gebets müssen auf sie angewendet werden. Keine Arbeit wird lang bestehen ohne dieses übernatürliche Gerüst. Entweder ist eine Aufgabe leicht, wodurch sie eintönig wird – oder sie ist interessant, dann ist sie höchstwahrscheinlich schwierig und durch Abweisung und scheinbare Misserfolge gekennzeichnet. Ob leicht oder schwer – wenn man die Arbeit von einem menschlichen Gesichtspunkt aus betrachtet, wird man schnell den heftigen Wunsch verspüren, sie aufzugeben. Deshalb muss der Legionär geschult werden, dass er durch den Nebel seiner rein menschlichen Empfindungen hindurch, der den Blick für die Arbeit trübt, die wahren Umrisse erkennt, das ist das Übernatürliche. Je mehr die Arbeit einem Kreuz gleicht, desto mehr ist sie zu schätzen.

c) Der Legionär ist ein Soldat, und Pflicht sollte für ihn nicht geringeren Einsatz bedeuten als für die Soldaten, die für weltliche Ziele kämpfen. Alles, was im Charakter eines Soldaten edel, selbstaufopfernd, ritterlich und stark ist, sollte in seiner höchsten Form beim echten Legionär zu finden sein und sich natürlich auch in seiner Arbeit widerspiegeln. Soldatendienst kann vielerlei bedeuten: Tod, eintöniges Wachestehen oder auch Schrubben des Kasernenbodens. In jedem Fall geht es nur um den Dienst als solchen und nicht darum, was er beinhaltet. Unter allen Bedingungen ist dieselbe Treue zu finden. Sieg oder Niederlage beeinflussen den Dienst nicht. Die Dienstauffassung eines Legionärs darf nicht weniger solide sein, und nicht weniger sorgfältig die Durchführung eines jeden Teils der Arbeit, des geringfügigsten wie des schwierigsten.

d) Die Legionsarbeit muss in engster Vereinigung mit Maria getan werden. Dazu kommt: Ein Hauptziel dieser Arbeit muss darin gesehen werden, die Menschen, mit denen man dabei zu tun hat, in das Wissen über Maria und in eine wahre Liebe zu ihr einzuführen, so dass sie ihr in irgendeiner Form dienen wollen. Maria zu verstehen und zu verehren ist für Gesundheit und Entwicklung der Seelen notwendig. „Denn sie ist Partnerin in den göttlichen Geheimnissen und darf tatsächlich als deren Hüterin bezeichnet werden. Auf ihr – dem edelsten Fundament nach Jesus – ruht der Glaube aller Generationen." (AD 3) Die Legionäre sind eingeladen, als Denkanstoß ein anderes Wort von Papst Pius X. zu überlegen: „Wenn die Verehrung der erhabenen Jungfrau Maria tief in den Seelen Wurzel gefasst hat, dann – und erst dann – wird der, der für diese Seelen arbeitet, in ihnen Tugend und Heiligkeit als Frucht seiner Mühen, ihnen zum Heil, hervorsprießen sehen."

„Denke daran, du kämpfst einen siegreichen Kampf – wie unser Herr auf Golgota. Fürchte dich nicht vor den Waffen, die er geschärft, und nicht vor den Wunden, die er getragen hat. Ob du selbst den Sieg erlebst, ob erst die nächste Generation, was kümmert es dich? Tu geduldig die mühsame Arbeit, wie schon die Geschlechter vor dir. Für alles andere lass den Herrn sorgen; denn es steht uns nicht zu, den Tag und die Stunde zu wissen, die der Vater in seiner Macht bestimmt hat. Hab Mut und trage die Last deines Rittertums so entschlossen und tapfer wie alle die hochherzigen Menschen, die dir vorangegangen sind." (T. Gavan Duffy, Der Preis des dämmernden Tages)

3. MÜNDLICHER ARBEITSBERICHT BEIM TREFFEN

Das ist eine sehr wichtige Aufgabe und eine der Hauptübungen, die hilft, das Interesse an der Legionsarbeit wach zu halten. Diesem Ziel dient der Bericht genauso sehr wie dem, das Präsidium mit der nötigen Information zu versehen. Ein guter Test für die Tüchtigkeit eines Legionärs ist die Mühe, die er sich mit der Vorbereitung des Berichts gibt, und die Art, wie er ihn ablegt. Jeder Bericht ist ein Baustein am Gebäude des Treffens, dessen Vollendung von der Güte der Berichte abhängt. Jeder fehlende oder mangelhafte Bericht ist ein Schlag für das Treffen, das die Lebensquelle der Legion ist.

Ein wichtiger Teil in der Schulung des Mitglieds sollte darin bestehen, dass es aus den Berichten der anderen Legionäre deren Arbeitsweise kennen lernt und die Äußerungen hört, die sein eigener Bericht den erfahrenen Legionären entlockt. Daraus ergibt sich, dass ein Bericht, der nur magere Informationen vermittelt, niemandem hilft, weder dem Legionär, der ihn gibt, noch denen, die zuhören.

Mehr Information und Überlegungen zum Bericht und der Art, wie er zu machen ist, sind im Abschnitt 9 von Kapitel 18, *Die Ordnung des Präsidiumstreffens*, zu finden.

„Halte dir vor Augen, mit welcher Beharrlichkeit der heilige Paulus die Christen ‚zu Bitten und Gebeten, zu Fürbitte und Danksagung für *alle Menschen*' auffordert, weil ‚Gott will, dass alle Menschen gerettet werden ..., denn Christus Jesus hat sich als Lösegeld hingegeben für alle.' (vgl. 1 Tim 2,4–6) Denselben Grundsatz von einer weltumspannenden Verantwortung vertritt der heilige Johannes Chrysostomus in dem großartigen Ausspruch: ‚Christen, ihr werdet nicht nur über euch selbst, sondern über die ganze Welt Rechenschaft ablegen müssen!'" (Gratry, Die Quellen)

4. DIE VERTRAULICHKEIT MUSS UNVERBRÜCHLICH GEWAHRT WERDEN

Alles, was die Legionäre beim Treffen oder im Lauf der Arbeit hören, muss unbedingt vertraulich behandelt werden. Dieses Wissen erhalten sie, weil sie Legionäre sind, und es preiszugeben, wäre unerträglicher Verrat gegenüber der Legion. Natürlich müssen Berichte beim Präsidiumstreffen gegeben werden, aber sogar da muss Umsicht herrschen. Diese Frage wird im Abschnitt 20 von Kapitel 19, *Das Treffen und das Mitglied*, ausführlicher diskutiert.

„Bewahre, was dir anvertraut ist!" (1 Tim 6, 20)

5. JEDES MITGLIED SOLLTE EIN NOTIZBUCH BESITZEN,

in dem eine kurze Aufzeichnung der Fälle geführt wird.

a) Es ist der Arbeit angemessen, sie in einer geschäftsmäßigen Art in Angriff zu nehmen.
b) Frühere und unvollendete Fälle werden nicht aus den Augen verloren.
c) Ohne Aufzeichnungen kann kein geeigneter Bericht gemacht werden.
d) Es ist eine Übung dafür, sich Ordnung zur Gewohnheit zu machen.
e) Diese handfesten Aufzeichnungen über schon geleistete Arbeit werden in der unvermeidlichen Stunde, da ein augenblicklicher Misserfolg auf die ganze frühere Tätigkeit seinen Schatten wirft, als wertvoller Gegenbeweis dienen.

Diese Aufzeichnungen sollten vertraulichen Charakter haben. Das heißt: Man sollte sich eine Art Code ausdenken, so dass niemand anderer als der Legionär heikle Informationen entschlüsseln kann. In Gegenwart der betroffenen Personen sollten keine Eintragungen gemacht werden.

„Doch alles soll in Anstand und in Ordnung geschehen." (1 Kor 14, 40)

6. JEDER LEGIONÄR SOLL TÄGLICH DIE CATENA LEGIONIS (KETTE DER LEGION) BETEN

Die Catena besteht hauptsächlich aus dem Magnificat, Marias eigenem Gebet, dem Abendlied der Kirche. „Es ist das demütigste und dankbarste, das erhabenste und vornehmste aller Lieder." (Montfort, *Abhandlung über die wahre Marienverehrung,* 255)

Wie der Name sagt, stellt dieses Gebet die Verbindung zwischen der Legion und dem Alltag all ihrer Mitglieder her, der aktiven und der betenden. Es ist das Band, das die Legionäre eint – miteinander und mit ihrer heiligen Mutter. Der Name deutet auch auf die Verpflichtung hin, sie täglich zu beten. Das Bild einer Kette, die sich aus Gliedern zusammensetzt – jedes einzelne davon notwendig, damit sie vollkommen ist –, soll jeden Legionär mahnen, in der Kette des täglichen Legionsgebetes kein zerbrochenes Glied zu sein.

Legionäre, die durch irgendwelche Umstände gezwungen wurden, die aktive Mitgliedschaft in der Legion aufzugeben (und sogar die, welche weniger schwerwiegende Gründe veranlasst haben, die Reihen der Legion zu verlassen), sollten diese schöne Übung beibehalten und wenigstens dieses Band mit der Legion ein Leben lang unzerstört bewahren.

„Wenn ich vertraut mit Jesus spreche, dann will ich es immer im Namen Marias und zum Teil durch ihre Person tun. Durch mich will sie die Stunden inniger Vertrautheit und unaussprechlicher Zärtlichkeit, die sie in Nazaret mit ihrem geliebten Kind verbrachte, wieder durchleben. Mit meiner Hilfe will sie wiederum voll Freude mit ihm sprechen, durch mich will sie ihn wieder in ihre Arme nehmen und an ihr Herz drücken wie einst in Nazaret." (De Jaegher, Die Tugend des Vertrauens)

7. DIE BEZIEHUNG ZWISCHEN DEN LEGIONÄREN

Die Legionäre sind gewiss bereit, in einer allgemeinen Weise die Pflicht der Liebe gegenüber den Mitlegionären zu erfüllen; manchmal aber vergessen sie, dass das eine Haltung der Güte scheinbaren Unzulänglichkeiten gegenüber mit einschließt. Fehler in dieser Richtung entziehen dem Präsidium Gnade und könnten die unheilvolle Auswirkung haben, dass andere die Mitgliedschaft aufgeben.

Andererseits sollten alle vernünftig genug sein, zu erkennen, dass ihre Mitgliedschaft in der Legion überhaupt nicht davon abhängt, ob sie ihren Präsidenten oder Mitlegionär sympathisch finden oder nicht; auch nicht von wirklichem oder eingebildetem Mangel an Anerkennung, nicht von Meinungsverschiedenheiten, Zurechtweisungen und anderen nebensächlichen Umständen.

Selbstüberwindung muss die Grundlage jeder Gemeinschaftsarbeit sein. Fehlt sie, dann können sogar die besten Arbeiter die Organisation gefährden. Diejenigen dienen der Legion am besten, die ihre Eigenart mäßigen und sich möglichst vollkommen und harmonisch dem System anpassen. Und andererseits: Wer es in Wort und Tat an der Liebenswürdigkeit fehlen lässt, die für die Legion charakteristisch sein sollte, kann damit einen Damm öffnen – mit verhängnisvollen Folgen. Mögen also alle darauf achten, immer das zu tun, was zur Mitte führt und nicht von ihr weg.

Wenn von der Einstellung der Legionäre zueinander die Rede ist, so ist es besonders notwendig, die „kleinen Eifersüchteleien" zu erwähnen – so werden sie leichthin, aber fälschlicherweise, genannt. Eifersucht ist nur selten etwas Kleines. Sie ist wie Säure im einzelnen Herzen. Fast ohne Ausnahme schleicht sie sich in alle menschlichen Beziehungen ein und vergiftet sie. Im böswilligen Menschen ist sie eine gefährliche und unerträgliche Macht, die bis zum Wahnsinn treibt und zu Furchtbarstem führen kann. Aber genauso versucht sie selbstlose Menschen mit einem reinen Herzen, eben weil sie feinfühlige und liebende Naturen sind. Wie hart ist es, mit anzusehen, wie man durch andere ersetzt wird, an Tugend oder Tüchtigkeit übertroffen, zur Seite geschoben zu Gunsten Jüngerer. Wie bitter ist die Betrachtung des eigenen Abstiegs! Die besten Seelen haben diesen geheimen Schmerz empfunden und an ihm zu ihrer Überraschung die eigene Schwachheit erfahren. Denn diese Bitterkeit ist in Wirklichkeit ein schwelender Hass und kann jeden Augenblick in eine zerstörende Flamme ausbrechen.

Vielleicht hilft es, wenn man zu vergessen sucht. Aber der Legionär muss Höheres anstreben als diese Art von Frieden. Er darf sich mit nichts Geringerem zufrieden geben als mit dem Sieg: einem sehr großen, verdienstvollen Bezwingen der starrsinnigen Natur, erlangt in einer Schlacht der völligen Umwandlung des an Hass grenzenden Neides in christliche Liebe. Aber wie kann dieses Wunder erreicht werden? Es wird geschehen, indem der Legionär in seiner Beziehung zu den Mitlegionären und den Menschen in seiner Umgebung die Legionspflicht in ihrer Fülle in die Tat umsetzt, wie er gelehrt worden ist: in jedem dieser Menschen Christus zu sehen und zu ehren. Er muss jeden Stachel der Eifersucht bekämpfen, indem er sich sagt: „Dieser Mensch, dessen Erfolg meinen Schmerz verursacht, ist niemand anderer als der Herr. Deshalb muss mein Empfinden wie das von Johannes dem Täufer sein. Ich bin voll der Freude, dass Jesus auf meine Kosten erhöht wurde. Er muss wachsen, ich aber muss kleiner werden."

Das ist eine heldenhaft heilige Einstellung. Sie ist das Rohmaterial für die Vorsehung: Welch wunderbare Möglichkeit bietet sie Maria – eine Seele, durch die das Licht auf andere scheinen wird (vgl. Joh 1,7), von jedem Makel der Eitelkeit zu befreien und aufs neue einen selbstlosen Boten heranzubilden, der dem Herrn den Weg bereitet! (Vgl. Mk 1,2)

Ein Vorläufer muss sich immer wünschen, von dem überstrahlt zu werden, den er ankündet. Ein Apostel wird sich stets freuen, wenn er sieht, wie die anderen rings um ihn wachsen, und nie daran denken, ihr Aufblühen mit seinem eigenen zu vergleichen. Der ist kein Apostel, der allen Wachstum wünscht – außer wenn dieses Wachstum einen Schatten auf sein eigenes wirft! Dieser eifersüchtige Gedanke würde zeigen, dass man sich selbst der Nächste ist, wenn es um das eigene Ich geht – aber der

Apostel ist sich selbst immer der Letzte. Nein, mit einem wahrhaft apostolischen Leben verträgt sich Neid nicht.

„Schon die ersten Worte des ehrerbietigen und liebevollen Grußes der Gottesmutter sind ein Anstoß zur Heiligung, zur Läuterung dieser beiden: Sie schenken Johannes dem Täufer die Gnade der Wiedergeburt und adeln Elisabet. Wenn schon diese ersten Worte so Großes bewirken, was muss dann in den Tagen, Wochen und Monaten danach geschehen sein?
Maria schenkt immerfort, und Elisabet empfängt und – wir wollen es aussprechen – sie empfängt ohne Neid. Jene Elisabet, die gleichfalls durch ein Wunder Gottes nun Mutter werden durfte, neigt sich vor ihrer jungen Verwandten ohne die geringste Bitterkeit, dass nicht sie selbst von Gott erwählt worden ist. Elisabet war auf Maria nicht eifersüchtig.
Auch Maria wird niemals eifersüchtig sein, weil Jesus die Apostel liebt.
Und Johannes der Täufer wird auf Jesus nicht eifersüchtig sein, wenn seine Jünger ihn verlassen und Jesus nachfolgen werden. Ohne Bitterkeit wird er sie ziehen lassen und sagen: ‚Er, der von oben kommt, steht über allen ... Er muss wachsen, ich aber muss kleiner werden.' (Joh 3,31 und 30)" (Perroy, L'Humble Vierge Marie)

8. DIE BEZIEHUNG ZWISCHEN DEN PARTNERN BEIM LEGIONSBESUCH

Eine ganz besondere Pflicht schulden die Legionäre ihren Partnern gegenüber. Hier haben wir die geheimnisvolle Zahl „Zwei", das Symbol der Liebe, von der jede Fruchtbarkeit abhängt: Der Herr „sandte sie zu zweit voraus." (Lk 10,1) „Zwei", das soll nicht bedeuten, dass gerade zufällig zwei Leute miteinander arbeiten, sondern „Zwei" bilden eine Einheit wie David und Jonatan, deren Seelen eng miteinander verbunden waren. Jeder liebte den anderen wie sein eigenes Leben (vgl. 1 Sam 18,1).

„Sie kommen wieder mit Jubel und bringen ihre Garben ein." (Ps 126,6).

Die Einheit zwischen Legionär und Legionär wird sich an den kleinen Dingen erweisen und entfalten. Gebrochene Versprechen, versäumte Verabredungen, Unpünktlichkeit, Mangel an Liebe im Denken und Reden, kleine Unhöflichkeiten, überhebliches Wesen – das schafft einen Graben zwischen den beiden. Unter solchen Umständen ist keine Einheit möglich.

„Für jede Ordensgemeinschaft ist, nach der Disziplin, die brüderliche Liebe, die Einheit, der größte Segen, das wertvollste Unterpfand des Gedeihens. Wir müssen unsere Brüder lieben, ausnahmslos alle, weil sie die von Maria bevorzugten, von ihr erwählten Söhne sind. Was wir unserem Bruder tun, das betrachtet Maria als ihr getan, oder besser: als ihrem Sohn Jesus getan, denn alle unsere Brüder sind berufen, mit Jesus und in Jesus ‚zum wahren Sohn Marialogie)

ITGLIEDER

sein, neue Mitglieder zu Nächsten zu lieben wie die Legion ein Segen ist, Segen auch anderen zu n durch das Wirken der man dann nicht danach

ss sich ein Legionär nicht , wenn er bedenkt, dass se in der Liebe und im - nach Jesus selber – der en kommen kann. Denn Christus und untrennbar und zur Blüte des über-

zu anspornt, werden Un-öhenweg einzuschlagen, nach dem sie sich im Inneren sehnen, und der sie selbst – und durch sie auch andere Seelen – zu so Wunderbarem führt.

„Einen Weg darf jeder wählen unter Wegen ohne Zahl.
Hohes drängt hinauf zur Höhe, Niederes verharrt im Tal,
und die Masse lässt sich treiben auf und ab, kommt rasch zu Fall.
Weg zur Höhe, Weg zur Tiefe – wir sind vor die Wahl gestellt.
Jeder muss sich selbst entscheiden, welchen Weg er für sich wählt."

(John Oxenham)

10. DAS STUDIUM DES HANDBUCHS

Es ist unbedingt erforderlich, dass jedes Mitglied das Handbuch gründlich studiert. Das Handbuch ist die offizielle Selbstdarstellung der Legion. Es enthält in kürzest möglichem Umfang alles Wichtige, das jeder ordentlich geschulte Legionär über die Grundsätze, die Regeln, die Methoden und den Geist der Organisation wissen sollte. Mitglieder – und ganz besonders Amtsträger –, die das Handbuch nicht kennen, können unmöglich das Legionssystem richtig anwenden. Andererseits wird vermehrtes Wissen immer größere Wirksamkeit mit sich bringen. Ein ungewöhnliches Ereignis wird eintreten: Das Interesse wächst mit der Zeit, und die Qualität des Studiums mit der Quantität.

Der Aufschrei: „Zu lang!" ist nicht selten zu vernehmen, und manchmal von Leuten, die ganz im Gegensatz dazu jeden Tag für das Durchlesen der Zeitung so viel Zeit aufwenden, dass sie inzwischen einen Großteil des Handbuchs lesen könnten.

„Zu lang! Zu viele Einzelheiten!" Würde ein ernsthafter Student – was immer er auch studiert, ob Staatsrecht, Medizin oder Militärwissenschaften – dieses Wort auf ein Lehrbuch ähnlichen Umfangs anwenden, das alles enthält, was von ihm in seinem Studienfach an Wissen erwartet wird? Weit davon entfernt, so etwas zu sagen oder zu denken, würde er sich binnen ein, zwei Wochen jeden Gedankengang, ja sogar jedes Wort einer solchen Abhandlung zu eigen gemacht haben. Es stimmt schon: „Die Kinder dieser Welt sind ... klüger als die Kinder des Lichtes." (Lk 16,8)

Ein anderer Einwand lautet: „Das Handbuch ist voll schwieriger Gedankengänge, und vieles darin ist einfach so hoch, dass viele unserer jüngeren und einfacheren Mitglieder es kaum verstehen können. Warum sollte es für sie nicht eine vereinfachte Ausgabe des Handbuchs geben?" Man sollte nicht erst darauf hinweisen müssen, dass dieser Vorschlag den ersten Grundsätzen jeder Ausbildung widerspricht, die fordern, den Lernenden schrittweise in Wissensgebiete einzuführen, die ihm noch unbekannt sind. Wenn jemand eine Sache im Voraus zur Gänze versteht, gibt es keine Ausbildung mehr. Und wenn das Neue nicht länger dem Verstand zur Überlegung vorgelegt wird, hört die Fortbildung auf. Warum sollte ein Legionär erwarten, das Handbuch auf Anhieb zu verstehen, wo doch von einem Studenten auch nicht erwartet wird, dass er sein erstes Lehrbuch sofort begreift? Es ist die Aufgabe der Schule und die Grundidee von Ausbildung, klar zu machen, was vorher nicht klar war, und es als Wissen einzupflanzen.

„Sogar die Wörter sind schwierig!" Aber kann man sie nicht verstehen lernen? Der Wortschatz des Handbuchs ist nicht hochgestochen. Man kann ihn sich aneignen, indem man fragt oder im Wörterbuch nachschaut. In Wirklichkeit ist es der Wortschatz von Tageszeitungen, die jeder liest. Ist schon jemals vorgeschlagen worden, dass der Zeitungsstil vereinfacht werden sollte? Ist nicht jeder Legionär sich selbst und seinem katholischen Leben gegenüber verpflichtet, sich Ausdrücke anzueignen, die als notwendig erscheinen, um geistliche und andere Grundsätze der Legion voll und ganz zu erklären?

Was gerade vom Wortschatz des Handbuchs gesagt wurde, ist in Bezug auf die Gedankengänge zu wiederholen. Sie sind nicht schwer verständlich. „Es kann in der Lehre der Kirche kein inneres Gerüst von Lehrsätzen geben, das nur wenige begreifen können" (Erzbischof John Charles McQuaid). Das wurde durch die Tatsache bewiesen, dass zahllose Legionäre, durchschnittliche und sogar einfache Leute, diese Gedanken des Handbuchs voll und ganz erfasst und zur Nahrung und Stütze für ihr Leben gemacht haben. Auch sind diese Gedankengänge nicht überflüssig. Tatsächlich müssen sie gründlich erfasst werden, wenn das Apostolat richtig ausgeführt werden soll, denn sie sind nur die allgemeinen Grundsätze, mit anderen Worten, das eigentliche Leben der apostolischen Berufung. Ohne genügend Verständnis dieser Grundsätze wäre das Apostolat seiner wahren Bedeutung beraubt – seiner geistlichen Wurzeln – und hätte kein Recht, überhaupt christlich genannt zu werden. Der Unterschied zwischen dem christlichen Apostolat und einer vagen Aktion „Gutes tun" ist so groß wie die Entfernung zwischen Himmel und Erde.

Deshalb muss das apostolische Gedankengut des Handbuchs aufgenommen werden, und das Präsidium muss die Rolle des Lehrers spielen. Diese Entwicklung wird erreicht durch die Geistliche Lesung, durch die Allocutio, und indem die Legionäre zum systematischen Lesen und Studieren des Handbuchs angeregt werden. Wissen darf nicht Theorie bleiben. Jede Einzelheit der aktiven Arbeit muss mit dem zugehörigen Grundsatz in Zusammenhang gebracht werden und so eine geistliche Bedeutung erhalten.

Der heilige Thomas von Aquin wurde einmal gefragt, was man wohl tun müsse, um gelehrt zu werden. Er antwortete: „Lies ein einzelnes Buch. Was immer du liest oder hörst – achte stets darauf, dass du es gut verstehst. Verschaffe dir Gewissheit, wo du unsicher bist." Der Meister der Gelehrsamkeit hatte hier nicht ein bestimmtes großes Werk im Auge, sondern meinte damit jedes wertvolle Buch, das Wissen vermitteln will. Deshalb können Legionäre seine Worte als Ansporn nehmen, das Handbuch gründlich zu studieren.

Zusätzlich hat das Handbuch den Wert eines Katechismus. Es bietet eine einfache, verständliche Darlegung der katholischen Religion, die den Richtlinien des Zweiten Vatikanischen Konzils entspricht.

„Der heilige Bonaventura war überzeugt, dass innere Erleuchtung notwendig ist, um zu einer Erkenntnis zu gelangen. Trotzdem war ihm klar, dass Studieren mühevolle Arbeit bedeutet. Er berief sich auf den heiligen Gregor und verglich das Studium mit dem Wunder bei der Hochzeit zu Kana in Galiläa: Christus schuf den Wein nicht aus nichts, sondern hieß die Diener, die Krüge mit Wasser zu füllen. Genauso wenig gewährt der Heilige Geist einem Menschen Erkenntnis und Einsicht in geistliche Dinge, solange dieser nicht zuerst seinen Krug (das heißt seinen Verstand) mit Wasser füllt (das heißt mit dem Wissen, das er durch Studium erwerben kann). Keine Erleuchtung ohne eigenes Bemühen! Die Erkenntnis ewiger Wahrheiten ist der Lohn für die Mühe des Lernens, die niemandem erspart bleibt." (Gemelli, Die Franziskanische Botschaft an die Welt)

11. IN GEWISSEM SINN IMMER IM DIENST SEIN

Soweit die Vernunft es gebietet, muss der Legionär bestrebt sein, den Geist der Legion auf alle Angelegenheiten seines täglichen Lebens einwirken zu lassen. Er muss immer wachsam sein für Gelegenheiten, das Gesamtziel der Legion zu fördern, das heißt, das Reich der Sünde zu zerstören, dessen Grundmauern niederzureißen und auf seinen Ruinen das Banner Christi, des Königs, aufzupflanzen.

„Ein Mensch begegnet dir auf der Straße und bittet um Feuer. Rede mit ihm, und in zehn Minuten wird er dich nach Gott fragen." (Duhamel) Warum sichert man sich nicht diesen lebenswichtigen Kontakt, indem man selbst als erster um Feuer bittet?

Das Christentum wird weithin nur teilweise verstanden und praktiziert, und zwar als eine individualistische Religion, die ausschließlich auf das Wohl der eigenen Seele ausgerichtet ist und sich überhaupt nicht mit dem Mitmenschen beschäftigt. Dies ist so verbreitet, dass es zu einer Gewohnheit zu erstarren droht. Es ist dies jenes „Halbkreis-Christentum", das Papst Pius XI. so sehr verurteilt hat. Offensichtlich ist das Gebot: „Du sollst den Herrn, deinen Gott, lieben mit ganzem Herzen, mit ganzer Seele und mit all deinen Gedanken. (...) Du sollst deinen Nächsten lieben wie dich selbst!" (Mt 22,37–39) auf viele taube Ohren gestoßen.

Ein Beweis für diesen vollkommen falschen Standpunkt ist es, wenn man die Maßstäbe der Legion als eine Art Heiligkeit betrachtet, die nur für auserwählte Seelen bestimmt ist. Denn diese sind nichts anderes als die grundlegenden christlichen Maßstäbe. Es ist nicht leicht zu verstehen, wie jemand weit unter diesen Maßstäben leben und gleichzeitig den Anspruch erheben kann, dem Nächsten die tätige Liebe zu schenken, die das große Gebot uns auferlegt und die Teil der Liebe zu Gott ist – so sehr, dass der christliche Gedanke verstümmelt ist, wenn die Liebe weggelassen wird. „Wir müssen zusammen gerettet werden! Wir müssen zusammen zu Gott kommen! (...) Was würde er wohl zu uns sagen, wenn einige von uns ohne die anderen zu ihm kämen?" (Charles Peguy)

Diese Liebe muss sich ohne Unterschied an unsere Mitmenschen verschwenden – an den einzelnen wie an die Gemeinschaft, nicht als bloßes Gefühl, sondern in Gestalt einer Pflicht, eines Dienstes, einer Aufopferung seiner selbst. Der Legionär muss eine anziehende Verkörperung dieses wahren Christentums sein. Solange das wahre Licht nicht in vielen und deutlich sichtbaren Strahlen vor den Menschen zum Leuchten gebracht wird – das geschieht durch praktische Beispiele echten christlichen Lebens –, solange besteht nicht nur die Gefahr, sondern die Gewissheit, dass sich im allgemeinen Niveau der Katholiken kein Widerschein dieses Lichtes findet. Dieses Niveau kann auf das Mindestmaß sinken, das gerade reicht, der Hölle zu entgehen. Das würde bedeuten, dass die Religion ihres edlen und selbstlosen Charakters entblößt worden ist – mit anderen Worten: in ihr lächerliches Gegenteil verkehrt und deshalb unfähig, jemanden anzuziehen und jemanden zu halten.

Dienst bedeutet Disziplin. Immer im Dienst sein bedeutet anhaltende Disziplin. Deshalb dürfen Sprache, Kleidung, Benehmen und Lebensweise – so schlicht sie sein mögen – niemals so sein, dass sie Anstoß erregen. Die Leute werden bei jenen nach Fehlern suchen, bei denen sie sehen, dass sie für die Religion tätig sind. Mängel, die bei anderen kaum Aufmerksamkeit auf sich ziehen würden, werden bei einem Legionär als schändlich gelten, und sie verderben weithin seine Bemühungen, anderen Gutes zu tun. Das ist auch nicht unverständlich. Oder ist es vielleicht nicht recht, wenn man von denen ein beträchtliches Niveau verlangt, die andere zu höheren Dingen anspornen?

Freilich muss auch hier – wie bei allem – der gesunde Menschenverstand walten. Diejenigen, die eine gute Absicht haben, dürfen sich nicht durch das Gefühl der eigenen Unzulänglichkeiten von apostolischen Bemühungen abhalten lassen. Das würde das Ende jedes Apostelseins bedeuten. Sie dürfen auch nicht denken, es sei scheinheilig von ihnen, wenn sie jemandem zu einer Vollkommenheit raten, die sie selbst nicht besitzen. „Nein", sagt der heilige Franz von Sales, „man ist kein Scheinheiliger, wenn man besser redet als handelt. Wenn das Scheinheiligkeit wäre - lieber Gott, wo kämen wir da hin? Wir müssten nur noch schweigen."

„In Wirklichkeit erstrebt die Legion einfach das normale katholische Leben. Wir sagen: das ‚normale', wir sagen nicht: das ‚mittelmäßige' katholische Leben. Heutzutage besteht die Neigung, den als einen normalen Katholiken anzusehen, der seine Religion auf sein privates Leben beschränkt, ohne sich um das Seelenheil seiner Brüder aktiv zu bemühen. Das heißt eine Karikatur des gläubigen Katholiken und sogar des Katholizismus zeichnen. Der ‚mittelmäßige' Katholik ist nicht der normale Katholik. Man müsste den Begriff des ‚guten Katholiken' oder des ‚praktizierenden Katholiken' einer strengen Kritik und Revision unterziehen. Ohne ein Minimum apostolischer Betätigung ist man kein Katholik. Und dieses unerlässliche Minimum, von dem das Urteil am Jüngsten Tag abhängen wird, bringt die große Masse unserer sogenannten praktizierenden Katholiken nicht auf. Da zeigt sich der Ernst unserer Lage. Darin liegt das grundlegende Missverständnis." (Kardinal Suenens, Theologie des Apostolates der Legion Mariens)

12. DER LEGIONÄR MUSS SOWOHL BETEN ALS AUCH ARBEITEN

Obwohl das Beten der Catena Legionis die einzige tägliche Pflicht ist, die die Legion den aktiven Mitgliedern auferlegt, sind sie ernsthaft dazu aufgefordert, alle Gebete der Tessera in ihren Tagesplan aufzunehmen. Der Dienst der Hilfslegionäre verlangt diese Gebete. Es wäre eine Schande für die aktiven Einheiten, würden sie das nicht erreichen, was die unzählbaren Helfenden beisteuern. Es ist wahr, dass der Hilfslegionär keine aktive Arbeit verrichtet. Nichtsdestoweniger ist es sicher, dass der Hilfslegionär der Königin der Legion besser dient als der aktive, der arbeitet, ohne zu beten. Das wäre genau das Gegenteil von dem, was die Legion erreichen will, denn sie betrachtet die aktive Mitgliedschaft als Speerspitze ihres Angriffs und die Hilfslegionäre nur als den Schaft.

Überdies wird der Feuereifer und die Ausdauer der Hilfslegionäre im großen Ausmaß von ihrer Überzeugung abhängen, dass sie einen aufopfernden und in der Tat heroischen Dienst ergänzen: einen Dienst, der weit über ihrem eigenen steht. Aus diesem zusätzlichen Grund muss das aktive Mitglied ein Vorbild und ein Ansporn für den Hilfslegionär sein. Aber der aktive Legionär kann kaum ein echter Ansporn sein, wenn sein Gebetsdienst geringer ist als der des Hilfslegionärs, so dass der Zweifel bleibt, wer der Legion besser dient.

Jeder Legionär, ob aktives oder betendes Mitglied, sollte der Rosenkranzbruderschaft beitreten. Die Vorteile, die mit dieser Mitgliedschaft verbunden sind, sind unermesslich. (Näheres siehe Anhang 7)

„Bei jedem Bittgebet ist der heiligste Name Jesu wenigstens mit eingeschlossen, auch dann, wenn die Worte ‚durch unsern Herrn Jesus Christus' nicht ausdrücklich gesagt werden: Er ist ja der notwendige Mittler, an den wir unsere Bitten richten müssen. Und mehr noch, wenn der Beter sich direkt an Gott Vater wendet oder seine Bitte einem Engel oder einem Heiligen anvertraut, ohne den heiligsten Namen Maria zu nennen, dann gilt von der Mutter Gottes dasselbe wie von ihrem Sohn. So wie sein Name bei jeder Anrufung mit eingeschlossen ist, weil er der einzig notwendige Mittler ist, so ist auch der Name seiner heiligen Mutter, die ihm verbunden ist, bei jeder Anrufung seines Namens mit eingeschlossen. Wann immer Gott angerufen wird, wird eigentlich auch sie angerufen. Wann immer Christus als Mensch angerufen wird, wird sie gleichzeitig angerufen. Wann immer ein Heiliger angerufen wird, wird sie angerufen." (Canice Bourke OFMCap, Maria)

13. DAS INNERLICHE LEBEN DER LEGIONÄRE

„Nicht mehr ich lebe", sagt der Apostel Paulus, "sondern Christus lebt in mir." (Gal 2,20) Innerliches Leben bedeutet, dass Gedanken, Sehnsüchte und Zuneigung in Jesus Christus münden. Das Vorbild, um das zu erreichen, ist Unsere Liebe Frau. Beständig wuchs sie an Heiligkeit, bedeutet doch geistlicher Fortschritt vor allem Fortschritt in der Liebe, und die Liebe wuchs in Maria während ihres ganzen Lebens.

„Alle Christgläubigen also werden in ihrer Lebenslage, ihren Pflichten und Verhältnissen und durch dies alles von Tag zu Tag mehr geheiligt (...) Alle Christgläubigen sind also zum Streben nach Heiligkeit und ihrem Stand entsprechender Vollkommenheit eingeladen und verpflichtet." (LG 41, 42) Heiligkeit ist durch praktisches Tun zu erreichen. „Die Heiligkeit besteht einzig darin, Gott zu lieben, und die Liebe zu Gott besteht einzig darin, seinen Willen zu tun." (Hl. Alfons von Liguori)

„Die Erkenntnis des konkreten Willens des Herrn über unser Leben erfordert aufmerksames, gehorsames und bereites Hören auf das Wort Gottes und der Kirche, kindliches und ständiges Beten, Rückhalt in einer weisen und liebevollen geistlichen Führung, gläubige Deutung der empfangenen Gaben und Talente und zugleich der verschiedenen sozialen und historischen Situationen, in denen man steht." (CL 58)

Die geistliche Formung der Legionäre im Präsidium ist eine großartige Hilfe für die Entwicklung ihrer Heiligkeit. Es muss jedoch bemerkt werden, dass diese geistliche Führung eine gemeinschaftliche ist. Da jedes Mitglied eine einzigartige Person mit eigenen Bedürfnissen ist, ist es wünschenswert, dass die gemeinschaftliche Führung durch eine individuelle ergänzt wird, und der Legionär in der Folge von einer „weisen und liebevollen geistlichen Führung" (CL 58) Gebrauch macht.

Für ein christliches Leben sind drei Dinge erforderlich: Gebet, Abtötung und Sakramente; sie stehen in wechselseitiger Beziehung zueinander:

a) Gebet

Das Gebet muss sowohl privaten als auch öffentlichen Charakter haben, denn unsere menschliche Natur hat zwei Seiten, die individuelle und die gesellschaftliche. Gott anzubeten ist in erster Linie die Pflicht jedes Einzelnen, aber die Gemeinde als Ganze – durch soziale Beziehungen zusammengehalten – ist ebenfalls daran gebunden. Die Liturgie, wie die heilige Messe und das Stundengebet, ist in ihrem Wesen die öffentliche Anbetung Gottes durch die Kirche. Das II. Vatikanische Konzil meint jedoch dazu: „Der Christ ist zwar berufen, in Gemeinschaft zu beten, doch muss er auch in sein Kämmerlein gehen und den Vater im Verborgenen anbeten, ja ohne Unterlass beten, wie der Apostel mahnt." (SC 12) Zu den privaten Formen des Gebets zählen: „die Betrachtung der religiösen Dinge, die anhaltende Selbstprüfung und Gewissenserforschung, die heiligen Exerzitien, die der Erwägung der ewigen Wahrheiten dienen, der Besuch des Allerheiligsten Altarsakraments, die Gebete und Fürbitten zu Ehren der allerseligsten Jungfrau Maria, unter denen, wie alle wissen, der Rosenkranz besonders hervorragt." (MD 126) „Da sie in den Gläubigen das geistliche Leben nähren, leiten sie zu fruchtreicher Teilnahme am öffentlichen Gottesdienst an und schützen vor der Gefahr, dass die liturgischen Gebete in nichtssagende Formeln absinken." (MD 127)

Persönliche geistliche Lektüre sowie das Entwickeln christlicher Überzeugungen sind für das Gebetsleben sehr hilfreich. Dem Neuen Testament kommt eine Vorrangstellung zu, samt einem geeigneten katholischen Kommentar (vgl. DV 12) und klassischer geistlicher Literatur, die je nach Bedarf und Aufnahmefähigkeit ausgewählt werden sollen. Gerade hier ist die „weise Führung" besonders wichtig. Gut verfasste Heiligenbiographien bieten eine gute Einführung in das geistliche Leben. Sie geben eine Richtung an und machen uns Tugenden wie Güte und Heldenmut anziehend. Die Heiligen sind Theorie und Praxis von Heiligkeit in sichtbarer Gestalt. Wenn wir häufig in ihrer Gesellschaft verweilen, werden wir bald ihre Eigenschaften nachahmen.

Jeder Legionär sollte, wenn möglich, einmal im Jahr an geschlossenen Exerzitien teilnehmen. Die Frucht von Exerzitien und Einkehrtagen ist eine klarere Sicht der eigenen Lebensberufung und eine freudigere Bereitschaft, ihr treu zu folgen.

b) Abtötung oder Selbstverleugnung

Das bedeutet, sich von sich selbst zu lösen, um Christus zu erlauben, sein Leben in uns zu leben und um an diesem seinem Leben besser teilzuhaben. Es bedeutet Selbstdisziplin in der Absicht, Gott zu lieben und die anderen um Gottes willen. Der Abtötung bedarf es, weil durch die Erbsünde unser Verstand verdunkelt und unser Wille geschwächt ist und unsere Leidenschaften uns leicht zur Sünde veranlassen.

Die erste Bedingung ist die bereitwillige Erfüllung dessen, was die Kirche in Bezug auf Tage und Zeiten der Buße vorschreibt, und wie diese zu befolgen sind. Das Legionssystem bietet eine wertvolle Übung in der Abtötung, wenn es getreu eingehalten wird.

Dazu kommt, dass man „Kreuz, Mühsal und all die Enttäuschungen, die das Leben bringt", aus den Händen Gottes liebend auf sich nimmt. Es ist bestimmt eine Frage der Beherrschung unserer Sinne, besonders im Hinblick darauf, was wir uns anzuschauen, anzuhören oder zu sagen gestatten. All das hilft, die inneren Kräfte des Gedächtnisses und der Phantasie unter Kontrolle zu halten. Zur Abtötung gehört auch die Überwindung von Faulheit, Gemütsstimmungen und egoistischen Einstellungen. Ein Mensch, der im Geist der Abtötung lebt, wird allen höflich und freundlich begegnen, mit denen er zu Hause oder bei der Arbeit zusammenlebt. Persönliches Apostolat ist Freundschaft, die zu ihrer logischen Vollendung gefunden hat. Es schließt Abtötung mit ein, weil man sich die Mühe macht, Freunde in Güte und Feingefühl zurechtzuweisen. „Allen bin ich alles geworden", sagt der hl. Paulus, „um auf jeden Fall einige zu retten." (1 Kor 9,22) Die Mühe, die es kostet, gefährliche Neigungen zu zügeln und gute Gewohnheiten zu fördern, dient auch als Sühne für unsere Sünden und die Sünden anderer Glieder im mystischen Leib. Wenn Christus, das Haupt, wegen unserer Sünden gelitten hat, ist es nur recht und billig, dass wir uns mit ihm vereinen; wenn Christus, der Unschuldige, für uns Schuldige bezahlt hat, werden wir Schuldige sicher auch selbst etwas tun müssen. Wann immer Sünde sichtbar wird, spornt das großzügige Christen an, konkrete Akte der Wiedergutmachung zu setzen.

c) Sakramente

Die Vereinigung mit Christus hat ihre Quelle in der Taufe, findet ihre weitere Entwicklung in der Firmung und ihre Verwirklichung und ihre kraftvolle Nahrung in der Eucharistie. Da diese Sakramente an anderen Stellen in diesem Buch näher behandelt werden, soll hier besonders jenes Sakrament erwähnt werden, in dem Christus fortfährt, seine barmherzige Vergebung auszuüben durch einen, der in seiner Person handelt – den katholischen Priester. Dieses Sakrament wird entweder Beichte, Bußsakrament oder Sakrament der Versöhnung genannt. Beichte, weil es ein ehrliches Bekenntnis der begangenen Sünden ist; Bußsakrament, weil es eine Änderung anzeigt; Sakrament der Versöhnung, weil dadurch der Büßer mit Gott, seiner Kirche und der gesamten Menschheit versöhnt wird. Es ist mit der Eucharistie eng verbunden, weil Christi Vergebung uns durch die Verdienste seines Todes zukommt – jenes Todes, den wir in der Eucharistie feiern.

Jeder Legionär soll doch von Christi Einladung Gebrauch machen, im Sakrament der Versöhnung ihm persönlich zu begegnen, und das häufig und regelmäßig! Es bedeutet ja, dass dadurch „die Selbsterkenntnis gefördert, die christliche Demut vertieft, die sittliche Schwäche an der Wurzel gefasst, die geistliche Nachlässigkeit und Lauheit bekämpft, das Gewissen gereinigt, der Wille gestärkt, eine heilsame Seelenleitung ermöglicht, und kraft des Sakramentes die Gnade vermehrt wird". (MC 86) Durcg die Erfahrung der Hilfen, die ihnen selbst aus diesem Sakrament der Versöhnung erwachsen, werden die Legionäre ermutigt, diese Erfahrzng mit anderen zu teilen, indem sie sie zur Beichte einladen.

Zusammenfassend kann gesagt werden: Sowohl die Rettung der Seelen und ihre Heiligung als auch die christliche Umwandlung der Welt geschieht nur als Folge des Lebens Christi in den Seelen. Ja, das ist in der Tat der alles entscheidende Punkt.

„Darüber hinaus findet die marianische Spiritualität, ebenso wie die entsprechende Marienverehrung, eine überaus reiche Quelle in der geschichtlichen Erfahrung der Personen und der verschiedenen christlichen Gemeinschaften, die unter den verschiedenen Völkern und Nationen auf der ganzen Erde leben.

In diesem Zusammenhang erinnere ich unter den vielen Zeugen und Meistern einer solchen Spiritualität gern an die Gestalt des hl. Ludwig Maria Grignion de Montfort, der den Christen die Weihe an Christus durch die Hände Marias als wirksames Mittel empfahl, um die Taufverpflichtungen treu zu leben." (RMat 48)

„Unser geistliches Leben und die Dogmen stehen in organischer Verbindung. Die Dogmen sind Lichter auf unserem Glaubensweg, sie erhellen und sichern ihn. Umgekehrt werden durch ein rechtes Leben unser Verstand und unser Herz geöffnet, um das Licht der Glaubensdogmen aufzunehmen." (KKK 89)

14. DER LEGIONÄR UND DIE CHRISTLICHE BERUFUNG

Der Legion geht es um mehr als um die Durchführung einer Arbeit: sie bietet eine Lebensform. Sie gibt eine Schulung, die jeden Bereich des Lebens und jede Stunde des Lebens beeinflussen soll. Der Legionär, der nur für die Dauer des Treffens und der Legionsarbeit Legionär ist, lebt nicht den Geist der Legion.

Die Legion beabsichtigt, ihren Mitgliedern und allen, mit denen sie in Berührung kommen, zu helfen, dass sie ihre christliche Berufung in Fülle leben. Diese Berufung hat ihre Quelle in der Taufe. Durch die Taufe wird man zu einem anderen Christus gemacht. „Wir sind nicht nur ein anderer Christus geworden, sondern Christus selbst." (Hl. Augustinus)

Seit der Taufe in Christus eingegliedert, nimmt jedes Mitglied der Kirche teil an seinem Amt als Priester, Prophet und König.

Wir nehmen an Christi priesterlicher Sendung teil durch Anbetung, sowohl in privater als auch in öffentlicher Form. Die höchste Form der Anbetung ist das Opfer. Durch geistige Opfer übergeben wir uns selbst und alle unsere Aktivitäten Gott, unserem Vater. Das II. Vatikanische Konzil sagt über die Laien: „Es sind nämlich alle ihre Werke, Gebete und apostolischen Unternehmungen, ihr Ehe- und Familienleben, die tägliche Arbeit, die geistige und körperliche Erholung, wenn sie im Geist getragen werden, aber auch die Lasten des Lebens, wenn sie geduldig ertragen werden, ‚geistige Opfer, wohlgefällig vor Gott durch Jesus Christus' (1 Petr 2,5). Bei der Feier der Eucharistie werden sie mit der Darbringung des Herrenleibes dem Vater in Ehrfurcht dargeboten. So weihen auch die Laien, überall Anbeter in heiligem Tun, die Welt selbst Gott." (LG 34)

Wir nehmen an Christi prophetischer Sendung (seiner Sendung als Lehrer) teil, am Auftrag dessen, „der durch das Zeugnis seines Lebens und in Kraft seines Wortes die Herrschaft des Vaters ausgerufen hat" (LG 35). Als Laienchristen ist uns die Fähigkeit und die Verantwortung gegeben, das Evangelium im Glauben anzunehmen und in Wort und Tat zu verkünden. Das ist der größte Dienst, den wir den Menschen erweisen können: die Wahrheiten des Glaubens auszusprechen – zum Beispiel zu sagen, wer Gott ist, was die menschliche Seele, was der Sinn des Lebens ist, und was dem Tod folgt. Vor allem müssen wir über Christus sprechen, unseren Herrn, der alle Wahrheit in sich einschließt. Es ist nicht notwendig, dass man argumentieren und Beweise für das Gesagte geben kann, wohl aber, dass man diese Wahrheiten kennt und lebt und um den Unterschied weiß, den ihre Existenz ausmacht; dass man über sie verständlich spricht, ihre Bedeutung genügend darlegt und so das Interesse und – soweit möglich – den Wunsch nach mehr Information weckt.

Die Mitgliedschaft in der Legion hilft, den eigenen Glauben und die christliche Lebensweise besser kennen zu lernen. Durch starke Motivation und Erfahrung bietet sie auch Hilfe, mit Fremden über Religion zu sprechen. Aber den größten Anspruch auf unsere apostolische Nächstenliebe haben die Leute, die wir für gewöhnlich zu Hause, in der Schule, im Geschäft, im Beruf, bei gesellschaftlichen Ereignissen und in der Freizeit treffen. Das wird normalerweise nicht zu unserem Legionsauftrag gehören, aber diese Menschen sind dennoch unserer Sorge anvertraut.

Wir nehmen an Christi königlicher Sendung teil, indem wir in uns selbst das Reich der Sünde überwinden und unseren Mitmenschen dienen, denn herrschen ist dienen. Christus sagt, dass er gekommen ist, um zu dienen, nicht um sich bedienen zu lassen (vgl. Mt 20,28). Wir nehmen an dieser Sendung Christi vor allem teil, indem wir unsere Arbeit gut leisten, welche immer sie sein mag, zu Hause oder außer Haus, aus Liebe zu Gott und als Dienst an den Mitmenschen. Durch gut verrichtete Arbeit setzen wir das Werk der Schöpfung fort und helfen mit, die Welt zu einem schöneren und freundlicheren Lebensort zu machen. Es ist vorrangig die Aufgabe der Laienchristen, die zeitliche Ordnung, das heißt alle weltlichen Angelegenheiten, mit dem Geist des Evangeliums zu durchdringen und zu vervollkommnen.

Wir bitten im Legionsversprechen, Werkzeuge für die mächtigen Pläne des Heiligen Geistes werden zu dürfen. Gewiss sollten unsere Handlungen immer übernatürliche Beweggründe haben, aber auch unsere Natur muss sich dem Heiligen Geist so vollkommen wie möglich als Werkzeug zur Verfügung stellen.

Christus ist eine göttliche Person, aber in seinen Handlungen spielte auch seine menschliche Natur eine Rolle: sein menschlicher Verstand, seine Stimme, sein Blick, sein Benehmen. Die Menschen, besonders die Kinder, die ja am schärfsten sehen, waren gern mit ihm zusammen. Er war an jedermanns Tisch ein willkommener Gast.

Der hl. Franz von Sales war ein Mann, dessen Benehmen und Verhalten nicht zuletzt die Mittel waren, durch die er viele Seelen zu Gott führte. Er war es, der empfahl: Jeder, der die Nächstenliebe üben will, soll pflegen, was er „die kleinen Tugenden" nannte – Freundlichkeit, Höflichkeit, gutes Benehmen, Aufmerksamkeit, Geduld und Verständnis, besonders mit den Schwierigen.

„Jesus Christus und Maria sind eines Bluts, und das bringt eine gewisse Ähnlichkeit mit sich in der Gestalt, den Gesichtszügen, den Neigungen, dem Geschmack, den Tugenden; und das nicht nur, weil Verwandte meist einander ähnlich sind.

Bei Maria kam noch etwas anderes hinzu: Ihre Mutterschaft war etwas ganz und gar Übernatürliches – sie kam ja aus der Fülle der Gnaden; die Gnade aber bediente sich nun dieses mehr oder weniger allgemein gültigen Naturgesetzes, ja, sie brachte es in Maria so stark zur Geltung, dass die Mutter in jeder Hinsicht ihrem göttlichen Sohn ähnlich wurde. Wer Maria sah, konnte in ihr das erlesenste Abbild Christi bewundern.
Dieses Verwandtschaftsverhältnis bewirkte zwischen Maria und ihrem Sohn auch eine Vertrautheit, nicht nur im Gespräch und im gemeinsamen Leben, sie teilten auch die Empfindungen, die Herzensgeheimnisse miteinander. Dadurch wurde Maria zu einem Spiegel, in dem alles Denken, Fühlen, Streben, Wünschen und Vorhaben Jesu sichtbar wurde. Jesus hingegen machte auf eine noch erhabenere Weise – wie ein fleckenloser Spiegel – die Seele Marias sichtbar, dieses Wunder der Reinheit, der Liebe, der Hingabe, der unendlichen Güte.
Deshalb könnte Maria mit mehr Recht als der Völkerapostel von sich sagen: Ich lebe – aber nicht mehr ich lebe, sondern Christus lebt in mir (Gal 2,20)."

(De Concilio, Die Kenntnis Marias)

34
DIE PFLICHTEN DER AMTSTRÄGER DES PRÄSIDIUMS

1. DER GEISTLICHE LEITER

Die Legion beurteilt ihren Erfolg ausschließlich nach dem geistlichen Fortschritt ihrer Mitglieder, den sie bei der Arbeit in die Tat umsetzen. Daraus ergibt sich, dass der Geistliche Leiter, dem in erster Linie die Pflicht zufällt, in den Mitgliedern das Streben nach diesem geistlichen Fortschritt zu wecken, die eigentliche Triebfeder des Präsidiums ist. Er nimmt an den Treffen teil; gemeinsam mit dem Präsidenten und den übrigen Amtsträgern sorgt er dafür, dass die Regeln eingehalten und das Legionssystem in Geist und Buchstabe erfüllt werden. Er wird Fehlern vorbeugen, und er soll jede rechtmäßige Autorität der Legion unterstützen.

Verdient seine Gruppe, Präsidium genannt zu werden, so findet er in ihr den größten Eifer und die besten Möglichkeiten, die seine Gemeinde zu bieten hat. Aber es hängt von ihm ab, welche Arbeit die Legionäre leisten, und sie sollte lohnend und schwierig sein. Das Präsidium ist auf seinen Ansporn angewiesen, weil innere Widerstände und äußere Schranken überwunden werden müssen. Von ihm erwartet das Präsidium, dass er belebende Quelle der Spiritualität ist. Tatsächlich hängt so viel vom Priester ab, dass Papst Pius XI. sagen konnte: „Mein Schicksal liegt in deiner Hand." Es wäre schmerzlich, wenn dieses Vertrauen auch nur in einem einzigen Fall enttäuscht würde, wenn nur eine einzige kleine Gruppe, die für Gott, Maria und die Seelen ihr Bestes geben will, sich selbst überlassen bliebe, eine Herde ohne Hirt! Was würde der oberste Hirt von einem Hirten sagen, von dem auch er erwartet hat, er werde „die Seele der Gemeinschaft, der Ansporn zu allen guten Unternehmungen, eine Quelle des Eifers" sein? (Papst Pius XI.)

Der Geistliche Leiter wird sein Präsidium so betrachten wie ein Novizenmeister die seiner Sorge anvertrauten Novizen. Unablässig wird er sich bemühen, ihr Verständnis für geistliche Dinge zu entwickeln; er wird die Mitglieder zu Handlungen und Eigenschaften anspornen, die einem Legionär Mariens entsprechen. Es wird sich erweisen, dass diese geistlichen Fähigkeiten immer jene Höhe erreichen, die den Legionären abgefordert wird. Deshalb braucht der Geistliche Leiter nicht davor zurückschrecken, seine Mitglieder zu höchster Tugend aufzurufen oder sie vor Aufgaben zu stellen, die heldenhafte Eigenschaften verlangen. Selbst das Unmögliche muss sich der Gnade unterwerfen, und Gnade erhält, wer um Gnade bittet. Ebenso soll der Geistliche Leiter aber auch bei den geringfügigen Einzelheiten auf unwandelbarer Treue in der Erfüllung der Pflichten bestehen, denn sie ist die wesentliche Grundlage für große Leistung. In großen Stunden mag sich der Charakter zeigen, gebildet wird er an den kleinen Dingen.

Der Geistliche Leiter wird darauf achten, dass seine Legionäre bei ihrer Arbeit nicht sich selber suchen. So wird er gewährleisten, dass sie nach erfolgreicher Arbeit nicht überheblich und bei vermeintlichen Misserfolgen nicht niedergeschlagen zurück kommen. Dann werden sie auch bereit sein, tausendmal die unangenehmste oder bedrückendste Aufgabe wiederum zu erfüllen, wenn es ihnen aufgetragen wird.

Er wird darauf achten, dass die Legionäre ihre aktive Arbeit nicht nur furchtlos und gründlich ausführen, sondern sie auch durch Gebet und Opfer ergänzen. Und er lehrt sie: Wenn die gewöhnlichen Mittel versagt haben, wenn die Lage nach menschlichem Ermessen hoffnungslos ist – gerade da ist es an der Zeit, sich in vollstem Vertrauen an die Königin der Legion, an ihre Mutter, zu wenden, die ihnen zum Sieg verhelfen wird.

Alles in allem besteht die Pflicht eines Geistlichen Leiters der Legion Mariens darin, alle seine Legionäre mit einer erleuchteten und sehr starken Liebe zur Mutter Gottes zu erfüllen, vor allem wegen jener ihrer Vorrechte, die die Legion besonders verehrt.

Indem er so geduldig baut und Stein auf Stein fügt, darf er hoffen, in jedem Legionär eine Festung des Geistes zu errichten, die durch nichts zerstört werden kann.

Als Mitglied des Präsidiums beteiligt sich der Geistliche Leiter am Ablauf des Treffens, an den verschiedenen Besprechungen und Unternehmungen und wird, – „je nach Bedarf – Lehrer, Ratgeber oder Führer" sein. (Hl. Papst Pius X.) Er sollte jedoch darauf achten, nicht auch die Pflichten des Präsidenten zu übernehmen. Jeder Schritt in diese Richtung wäre für das Präsidium schlecht. Wenn zu seinem Ansehen als Priester und zu seiner bedeutend größeren Lebenserfahrung auch noch die Leitung des Präsidiums hinzukommt, so wird das Treffen davon erdrückt. Die Besprechung jedes einzelnen Falles wird dann sehr schnell zu einem Zwiegespräch zwischen dem Geistlichen Leiter und dem betreffenden Legionär, bei dem der Präsident und die übrigen Mitglieder keine Rolle spielen und schweigen, weil sie das Gefühl haben, ihr Eingreifen würde den Anschein erwecken, sie wollten ihrem Geistlichen Leiter dreinreden. Gibt es aber keine offene und allgemeine Besprechung der Arbeiten mehr, dann ist dem Treffen Wesentliches verloren gegangen: das Hauptelement seiner Anziehungskraft, seine wichtigste erzieherische Kraft und die größte Quelle seiner Gesundheit. Ein derartiges Präsidium wird nicht arbeiten, wenn der Geistliche Leiter einmal abwesend ist, und vielleicht zusammenbrechen, falls er ganz weggeht.

„Der Geistliche Leiter soll sich lebhaft für alles interessieren was beim Treffen gesagt wird – das wird ja von jedem Mitglied verlangt. Er wird aber nicht bei jedem Wort die Gelegenheit ergreifen, seine eigenen Ansichten geltend zu machen. Natürlich wird er eingreifen, wenn sein Rat oder sein Wissen tatsächlich gebraucht werden. Aber er sollte das in einer sehr zurückhaltenden Art tun, ohne den Präsidenten auszuschalten oder das Treffen zu beherrschen. Andererseits muss er sich oft genug einschalten, um ein Beispiel zu geben, in welchem Ausmaß und auf welche Weise sich die Mitglieder für die Arbeit interessieren sollen, die nicht ihre eigene ist." (Bischof Helmsing)

Falls das Studium zu den Präsidiumsaufgaben zählt, überwacht der Geistliche Leiter die Auswahl der Bücher, die gelesen werden sollen. Diese Studienarbeit verlangt von ihm größte Wachsamkeit, und er darf nicht zulassen, dass an die Mitglieder Lehren herangetragen werden, die mit der authentischen Lehre der Kirche nicht voll übereinstimmen.

Unmittelbar nach dem Beten der Catena hält der Geistliche Leiter eine kurze Ansprache, vorzugsweise eine Erläuterung des Handbuchs (siehe Kapitel 18, *Die Ordnung des Präsidiumstreffens*, Punkt 11, *Die Allocutio*). Ist er abwesend, so geht diese Pflicht auf den Präsidenten über.

Unmittelbar nach den Schlussgebeten erteilt der Geistliche Leiter den Mitgliedern den Segen.

„Christus hat tatsächlich eine Priesterschaft berufen, die nicht nur ihn vertritt und seine Stelle einnimmt, die vielmehr in gewissem Sinn er selbst ist - das heißt, dass er durch ihre Vermittlung göttliche Macht ausübt. Deshalb sind Achtung und Ehrerbietung dem Priester gegenüber eine unmittelbare Huldigung an das ewige Priestertum, an dem jeder Priester teilhat." (Benson, Die Freundschaft Christi)

"Der Priester muss jener Gutsherr sein, der zu jeder Stunde des Tages - vom Morgen bis zur Abenddämmerung – auf den Markt geht, um Arbeiter für den Weinberg des Herrn anzuwerben. Wenn er sie nicht ruft, so besteht große Gefahr, dass die meisten von ihnen ‚den ganzen Tag untätig herumstehen werden' (vgl. Mt 20,6)" (Civardi)

2. DER PRÄSIDENT

1. Eine Hauptpflicht des Präsidenten ist es, an den Treffen der Curia, der sein Präsidium angehört, teilzunehmen und dadurch – wie auch noch auf andere Weise – für eine enge Verbindung seines Präsidiums mit dem ganzen Legionskörper zu sorgen.

2. Bei den Präsidiumstreffen führt der Präsident den Vorsitz und sorgt für die Durchführung der Tagesordnung. Er teilt die Arbeit zu und nimmt die Berichte der Mitglieder entgegen. Der Präsident darf nie vergessen, dass er hier als Treuhänder der Legion wirkt, um die genaue Durchführung des Systems in allen seinen Einzelheiten zu gewährleisten. Pflichtversäumnis in dieser Vertrauensstellung ist Untreue gegenüber der Legion. Die weltlichen Armeen würden es Verrat nennen und den Schuldigen strengstens bestrafen.

3. Er trägt die Hauptverantwortung dafür, dass der Raum für die Zusammenkunft hergerichtet ist (was Beleuchtung, Beheizung, Sitzgelegenheiten u.a. betrifft), damit das Treffen pünktlich beginnen kann.

4. Er muss pünktlich zur vereinbarten Stunde das Treffen beginnen, die Berichterstattung zum rechten Zeitpunkt für das Beten der Catena unterbrechen und das Treffen zur vorgeschriebenen Zeit schließen. Es ist ratsam, dass er dafür eine Uhr vor sich hinlegt.

5. Er hält in Abwesenheit des Geistlichen Leiters die Allocutio oder bestimmt jemand anderen für diese Aufgabe.

6. Er soll die anderen Amtsträger in der Ausübung ihrer Pflichten unterweisen und überwachen.

7. Er soll immer nach besonders verdienstvollen Mitgliedern Ausschau halten, die er der Curia für frei gewordene Ämter in seinem eigenen Präsidium oder anderswo vorschlagen kann. Die Leistungsfähigkeit eines Präsidiums hängt von der Vortrefflichkeit seiner Amtsträger ab. Deshalb sollte es jedem Präsidenten die größte Ehre sein, fähige Amtsträger heranzubilden und so für die Zukunft der Legion vorzusorgen.

8. Für seine Mitlegionäre soll er ein Vorbild der Innerlichkeit und des Eifers sein, aber nicht auf die Art, dass er Arbeiten auf sich nimmt, die von den Mitgliedern geleistet werden müssten. Ein Präsident, der das tut, zeigt zwar Eifer, gibt aber kein gutes Beispiel. Er hindert ja jene, denen er Vorbild sein soll, es ihm nachzutun.

9. Er soll bedenken, dass geflüsterte oder undeutliche Berichte Feinde des Treffens sind. Deshalb muss er selbst so laut sprechen, dass man ihn im ganzen Raum deutlich hören kann. Ist er darin nachlässig, wird er bald merken, dass die anderen Mitglieder Berichte geben, die man nur mit Mühe verstehen kann; und sofort wird das Treffen erlahmen.

10. Er soll darauf achten, dass jedes Mitglied einen angemessenen Bericht ablegt. Unerfahrenen oder schüchternen Legionären soll er dabei durch verständnisvolle Fragen weiter helfen. Berichte, die einen zu großen Teil der verfügbaren Zeit zu beanspruchen drohen, muss er eindämmen, auch wenn sie ausgezeichnet sind.

11. Um das Treffen richtig zu leiten, soll der Präsident so wenig als möglich sprechen. Er muss die Mitte halten zwischen zwei Extremen: Das eine Extrem besteht darin, weder zu bremsen noch anzueifern – dann bleibt das Treffen sozusagen sich selbst überlassen. Das hat zur Folge, dass manche Mitglieder sich mit einem einsilbigen Bericht begnügen, während andere nicht

aufhören zu reden. Die einen „zu knapp", die anderen „zu ausführlich" – das kann sich im Ganzen zwar ausgleichen, so dass der Eindruck entsteht, das Präsidium werde mit seinen Angelegenheiten zur rechten Zeit fertig. Aber es ist klar: Eine Summe von Unkorrektheiten ergibt niemals Korrektheit, genauso wenig wie ein bemänteltes Durcheinander vollkommene Ordnung darstellt.

Das andere Extrem besteht darin, zu viel zu reden. Manche Präsidenten sprechen fieberhaft die ganze Zeit. Dadurch wird
a) die Zeit, die den anderen Mitgliedern gehört, vom Präsidenten selbst in Anspruch genommen und
b) der Sinn des Präsidiums verdreht, denn dieses baut nicht auf Vorträgen auf, sondern ist vielmehr ein gemeinsames Überlegen, „was dem Vater gehört" (vgl. Lk 2,49).
c) Und dazu kommt noch, dass das viele Reden vom Kopfende des Tisches her einschläfernd wirkt und die Mitglieder sozusagen in Ruhestellung gehen und ihren Mund gar nicht mehr aufmachen wollen.
Beide Extreme sind eine äußerst schlechte Schulung für die Legionäre.

12. Der Präsident soll im Präsidium die brüderliche Gesinnung fördern, und er muss wissen: Wenn sie verloren geht, ist alles verloren. Er selber soll diesen Geist sichern, indem er jedem einzelnen Mitglied seines Präsidiums herzliche Zuneigung entgegenbringt und allgemein das Beispiel großer Demut gibt. Er muss sich das Wort des Herrn zu Eigen machen: "... und wer bei euch der Erste sein will, soll euer Sklave sein." (Mt 20,27)

13. Er soll die Mitglieder ermutigen, zu den Fällen, die nicht ihre eigenen sind, ihren Standpunkt zu äußern und ihre Hilfe anzubieten, denn so entwickelt er in ihnen lebhafte Anteilnahme an der gesamten Arbeit des Präsidiums.

14. Er soll sich Klarheit verschaffen, ob jeder einzelne Legionär seine Arbeit
a) im rechten Geist

b) und auf die rechte Art durchführt
c) und ob all das Gute, das die Legion in jedem Fall eingebracht sehen möchte, tatsächlich erreicht wird.
d) Er soll auch dafür sorgen, dass frühere Arbeiten von Zeit zu Zeit wieder aufgenommen werden,
e) und dass sich das Präsidium regelmäßig auf neue Gebiete wagt, damit der Unternehmungsgeist in den Mitgliedern lebendig bleibt.

15. Er soll den Mitgliedern jenen Grad von Anstrengung und Aufopferung abverlangen, zu dem sie imstande sind. Einem fähigen Legionär nur irgendeine geringfügige Aufgabe stellen, heißt, ihm großes Unrecht zufügen, denn hier wird seine Ewigkeit geformt. Es gibt keinen, der es sich nicht leicht macht, wenn man ihn dazu ermuntert. Deshalb muss der Präsident jeden anspornen, denn Gott verlangt von jedem seiner Geschöpfe das Höchstmaß seiner Leistungsfähigkeit.

16. Die Fehler eines Präsidiums sind für gewöhnlich die Fehler seines Präsidenten. Wenn der Präsident Verstöße durchgehen lässt, dann werden sie wieder vorkommen und noch ärger werden.

17. Der Präsident leitet etwa fünfzigmal im Jahr das Treffen, und da auch er nur ein Mensch ist, wird es unvermeidlich sein, dass er dabei manchmal gereizter Stimmung ist. Dann soll er sich bemühen, es sich nicht anmerken zu lassen. Nichts ist ja so ansteckend wie schlechte Laune; gibt ihr nur ein einziger nach – vor allem, wenn dieser einzige in einer Führungsposition ist –, kann sich das sehr rasch auf die ganze Gemeinschaft verheerend auswirken.

18. Merkt ein Präsident, dass sein Präsidium nachlässig wird oder der rechte Geist schwindet, dann soll er mit den Amtsträgern der Curia in einem persönlichen Gespräch beraten, was zu tun ist. Wird ihm empfohlen, sein Amt niederzulegen und ein einfaches Mitglied zu werden, soll er sich dieser Entscheidung in großer Demut fügen. Das wird ihm viel Segen bringen.

19. Wie jeder Amtsträger und jedes andere Mitglied muss er die Pflichten der Mitgliedschaft erfüllen, indem er sich an der normalen Arbeit des Präsidiums beteiligt. Man möchte meinen, bei einem Präsidenten müsste es überflüssig sein, diese Regel eigens zu erwähnen, doch die Erfahrung beweist das Gegenteil.

20. Schließlich darf er es niemals an jenen Eigenschaften fehlen lassen, die – wie eine der maßgeblichen Autoritäten auf dem Gebiet des Laienapostolats, Kardinal Pizzardo, nachdrücklich gesagt hat – jede leitende Persönlichkeit in dieser Bewegung kennzeichnen müssen: an der Tugend der inneren Offenheit gegenüber der kirchlichen Autorität, am Geist der Selbstverleugnung, der Liebe und der Eintracht mit anderen Organisationen und deren Mitgliedern.

„In dem Augenblick, da mir die Sorge für andere Seelen anvertraut wurde, wusste ich, dass diese Aufgabe über meine Kraft geht. Schnell flüchtete ich mich in die Arme unseres Herrn. Ich machte es wie die kleinen Kinder, die ihr Gesicht an der Schulter des Vaters verstecken, wenn sie sich fürchten. ‚Du siehst, Herr', rief ich, ‚ich bin zu klein, um deine Kinder zu nähren! Aber wenn du durch mich jedem geben willst, was ihm not tut, dann fülle meine Hände. Und ohne den Schutz deiner Arme zu verlassen oder auch nur den Kopf zu wenden, werde ich deine Schätze an die Seelen austeilen, die von mir Nahrung verlangen. Wenn sie ihnen zusagt, dann weiß ich, dass sie diese nicht mir verdanken, sondern dir. Beklagen sie sich, weil sie bitter schmeckt, dann wird mich das nicht beirren; ich werde sie zu überzeugen versuchen, dass du es bist, von dem diese Nahrung kommt, und ich werde mich davor hüten, ihnen eine andere zu geben'." (Hl. Therese von Lisieux)

3. DER VIZEPRÄSIDENT

1. Der Vizepräsident ist verpflichtet, an den Curientreffen teilzunehmen.

2. In Abwesenheit des Präsidenten führt er das Präsidiumstreffen. Mit dem Amt des Vizepräsidenten ist jedoch kein Nachfolgerecht verbunden, wenn das Präsidentenamt frei wird. Für den Vizepräsidenten eines Präsidiums gilt auch ein Rat, den wir hier in Anlehnung an das Handbuch des Vinzenzvereins

wiedergeben: „In Abwesenheit des Präsidenten, vor allem, wenn diese länger dauert, gehen alle Rechte und Pflichten auf den Vizepräsidenten über, der voll und ganz den Platz des Präsidenten einnimmt. Eine Vereinigung sollte niemals zum Stillstand kommen, weil ein Mitglied fehlt. Das aber wäre der Fall, wenn die Mitglieder nicht wagten, in Abwesenheit des Präsidenten etwas zu tun. Es ist daher nicht nur das Recht, sondern die Gewissenspflicht des Vizepräsidenten, in jeder Hinsicht den Platz des abwesenden Präsidenten einzunehmen, damit dieser bei seiner Rückkehr nicht feststellen muss, dass alles ins Stocken geraten ist, weil er nicht da war."

3. Ganz allgemein soll er den Präsidenten in der Leitung des Präsidiums und in der Durchführung aller Aufgaben unterstützen. Zu oft wird angenommen, dass seine Pflicht erst beginnt, wenn der Präsident nicht da ist. Dieser Irrtum wird sich sowohl auf den Vizepräsidenten als auch auf das Präsidium unheilvoll auswirken. Vielmehr sollte der Vizepräsident mit dem Präsidenten in dessen Aufgaben eng zusammenarbeiten. Was Vater und Mutter für die Familie oder Oberbefehlshaber und Stabschef für die Truppe bedeuten, das sollten diese beiden für das Präsidium sein. Der Vizepräsident ergänzt den Präsidenten. Er soll aktiver Offizier sein, nicht nur Reservist, und darf sich nicht passiv verhalten. Ihm fällt die besondere Aufgabe zu, während des Treffens die zahllosen Dinge im Auge zu haben, auf die der Präsident nicht achten kann, von denen es aber vielleicht abhängt, ob das Präsidium richtig arbeitet.

4. Vor allem ist dem Vizepräsidenten die Sorge für die Mitglieder übertragen. Er soll sich mit den Neuen, die zum ersten Mal zum Treffen kommen, bekannt machen; er soll sie im Präsidium willkommen heißen und vor oder nach dem Treffen den Mitgliedern vorstellen. Er muss darauf achten, dass sie einen Arbeitsauftrag bekommen und in die Pflichten eines Legionärs – zu denen auch das tägliche Beten der Catena gehört – eingeführt werden. Er sorgt dafür, dass sie genau über Bestehen und Einzelheiten des Prätorianergrads informiert werden.

5. Während des Treffens macht er die Eintragungen in die Anwesenheitsliste.

6. Er führt die verschiedenen Mitgliederlisten, je eine für Legionäre, Prätorianer, Adjutoren und Hilfslegionäre, jede Liste unterteilt nach Mitgliedern und Bewerbern. Er soll dafür sorgen, dass die Hilfsmitglieder nach Ablauf ihrer Probezeit besucht und, wenn sie ihre Pflichten treu erfüllt haben, in die Liste der endgültigen Mitglieder eingetragen werden.

7. Der Vizepräsident soll die Bewerber für die aktive Mitgliedschaft rechtzeitig aufmerksam machen, wann ihre Probezeit zu Ende geht, und muss auch die Ablegung des Versprechens vorbereiten.

8. Wenn ein Mitglied nicht zu den Treffen kommt, soll der Vizepräsident darauf achten und dann bemüht sein, schriftlich oder sonst wie dessen endgültiges Ausscheiden zu verhüten. Selbstverständlich gibt es außer denen, deren Mitgliedschaft nie in Zweifel steht, und denen, die sehr schnell wieder ausscheiden, weil sie nicht geeignet sind, noch eine große Zwischengruppe: ihr Durchhalten in der Legion hängt von Zufälligkeiten und äußeren Umständen ab. Wenn ein liebenswürdiger Amtsträger sich um sie kümmert, werden sie in der Legion verbleiben. Man darf nicht vergessen, dass es für die Legion wichtiger ist, ein Mitglied zu halten, als ein neues zu gewinnen. So kann die Arbeit dieses Amtsträgers, wenn sie in Treue ausgeübt wird, unmittelbar zum Anlass für viele gute Taten und geistliche Siege werden; sein Wirken wird schnell zur Gründung weiterer Präsidien führen und bedeutet selbst ein Apostolat ganz besonderer Art.

9. Er soll darauf achten, dass die Pflicht nicht vernachlässigt wird, für die verstorbenen Mitglieder zu beten. Diese Verpflichtung wird in einem eigenen Kapitel genau beschrieben. (Siehe Kapitel 17, *Die Seelen unserer heimgegangenen Legionäre*)

10. Der Vizepräsident soll kranke Mitglieder besuchen oder den Besuch durch andere Legionäre sicherstellen.

11. Er soll darüber wachen, dass die Mitglieder sich bemühen, Hilfslegionäre – vor allem Adjutoren – zu werben, und mit diesen in Verbindung bleiben.

„Die Novizinnen waren überrascht, dass die kleine heilige Therese ihre innersten Gedanken erriet; sie sagten ihr das auch. ‚Mein Geheimnis', so erklärte sie ihnen, ‚liegt darin, euch niemals etwas zu sagen, ohne vorher die allerseligste Jungfrau anzurufen. Ich bitte sie, mich zu erleuchten, damit ich erkenne, was euch am meisten hilft, und ich bin oft selbst erstaunt über all die Dinge, die ich euch dann lehre. Während ich mit euch spreche, fühle ich, dass ich mich keiner Täuschung hingebe, wenn ich glaube, dass Jesus durch meinen Mund zu euch spricht'." (Hl. Therese von Lisieux)

4. DER SCHRIFTFÜHRER

1. Der Schriftführer soll an den Curientreffen teilnehmen.

2. Dem Schriftführer kommt die Verantwortung zu, über das Präsidiumstreffen Protokoll zu führen; er soll es sehr sorgfältig abfassen und deutlich vorlesen. Das Protokoll spielt eine sehr wichtige Rolle, sowohl was die Art des Vorlesens als auch was den Inhalt betrifft. Ein gut verlesenes Protokoll, das weder zu lang noch zu kurz ist, dem man anmerkt, dass der Schriftführer sich damit Mühe gegeben hat, setzt einen guten Anfang und trägt nicht wenig zum Gelingen des ganzen Treffens bei.

3. Ein Schriftführer, der erfolgreich wirken will, muss darauf achten, ordentliches Schreibmaterial zu verwenden. Es liegt an der Beschaffenheit des menschlichen Geistes, dass sogar ein guter Schriftführer normalerweise kein ordentliches Protokoll erstellen wird, wenn er es mit Bleistift oder schlechter Feder auf minderwertigem Papier schreibt. Deshalb soll das Protokoll mit Tinte geschrieben oder getippt werden, und zwar unter Verwendung eines Buches oder einer Mappe von guter Qualität.

4. Die Erledigung dieser Schreibaufgaben entbindet den Schriftführer nicht von der wöchentlichen Arbeitsverpflichtung im Rahmen des Präsidiums.

5. Pünktlich soll er alle Anfragen beantworten und Auskünfte geben, die von der Curia verlangt werden. Er ist überhaupt für den Schriftverkehr des Präsidiums verantwortlich und soll auch dafür sorgen, dass das Präsidium immer genug Schreibmaterial zur Verfügung hat.

6. Der Präsident kann jedoch Teile der Schriftführerpflichten anderen Präsidiumsmitgliedern übertragen.

„In der Heiligen Schrift steht: ‚Seine Mutter bewahrte alles, was geschehen war, in ihrem Herzen' (vgl. Lk 2,51). Warum nicht auf Pergament? fragte sich Botticelli. Und ohne weiter Bibelforschung zu betreiben, malte er den schönsten Hymnus der Freude und der Dankbarkeit: Ein Engel hält in der rechten Hand das Tintenfass für Maria bereit, auf seiner linken liegt das Blatt, auf das die allerseligste Jungfrau soeben in reich verzierten gotischen Buchstaben das Magnificat geschrieben hat. Ihr pausbäckiges Kindchen sieht wie ein Prophet drein, und seine kleine Hand scheint die Finger der Mutter zu führen, diese feinnervigen, empfindsamen, nahezu denkenden Finger, die der Meister aus Florenz immer mit seinem Bild von Maria verbindet. Auch das Tintenfass hat hier eine besondere Bedeutung. Es ist zwar nicht aus Gold und auch nicht mit Edelsteinen besetzt wie die Krone, die die Engel halten, und doch symbolisiert es auch die triumphale Bestimmung der Königin des Himmels und der Erde. Es verweist auf alles,was bis zum Ende der Zeiten von Menschen als Bestätigung dessen geschrieben werden wird, was diese demütige Magd des Herrn über ihre eigene Ehre vorausgesagt hat." (Vloberg)

5. DER KASSENFÜHRER

1. Der Kassenführer soll an den Curientreffen teilnehmen.

2. Der Kassenführer ist für alle Einnahmen und Ausgaben des Präsidiums verantwortlich und muss darüber vollständig und genau Buch führen.

3. Er soll dafür sorgen, dass bei jedem Treffen die geheime Beutelkollekte durchgeführt wird.

4. Er darf nur im Auftrag des Präsidiums Zahlungen leisten, soll das Geld für das Präsidium immer zur Verfügung halten und so aufbewahren, wie das Präsidium es wünscht.

5. Er muss immer vor Augen haben, was im Kapitel 35 *Geldmittel* über das Anwachsen des Kassenstandes gesagt, und was dort empfohlen wird. Diese Angelegenheit soll er von Zeit zu Zeit im Präsidium vorbringen.

„Maria ist der Kellermeister der Heiligsten Dreifaltigkeit, denn sie schenkt den Wein des Heiligen Geistes aus und gibt ihn weiter, an wen sie will und in welchem Maß sie will." (Hl. Albert der Große)
„Maria ist die Schatzmeisterin, ihr Schatz ist Jesus Christus. Er selbst ist es, den sie besitzt; er selbst ist es, den sie schenkt." (Hl. Peter Julian Eymard)

35
GELDMITTEL

1. Jede Legionsgruppe soll zur Erhaltung des nächsthöheren Rates beitragen. Vorausgesetzt, dass diese und die folgenden Bestimmungen eingehalten werden, hat jede Legionsgruppe volles Verfügungsrecht über ihre Geldmittel, und muss auch allein für ihre Schulden haften.

2. Die verschiedenen Gruppen sollten ihre Beiträge nicht auf ein Mindestmaß oder auf einen bestimmten Prozentsatz beschränken. Es ist empfohlen, dass das Präsidium nach Deckung des eigenen Bedarfs die verbleibenden Geldmittel der Curia für allgemeine Ausgaben der Legion überweist. Hier wie in allen anderen Dingen soll das Verhältnis des Präsidiums zur Curia dem eines Kindes zu seiner Mutter gleichen: die Mutter ist voll Sorge für die Interessen ihres Kindes, das sich seinerseits bemüht, jede Hilfe zu geben, die der Mutter ihre Sorgepflicht erleichtert.

Sehr oft würdigen Präsidien nicht genug die Tatsache, dass die gesamte Verwaltung der Legion von ihren Beiträgen abhängt. Sie begnügen sich damit, nur die notwendigsten Bedürfnisse der Curia zu decken, und manchmal tun sie nicht einmal das. In der Folge können diese Curien den höheren Räten nicht helfen, die mit Ausbreitung, Neuerrichtung und Besuch von Legionszweigen verbundene schwere Last und andere laufende Ausgaben zu tragen. Das bedeutet, eine lebensnotwendige Funktion der Legion zu lähmen. Eine traurige Sache, die von bloßer Gedankenlosigkeit herrührt.

3. Alle Vorhaben von Ausgaben, die über den gewöhnlichen Rahmen hinausgehen, sind von den Präsidien der Curia vorzulegen, so dass diese beurteilen kann, ob etwas dabei ist, was unliebsame Folgen haben könnte.

4. Die Curia darf ein Präsidium zwar finanziell unterstützen, aber keine finanzielle Haftung für irgend eine Arbeit übernehmen, die von diesem Präsidium durchgeführt wird. Dafür trägt das Präsidium selbst die Verantwortung. Die Notwendigkeit dieser Vorschrift ist offensichtlich. Gäbe es sie nicht, so könnte jede Gruppe, die einen Klub, ein Heim oder ähnliches führt, durch die Umwandlung in ein Präsidium die anderen Präsidien zum Geldsammeln für ihre Zwecke benutzen.

Daraus folgt, dass kein Präsidium irgendein anderes oder die Curia auffordern kann, es beim Aufbringen von Geldmitteln zu unterstützen; eine solche Hilfe könnte nur als eine besondere Gunst gebeten werden.

5. Alle Einnahmen und Ausgaben des Präsidiums müssen von der Curia genehmigt werden, außer denen, die die besonderen Aufgaben des Präsidiums betreffen.

6. Wenn ein Präsidium oder ein Rat sich auflöst oder nicht mehr als Legionsgruppe arbeitet, gehen seine Geldmittel und sein Eigentum in den Besitz des nächsthöheren Rates über.

7. Der Geistliche Leiter soll keine persönliche finanzielle Verantwortung für Schulden haben, die nicht auf seinen ausdrücklichen Rat hin gemacht worden sind.

8. Die Bücher des Kassenführers sollen jährlich überprüft werden. Es wird vorgeschlagen, für diese Pflicht zwei Mitglieder des

Präsidiums bzw. des Rates zu ernennen, aber nicht den Kassenführer selbst.

9. Man kann sich unmöglich vorstellen, dass Unsere Liebe Frau bei ihrer Haushaltsführung verschwenderisch war. Deshalb ist es selbstverständlich, dass jede Legionsgruppe mit ihrem Eigentum und ihren Geldmitteln sorgfältig und sparsam umgehen muss.

„Die Menschheit ist ein Ganzes, ein Leib, in dem jedes Glied das Seine empfängt und auch das Seine geben soll. Leben muss lebendig sein und von einem zum anderen strömen. Es durchflutet alle. Wer es festhalten möchte, verliert es. Wer bereit ist, es zu verlieren, der findet es. Jede Seele, die leben will, muss sich in die Seele eines anderen verströmen. Jede Gabe Gottes ist eine Kraft, die man weitergeben muss, um sie zu bewahren und um sie zu vervielfachen." (Gratry, Der Monat Mariae)

36
BESONDERS ZU ERWÄHNENDE PRÄSIDIEN

1. JUGENDPRÄSIDIEN

1. Präsidien für Personen unter 18 Jahren dürfen errichtet werden mit Zustimmung der Curia und im Einklang mit besonderen Bestimmungen, die notwendig erscheinen können. Siehe Kapitel 14,22.

2. Der einzig richtige Weg, die Legion kennen zu lernen, ist die Anwendung ihres Systems. Die Jugendlichen bekommen oft in Vorträgen zu hören, sie müssten unbedingt Apostolat ausüben, wenn sie in die Welt hinaus gehen. Doch solche Vorträge, und mögen sie noch so ausgezeichnet sein, sind wie vertrocknete Gebeine im Vergleich zum lebendigen Körper des wirklichen Tuns. Ohne gewisse praktische Schulung ist zudem die Absicht oder der Wunsch, apostolische Arbeit anzufangen, nicht viel

wert. Wer keine eigene Erfahrung hat, lässt sich schnell einschüchtern, und was man nach eigenem Gutdünken beginnt, endet fast mit Sicherheit im Sumpf.

3. Als wesentliche Voraussetzung muss angesehen werden, dass in einem Jugendpräsidium zumindest der Präsident ein Erwachsener sein sollte. Ein zweiter erwachsener Amtsträger wäre wünschenswert, um für den Fall der Abwesenheit des Präsidenten und für Ausbreitungsmöglichkeiten vorzusorgen. Bleiben diese beiden erwachsenen Legionäre Mitglieder eines Erwachsenenpräsidiums, so ist mit der Amtsträgertätigkeit im Jugendpräsidium ihre Arbeitsverpflichtung erfüllt. Sind sie jedoch nur Mitglieder des Jugendpräsidiums, so müssen sie dort eine den Fähigkeiten eines Erwachsenen angemessene aktive Arbeit durchführen. Wenn irgend möglich sollten diese erwachsenen Amtsträger erfahrene Legionäre sein, die das Legionssystem vollkommen verstehen und auch sonst geeignet sind, diese jugendlichen Legionäre zu jenem Ziel zu führen, das die Legion bei der Errichtung des Präsidiums vor Augen hat. Dieses Ziel ist nicht in erster Linie, ein gewisses Maß an nützlicher Arbeit zu tun, sondern die Schulung und geistliche Vertiefung seiner Mitglieder und ihre Vorbereitung darauf, ihren Platz in den Reihen der erwachsenen Legionäre einzunehmen, wenn die Schulzeit beendet ist.

4. Es ist klar, dass die Allocutio in diesem System doppelt wichtig ist, weil viele junge Legionäre nicht imstande sind, den Inhalt des Handbuchs voll zu begreifen, wenn sie es allein durchlesen. Der Geistliche Leiter – bzw. in seiner Abwesenheit der Präsident – sollte deshalb jeder Allocutio das Handbuch zugrunde legen. Ein kurzer Abschnitt sollte gelesen und dann so im einzelnen und auf so einfache Weise erklärt werden, dass man sicher sein kann, jedes Mitglied habe ihn ganz verstanden. Woche für Woche sollte das Handbuch auf diese Weise durchgeackert werden, vom Anfang bis zum Ende – und dann beginnt man wieder von vorn. Die Jahre der Mitgliedschaft im Jugendpräsidium gehen freilich so schnell vorbei, dass kaum Gelegenheit sein wird, mit denselben Junglegionären das Handbuch zwei-

mal durchzunehmen. Jede mangelhafte Allocutio ist daher eine versäumte Gelegenheit, ein Verlust, der nicht gutgemacht werden kann.

5. Wenn das Handbuch systematisch nach der Methode durchgearbeitet werden kann, die im Abschnitt *Studium des Glaubens* (siehe Anhang 10) empfohlen wird, bietet dies einen höchst nützlichen Unterricht, ohne dass es als „nur eine Schulaufgabe" empfunden wird. Es ist eine unschätzbare Ausbildung für diese künftigen Stützen der Legion der Erwachsenen.

6. Arbeiten, wie sie von Erwachsenenpräsidien geleistet werden, kommen für ein Jugendpräsidium wahrscheinlich nicht in Frage. Deshalb braucht es viel Geschick, um jedem Mitglied wöchentlich eine wesentliche aktive Aufgabe zu erteilen, die seiner Fähigkeit ganz entspricht. Viele Junglegionäre sind imstande, Aufgaben durchzuführen, die als Arbeit für Erwachsene gelten, und tatsächlich sollte man keinem Junglegionär, der das 16. Lebensjahr erreicht hat, eine Arbeit geben, die von Erwachsenen nicht angenommen würde. Die Arbeiten des Präsidiums sollten abwechslungsreich sein. Verschiedene Arbeiten erziehen in verschiedener Weise. Da nicht jeder einzelne alle Arbeiten machen kann, dient es einer umfassenden Schulung fast ebenso gut, wenn er zusieht, wie sie von anderen durchgeführt werden. Zudem macht das die Arbeit des Präsidiums interessanter.

7. Ein Mindestmaß von einer Stunde Arbeit pro Woche – das ist die Hälfte der Verpflichtung eines erwachsenen Legionärs – darf von einem Junglegionär erwartet werden.

8. Arbeitsvorschläge:

a) Verteilen der Wunderbaren Medaille nach folgendem Plan: Bei jedem Treffen erhält jeder Legionär ein oder zwei Medaillen (eine festgesetzte Anzahl). Er soll sie als seinen Munitionsvorrat betrachten. Als Soldat Marias muss er ihn zum größten Nutzen einsetzen, das heißt, er soll die Medaillen, wenn möglich, Nichtkatholiken oder nachlässigen Katholiken geben. Dieser Gedanke bewegt die Phantasie und spornt zum Opfer an. Die Legionäre sollten unterrichtet werden, wie sie die Fragen beantworten, die man ihnen wahrscheinlich stellen wird, und wie sie eine sich bietende Gelegenheit nützen können.

b) Werbung von Hilfsmitgliedern. Dazu gehört auch, dass man den Neugeworbenen erklärt, wie die Gebete verrichtet werden sollen, und dass man sie regelmäßig besucht, um so ihre Treue zu sichern.

c) Junglegionäre sollen sich bemühen, dass jede Woche wenigstens eine weitere Person übernimmt täglich die heilige Messe zu besuchen, eine Form der Gebetsübung zu praktizieren oder bei einer Bruderschaft, beim Gebetsapostolat oder bei einer katholischen Gemeinschaft mitzuarbeiten.

d) Jüngere Kinder zur heiligen Messe und zu den Sakramenten bringen;

e) Ministrantendienst leisten;

f) Katechismusunterricht erteilen und dafür werben;

g) Kinder im Krankenhaus, in anderen Institutionen oder zu Hause besuchen.

h) Kranke und Blinde besuchen und ihnen all die Dienste erweisen, die nötig sind.

9. Mit äußerstem Nachdruck wird darauf gedrängt, dass jedes Jugendpräsidium mindestens zwei Legionäre für jede der drei letztgenannten Arbeiten (f, g, h) einsetzt. Diese Aufgaben sind, wenn sie richtig durchgeführt werden, eine hervorragende Schulung für die daran beteiligten jungen Legionäre und geben ein rechtes Maß für die anderen Arbeiten des Präsidiums an.

10. Ein Junglegionär darf seine Arbeit gemeinsam mit einem erwachsenen Legionär durchführen.

11. Bei Internatspräsidien ist es wünschenswert, dass die Mitglieder Gelegenheit erhalten, eine der üblichen aktiven Arbeiten außerhalb des Internats auszuüben. Allerdings fürchten verantwortungsbewusste Lehrer und Erzieher, eine derartige Sondererlaubnis würde missbraucht, und vielleicht stellen sie sich auch andere Gefahren vor. Zu diesen Befürchtungen ist Folgendes zu sagen:

a) Wenn diese Legionäre einem Jugendpräsidium außerhalb des Internats angehörten, würden sie diese üblichen Arbeiten tun.
b) Nur durch Schulung bereitet man sich gut auf die Zukunft vor. Gibt es jetzt keine Freiheit, fehlt die Übung für die Zeit unbeschränkter Freiheit. Die Arbeit außerhalb des Internats, die unter der doppelten Disziplin des Instituts und der Legion steht, kann zu einer idealen Vorbereitung werden.

12. Man darf Präsidien in Internaten errichten, deren Schüler für die Ferien heimfahren, so dass in dieser Zeit keine Treffen gehalten werden können. Vielleicht ist es den Mitgliedern möglich, in der Ferienzeit daheim in einem Präsidium mitzuarbeiten.

13. Die Mitglieder sollen zum Verständnis geführt werden, dass ihre eigene Heiligkeit nicht nur das Hauptziel der Legion, sondern auch die Hauptquelle der Legionsarbeit ist. Deshalb sollten sie ermutigt werden, für die Anliegen des Präsidiums zu beten und Opfer zu bringen. Diese Übungen sollten den Mitgliedern aber nicht aufgetragen und beim Treffen auch nicht berichtet werden. Mit allem Nachdruck sei hier gesagt, dass geistliche Übungen die aktive Arbeit nicht ersetzen können. Nimmt man sie auf sich, so muss das zusätzlich zur Legionsarbeit geschehen.

14. Mit besonderer Sorgfalt müssen die Mitglieder ihren Arbeitsbericht vorbereiten, und ihre Amtsträger sollten sie sorgfältig darin erziehen, wie man einen Bericht ablegt. Für gewöhnlich wird die Natur ihrer Arbeit nicht viel Stoff bieten, über den man interessant und ausführlich berichten kann; deshalb ist eben besondere Anstrengung nötig, um den Tätigkeitsbericht interessant und abwechslungsreich zu gestalten.

15. Das Wissen um die Zusammengehörigkeit mit der Legion der Erwachsenen, die unter schwierigen und oft gefährlichen Umständen für den Herrn kämpft und viele große Unternehmungen durchführt, wird die weniger kühne Arbeit der Junglegionäre beleben und ihre Vorstellungskraft ergreifen – ein Vorgang, zu dem alles im Legionssystem beiträgt. Dadurch werden sie selbst – und durch sie viele andere – davor bewahrt, in der Religion nur eine ihnen auferlegte Gewohnheitspflicht zu sehen. Wenn sich nämlich dieser Gedanke in den Jahren stärkster Aufnahmefähigkeit einwurzelt, ist ein Schaden entstanden, der durch keine noch so hervorragende Schulbildung ausgeglichen werden kann.

16. Für Junglegionäre ist keine Probezeit vorgeschrieben; sie legen das Legionsversprechen nicht ab; sie können auch nicht Mitglieder einer Erwachsenencuria sein. In allen anderen Dingen aber muss der gesamte übliche Ablauf von Gebeten, System und Treffen gewissenhaft eingehalten werden, auch die geheime Beutelkollekte – gerade so wie in einem Erwachsenenpräsidium. Beim Übergang vom Junglegionär zum erwachsenen Legionär muss die übliche Probezeit eingehalten werden.

17. Wenn ein erwachsener Legionär, der in einem Jugendpräsidium dient, das Versprechen noch nicht in einem Erwachsenenpräsidium abgelegt hat, soll er es im Jugendpräsidium tun. Das Miterleben dieser Zeremonie wird auf die Jugendlichen tiefen Eindruck machen, und sie werden sich auf den Tag freuen, an dem sie selbst das Versprechen ablegen und damit voll und ganz Mitglieder der Legion werden.

18. Man hat wiederholt den Vorschlag gemacht, die Gebete zu ändern, um Kindern die Mitgliedschaft zu erleichtern. Dass solche Vorschläge unzulässig sind, müsste beim Lesen dieses Kapitels klar geworden sein; es bringt ja zum Ausdruck, dass die Mitgliedschaft der Junglegionäre in etwa der Mitgliedschaft der Erwachsenen entsprechen sollte. Keinesfalls ist „jung" mit „unbedeutend" gleichzusetzen. Was Einsatz und Hingabe betrifft, müssen den jungen Mitgliedern hohe Ideale vor Augen gestellt werden, wird doch von ihnen allgemein erwartet, dass

sie unter anderen Jugendlichen eine Führungsrolle spielen. Es ist klar, dass dieses Ziel kein Kind erreichen kann, das nach entsprechender Anleitung nicht imstande ist, alle Legionsgebete mit Verständnis zu verrichten.

19. In ähnlicher Weise hat man vorgeschlagen, ein vereinfachtes Handbuch zum Gebrauch durch Junglegionäre zur Verfügung zu stellen. Damit setzt sich der 10. Abschnitt des Kapitels 33, *Die Grundpflichten der Legionäre*, auseinander.

20. Die Eltern und alle anderen Vorgesetzten der Jugendlichen sollten voll zusammenarbeiten mit dem Programm der Legion, von dem so viel abhängt. Die jungen Leute werden zu dem herangebildet, was der heilige Ludwig Maria von Montfort so beschreibt: „eine große Schar tapferer und mutiger Streiter für Christus und Maria, ... die in den gefährlichen Zeiten, die sich nahen, die gottferne Welt, den Teufel und ihre Eigenliebe bekämpfen werden." (*Abhandlung über die wahre Marienverehrung*, 114). Die Legion ist in ihren Ideen und in ihrer Struktur so einfach wie ein Flaschenzug, ein Hebel oder sonst eine Vorrichtung zur Vervielfältigung der Kraft. So vermag sie die gesamte katholische Lehre mit Leben zu erfüllen und sie zu einer Triebfeder für jedes christliche Ziel zu machen. Diese Kraft hat aber auch eine ganz unmittelbare Wirkung: Sie erfüllt die Schulzeit, die Freizeit, die Zeit zuhause und jede andere Zeit mit heiligem, tatkräftigem Idealismus. Sie gibt den Mitgliedern eine neue Sicht der Dinge; was bedeutet, dass die Welt für sie anders wird – sie gibt eine neue Einstellung:

a) zur Kirche; sie verstehen nun, dass sie ihre Soldaten sind, die im Kampf der Kirche einen bestimmten Platz ausfüllen und für ihre Ausbreitung Verantwortung tragen.

b) zum Alltag und seinen Pflichten; wie ein winziges Licht genügt, um einen Raum zu erhellen, so gibt die kleine Legionsaufgabe dem Ablauf der ganzen Woche einen neuen Sinn. Was die Mitglieder im Präsidium lernen und üben, werden sie auch in ihrem Alltag leben.

c) zum Nächsten; sie wurden gelehrt, in ihm Christus zu sehen und zu dienen.

d) zu ihrem Zuhause. Sie haben gelernt, dieses mit der Atmosphäre von Nazaret zu umgeben.

e) zur Mithilfe zuhause (oder bei einem Internatspräsidium: in der Schule, im Internat), und zwar im Geist der Legion, das heißt im Geist Marias in Nazaret: nach Arbeit Ausschau halten, statt sich vor ihr zu drücken; die unangenehmsten Aufgaben aussuchen; sein Herz in geringfügige Dienste hineinlegen; immer die Liebenswürdigkeit und Rücksichtnahme selber sein; alles für Jesus tun und den Sinn für seine Gegenwart bewahren;

f) zur Schule; denn die Junglegionäre haben sich die Ideale der Legion schon bis zu einem gewissen Grad zu Eigen gemacht. In der Folge sehen sie Schule, Lehrer, Bücher, Vorschriften und Studium in einem anderen Licht. Dementsprechend werden sie von der Schule Dinge mitbekommen, die andere nicht mitbekommen; auch wenn die Legion die Zeit für das Studium schmälert – wie immer wieder eingewendet wird –, bringt sie so im Endergebnis unvergleichlichen Gewinn!

g) zu „Pflicht" und „Disziplin"; diese beiden sehr wichtigen Dinge, die die Jugend leicht missversteht und deshalb verabscheut, werden begreiflich und schön in Verbindung mit zwei anderen Worten: „Maria" und „Legion";

h) zum Gebet; sie lernen begreifen, dass es nicht bloß eine Gewohnheitspflicht, sondern eine Kraftquelle ist, der Stützpfeiler ihrer Arbeit und ihr wertvoller Beitrag zum Reichtum der Legion und damit zur Kirche.

21. Man darf wohl sagen, dass in der regeltreuen Arbeit eines Präsidiums nach den angegebenen Richtlinien einer der größtmöglichen erzieherischen Einflüsse liegt, die auf die Jugend-

lichen ausgeübt werden können. Diese Arbeit wird in ihnen jede Eigenschaft entwickeln, die zum christlichen Charakter gehört. Sie wird als eine Gussform dienen, aus der heilige und verlässliche Jugendliche in großer Anzahl kommen werden, zur Freude ihrer Eltern und Vorgesetzten und als tragende Kraft der Kirche.

22. Aber dieses ganze Programm und alle diese Hoffnungen werden vereitelt, wenn ein Jugendpräsidium seinen Mitgliedern keine geeigneten Aufgaben zuteilt oder in anderer Hinsicht die Vorschriften vernachlässigt. Ein solches Präsidium ist eine Gussform, die Missbildungen hervorbringt. Es erweckt in seinen Mitgliedern und in allen anderen Leuten Vorurteile gegen die Legion. Es würde einen Dienst an der Legion bedeuten, es aufzulösen.

„Die Jugendlichen dürfen nicht lediglich als Gegenstand der pastoralen Sorge der Kirche verstanden werden. Sie sind in der Tat, und müssen darin ermutigt werden, aktive Subjekte, *Protagonisten der Evangelisierung und Erbauer der sozialen Erneuerung*. Die Jugend ist die Zeit einer besonders intensiven Entdeckung des eigenen ‚Ich' und des eigenen ‚Lebensentwurfes', die Zeit des Wachsens, das Zunehmen in der ‚Weisheit' und an ‚Gefallen bei Gott und den Menschen'. (Lk 2,52)." (CL 46)

2. SEMINARPRÄSIDIEN

„Besonders wichtig ist es, die künftigen Priester auf die Zusammenarbeit mit den Laien vorzubereiten. ‚Sie sollen – wie das Konzil sagt – gern auf die Laien hören, ihre Wünsche brüderlich erwägen und ihre Erfahrungen und Zuständigkeit in den verschiedenen Bereichen des menschlichen Wirkens anerkennen ...' Auch die jüngste Synode hat auf der Hirtensorge für die Laien bestanden: ‚Der Alumne muss fähig werden, die gläubigen Laien, vor allem die Jugendlichen, mit den verschiedenen Berufungen ... bekannt zu machen und sie darin einzuführen. Vor allem ist es notwendig, die Laien im Blick auf ihre Berufung dazu anzuhalten, dass sie die Welt mit dem Licht des Evangeliums durchdringen und umgestalten, indem sie dies als ihre Aufgabe erkennen und respektieren'." (PDV 59)

Es ist offensichtlich, dass angemessene Kenntnis einer so wirksamen und weitverbreiteten Organisation wie der Legion für zukünftige Priester und Ordensleute ein großer Gewinn ist. Theoretisches Wissen darüber ist jedoch ein schwacher Ersatz für jenes, das durch aktive Mitgliedschaft vermittelt wird. Der Errichtung von Seminarpräsidien kommt daher große Wichtigkeit zu. Wo keine Präsidien im Haus möglich sind, werden die Studierenden auch in Präsidien außer Haus viel Nutzen ziehen. Sowohl in internen als auch in externen Präsidien bekommen die Mitglieder eine gründliche Kenntnis von Theorie und Praxis der Legion und erhalten das, was man eine vollständige Einführung in Wesen und Grundsätze des Apostolats nennen könnte. Wenn sie künftig dann ihre Posten übernehmen, werden sie einen guten Begriff davon haben, wie die Legion und andere apostolische Gruppen wirken sollten.

Im Hinblick besonders auf Internatspräsidien sollten folgende Punkte beachtet werden:

a) Es ist unerlässlich, dass für das wöchentliche Treffen angemessen Zeit zur Verfügung steht. Es wäre schwierig, ein Treffen in weniger als einer Stunde zu halten, und man sollte sich alle Mühe geben, etwas mehr Zeit dafür zu bekommen. Die Ordnung des Treffens muss so, wie sie hier im Handbuch beschrieben ist, genau befolgt werden.

b) Ein Hauptaugenmerk muss auf die Zuteilung aktiver Arbeit an jedes Mitglied gelegt werden. Ohne wesentliche Arbeit gibt es kein Präsidium. Mit Rücksicht auf die Tatsachen, dass die Zeit begrenzt ist, dass sich passende Arbeit in den Umständen des Seminarlebens möglicherweise nicht leicht finden lässt, und dass dem Studium des Handbuchs besondere Aufmerksamkeit gewidmet wird, sollte ein Mindestmaß von einer Stunde pro Woche mit aktiver Arbeit zugebracht werden. Der mögliche Mangel an Vielfalt in der Arbeit muss durch Reichtum an Geist ausgeglichen werden. Die Arbeit muss so vollkommen wie möglich getan werden und das Kennzeichen der Vereinigung mit Maria betonen. Die Auswahl der Arbeiten wird von den Gegebenheiten und den Regeln des Hauses abhängen. Einige Vorschläge sind: Hausbesuche, Besuche von Krankenhäusern und anderen Einrichtungen, Unterweisung von Konvertiten und Katechismusunterricht, Vorbereitung von Erwachsenen und Kindern auf die Sakramente. Es ist sehr wichtig, dass jegliche unternommene Arbeit Hand in Hand geht mit den pastoralen Übungsprogrammen, die von der Seminarleitung aufgestellt werden.

c) Die Berichte an das Präsidium sollen keine Routine-Formulierungen, sondern lebendig und interessant sein. Erfolg in dieser Richtung lässt die Mitglieder zu Meistern in der Kunst der Berichterstattung werden und befähigt sie, diese Kunst jene zu lehren, deren Legionsgeschick sie in der Zukunft leiten werden.

d) Aufgaben disziplinären oder rein überwachenden Charakters sollten dem Präsidium nicht übertragen werden. Solche Arbeiten könnten leicht dazu führen, die Mitglieder der Legion – und damit die Legion selbst – bei den Kameraden unbeliebt zu machen.

e) Die Mitgliedschaft sollte völlig freiwillig sein. Alles, was irgendwie nach Zwang riecht oder sogar den Eindruck erweckt, die Legionsmitgliedschaft sei „in diesem Seminar eben üblich", würde sich höchst nachteilig auswirken. Um den freiwilligen Charakter der Legionsmitgliedschaft zu unterstreichen, ist es ein guter Gedanke, das Präsidiumstreffen in der Freizeit abzuhalten.

f) Das Präsidium soll so geführt werden, dass weder durch die Treffen noch durch die Tätigkeiten der Tagesablauf oder die Hausordnung auch nur im mindesten gestört werden. Andererseits dürfen die Bedingungen der aktiven Mitgliedschaft in der Legion nicht geändert werden, es würde sonst ja der ganze beabsichtigte Zweck verfehlt. Die Praxis zeigt, dass das treue Arbeiten eines solchen Präsidiums die Einstellung der Studenten gegenüber ihrer Berufung, ihrem Studium und der Disziplin am Ort stärkt.

37
ARBEITSVORSCHLÄGE

In diesem Kapitel werden Methoden aufgezeigt, die sich in der allgemeinen Praxis als besonders geeignet erwiesen haben, die Arbeitsverpflichtung der Legion fruchtbringend einzusetzen. Sie stellen jedoch nur Vorschläge dar; besondere Nöte können besondere Arbeiten erfordern. Es wird darauf gedrängt, der Legion kühne und schwierige Arbeiten nicht vorzuenthalten, sie ist wunderbar geeignet, solche zu tun. Belanglose Arbeiten wirken sich auf den Geist der Legionäre ungünstig aus.

Grundsätzlich sollte jedes Präsidium **irgendeine Arbeit** unternehmen, die heroisch genannt werden kann. Sogar in einem neuen Präsidium dürfte es nicht unmöglich sein, zwei Mitglieder zu finden, die beherzt genug sind für ein solches „Abenteuer"; man möge sie dafür einsetzen! Ihr Beispiel wird dann richtunggebend sein; die anderen Mitglieder werden ihm fast automatisch nachstreben. Wenn das allgemeine Niveau dadurch auf eine höhere Stufe gehoben ist, sollte man die ersten beiden Unerschrockenen wiederum zu heroischem Einsatz aussenden. Diese fortwährende **Pionierarbeit** ist ein Mittel zu ständig steigendem Niveau. Die natürlichen Beschränkungen gelten nicht in der Ordnung der Übernatur. Je mehr jemand in Gott eintaucht, desto weiter wird der Horizont, und desto größer werden die Möglichkeiten.

Aber da wird es sofort einen Einwand geben. Die Vorstellung, aus religiösen Gründen ein Risiko einzugehen, stört viele Leute.

Rufe werden ertönen wie „Unrichtig!" und „Unklug!". Die Sprache der Kinder dieser Welt ist nicht so zaghaft, und die Legion sollte nicht weniger beherzt sein. Wenn eine Arbeit für die Seelen notwendig ist. und wenn ein hochgestecktes Ziel für die Charakterbildung in der christlichen Gemeinschaft lebenswichtig ist, dann kommt die Vorsicht erst in zweiter Linie – der Mut muss ihr vorausgehen. Man bedenke die Worte von Kardinal Pie: „Wenn überall die Klugheit ist, wird es nirgendwo mehr Mut geben. Und ihr werdet sehen, dass wir vor Klugheit sterben werden."

Lasst die Legion nicht vor Klugheit sterben!

1. APOSTOLAT IN DER PFARREI

Im Folgenden werden einige Wege aufgezeigt, wie die Legionäre das Wachstum eines wahren Gemeinschaftsgeistes fördern könnten:

a) Besuche der Menschen in ihren Häusern (siehe Abschnitt 2 dieses Kapitels)
b) Leitung von Wortgottesdiensten an Sonntagen und gebotenen Feiertagen an Orten, wo kein Priester da ist, der die Messe zelebrieren könnte;
c) Erteilen von Religionsunterricht;
d) Besuch und Sorge um die Behinderten, die Kranken und die alten Menschen, und auch – wenn nötig – Vereinbarung eines Priesterbesuches;
e) Beten des Rosenkranzes bei Totenwachen und Begräbnissen;
f) Förderung katholischer Vereine und pfarrlicher Gruppen einschließlich kirchlicher Bruderschaften und Sodalitäten, so sie bestehen, indem neue Mitglieder geworben und bereits vorhandene Mitglieder zur Ausdauer ermutigt werden;
g) Mitarbeit bei allen apostolischen und missionarischen Unternehmungen der Pfarrei, um so mitzuhelfen, dass jede Seele auf irgendeine Art in das schützende Netz der Kirche gebracht, und so der einzelne wie auch die ganze Gemeinde in Sicherheit geführt wird.

Es gibt noch andere Dienste in der Pfarrgemeinde, die – so wichtig sie sind – der Arbeitsverpflichtung für erwachsene Legionäre nicht genügen, ausgenommen in besonderen Fällen. Dazu gehören Arbeiten wie Kirchenreinigung und -schmücken, Mesnerdienst, Ministrantendienst, etc. Wo es notwendig ist, können Legionäre die Durchführung solcher Aufgaben organisieren und überwachen. Für die Personen, die diese Dienste ausführen, werden sie zu einer Quelle des Segens. Die Legionäre können dann den schwierigeren, unmittelbaren Dienst an den Seelen tun.

„Wie die Mutter der Gnaden möchte auch ich für Gott wirken. Durch Mühe und Opfer möchte ich mitarbeiten an meinem eigenen Heil und am Heil der ganzen Welt – wie die Makkabäer, von denen die Heilige Schrift sagt, sie hätten in heiligem Eifer und voll Kühnheit nicht nur sich selbst retten wollen, sondern auch so viele Brüder wie nur möglich." (Gratry, Der Monat Mariae)

2. HAUSBESUCHE

Obwohl Hausbesuche nicht ihr erstes Abenteuer waren, sind sie im Laufe ihrer Geschichte zur Lieblingsaufgabe der Legion geworden, ihre besondere Beschäftigung überall und ihr Weg, in größtem Ausmaß Gutes zu tun. Sie sind ein Kennzeichen der Legion.

Durch diese Besuche kann mit vielen Menschen ein persönlicher Kontakt hergestellt und die Sorge der Kirche um jeden einzelnen und jede Familie sichtbar gemacht werden. „Das pastorale Bemühen der Kirche beschränkt sich nicht nur auf die christlichen Familien in der Nähe, sondern kümmert sich, indem es den eigenen Horizont nach dem Maßstab des Herzens Jesu ausweitet, noch intensiver um alle Familien in ihrer Gesamtheit und vor allem um jene, die sich in einer schwierigen oder irregulären Lage befinden. Ihnen allen schenkt die Kirche ihr Wort der Wahrheit, der Güte, des Verstehens, der Hoffnung, der innigen Verbundenheit in ihren oft beklemmenden Schwierigkeiten; allen bietet sie ihre selbstlose Hilfe an, dass sie dem Ideal der

Familie näherkommen, das der Schöpfer ‚von Anfang an' gewollt hat und das Christus durch seine erlösende Gnade erneuert hat." (FC 65)

Das Präsidium muss seine Methoden überlegen, wie es bei den Hausbesuchen Zugang zu den Bewohnern finden kann. Natürlich müssen sich die Legionäre vorstellen und erklären, warum sie hier sind. Einige der Wege, um an die Menschen in ihren Wohnungen heranzukommen, sind die Herz-Jesu-Familienweihe, die Erhebung der religiösen Situation in der Pfarrei und die Verbreitung katholischer Literatur, wie es auf den folgenden Seiten beschrieben wird.

Durch die Hausbesuche können nicht nur Katholiken, die ein christliches Leben führen, sondern alle Menschen in den Einfluss des Legionsapostolates gebracht werden. Kontakte mit Nichtkatholiken und Nichtchristen können hergestellt werden, auch mit Katholiken, die sich von der Kirche entfernt haben. Aufmerksamkeit wird man auch jenen zuwenden, deren Eheverhältnisse nicht geordnet ist, wie oben erwähnt wurde, ebenso denen, die Unterricht brauchen, sowie den Einsamen und den Gebrechlichen. Jedes Haus sollte aus dem Blickwinkel betrachtet werden, wie man hier einen Dienst leisten könnte.

Der Besuch der Legionäre wird sich durch Demut und Einfachheit auszeichnen. Die Leute haben vielleicht falsche Vorstellungen hinsichtlich der Besuche und erwarten, von oben herab belehrt zu werden. Im Gegenteil: die Legionäre sollten sich vornehmen, zuerst zuzuhören anstatt zu sprechen. Wenn sie geduldig und voll Achtung zuhören, gewinnen sie das Recht, auch selbst angehört zu werden.

„Beim Apostolat der Laien muss unbedingt auch das evangelisierende Wirken der Familie genannt werden. Sie hat sich in den verschiedenen Abschnitten der Geschichte den schönen Namen einer ‚Hauskirche' verdient, den das Zweite Vatikanische Konzil erneut bekräftigt hat. Das bedeutet, in jeder christlichen Familie müssten sich die verschiedenen Aspekte der Gesamtkirche wiederfinden. Außerdem muss die Familie wie die Kirche ein Raum sein, wo das Evangelium ins Leben übersetzt wird und wo daher dieses Evangelium aufleuchtet.

Im Schoß einer Familie, die sich dieser Sendung bewusst ist, verkünden alle Familienmitglieder das Evangelium, und es wird ihnen verkündet. Die Eltern vermitteln nicht nur ihren Kindern das Evangelium, sie können dieses gleiche Evangelium auch von ihnen empfangen, und zwar als tief gelebtes Evangelium. Eine solche Familie wirkt auch verkündigend auf zahlreiche weitere Familien und das Milieu, zu dem sie gehört. Auch die Familien, die aus einer Mischehe hervorgegangen sind, haben die Pflicht, ihren Kindern Christus zu verkünden mit allen aus der gemeinsamen Taufe sich ergebenden Konsequenzen. Ferner haben sie die nicht leichte Aufgabe, auf die Verwirklichung der Einheit hinzuwirken." (EN 71)

3. DIE HERZ-JESU-FAMILIENWEIHE

Es wird sich herausstellen, dass die Verbreitung der „Herz-Jesu-Familienweihe" eine hervorragende Methode bietet, zu den Familien Zutritt zu erhalten und deren Freundschaft zu gewinnen.

Der Geist und die Art, die diese Besuche kennzeichnen sollen, werden im Kapitel 39, *Grundsätzliches zum Legionsapostolat*, näher ausgeführt. Dort wird mit genügend Nachdruck darauf hingewiesen, dass man – soweit möglich – keine Wohnung auslassen und sich in jeder Familie liebevoll und beharrlich bemühen sollte, jeden einzelnen, ob jung oder alt, ohne Ausnahme, dahin zu führen, in seinem geistlichen Leben zumindest einen Schritt voranzukommen.

Wer mit dieser Aufgabe betraut ist, darf alle zwölf Verheißungen des Heiligsten Herzens auf sich beziehen. Sogar die zehnte: „Ich werde den Priestern die Gnade schenken, selbst die verhärtetsten Herzen zu rühren", gilt in gewissem Maß auch für die Legionäre, die als Beauftragte des Priesters unterwegs sind. Besonders durch diesen Gedanken ermutigt, werden sie mit vollem Vertrauen auch um jene Menschen ringen, die als „hoffnungslos" gebrandmarkt sind.

Die Werbung für die Herz-Jesu-Familienweihe ist die fruchtbarste Art, sich in einer Familie einzuführen. So wird von allem Anfang an der rechte Ton schlichter Frömmigkeit angeschlagen, der das Kennenlernen und damit das Wiederkommen fördert und die Entwicklung des Legionsapostolates leicht macht.

Da es Marias Sendung ist, das Reich Christi aufzurichten, ist die Verbreitung der Familienweihe an das Herz Jesu eine Aufgabe, die der Legion Mariens ganz besonders zusteht. Sie wird wohl die besonderen Gnaden des Heiligen Geistes herabziehen.

„Liebe zur Familie bedeutet, ihre Werte und Möglichkeiten zu schätzen und stets zu fördern. Liebe zur Familie bedeutet, die ihr drohenden Gefahren und Übel wahrzunehmen und zu bekämpfen. Liebe zur Familie bedeutet ferner, an der Schaffung einer Umgebung mitzuwirken, die ihre Entfaltung begünstigt. In ganz besonderer Weise schließlich zeigt sich diese Liebe, wenn man der christlichen Familie von heute, die oft zu Mutlosigkeit versucht und durch die vermehrten Schwierigkeiten verängstigt ist, wieder Vertrauen zu sich selbst gibt, zu ihrem Reichtum von Natur und Gnade, zu der Sendung, die Gott ihr übertragen hat. ‚Die Familien unserer Zeit müssen neuen Elan bekommen! Den Weg Christi müssen sie gehen!' (AAS 72 [1980], 791)" (FC 86)

4. ERHEBUNG DER RELIGIÖSEN SITUATION IN DER PFARREI

Diese Aufgabe bietet eine hervorragende Gelegenheit, mit Katholiken in Kontakt zu kommen, die Aufmerksamkeit brauchen oder in die Kategorie der so genannten „Fernstehenden" abgeglitten sind, das heißt jede Verbindung zur Kirche verloren haben. Im Auftrag des Priesters unterwegs, sollte man – wenn irgend möglich – von Tür zu Tür gehen. Die Besuchten finden es selbstverständlich, dass man sie um nähere Angaben über ihre Religion bittet, und gewöhnlich geben sie freundlich Auskunft. Dabei erfährt man viele Dinge, die einen beharrlichen Einsatz des Priesters und der Legionäre nötig machen.

Aber das Ausfindigmachen ist nur der erste Schritt – und der leichteste. Die Legion muss es als gewissermaßen ihr von Gott anvertraute Aufgabe betrachten, jeden Einzelnen dieser Aufgefundenen in den Schoß der Kirche zurückzuführen – das sollte mit Freude begonnen und mit unbezwingbarer Energie verfolgt werden. Es darf nicht sein, dass die Legion, soweit es in ihrer

Macht steht, in dieser Aufgabe versagt, auch wenn der Kampf noch so langwierig, die Aufgabe noch so schwierig, die Abweisungen noch so heftig, die Fälle noch so verhärtet sind, und das Ganze noch so hoffnungslos zu sein scheint.

Zusätzlich wird wiederholt, dass nicht nur dem Gleichgültigen, sondern ausnahmslos jedem Menschen liebevolle Aufmerksamkeit zu schenken ist.

„Wir haben im Apostolat der Kirche eine offizielle Sendung, eine uns von der Vorsehung verliehene Arbeitsweise, eine ganz besondere Waffe:
Wir gehen nicht nur im Namen Marias und unter ihrem Schutz zu den Menschen, sondern auch und vor allem, um uns mit all unseren Kräften zu bemühen, diese Seelen Maria lieben zu lehren, ihre Herzen mit einer kindlichen Liebe zur Gottesmutter zu erfüllen." (Schellhorn, Petit Traité de Marialogie)

5. BESUCHE IN KRANKENHÄUSERN UND PSYCHIATRISCHEN KLINIKEN

Der Besuch eines Armen-Krankenhauses war die erste Arbeit, welche die Legion jemals unternahm, und eine Zeitlang blieb sie die einzige. Sie überflutete die junge Organisation förmlich mit Segen, und die Legion wünscht, dass diese Arbeit auch weiterhin durch ihre Präsidien getan wird. Die folgenden Zeilen aus den ersten Anfängen der Legion zeigen beispielhaft, von welchem Geist diese Arbeit immer geprägt sein muss:

„Dann wurde ein Name aufgerufen, und ein Mitglied begann zu berichten. Sie sprach von einem Besuch im Krankenhaus. Der Bericht war knapp, doch er zeigte ihre große Vertrautheit mit den Kranken. Etwas verlegen gab sie zu, dass die Patienten die Namen aller ihrer Brüder und Schwestern kannten. Dann folgte der Bericht ihrer Begleiterin. Offensichtlich wird die Arbeit zu zweit gemacht. Mir wird bewusst, dass man mit dieser Praxis nicht nur dem Beispiel der Apostel folgt, sondern auch ein Hinausschieben des wöchentlichen Krankenbesuches verhindert.

Bericht folgt auf Bericht. In manchen Krankensälen hat sich etwas Neues ergeben, worüber ausführlicher gesprochen wird, doch die meisten Berichte sind kurz. Manche sind erheiternd, manche ergreifend, und alle sind schön, weil man ganz deutlich erkennt, WER in den Kranken eigentlich besucht wird. Das geht aus jedem einzelnen Bericht hervor. Ja, viele Menschen würden für ihr eigen Fleisch und Blut nicht tun, was hier erzählt wird; ganz schlicht und selbstverständlich ist es getan worden für die Geringsten unserer Bevölkerung. Zu den fürsorglichen und liebevollen Besuchen kommen noch viele andere Dienste: Briefeschreiben, Besuche bei Freunden und Verwandten, die sich nicht um den Kranken kümmern, Besorgungen. Es ist klar: Nichts ist zu beschwerlich und nichts ist zu geringfügig, um sich darum zu kümmern.

Der Brief einer Patientin an ihre Besucher wurde im Treffen verlesen. Ein Satz begann mit den Worten: ‚Seit Sie in mein Leben traten ...' Es klang wie aus einem billigen Roman, und alle lachten. Aber später musste ich an einen einsamen Menschen in einem Krankenhausbett denken, dem diese Worte viel bedeuteten, und der Gedanke daran bewegte mich tief. Und es kam mir in den Sinn, dass dieses Wort, das hier von einem gesagt worden war, wohl auf alle zutraf. So wunderbar ist die Kraft einer Vereinigung, die eine Anzahl von Menschen in einem Raum versammelt und sie von dort in das Leben Tausender entsendet, damit sie ihre engelhafte Sendung an jenen erfüllen, die von der Welt draußen aus der Erinnerung verdrängt worden sind." (Father Michael Creedon, erster Geistlicher Leiter des Conciliums der Legion Mariens)

Die Legionsbesuche sollten dazu verwendet werden, den Kranken den wahren Sinn ihres Leidens begreiflich zu machen, damit sie es im rechten Geist ertragen.

Sie müssen überzeugt werden, dass das, was ihnen so unerträglich vorkommt, sie in Wirklichkeit Christus ähnlich werden lässt und daher eine große Gnade ist. „Gott kann uns keine größere Gnade erweisen", sagt die heilige Teresa von Avila, „als uns ein Leben zu schenken, das dem seines geliebten Sohnes gleicht." Es ist nicht schwer, den Menschen diesen Aspekt des

Leidens begreiflich zu machen; und haben sie das einmal erfasst, ist dem Leiden der Stachel schon halb genommen.

Man sollte ihnen helfen, die Größe der geistlichen Schätze zu erkennen, die sie erwerben können, indem man ihnen oft wiederholt, was der heilige Petrus von Alcantara einem Kranken gegenüber ausrief, der lang ein sehr schmerzhaftes Leiden mit bewundernswerter Geduld ertrug: „Du glücklicher Kranker! Gott hat mich die Herrlichkeit schauen lassen, die du mit deiner Krankheit erworben hast. Du hast mehr erreicht, als andere durch Gebet, Fasten, Nachtwachen, Geißelungen und sonstige Bußübungen erlangen können."

Es ist wünschenswert, dass das Verschenken dieser geistlichen Schätze eine bunte Vielfalt bietet, denn der Weg, auf dem sie erworben werden, ist nicht abwechslungsreich. Darüber hinaus wird das Anhäufen von Verdiensten nur für sich selbst bei weitem keinen so wirksamen Anreiz ausüben. Aus diesem Grund wird der Legionär den Gedanken vom Apostolat des Leidens entfalten. Die Kranken sollten lernen, für die geistlichen Anliegen der Welt tätig zu werden, indem sie ihre Leiden, diesen großen Schatz, für die abertausend Nöte aufopfern, und einen Feldzug zu führen, dessen Kraft unwiderstehlich sein muss, weil er Gebet und Buße zugleich ist. „Die Hände, die sich zu Gott erheben", ruft Bossuet aus, „besiegen mehr Bataillone als jene, die zuschlagen."

Wenn die Patienten an den Gebetsanliegen persönliches Interesse empfinden, wird ihnen das zu größerer Beständigkeit verhelfen. Es ist also wichtig, dass besondere Nöte und Aufgaben (vor allem jene, mit denen der Legionär selbst zu tun hat,) ausgewählt und den Kranken geschildert werden.

Es muss Ziel sein, die Kranken möglichst bald für die Hilfsmitgliedschaft zu gewinnen, dann auch für den Adjutorengrad. Diese Mitglieder könnten Gruppen bilden, die sich ihrerseits bemühen, andere zu gewinnen. Auch soll man die Kranken zu jeder Art sonstiger gegenseitiger Hilfeleistung ermuntern.

Aber wenn diese Grade der Mitgliedschaft möglich sind, warum dann nicht gleich auch die aktive Mitgliedschaft? In vielen psychiatrischen Kliniken gibt es Präsidien, die aus Patienten bestehen. Solche Präsidien im Haus zu haben, bedeutet, dort einen kräftigen Sauerteig zum Arbeiten zu bringen. Diese Legionäre haben reichlich Zeit, um sich den anderen Patienten zu widmen, und können einen hohen Grad der Heiligkeit erlangen. Der Wert der Legionsmitgliedschaft für sie selber – als Nebenwirkung hat sie auch therapeutische oder heilende Kraft – ist so offenkundig, dass das medizinische Personal dieser Anstalten es überall anerkennt.

Es gibt Patienten, die über den Gedanken, unnütz und zur Last zu sein, zutiefst unglücklich sind. Wenn ihnen nun diese neue Sicht des Lebens eröffnet ist, werden sie höchste Freude erfahren, da sie sich von Gott gebraucht wissen.

Zwischen Legionären und Besuchten muss notwendiger Weise die Gemeinschaft der Heiligen kraftvoll am Werk sein. Dabei werden Bürden und Verdienste zum beidseitigen Nutzen ausgetauscht. Dürfen wir nicht annehmen, dass die Kranken für die Legionäre einen Teil jener Leidensschuld abstatten, die auf jedem sterblichen Menschen lastet? Müsste jeder sie selber abtragen, dann wäre die ganze Welt krank. Deshalb haben einige das Vorrecht, mehr zu tragen als nur ihren eigenen Anteil, damit die Arbeit der Welt weiter gehen kann.

Was kann der Legionär bei diesem unsichtbaren Austausch geben? Was sonst als ein Teilhaben an seinem Apostolat! Der Kranke selbst ist ja nicht fähig, und manchmal auch nicht bereit, diesen Teil seiner Christenpflicht zu erfüllen.

Dadurch wird jeder auf Kosten des anderen in froher Weise beschenkt. Es geht aber nicht nur um einen Austausch gleichwertiger Güter. Was jeder gewinnt, wiegt bei weitem seinen Verlust auf, denn für die Christen gilt der Grundsatz, dass jede Gabe hundertfach vergolten wird. (Siehe Abschnitt 20 von Kapitel 39, *Grundsätzliches zum Legionsapostolat*)

„ ‚Ich bin der Weizen Christi', sagte der heilige Ignatius von Antiochien, ‚und damit ich zu einem Brot werden kann, das Gottes würdig ist, müssen die Zähne der Löwen mich zermalmen.' Zweifle nie daran: Das beste Kreuz, das heilsamste, das Gott wohlgefälligste, ist stets jenes, das Jesus selbst uns auferlegt, ohne uns zu fragen. Stärke deinen Glauben an diese Wahrheit! Die Heiligen, die in der Gussform Nazarets sich gestalten lassen, lieben sie. Bete Gott an, lobe und preise ihn in all den Widerwärtigkeiten und Prüfungen, die unmittelbar aus seiner Hand kommen. Überwinde das Widerstreben deiner Natur und sage aus ganzem Herzen: ‚Fiat', oder noch besser: ‚Magnificat!'" (Mateo Crawley-Boevey)

6. ARBEIT FÜR DIE ELENDSTEN UND MUTLOSESTEN DER BEVÖLKERUNG

Diese Aufgabe macht Besuche dieser Menschen in den Schlupfwinkeln nötig, in den Notquartieren, Herbergen und Gefängnissen; unter Umständen bringt sie die Führung von Heimen mit sich, in denen einige Legionäre wohnen, andere zeitweilig Dienst tun.

Sobald die Legion in einem Gebiet über Mitglieder mit genügend Erfahrung und Format verfügt, muss diese Arbeit für die geringsten der geringsten Brüder Christi in Angriff genommen werden. Zu oft wird sie vernachlässigt – zur Schande des katholischen Namens.

Es sollte keinen Abgrund geben, in den die Legion nicht hinabsteigen will auf der Suche nach den „verlorenen Schafen des Hauses Israel" (vgl. Mt 10,6). Falsche Ängste sind meist das erste Hindernis. Doch ob falsch oder begründet: **Jemand muss diese Arbeit tun.** Wenn fähige und geschulte Legionäre unter dem Schutz ihres durch Gebet und Disziplin gesicherten Systems den Versuch nicht wagen können – dann kann es niemand tun.

Solange die Legion in einem Gebiet nicht mit Recht von sich sagen kann, dass ihre Mitglieder jeden einzelnen dieser Ausgestoßenen und Verachteten persönlich kennen und auf irgendeine Weise mit ihm Kontakt haben, solange muss sie ihre Arbeit als noch am Anfang ihrer Entwicklung betrachten und die Bemühungen in dieser Hinsicht verstärken.

Ein Legionär darf den Unglücklichen dieser Welt nicht mit weniger Herzenseifer und Ernst nachgehen als ein Sammler den seltenen und kostbaren Dingen dieser Erde. Die Suche des Legionärs ist für sie vielleicht die einzige Gelegenheit, das ewige Leben zu gewinnen. Oft sind sie für guten Einfluss so unzugänglich, dass das Gefängnis für sie ein verborgener Segen ist.

Darüber hinaus muss bei dieser Aufgabe die Einstellung eines Soldaten im Kampf zum Tragen kommen. Die Legionäre werden offensichtlichen Unannehmlichkeiten gegenüberstehen. Zu den „Stichen und Pfeilen" böser Worte wird vielleicht noch Schlimmeres kommen. Möglicherweise werden „Gewehrsalven" von Schlägen oder „Artilleriegeschosse" von Beleidigungen auf sie abgefeuert. Das mag sie demütigen und schmerzen, aber es darf sie nicht einschüchtern, ja, es sollte sie kaum aus der Fassung bringen. Hier ist der Prüfstein für die Zuverlässigkeit der soldatischen Berufung, die dem Legionär so oft in den Sinn gekommen ist, und von der er so oft gesprochen hat. Er hat von Krieg geredet. Er wollte die schlechtesten Menschen suchen. Jetzt, wo er sie gefunden hat, wäre es unlogisch zu klagen. Warum sollte es überraschen, dass die Bösen sich böse benehmen und die Bösesten abscheulich handeln?

Mit einem Wort: In jeder Lage von besonderer Schwierigkeit oder angesichts jeder Gefahr sollte der Legionär sich sagen: „Es ist Krieg!" Dieses Wort, das kriegführende Völker zu Opfern aufpeitscht, sollte den Legionär in seinem Kampf um die Seelen stärken und ihn ausharren lassen, wo andere aufgeben würden.

Wenn das Reden über kostbare und unsterbliche Seelen irgend etwas Wahres an sich hat, dann muss man auch bereit sein, einen Preis für sie zu zahlen. Was ist dieser Preis, und wer muss ihn bezahlen? Die Antwort heißt: Wenn jemals von Laien ein Wagnis erbeten wird - an wen sollte man da herantreten, wenn nicht an jene, die sich bemühen, zu Recht Legionäre Mariens zu heißen? Wenn den Laien große Opfer abverlangt werden müssen – von wem sollte man sie verlangen, wenn nicht von jenen, die nach reiflicher Überlegung feierlich in den Dienst der

Frau getreten sind, die auf Kalvaria stand? Sie werden sich doch nicht verweigern, wenn man sich an sie wendet!

Doch die Führung könnte es verweigern – aus einer falsch verstandenen Sorge um die ihr Anvertrauten. Deshalb sind die Geistlichen Leiter und alle Amtsträger aufgerufen, Anforderungen zu stellen, die in etwa denen im Kolosseum entsprechen! In unserer berechnenden Zeit mag das vielleicht wirklichkeitsfremd klingen. Aber auch das Kolosseum war eine „Berechnung" – die Berechnung vieler guter Menschen, die – nicht stärker und nicht schwächer als die Legionäre Mariens – sich fragten: „Welchen Preis soll ein Mensch für eine Seele zahlen?" Das eine Wort „Kolosseum" schließt alles ein, was im Handbuch im Kapitel 4, *Wie der Dienst des Legionärs sein muss*, mit vielen Worten gesagt wird; und dieses Kapitel ist nicht so zu verstehen, als würde es nur Gefühle ausdrücken.

Die Arbeit für die Aufgegebenen und Verlassenen ist immer schwierig und langwierig. Äußerste Geduld muss die Grundhaltung sein. Hier hat man es mit einem Menschentyp zu tun, der sich erst nach vielen Rückfällen aufrichten wird. Wenn man im Umgang mit diesen Leuten an erste Stelle Zucht und Ordnung setzt, wird man nichts erreichen. In kurzer Zeit wird das strenge System all jene abschrecken, für deren Behandlung es gedacht war, und nur diejenigen als „Patienten" halten, die eine Behandlung am wenigsten nötig haben. Daher muss man bei dieser Arbeit nach dem Grundsatz verfahren, dass **alle üblichen Maßstäbe auf den Kopf gestellt** werden müssen, das heißt: Man soll sich ganz besonders jenen Menschen widmen, die sogar der Optimist als völlig hoffnungslose Fälle bezeichnen würde, jenen, die so verdorben und anfänglich so gefühllos jeder Mahnung gegenüber sind, dass sie diese Beschreibung zu rechtfertigen scheinen. Die Gemeinen, die Bösartigen, die von Natur aus Gehässigen, jene, die von anderen Vereinigungen und Leuten abgewiesen und auf die „schwarze Liste" gesetzt werden, der Abschaum der Städte – das sind die Menschen, denen man mit großer Entschlossenheit nachgehen soll, trotz Zurückweisungen, völligem Undank und offensichtlichen Fehlschlägen. Viele dieser Betreuten werden eine Aufgabe für das ganze Leben bedeuten.

Es ist klar, dass eine solche Arbeit, die nach solchen Richtlinien durchgeführt wird, heldenhafte Eigenschaften und rein übernatürliche Sichtweise verlangt. Der Lohn für diese so große Mühe wird darin bestehen zu erleben, dass die so umsorgten Menschen schließlich in Freundschaft mit Gott sterben. Welche Freude ist es dann, mitgewirkt zu haben mit

„Ihm, der in langen Tagen voll Geduld
sich aus dem Schlamm
ein Volk zu seinem Preis ins Leben rief"!

(Kardinal J. H. Newman, *Der Traum des Gerontius*).

Diese besondere Tätigkeit wurde deshalb so ausführlich dargelegt, weil sie wirklich den Geist der Legion umfassend betrifft. Überdies nimmt sie eine Schlüsselstellung unter allen Diensten an der Kirche ein. Denn in ihr kommt auf besondere Weise der katholische Grundsatz zur Geltung, dass sogar die Niedrigsten der Menschen uns gegenüber eine Stellung einnehmen, die unabhängig ist von ihrem Wert für uns oder davon, ob sie uns angenehm sind oder nicht: dass in ihnen Christus gesehen, verehrt und geliebt werden soll.

Der Beweis für die Echtheit dieser Liebe ist, dass sie auch in Umständen offenkundig wird, die sie auf die Probe stellen. Diese entscheidende Probe besteht darin, jene zu lieben, die zu lieben uns die bloß menschliche Natur verbieten würde. Das ist die Feuerprobe der wahren wie der falschen Liebe zur Menschheit. Das ist der Angelpunkt des Glaubens, der springende Punkt des Christentums, denn ohne das katholische Ideal kann diese Art der Liebe einfach nicht existieren. Schon die bloße Vorstellung ist phantastisch, wenn sie von der Wurzel getrennt wird, die ihr Sinn und Leben gibt. Wenn Humanität um der Humanität willen zum Evangelium werden soll, dann muss alles danach beurteilt werden, ob es der Menschheit offensichtlichen Nutzen bringt oder nicht. Etwas, das zugegebenermaßen für die Menschheit wertlos wäre, müsste von diesem Standpunkt aus logischerweise so gesehen werden, wie man vom christlichen Standpunkt aus Sünde sieht: etwas, das um jeden Preis ausgemerzt werden muss.

Menschen, die in Selbstaufopferung diese christliche Liebe in ihrer höchsten Form sichtbar machen, leisten der Kirche einen unschätzbaren Dienst.

„Du meinst, es sei schwer, mit einem bösen Menschen auszukommen? Aber das ist ja der Grund, warum du dich ihm liebevoll widmen sollst. Es muss dein Ziel sein, ihn von seinen sündhaften Wegen abzubringen und zur Tugend hinzuführen. Er kümmert sich nicht um das, was du sagst; er folgt nicht deinem Rat, entgegnest du? Wie kannst du dessen so sicher sein? Hast du ihn von ganzem Herzen darum gebeten, hast du versucht, ihn umzustimmen? Du meinst, du hast ihm schon so oft zugeredet. Wie oft denn? Sehr oft, sagst du, immer wieder. Meinst du, das sei wirklich oft genug gewesen? Sogar wenn du es dein ganzes Leben lang tun müsstest, dürftest du in deinem Bemühen nicht nachlassen und die Hoffnung nicht aufgeben. Siehst du nicht, wie Gott selbst immer wieder zu uns spricht – durch seine Propheten, durch seine Apostel, durch seine Evangelisten? Und mit welchem Erfolg? Sind wir so, wie wir sein sollen? Sind wir bereit, Ihm in allem zu gehorchen? Leider ist das lange noch nicht der Fall. Trotzdem hört Er niemals auf, uns nachzugehen und inständig zu bitten. Und warum? Weil nichts so kostbar ist wie eine Seele. ‚Was nützt es einem Menschen, wenn er die ganze Welt gewinnt, dabei aber sein Leben einbüßt?' (Mt 16,26)" (Hl. Johannes Chrysostomus)

7. ARBEIT AN KINDERN UND JUGENDLICHEN

„Die Kinder sind mit Sicherheit Gegenstand der zarten und warmen Liebe des Herrn Jesus: Er versichert sie seines Segens und verspricht ihnen das Himmelreich (vgl. Mt 19,13–15; Mk 10 14). Jesus hebt die aktive Teilnahme der Kleinen am Gottesreich hervor. Sie sind sprechendes Symbol und herrliches Vorbild der moralischen und geistlichen Haltung, die Voraussetzung ist, um in das Himmelreich zu gelangen und in der Logik einer Ganzhingabe an den Herrn zu leben: ‚Amen, das sage ich euch: Wenn ihr nicht umkehrt und wie die Kinder werdet, könnt ihr nicht in das Himmelreich kommen. Wer so klein sein kann wie dieses Kind, der ist im Himmelreich der Größte.' (Mt 18,3–5; vgl. Lk 9,48)." (CL 47)

Wenn es gelänge, die Jugendlichen in Glaube und Unschuld zu bewahren, wie wunderbar wäre die Zukunft! Gleich einem wieder erstarkten Giganten könnte sich die Kirche dann in ihre Sendung stürzen, die heidnische Welt zu bekehren, und das in kurzer Zeit. Wie die Dinge liegen, wird der Großteil ihrer Anstrengungen von der schmerzvollen Behandlung innerer Wunden aufgezehrt.

Außerdem ist es leichter, etwas zu erhalten als später wieder aufzubauen. Die Legion muss beides tun, denn beides ist lebenswichtig. Aber keinesfalls sollte sie die einfachere der beiden Aufgaben – das Erhalten – vernachlässigen. Viele Kinder können vor Unheil bewahrt werden mit derselben Mühe, die es braucht, einen einzigen verirrten Erwachsenen zur Umkehr zu bewegen.

Einige Aspekte der Aufgabe sind folgende:
a) **Messbesuch der Kinder.** Ein Bischof, der Legionären einen Arbeitsplan übergab, setzte als wichtigste Aufgabe an die Spitze, unter den Kindern einen „Kreuzzug für die Sonntagsmesse" durchzuführen. Er war überzeugt, das Versäumen der Messe im Kindesalter sei eine der Hauptursachen aller späteren Schwierigkeiten. Man wird feststellen, dass ein Besuch am Sonntagmorgen im Zuhause der Kinder (deren Namen man aus Schülerlisten oder ähnlichem ermitteln kann) ganz besonders wirksam ist.

Dabei muss man sich stets vor Augen halten, dass Kinder selten aus sich heraus schlecht sind. Wo man sieht, dass sie diese katholische Grundforderung nicht erfüllen, kann man als sicher annehmen, dass sie Opfer der Gleichgültigkeit und des schlechten Vorbilds der Eltern sind; und das Legionsapostolat sollte dieses zusätzliche Übel in seine Sorge einbeziehen, und sollte fortgeführt werden.

Noch mehr als in anderen Bereichen werden bei Kindern vereinzelte oder kurzfristige Besuche wenig oder nichts erreichen.

b) **Besuche bei Kindern zu Hause.** Im Zusammenhang mit dem Besuch bei Kindern in ihrem eigenen Zuhause sei eine wichtige Überlegung betont: Zu Familien, die aus verschiedenen Gründen für religiös Tätige sonst unerreichbar sind, kann man leicht Zugang erreichen, wenn man klarstellt, dass der Besuch den Kindern der Familie gilt. Denn es ist eine Tatsache, die aus der natürlichen Beziehung der Eltern zum Kind kommt: Der Eifer für das Kind steht über dem Eifer für sich selbst. Für gewöhnlich nehmen Eltern Rücksicht auf die Vorteile ihrer Kinder, auch wenn sie ihre eigenen vergessen. Beim Gedanken an das eigene Kind wird das härteste Herz ein bisschen weich. Die Leute mögen zwar selbst für die Religion nichts übrig haben, tief verwurzelte Regungen aber gebieten ihnen, ihren Kindern nicht dasselbe Schicksal zu wünschen, und sie verspüren eine instinktive Freude, wenn sie bei ihren Kindern das Wirken der Gnade sehen. In der Folge wird jemand, der grob und sogar gewalttätig denjenigen zurückstoßen würde, der sich ihm direkt in geistlicher Sendung nähern will, die gleichen Arbeiter dulden, wenn ihre Mission seinen Kindern gilt.

Fähige Legionäre, denen einmal Zugang zur Wohnung gewährt wurde, werden wissen, wie sie es anstellen können, dass **alle** Mitglieder der Familie die Ausstrahlung ihres Apostolats spüren. Echtes Interesse an den Kindern macht für gewöhnlich einen günstigen Eindruck auf die Eltern. Das kann man geschickt nützen, um in diesen die Saat des Übernatürlichen zu fördern, so dass die Kinder, die schon zum Haus ihrer Eltern der Schlüssel waren, sich in ähnlicher Weise als Schlüssel zu deren Herzen und schließlich zu ihren Seelen erweisen werden.

c) **Glaubensunterricht für Kinder.** Diese überaus wertvolle Tätigkeit sollte durch Hausbesuche bei den Kindern ergänzt werden, deren Teilnahme nicht zufriedenstellend ist, oder allgemein, um persönliches Interesse an den Kindern zu bekunden und mit den anderen Familienmitgliedern in Berührung zu kommen. Übrigens kann die Legion auch die Aufgabe einer Zweigstelle der Bruderschaft der christlichen Lehre übernehmen. (Siehe Anhang 8)

Das folgende Beispiel zeigt, mit welchem Ergebnis das Legionssystem in einem dicht besiedelten Pfarrgebiet zur Förderung des sonntäglichen Katechismusunterrichts angewendet werden kann: Trotz größter Anstrengungen des Pfarrers und Aufrufen von der Kanzel war die Teilnahme der Kinder auf durchschnittlich fünfzig abgesunken. Zu dieser Zeit wurde ein Präsidium gegründet, das die Unterrichtsarbeit mit dem Besuch bei den Kindern zu Hause ergänzte. Ein Jahr Arbeit war genug, um die Zahl der Teilnehmer am Unterricht auf durchschnittlich sechshundert zu bringen. Und in dieser erstaunlichen Zahl ist nicht der geistliche Nutzen berücksichtigt, der den unzähligen nachlässigen Verwandten der Kinder zuteil wurde.

Bei allen Arbeiten sollte die Legionsparole lauten: „Wie würde Maria diese ihre Kinder betrachten und behandeln?" Dieser Gedanke sollte bei der Jugendarbeit noch mehr als sonst lebendig sein. Es gibt einen natürlichen Hang, mit Kindern ungeduldig zu sein. Aber ein noch größerer Fehler läge darin, die Unterweisung in einem rein geschäftsmäßigen und so weltlichen Ton zu erteilen, dass sie von den Kindern nur als zusätzliche Schulstunden empfunden wird. Wenn es dazu kommt, werden neun Zehntel der Ernte uneingebracht bleiben. So überlege man noch einmal: „Wie würde die Mutter Jesu diese Kinder unterrichten – sie, die in jedem einzelnen von ihnen ihr eigenes geliebtes Kind erblickt?"

Beim Unterrichten der jungen Menschen spielen Auswendiglernen und audio-visuelle Hilfsmittel eine wichtige Rolle. Besondere Sorgfalt ist bei der Auswahl von katechetischem Material nötig, damit es voll mit der Lehre der Kirche übereinstimmt.

Ein Teilablass wird jedem gewährt, der Glaubensunterricht erteilt, sowie jedem, der solche Unterweisung erhält (EI 20).

d) **Nichtkatholische oder staatliche Schulen.** Das Leben eines Kindes, das keine katholische Schule besucht, ist in einer ständigen gefährlichen Situation, und es mag schwer zu verhindern sein, dass diese sich in späteren Jahren zu einem Problem entwickelt. Gegenmaßnahmen, wie sie seitens der lokalen kirchlichen Autorität gutgeheißen sind, werden von der Legion aufgegriffen und mit all ihrer Kraft angewendet.

e) **Katholische Jugendgruppen.** Bei Kindern, die gute Schulen besuchen, kommt die Krise mit dem Schulabgang. Sie sind nun der Schule mit ihren guten Einflüssen, schützenden Einschränkungen und sorgfältigen Vorsichtsmaßnahmen entwachsen. Manche waren vollständig abhängig von dieser Stütze, weil ihnen von daheim weder religiöse noch kontrollierende Einflussnahme geboten wurde.

Eine weitere Erschwernis ist, dass den Jugendlichen dieser Halt gerade im Alter der größten sittlichen Schwierigkeiten entzogen wird, leider auch gerade zum Zeitpunkt, da diese jungen Leute aufgehört haben, Kinder zu sein, aber doch noch nicht erwachsen sind. Natürlich ist es schwierig, für dieses Umbruchstadium entsprechend vorzusorgen, und deshalb geschieht es oft nicht. Dann, wenn diese Übergangsperiode vorbei gegangen ist und die Erwachsenenseelsorge ihre Arme für sie öffnet, tut sie es meistens vergeblich. Die gefährlichen Zauber der Freiheit wurden schon gekostet.

Daher muss die Aufsicht, die in der Schule sichergestellt war, in gewissem Maß fortgeführt werden, wenn diese Kinder die Schule verlassen. Hier empfiehlt sich als ein Weg, unter Aufsicht der Legion Jugendgruppen oder zumindest spezielle Jugend-Zweige innerhalb der üblichen katholischen Gemeinschaften zu bilden. Vor dem Schulaustritt sollen die Verantwortlichen die Namen der betroffenen Kinder den Legionären zur Verfügung stellen. Diese werden nun die Jugendlichen daheim besuchen, um sie kennen zu lernen und sie zu gewinnen, dass sie der Jugendgruppe beitreten. Kindern, die nicht zum Beitritt zu bewegen sind, sollte man besondere Besuche widmen wie auch jenen, die nur unregelmäßig kommen.

Jeder Legionär wird mit der Sorge für eine bestimmte Anzahl von Mitgliedern der Jugendgruppe betraut, für die er oder sie verantwortlich ist. Vor jedem Gruppentreffen werden diese Mitglieder besucht, um sie an ihre Teilnahmepflicht zu erinnern. Jährlich sollten Geistliche Übungen (wenn möglich geschlossene Exerzitien) und ein fröhliches Gemeinschaftsfest Teil des Programms sein.

Es gibt keinen besseren Weg, ja, in Wahrheit keinen anderen klar festgelegten Weg, den regelmäßigen Sakramentenempfang der Jugendlichen in der Zeit nach der Schule sicherzustellen.

Jugendliche, die aus Erziehungsanstalten oder Waisenhäusern entlassen werden, erfordern besondere Aufmerksamkeit in der oben genannten Weise. Manchmal haben sie keine Eltern mehr, manchmal sind sie die Opfer schlechter Eltern.

f) **Die Führung von Kinder- und Jugendgruppen, Gruppen von Pfadfindern, der katholischen Arbeiterjugend, Näh- und Handarbeitsgruppen, Zweigen des Kindheit Jesu-Vereins, usw.** Vermutlich wird die Führung solcher Gruppen nur einem Teil der Mitglieder eines Präsidiums übertragen sein und nicht die gesamte Arbeit eines Präsidiums bilden. Aber es wäre durchaus in Ordnung, wenn ein Präsidium sich gänzlich einer speziellen Arbeit wie der genannten widmet. In diesem Fall muss es jedoch selbstverständlich sein, dass das eigene Präsidiumstreffen gehalten und ganz den Regeln entsprechend durchgeführt wird. Es ist kein Ersatz für das Treffen, wenn sich – wie schon vorgeschlagen wurde – die Mitglieder im Rahmen einer solchen abendlichen Zusammenkunft der Jugendgruppe versammeln, um die Gebete zu verrichten, das Protokoll zu verlesen und schnell einige Arbeitsberichte zu erledigen. Möglicherweise wird auf diese Art zwar den wesentlichen Punkten eines Treffens entsprochen, aber das Lesen des Kapitels 11, *Das System der Legion*, zeigt, wie wenig eine solche Notlösung den Geist der Regeln wiedergibt.

Die Legion wünscht, dass bei jeder Zusammenkunft solcher von Legionären geführten Gruppen die Legionsgebete verrichtet werden, am Beginn, in der Mitte und am Schluss. Wenn es nicht möglich ist, den Rosenkranz zu beten, dann wenigstens die übrigen Gebete der Tessera.

g) **Richtlinien der Legion für die Jugendarbeit.** Es scheint notwendig, den Legionären, die Jugendklubs oder Jugendgruppen führen, einige Richtlinien vorzuschlagen. Für gewöhnlich hängen die angewandten Methoden gänzlich vom jeweiligen Gruppenleiter ab, so dass eine große Bandbreite von Systemen verbreitet ist: von täglichen bis zu wöchentlichen Treffen, von bloßem Vergnügen über bloße sachliche Unterweisung bis zu bloßer Frömmigkeitsübung. Es ist klar, dass diese Varianten sehr verschiedene Ergebnisse hervorbringen werden, nicht immer die besten. Nichts als Vergnügen beispielsweise stellt für Jugendliche eine fragwürdige Schulung dar, selbst wenn man an nimmt, dass „es sie von Schwierigkeiten fern hält". Ein englisches Sprichwort sagt: „Immer Arbeit und niemals Spiel machen Jakob stumpfsinnig." Aber dieses ist ergänzt worden mit einem anderen, das noch wahrer ist: „Immer Spiel und niemals Arbeit macht Jakob zu einem bloßen Spielzeug."

Das System des Präsidiums hat sich als Modell bewährt, das für die unterschiedlichsten Menschen und Aufgaben geeignet ist. Wäre es nicht möglich, in ähnlicher Weise ein einfaches Modell zu erstellen, um es allgemein auf die Jugend anzuwenden?

Die Erfahrung aus Versuchen zeigt, dass sich ein System mit folgenden Richtlinien bewährt. Präsidien, die Jugendgruppen führen, werden dringend gebeten, mit dieser Form einen Versuch zu machen.

1. Höchstalter 21 Jahre; kein Mindestalter; Trennung nach Altersgruppen wünschenswert.
2. Jedes Mitglied muss an einem regelmäßigen wöchentlichen Treffen teilnehmen. Trifft sich die Gruppe mehrmals in der Woche, ist es freigestellt, ob diese Regeln auch für die anderen Zusammenkünfte gelten.
3. Jedes Mitglied betet täglich die Catena Legionis.
4. Bei der wöchentlichen Zusammenkunft soll der Legionsaltar aufgestellt werden, entweder auf dem Tisch wie bei einem Präsidiumstreffen oder von ihm getrennt oder aus Gründen der Sicherheit erhöht.
5. Bei jedem Treffen sollen die Legionsgebete einschließlich des Rosenkranzes gebetet werden, und zwar aufgeteilt wie bei einem Präsidiumstreffen.
6. Die Zusammenkunft soll nicht weniger als eineinhalb Stunden dauern, kann aber länger sein.
7. Mindestens eine halbe Stunde soll der Arbeit und Unterweisung gewidmet werden. Die restliche Zeit kann auf Wunsch der Unterhaltung dienen. Unter „Arbeit" wird die Erledigung

all der Angelegenheiten verstanden, die sich natürlicherweise aus der Führung bestimmter Gruppen ergeben, zum Beispiel Fußball- oder anderer Sportklubs, usw. Mit „Unterweisung" ist jede Art von Schulung und erzieherischem Einfluss in religiöser wie in weltlicher Hinsicht gemeint.

8. Jedes Mitglied empfängt mindestens einmal im Monat die heilige Kommunion.
9. Die Mitglieder sollten zur Hilfsmitgliedschaft in der Legion angespornt werden, und der Gedanke von Dienst am Nächsten und an der Gemeinschaft sollte in ihr Denken Zugang finden.

„Es wäre leicht, nun ausführlich zu beschreiben, welche Lehren wir aus dem so außerordentlich aktiven Leben des heiligen Don Bosco ziehen können. Ich nehme nur ein Beispiel, weil es von größter und bleibender Bedeutung ist: seine Ansichten über das Verhältnis, das zwischen Lehrern und Schülern, Vorgesetzten und Untergebenen, Professoren und Studenten, in der Schule, an der Universität oder im Seminar herrschen sollte. Er verabscheute mit Recht den Geist der Unnahbarkeit, des reservierten Gehabens, des Distanzhaltens, der übertriebenen Würde, der mitunter aus Prinzip, manchmal aus Gedankenlosigkeit, zuweilen auch aus Selbstsucht zur Schau getragen wird und dazu führt, dass Vorgesetzte und Erzieher fast unerreichbar sind für jene, deren Erziehung und Bildung Gott ihnen anvertraut hat.
Der heilige Don Bosco vergaß niemals das Wort: ‚Wenn du das Gastmahl leitest, so überheb dich nicht, sei unter den Gästen wie einer von ihnen! Sorg erst für sie ...' (Sir 32,1)." (Kardinal Bourne)

8. DER BÜCHERWAGEN

Die Legionäre können einen Bücherwagen oder einen tragbaren Büchertisch an einem öffentlichen Platz betreiben, am besten in oder nahe einer belebten Straße. Erfahrungsgemäß ist gerade das als Legionsarbeit überaus wertvoll. Es gibt keinen wirksameren Weg, ein umfassendes Apostolat – an den Guten, den Mittelmäßigen wie den Schlechten – auszuüben oder die vielen gedankenlos Dahinlebenden auf die Kirche aufmerksam zu machen. Deshalb ist es ein ernsthafter Wunsch der Legion, dass in jedem größeren Zentrum wenigstens ein solcher Bücherwagen geführt wird.

Er muss so beschaffen sein, dass er eine größtmögliche Anzahl von Titeln zur Schau stellen kann. Er sollte mit einem reichhaltigen Vorrat an preiswerten religiösen Publikationen bestückt sein. Legionäre bilden das Personal.

Neben denen, die in erster Linie das Angebot durchschauen, um etwas zu kaufen, werden Menschen fast aller Art angezogen: Katholiken mit dem Wunsch, mit ihren Glaubensgenossen zu reden; Gedankenlose und Gleichgültige, die ihre Zeit totschlagen oder von der Neugier geführt werden; nur am Rande Interessierte, die nicht der Kirche angehören und sich sträuben würden, unmittelbarer mit ihr in Berührung zu kommen. Sie alle werden sich mit den liebenswürdigen und verständnisvollen verantwortlichen Legionären in ein Gespräch einlassen. Diese Legionäre sollten geschult sein, jede Anfrage und jeden Kauf als Gelegenheit zu betrachten, einen freundlichen Kontakt herzustellen. Dieser wird genutzt, jeden, dem sie hier begegnen, in Denken und Tun auf eine höhere Stufe zu führen. Katholiken werden veranlasst, sich „etwas Katholischem" anzuschließen. Nichtkatholiken wird zu einem Verständnis der Kirche verholfen. Der eine wird weggehen mit dem Entschluss, täglich zur heiligen Messe und heiligen Kommunion zu gehen, ein anderer entschließt sich, aktiver oder betender Legionär oder Patrizier zu werden; ein dritter ist bereit, mit Gott Frieden zu machen; ein weiterer trägt die Saat der Konversion zur Kirche im Herzen. Besucher der Stadt interessieren sich für die Legion (der sie ansonsten vielleicht gar nicht begegnet wären) und könnten bewegt werden, sie in ihrem Heimatort einzuführen.

Die Legionäre werden jedoch ermutigt, nicht passiv darauf zu warten, dass Leute zu ihnen an den Büchertisch kommen. Sie sollen nicht zögern, die Leute in der näheren Umgebung anzusprechen, nicht unbedingt zu dem Zweck, dass mehr Literatur verkauft wird, sondern um einen Kontakt herzustellen, der genützt werden kann wie im vorigen Absatz beschrieben.

Es sollte unnötig sein, die Legionäre daran zu erinnern, dass es notwendigerweise zu dieser Arbeit gehört, die Bekanntschaften und Freundschaften, die beim Bücherwagen geschlossen wurden, beharrlich weiterzuverfolgen.

Der Vorschlag, mit einer solchen Arbeit zu beginnen, wird immer den Einwand hervorrufen, für diesen Dienst seien außerordentlich gebildete Katholiken nötig und die stünden nicht zur Verfügung. Es stimmt schon, dass eine besondere Kenntnis der katholischen Lehre äußerst nützlich wäre. Doch auch ohne sie brauchen die Legionäre sich nicht abschrecken lassen, mit dieser Arbeit zu beginnen. Denn die große Bedeutung liegt in der persönlichen Anziehungskraft. Kardinal Newman sagt: „Persönlichkeiten beeinflussen uns, Stimmen rühren und Blicke überwältigen uns, Taten entflammen uns. Manch einer wird für eine Glaubenslehre leben und sterben; niemand aber wird ein Märtyrer für eine Schlussfolgerung." Mit einem Wort: Eifer und Liebenswürdigkeit sind wichtiger als tiefgründiges Wissen. Letzteres lockt jene, die es besitzen, leicht in tiefes Wasser und verschlungene Kanäle, die nirgendwo hinführen, während ein aufrichtiges Bekenntnis „Das weiß ich nicht, aber ich kann es herausfinden", eine Diskussion auf festem Boden hält.

Man wird die Erfahrung machen, dass die meisten Schwierigkeiten, die man zu hören bekommt, auf großer Unwissenheit beruhen, und der gewöhnliche Legionär gut mit ihnen fertig werden kann. Schwierigere Punkte wird man im Präsidium oder beim Geistlichen Leiter vorbringen.

Angriffe gegen die Kirche wegen böser Taten, Verfolgungen und einem Mangel an Eifer könnten unbegrenzt erörtert werden und verwirren die Streitfrage hoffnungslos. Vielen Angriffen mag ein Stück Wahrheit zugrunde liegen, und so wird die Verwirrung noch schlimmer. Den feindlichen Kritiker in diesen und allen anderen kleineren Punkten der Debatte zu überzeugen, ist völlig unmöglich, sogar wenn bei dieser Aufgabe große Gelehrsamkeit angewandt wird. Die Richtung, die vom Legionär einzuschlagen ist, muss die sein, die Diskussion beharrlich auf die einfachsten Grundlagen zu reduzieren: darauf zu bestehen, dass Gott der Welt eine Botschaft gegeben haben muss – was die Menschen Religion nennen; dass diese Religion, da sie die Stimme Gottes ist, **absolut** einzig, klar, übereinstimmend, untrüglich sein und göttliche Autorität beanspruchen **muss**.

Diese Kennzeichen finden sich nur in der katholischen Kirche. Keine andere Gemeinschaft, kein anderes System nimmt für sich auch nur in Anspruch, sie zu besitzen. Außerhalb der Kirche gibt es nichts als Widerspruch und Verwirrung, wie Kardinal Newman das mit harten Worten ausdrückt: „Entweder ist die katholische Religion wahrhaftig das Kommen der unsichtbaren Welt in die sichtbare, oder aber es gibt nichts Positives, nichts Bestimmtes, wohin wir gehen."

Es muss eine wahre Kirche geben. Es kann nur eine einzige wahre Kirche geben. Wo ist sie, wenn es nicht die katholische Kirche ist? Wie Schläge, die immer wieder in dieselbe Kerbe schlagen, hat dieser geradlinige Weg, sich der Wahrheit zu nähern, eine überwältigende Wirkung. Seine Kraft ist dem einfachen Menschen einleuchtend. Ihm kann im tiefsten Herzen der Gelehrteren nicht widersprochen werden, auch wenn sie fortfahren, über die Sünden der Kirche zu reden. Einen solchen Menschen soll man mit wenigen, aber freundlichen Worten erinnern, dass er zu viel beweisen will: Seine Einwände sprechen zumindest genauso sehr gegen jedes andere religiöse System wie gegen die Kirche. Wenn er den Beweis erbringt, die Kirche irre, weil Kirchenmänner Unrecht getan haben, dann ist ihm damit nur der Beweis gelungen, dass es in dieser Welt überhaupt keine wahre Religion gibt.

Die Zeit ist vorbei, in der Protestanten den Anspruch erhoben, ihre eigene Glaubensgemeinschaft sei als einzige im Besitz der Wahrheit. Heute würden sie bescheidener behaupten, dass alle Kirchen einen Teil oder eine Seite der Wahrheit besäßen. Aber ein Teil ist nicht genug. Dieser Anspruch ist gleichbedeutend mit der Behauptung, dass es keine erkannte Wahrheit gibt und auch keinen Weg, sie zu finden. Denn wenn eine Kirche bestimmte Lehrsätze hat, die wahr sind, und daher andere Lehrsätze, die nicht wahr sind – welche Mittel gibt es, um zu erkennen, welche wahr und welche falsch sind? Wenn wir aussuchen, wählen wir vielleicht jene, die nicht wahr sind! Deshalb bietet eine Kirche, die von ihren Lehren sagt: „Einige davon sind wahr", keine Hilfe, keine Führung auf dem Weg. Sie hat uns genau dort gelassen, wo wir ohne sie waren.

Daher soll es wiederholt werden, bis sich die Logik durchsetzt: Es kann nur eine wahre Kirche geben; diese darf sich nicht selbst widersprechen, sie muss die ganze Wahrheit besitzen und in der Lage sein, den Unterschied zwischen wahr und falsch zu benennen.

„Die Welt kann keinen mächtigeren Helfer als dich finden. Die Welt hat Apostel, Propheten, Märtyrer, Bekenner, Jungfrauen. Gute Helfer, die ich anrufe. Aber du, meine Königin, stehst höher als alle diese Fürsprecher. Was sie mit deiner Hilfe vermögen, das vermagst du allein, ohne sie. Und warum? Weil du die Mutter unseres Erlösers bist. Wenn du schweigst, wird niemand bitten, niemand uns zu Hilfe eilen. Wenn du bittest, bitten alle, helfen alle." (Hl. Anselm, Oratio Eccl.)

9. PERSÖNLICHE KONTAKTE IN EINER MENSCHENMENGE

Apostolat zielt darauf ab, jedem Menschen den vollen Reichtum der Kirche zu bringen. Die Grundlage dieser Arbeit muss die persönliche und nachhaltige Berührung einer glühenden Seele mit einer anderen Seele sein, die wir mit dem technischen Namen „Kontakt" bezeichnen. In dem Maße, als dieser persönliche „Kontakt" nachlässt, schwindet auch der wirkliche Einfluss. Wenn Menschen zur Menge werden, neigen sie dazu, uns zu entschlüpfen. Wir könnten es der Menge erlauben, uns von der einzelnen Person abzuhalten. Diese Mengen bestehen aus Einzelnen, von denen Jeder eine Seele von unschätzbarem Wert darstellt. Jedes Glied in der Menge hat sein Privatleben, aber es verbringt viel von seiner Zeit auf diese oder jene Art in der Menge – auf der Straße oder wo man sich sonst versammelt. Wir müssen diese Mengen wieder zu Einzelmenschen machen und dadurch fähig werden, mit ihren Seelen in Kontakt zu kommen. Wie muss die Gottesmutter diese Mengen ansehen! Sie ist die Mutter jeder einzelnen Seele dieser Mengen. Deren Nöte müssen ihr doch nahe gehen, und ihr Herz muss sich sehnen nach jemandem, der ihr in ihrer Aufgabe hilft, ihnen Mutter zu sein.

Der Wert eines Bücherwagens auf einem öffentlichen Platz wurde bereits aufgezeigt, doch lässt sich ein umfassendes Apostolat an der Menge auch als eigene Aufgabe durchführen.

Wenn man Menschen anspricht und sie höflich bittet, mit ihnen über den Glauben sprechen zu dürfen, kann das zu fruchtbaren Kontakten führen. Dieses Ansprechen kann geschehen auf der Straße, in Parks, in öffentlichen Gebäuden, in der Nähe von Bahnhöfen und Autobusstationen und an anderen öffentlichen Orten, wo Menschen zusammenkommen. Die Erfahrung hat gezeigt, dass ein solches Ansprechen im allgemeinen gut angenommen wird. Legionäre, die diese Arbeit verrichten, müssen bedenken, dass ihre Worte und ihr Verhalten Werkzeug für ihren Kontakt sind. Darum sollten sie bescheiden und taktvoll sein. Im Gespräch sollten sie jedes Wort vermeiden, das den Eindruck erweckt, sie würden mit dem anderen streiten, sowie alles, was nach Predigt oder Besserwisserei klingt oder nach Überlegenheit aussieht. Die Legionäre sollten fest daran glauben, dass Maria, die Königin der Apostel, selbst ihrem schwächsten Wort Gewicht verleiht und dass ihr unendlich viel daran liegt, ihr Apostolat fruchtbar zu machen.

10. SORGE UM KATHOLISCHE HAUSANGESTELLTE

Diese kann als Teil von Hausbesuchen oder auch als eigene besondere Aufgabe durchgeführt werden. Allzu oft geraten katholische Hausangestellte in religiös gleichgültige oder glaubensfeindliche Haushalte, werden als bloße Arbeitsmaschinen betrachtet und sind isoliert. Als Zugezogene oder Einwanderer ohne Freunde sind sie auf Zufallsbekanntschaften angewiesen, die sich möglicherweise unheilvoll auswirken. Sie brauchen also besondere Sorge und Unterstützung. Mit ihnen Kontakt aufzunehmen ist ein bedeutsames Apostolat.

Katholischen Hausangestellten wird der regelmäßige Besuch der Legionäre, die sich um ihr Wohlergehen sorgen, wie ein Lichtblick erscheinen. Im allgemeinen wird das Ziel sein, sie zur Mitgliedschaft in katholischen Gemeinschaften oder Runden zu bringen, ihnen geeignete Freundschaften zu vermitteln und vielleicht in manchen Fällen die Mitgliedschaft in der Legion selbst. Diese Arbeit wird vielen von ihnen auf neue und glücklichere Wege verhelfen, die sie zu Sicherheit und zur Heiligkeit führen.

„Auf den ersten Blick würden wir freilich erwarten, dass der erhabenen Gottesmutter wenigstens während einiger Jahre ihres Erdenlebens Ehre und Anerkennung zuteil wurde. Wie anders war jedoch die Wirklichkeit nach der Vorsehung Gottes! Wir finden Maria in ihrem ärmlichen Heim mit niederen Arbeiten beschäftigt: sie kehrt den Fußboden, besorgt die Wäsche, kocht das Essen, den Krug auf dem Kopf holt sie Wasser vom Brunnen, ja, sie verrichtet alle die Arbeiten, die wir trotz des Beispiels, das Jesus, Maria und Josef uns geben, als niedere Arbeiten zu bezeichnen wagen. Sicher waren Marias Hände rot und abgearbeitet; sicher war sie oft müde und überlastet; sie hatte all die Sorgen der Frau eines Arbeiters."

(Vassall-Phillips, Die Mutter Christi oder die selige Jungfrau Maria)

11. ARBEIT AN SOLDATEN UND AN MENSCHEN, DIE STÄNDIG UNTERWEGS SIND

Die Lebensumstände dieser Leute führen sie häufig zur Vernachlässigung der Religion und setzen sie vielen Gefahren aus. Deshalb ist Apostolat unter ihnen doppelt wünschenswert.

a) Da es für Zivilisten nicht immer leicht sein mag, zu militärischen Einrichtungen Zutritt zu erhalten, kann es für die wirksame Arbeit unter Soldaten erforderlich sein, Soldatenpräsidien zu errichten. Das ist in vielen Gegenden schon mit bemerkenswertem Erfolg geschehen.

b) Arbeit für Seeleute wird Besuche auf dem Schiff und das Bereitstellen verschiedener Einrichtungen an Land verlangen. Präsidien, die sich dieser Aufgabe widmen, sollten sich der internationalen Vereinigung „Apostolatus maris" anschließen, die in fast allen Küstenländern Zweigstellen hat.

c) Die Legionäre müssen die Dienstvorschriften bei Militär und Marine peinlich genau beachten. Ihre Handlungen dürfen nie gegen Vorschriften oder Traditionen verstoßen. Ja, eigentlich müssen sie danach trachten, dass ihr Apostolat die uneingeschränkte Anerkennung verdient: Es richtet die Mannschaft in jeder Weise auf und stellt für deren Dienste nichts als Gewinn dar, ja, mehr als das: eine ausdrückliche Notwendigkeit.

d) Reisende, Zigeuner und Zirkusleute gehören zu den Menschen, die ständig unterwegs sind und in den Wirkungsbereich des Legionsapostolats gebracht werden sollten. Das gilt auch für Einwanderer und Flüchtlinge.

„Zu den großen Veränderungen der Gegenwart gehören die Aus- und Einwanderer, durch die ein neues Phänomen entsteht: zahlreiche Nichtchristen kommen in Länder mit alter christlicher Tradition; es ergibt sich die Gelegenheit zu neuen Kontakten und kulturellem Austausch; die Kirche sieht sich zu ihrer Aufnahme, zu Dialog, zu Hilfe, mit einem Wort, zu Brüderlichkeit herausgefordert. Unter den Einwanderern nehmen die Flüchtlinge einen ganz eigenen Platz ein und verdienen volle Aufmerksamkeit. Es sind inzwischen viele Millionen auf der ganzen Welt, und es werden immer mehr. Sie sind geflüchtet vor politischer Unterdrückung und unmenschlichem Elend, vor Hungersnot und Trockenheit in katastrophalen Ausmaßen. Die Kirche muss sie im Umfeld ihrer apostolischen Sorge aufnehmen." (RM 37 b)

12. DIE VERBREITUNG KATHOLISCHER LITERATUR

Das Leben unzähliger Menschen, wie etwa das des hl. Augustinus von Hippo und des hl. Ignatius von Loyola, zeigt: Bücher, die ihnen von Menschen empfohlen wurden, deren Urteil sie hoch achteten, übten auf sie so großen Einfluss aus, dass sie dadurch zu Höherem geführt wurden. Die Verbreitung katholischer Literatur bietet großartige Gelegenheiten zu apostolischen Kontakten mit verschiedensten Menschen, wobei Themen des katholischen Glaubens leicht zur Sprache gebracht werden können. Ohne fortlaufende religiöse Erwachsenenbildung sind Menschen, die in einer säkularisierten Welt leben, in einer sehr nachteiligen Lage. Die Kirche lehrt sie die eine Welt, und sie leben in einer anderen. Die Stimme der säkularisierten Welt spricht lauter als die der Kirche. Das Ungleichgewicht muss ausgeglichen werden. Es ist Aufgabe eines Christen, die säkularisierte Welt für Christus zu gewinnen. Das verlangt, dass wir die rechten Werte und Einstellungen haben – nämlich die christlichen.

Ohne andere Arten der Kommunikation zu unterschätzen, muss man sagen, dass ernsthaftes Lesen, das heißt lernendes Lesen, eine sehr reichhaltige und einflussreiche Quelle von Ideen ist. Ein wenig regelmäßig zu lesen ist viel hilfreicher, als viel und nur gelegentlich zu lesen, wenn man gerade Lust dazu hat. Es ist ein echtes Problem, Menschen dazu zu bringen, religiöse Bücher zu lesen. Ihr Interesse muss geweckt werden, und wenn dieses nicht schwinden soll, muss das Lesematerial leicht zugänglich sein. Dies bietet eine Möglichkeit für apostolische Katholiken.

Neben religiösen Büchern und Kleinschriften gibt es katholische Zeitungen und Zeitschriften, deren Ziel es ist,
1. einen vernünftigen Überblick über das Zeitgeschehen und eine durchdachte Bewertung davon zu geben;
2. notwendige Richtigstellungen von verdrehten Ideen oder berechnetem Schweigen zu bieten;
3. laufende Medienangebote zu besprechen und Richtlinien dazu zu geben;
4. einen gesunden Stolz und ein sorgsames Interesse für die Geschehnisse der Weltkirche zu entwickeln und
5. den Geschmack an Lektüre von nachhaltiger Wirkung zu fördern.

Zusätzlich zum gedruckten Wort spielen auch audio-visuelle Mittel eine wertvolle Rolle bei der Weitergabe des Glaubens.

Bevor man religiöses Material gleich welcher Art verwendet, ist es immer wichtig, sich bei vertrauenswürdigen Stellen zu vergewissern, dass es vollkommen mit der Lehre der Kirche übereinstimmt. Veröffentlichungen, die sich katholisch nennen, sollten ihren Namen verdienen. „Nicht Namen sind es, die zum Vertrauen in Dinge führen, sondern die Dinge führen zum Vertrauen in die Namen." (Hl. Johannes Chrysostomus)

Folgende Methoden der Verbreitung katholischer Literatur sind erprobt und bewährt:
1. Besuche von Tür zu Tür zur Neuwerbung von Abonnenten;
2. Zustellung von Zeitungen und Zeitschriften;
3. Betreuung von kirchlichen Bücherständen und Bücherläden;

4. Betreuung eines Bücherwagens oder tragbaren Büchertisches an öffentlichen Orten;
5. Empfehlung von weiterführender Literatur bei Patrizierrunden. (Siehe Kapitel 38)

Bücherstände sollten attraktiv gestaltet sein und eine gute Auswahl bieten. Bei der Werbung für die katholische Kirche sind schlampige Methoden nicht annehmbar.

Bei Besuchen, die zum Ziel haben, katholische Literatur zu verbreiten, werden die Legionäre versuchen, durch ihr Apostolat jedes Mitglied der besuchten Familie zu beeinflussen.

„Maria ist die Gehilfin Jesu und von ihm untrennbar. Immer und überall finden wir die Mutter bei ihrem Sohn. Deshalb ist es nicht Christus allein, der uns mit Gott verbindet und uns in den Besitz der himmlischen Güter stellt, sondern dieses heilige Paar, die Frau und ihr Nachkomme. Wenn wir deshalb in unserer religiösen Verehrung Maria von Jesus trennen, zerstören wir die Ordnung, die Gott selbst geschaffen hat." (Terrien, La Mère de Dieu et la Mère des Hommes)

13. FÖRDERUNG DES TÄGLICHEN MESSBESUCHS UND DER VEREHRUNG DES ALLERHEILIGSTEN SAKRAMENTS

„Die Gläubigen mögen so oft wie möglich, am besten täglich, aktiv am hl. Messopfer teilnehmen, mit reinem und frommen Herzen die hl. Kommunion empfangen und Christus dem Herrn auch gebührend für ein so großes Geschenk danken. Sie mögen an folgende Worte denken: ‚Der Wunsch Jesu Christi und der Kirche, dass alle Gläubigen täglich zur hl. Kommunion gehen, hat vor allem den Sinn, dass sie durch das Sakrament mit Gott verbunden werden und daraus die Kraft schöpfen, die Leidenschaften zu beherrschen. die täglichen lässlichen Sünden zu tilgen und vor dem Fall in schwere Sünden, denen die menschliche Schwachheit immer ausgesetzt ist, zu bewahren.' (AAS 38 [1905], 401) Außerdem sollen sie es nicht unterlassen, das Allerheiligste Sakrament, das an einem bevorzugten Ort und mit größter Ehrfurcht den liturgischen Gesetzen entsprechend in den Kirchen aufzubewahren ist, tagsüber zu besuchen; ein solcher Besuch ist ein Beweis der Dankbarkeit und ein Zeichen der Liebe wie der schuldigen Verehrung gegenüber Christus dem Herrn, der hier gegenwärtig ist." (MF 66)

Wahrscheinlich wird das weniger als eigene Arbeit betrieben, sondern man behält es im Gedächtnis und verfolgt es beharrlich. Siehe Kapitel 8, *Der Legionär und die heilige Eucharistie*.

„Wir sehen, wie die Eucharistie, das Opfer und das Sakrament, in ihrem überströmenden Reichtum all das umfasst, was das Kreuz Gott dargebracht und den Menschen geschenkt hat. Sie ist das Blut von Kalvaria und der Tau des Himmels zugleich: das Blut, das um Erbarmen fleht, und der lebenspendende Tau, der die verschmachtende Pflanze aufrichtet. Sie ist der Preis, der für uns bezahlt, und der Segen, der uns geschenkt wurde. Sie ist das Leben und der Preis des Lebens. Das Kreuz steht im Wert nicht höher, und auch das Abendmahl nicht, und auch nicht beide zusammen: sie leben fort in der heiligsten Eucharistie, und auf ihnen ruht die Hoffnung der Menschheit.
Deshalb nennt man die heilige Messe zu Recht Geheimnis des Glaubens, nicht nur, weil sie die gesamte christliche Lehre einschließt, die Lehre von unserem Sündenfall in Adam und unserer Erlösung in Christus, sondern auch – und vor allem –, weil sie mitten unter uns das Drama, die heroische Tat fortsetzt, durch welche die Menschheit auf so erhabene Weise zur Höhe geführt und für einstige Verluste so reich entschädigt wurde. Und es ist nicht eine bloß symbolische Wiederholung, sondern vergegenwärtigt tatsächlich in unserer Mitte, was Christus selbst vollbracht hat." (De la Taille, Das Mysterium des Glaubens)

14. WERBUNG UND BETREUUNG VON HILFSMITGLIEDERN

Jedes Präsidium, das die Macht des Gebets zu schätzen weiß, wird sich bemühen, eine lange Liste von Hilfsmitgliedern zu besitzen. Es ist die Pflicht jedes Legionärs, betende Helfer zu gewinnen und zu versuchen, mit ihnen in Verbindung zu bleiben.

Man bedenke die Großzügigkeit dieser Hilfslegionäre, die der Legion einen Teil des kostbaren Atmens ihrer Seele widmen! Welche Möglichkeiten zur Heiligkeit sind in ihnen! Die Legion steht sehr tief in ihrer Schuld. Diese Schuld kann sie auf schöne Art abtragen, indem sie die Hilfslegionäre zur Vollkommenheit führt. Aktive Legionäre und Hilfsmitglieder – beide sind Kinder der Legion. Die aktiven Mitglieder sind die älteren Kinder, und die Mutter der Legion – wie die jeder Familie – erwartet von ihnen, dass sie ihr bei den Jüngeren helfen. Sie wird diese Hilfe nicht bloß überwachen; sie wird sie wirksam machen, so dass in der Fürsorge für die Hilfslegionäre durch die aktiven Legionäre wundervolle Dinge für beide liegen. In der Seele des Hilfslegionärs erwächst Heiligkeit gleich einem mächtigen Bau; und für den aktiven Legionär gibt es den Lohn des Baumeisters.

Diese Arbeit für die Hilfslegionäre ist so voller Möglichkeiten, dass sie offensichtlich die besondere Aufmerksamkeit einiger Mitglieder des Präsidiums erfordert, die aus der Fülle des Geistes als die „älteren Geschwister" dieser Arbeit nachgehen.

„Ich glaube, es ist offensichtlich, dass unser Herr Jesus Christus in dieser Zeit voll Sünde und Gotteshass eine Legion erwählter Seelen um sich scharen will, die mit Herz und Seele ihm und seinen Plänen ergeben sind, auf die er sich verlassen kann, wenn es zu helfen und zu trösten gilt; die nicht fragen: ‚Wie viel muss ich tun?', sondern eher: ‚Wie viel kann ich tun, um seine Liebe zu erwidern?' Eine Legion von Seelen, die geben, ohne der Kosten zu achten, deren einziger Schmerz es ist, dass sie nicht noch mehr tun und geben und leiden können für ihn, der so viel für sie getan hat. Mit einem Wort: Menschen, die anders sind als die anderen, die in den Augen der Welt vielleicht Narren sind, denn ihre Losung heißt: Opfer, und nicht: Bequemlichkeit." (Alfred O'Rahilly, Father William Doyle)

„Dann wird die Legion der kleinen Seelen, dieser Opfer der barmherzigen Liebe, so zahlreich sein ‚wie die Sterne am Himmel und der Sand am Ufer des Meeres'. Für Satan wird sie schrecklich sein; sie wird der seligsten Jungfrau Maria helfen, sein stolzes Haupt vollends zu zertreten." (Hl. Therese von Lisieux)

15. ARBEIT FÜR DIE MISSION

Die Sorge um die Mission ist ein wesentlicher Bestandteil eines echten Christenlebens. Das beinhaltet Gebet, materielle Unterstützung und Förderung von Missionsberufungen, je nach den persönlichen Umständen jedes einzelnen.

Legionäre könnten zum Beispiel eine Gruppe des Kindermissionswerkes führen und eine Schar Kinder um sich sammeln, die sie mit Liebe für die Mission erfüllen. Sie könnten aber auch eine Gruppe von Leuten, die für eine volle Mitgliedschaft in der

Legion nicht in Frage kommen, um sich scharen (sie eventuell auf der Basis der Hilfsmitgliedschaft in der Legion organisieren) und sie anleiten, Näharbeiten zu machen, Paramente anzufertigen usw. Dabei werden drei Aufgaben gleichzeitig erfüllt:
a) Der Legionär trägt zu seiner eigenen Heiligung bei;
b) er leitet viele andere an, sich um ihre Heiligung zu bemühen;
c) das Missionswerk wird auf praktische Weise unterstützt.

Im Zusammenhang mit dieser Aufgabe muss auf zwei Punkte besonders hingewiesen werden, die freilich allgemein gelten:
a) Kein Präsidium darf zu einer bloßen Sammelstelle werden, gleichgültig für welchen Zweck.
b) Das Anleiten und Einteilen von Personen, die Näharbeiten erledigen, wäre eine zufriedenstellende Erfüllung der wöchentlichen Arbeitsverpflichtung. Das Nähen allein gilt jedoch für einen erwachsenen Legionär nicht als wesentliche Legionsarbeit – außer unter sehr besonderen Umständen, wie zum Beispiel einer wirklichen Körperbehinderung.

„Die vier Werke – das Werk der Glaubensverbreitung, das Werk des hl. Apostels Petrus, das Kindermissionswerk und der Missionsbund – haben als gemeinsame Aufgabe, den Geist der Weltmission im Volk Gottes zu fördern." (RM 84)

16. FÖRDERUNG VON EXERZITIEN UND EINKEHRTAGEN

Nachdem sie selber den Nutzen von Exerzitien und Einkehrtagen erfahren haben, sollten Legionäre solche organisieren und diesen Gedanken verbreiten. Wo Exerzitien und Einkehrtage noch nicht eingeführt sind, sollten die Legionäre anstreben, dass dies geschieht.

Das ist die Empfehlung von Papst Pius XI. in seiner weiter unten zitierten Enzyklika an alle religiösen Laienorganisationen, „die bereit sind, im Apostolat der Kirche zu dienen. In diesen heiligen Exerzitien wird ihnen der unschätzbare Wert einer Seele klar bewusst und ihre Hilfsbereitschaft entflammt werden. Der Feuergeist des Apostolats wird sie erfüllen, sie werden voll Eifer sein und Großes wagen. (MN)"

Es ist hervorzuheben, welche Betonung dieser große Papst auf die Heranbildung von Aposteln legte. Manchmal wird diesem Ziel nicht gedient; es gehen keine Apostel aus den Exerzitien hervor. In einem solchen Fall muss ihr Nutzen bezweifelt werden.

Legionäre dürfen sich nicht wegen fehlender Übernachtungsmöglichkeiten vom Versuch abschrecken lassen, den Nutzen von Einkehrtagen bekannt zu machen. Die praktische Erfahrung hat bewiesen, dass auch eintägige geistliche Übungen – ein Einkehrtag von früh bis abends – greifbare Früchte bringen. Tatsächlich gibt es keinen anderen Weg, diese Form geistlicher Übungen den Massen zugänglich zu machen. Fast alle Räumlichkeiten mit angeschlossenem Grundstück können für einen Tag zu diesem Zweck verwendet werden, und die Auslagen für ein paar einfache Mahlzeiten sind nicht groß.

„Auch der göttliche Meister hat seine Apostel immer wieder aufgefordert, sich in liebevolles Schweigen zurückzuziehen: ‚Kommt mit an einen einsamen Ort, wo wir allein sind, und ruht ein wenig aus!' (Mk 6,31) Als er diese schmerzenreiche Erde verließ, um in den Himmel aufzufahren, wünschte er, dass eben diese Apostel und auch seine Jünger in dem Obergemach in Jerusalem geläutert und zur Vollendung geführt werden sollten. In den zehn Tagen, in denen sie dort alle einmütig im Gebet verharrten (vgl. Apg 1,14), wurden sie darauf vorbereitet, den Heiligen Geist würdig zu empfangen. Es waren denkwürdige Tage geistlicher Einkehr - ein erster Hinweis auf die späteren Exerzitien. Da wurde die Kirche geboren, da wurden ihr Tugend und immerwährende Kraft verliehen. In Gegenwart der Jungfrau Maria, der Mutter des Herrn, und von ihrer Fürbitte getragen, erhielten jene Menschen, die wir wohl zu Recht Vorläufer der Katholischen Aktion nennen dürfen, ihre Sendung." (MN)

17. DIE PIONIERVEREINIGUNG TOTALER ABSTINENZ ZU EHREN DES HEILIGSTEN HERZENS JESU

Eine wunderbare Arbeit für ein Präsidium wäre zweifellos die Werbung von Mitgliedern für diese Vereinigung. Ihr vorrangiges Ziel ist die Ehre Gottes durch die Förderung von Nüch-

ternheit und Abstinenz; seine Hauptmittel sind Gebet und Selbstaufopferung. Die Mitglieder werden durch ihre persönliche Liebe zu Christus dazu angeregt,
a) von Alkohol unabhängig zu sein, um Gutes zu tun,
b) Sühne zu leisten für die Sünden der Zügellosigkeit, einschließlich ihrer eigenen Sünden,
c) durch Gebet und Selbstaufopferung Gnaden und Hilfe zu gewinnen für jene, die übermäßig trinken, und für jene, die an den Folgen übermäßigen Trinkens leiden.

Die Hauptverpflichtungen der Mitglieder sind:
1. lebenslänglich auf alkoholische Getränke zu verzichten,
2. täglich zweimal das Pioniergebet zu beten,
3. das Pionierabzeichen öffentlich zu tragen.

Das Pioniergebet lautet:

> Zu deiner größeren Ehre und zu deinem Trost,
> o Heiligstes Herz Jesu,
> um dir zuliebe ein gutes Beispiel zu geben,
> um Selbstverleugnung zu üben,
> um die Sünden der Trunksucht dir gegenüber
> wieder gutzumachen,
> und für die Bekehrung übermäßiger Trinker
> will ich mich mein Leben lang aller
> berauschenden Getränke enthalten.

Es besteht die folgende Vereinbarung:
1. ein Präsidium der Legion Mariens kann mit Zustimmung des Zentraldirektors der Pioniervereinigung als Pionierzentrum eingesetzt werden;
2. in Gebieten, wo bereits ein Pionierzentrum existiert, darf sich ein Präsidium diesem Zentrum mit dessen Zustimmung anschließen, um die Vereinigung zu unterstützen und Mitglieder für sie zu gewinnen. (Siehe Anhang 9)

18. JEDER ORT HAT SEINE EIGENEN BESONDEREN BEDÜRFNISSE

Legionäre werden alle möglichen anderen Mittel anwenden, um diejenigen Ziele der Legion zu erreichen, welche die Gegebenheiten jedes Ortes nahe legen und die von der zuständigen Legionsautorität gutgeheißen werden, natürlich immer in Übereinstimmung mit der kirchlichen Autorität. Noch einmal sei betont: Das Ausschauhalten nach möglichen Arbeiten soll mit Unternehmungsgeist und Mut geschehen.

Jede heldenhafte Tat im Namen der Kirche übt auf die Denkweise des jeweiligen Ortes eine Wirkung aus, die man als „elektrisierend" bezeichnen kann. Alle, sogar die Ungläubigen, werden aufgerüttelt, so dass sie die Religion auf neue Weise ernst nehmen. Diese neuen Maßstäbe werden die Lebensweise der gesamten Bevölkerung verändern.

„ ‚Habt keine Angst', sagte Jesus. So wollen wir alle Furcht ablegen. Wir können Ängstliche nicht brauchen. Wenn es je einen Grund gibt, diese Worte Christi ‚Habt keine Angst' zu wiederholen, dann sicher im Hinblick auf das Apostolat. Denn Angst lähmt unsere Tatkraft und beeinträchtigt unsere Urteilsfähigkeit. Darum – ich wiederhole es noch einmal – muss jede Furcht von uns fern sein, jede außer der einen, die ich euch lehren möchte: der Gottesfurcht. Wenn ihr diese besitzt, dann fürchtet ihr weder die Menschen noch die Geister dieser Welt.
Und was die Klugheit betrifft, sie muss so sein, wie sie die Heilige Schrift beschreibt und immer wieder vor Augen führt: die Klugheit der Gotteskinder, die Klugheit des Geistes. Sie darf nicht die Klugheit des Fleisches sein – und ist es auch nicht: schwach, faul, dumm, selbstsüchtig, schlecht." (Pius XI., Ansprache am 17. Mai 1931)

38
DIE PATRIZIER

Die Gemeinschaft der Patrizier wurde im Jahr 1955 errichtet. Ihr Zweck ist es, das religiöse Wissen des Volkes aufzubauen, die Menschen anzuleiten, wie sie darüber sprechen sollen, und sie zum Apostolat zu ermutigen. Ihre Arbeitsweise war als ein Experiment gedacht, wurde jedoch unverändert beibehalten.

Obwohl zunächst von allen Seiten Änderungen vorgeschlagen wurden, hat man erkannt, dass diese Vorschläge nur Rückkehr zu anderen schon bestehenden Methoden bedeuteten, wie etwa zum Katechismusunterricht, zu Vorträgen oder zu Frage-und-Antwort-Stunden. Alle diese Methoden haben ihren eigenen wichtigen Platz, aber sie treffen nicht den Punkt, der wahrscheinlich das Kernproblem der Kirche ist: die religiöse Unwissenheit der Erwachsenen und das Verhalten der Laien, als wären ihre Zungen gelähmt. Hier hat sich die Methode der Patrizier als sehr wirkungsvoll erwiesen und muss daher sorgfältig bewahrt werden. Ihr System ist ein sehr ausgewogenes. Eine kleine Abweichung davon kann es von Grund auf verändern – so ähnlich, wie man beim Radiogerät durch eine kleine Änderung der Wellenlänge einen anderen Sender zu hören bekommt.

Die anderen Systeme stellen einen Fachmann – oder eine kleine Anzahl von fachkundigen Personen – zur Verfügung, deren Sache es ist, eine Gruppe von anderen Leuten zu unterrichten. Die Methode der Patrizier hingegen ist die der Legion selbst: Gemeinsam wird die Aufgabe in Angriff genommen, alle arbeiten zusammen im aktiven Streben nach Wissen.

Bei näherer Betrachtung zeigt sich das Patriziersystem als ein echtes Kind der Legion, denn es enthält die verschiedenen charakteristischen Elemente, die in ihrer Gesamtheit die Legion selber ausmachen. Es überträgt das Legionssystem auf den Bereich der religiösen Erziehung.

Auf diesem Gebiet führt Maria den Vorsitz. Sie war es, die Jesus auf die Erde gebracht und der Welt geschenkt hat. Alle seine weiteren Mitteilungen an die Menschen sind ihr anvertraut. Diese ihre hervorragende Stellung wird durch den Legionsaltar ausgedrückt, der den Mittelpunkt der Patrizierrunde bilden muss. Die Patrizier versammeln sich um Maria, um über die Kirche in allen ihren Aspekten zu sprechen, das heißt über Jesus, der in ihrer Mitte gegenwärtig ist, wie er verheißen hat. Das ist eine hohe Form des Gebets, das leicht gemacht wird, weil das

Treffen abwechslungsreich ist; es wäre nicht leicht, zwei Stunden lang im üblichen Gebet zu verbringen. Das ist einer der Gründe, weshalb das Patriziersystem im geistlichen Leben weiterführt, während es gleichzeitig der Unterweisung dient.

Im Präsidium ist das erste Erfordernis, dass jedes Mitglied einen mündlichen Bericht gibt. Das Patriziersystem schlägt denselben Ton an: Sein Hauptziel ist es, jedem einzelnen einen mündlichen Beitrag zu entlocken. Der Rahmen und die Führung des Treffens sind daraufhin auszurichten. Es soll eine freundliche, wohlwollende Atmosphäre herrschen, gerade wie in einer guten Familie, in der – obwohl einige gesprächiger sind als andere – alle ihre Meinung ausdrücken. Diese Atmosphäre hängt davon ab, dass nichts da ist, was ihr widerspricht. Die übliche Taktik bei öffentlichen Debatten beruht darauf, dass man angreift, verurteilt und lächerlich macht. Wenn das in einer Patrizierrunde vorkommt, werden die Mitglieder ausbleiben.

Herrscht der familiäre Geist, in dem sich auch die „kleinsten Leute" wohl fühlen, dann ist die Grundlage für die Patrizierrunde gelegt. Wie ein Zündfunke wird dann ein Beitrag den anderen auslösen, wie bei einer Kette ein Glied das andere mitzieht. Wissenslücken werden ausgefüllt, bruchstückhafte Kenntnisse ordnen sich in das Mosaik der katholischen Lehre ein. Während Wissen und Interesse wachsen, verschmelzen die einzelnen immer stärker zur Einheit des mystischen Leibes Christi und werden von seinem Leben durchdrungen.

Auch in seinen anderen Grundzügen entspricht die Vorgehensweise der Patrizier der Lehre und Methode der Legion. Es ist wichtig, dass sich die Legionäre das ganz zu Herzen nehmen, damit sie sich für das Gelingen der Patrizierrunden mit derselben Überzeugung einsetzen, wie sie es für das Präsidium tun. Dann werden sie für die ihnen bevorstehende Aufgabe gut gerüstet sein.

Es ist eine traurige Tatsache, dass Katholiken über Religion mit Menschen außerhalb der Kirche gar nicht sprechen und nur selten mit denen, die der Kirche angehören. Für diese Fehlhaltung der Christen wurde ein Ausdruck geprägt: Sprachlosigkeit. Kardinal Suenens fasst diese Haltung so zusammen: „Man behauptet, dass die Menschen außerhalb der Kirche nicht zuhören wollen. Tatsächlich wahr ist aber: Die Katholiken wollen nicht reden.“ Es scheint der Fall zu sein, dass der Durchschnittskatholik einem anderen im Bereich der Religion nicht helfen will. Aufrichtig Fragende erhalten nicht die Information, die sie suchen, und so entsteht der falsche Eindruck, dass die Katholiken Bekehrungen gegenüber gleichgültig sind.

Dieses weit verbreitete Versagen scheint das Wesen des Christseins selbst zu bedrohen, denn Christentum hat nichts mit Egoismus zu tun. Aber die Lage ist nicht so schlimm, wie sie aussieht, denn meistens beruhen dieses Schweigen und diese scheinbare Gleichgültigkeit auf einem Mangel an Vertrauen.

a) Diese Menschen sind sich der Lücken in ihrem religiösen Wissen allzu sehr bewusst. In der Folge gehen sie jeder Gelegenheit aus dem Weg, bei der diese Schwäche ans Tageslicht kommen könnte.
b) Sogar dort, wo beträchtliches Wissen vorhanden ist, sind die Kenntnisse voneinander getrennt wie die Antworten des Katechismus. Der Verstand hat den nächsten Schritt nicht vollzogen: sie entsprechend zusammenzufügen – wie etwa die Teile eines Autos oder des menschlichen Körpers zusammengefügt sind. Dazu kommt noch die Schwierigkeit, dass viele Teilkenntnisse fehlen und andere nicht im richtigen Verhältnis zueinander stehen. Sogar wenn sie zusammengefügt sind, gleicht das Ergebnis einer Maschine, deren Teile nicht zueinander passen, und die nicht funktionieren wird.
c) In vielen Fällen ist die Unwissenheit so groß, die Kenntnisse sind so ungenügend, dass keine ausreichende Basis für den Glauben gegeben ist. Es herrscht ein Zustand von Halbglauben. Dieser braucht nur eine ungläubige Umgebung, und er wird sich ganz verflüchtigen.

Das ist das Problem.

Die Patrizier sind eine Gemeinschaft, die von der Legion geführt wird. Jede Gruppe muss einem Präsidium angeschlossen sein, den Vorsitz muss ein aktiver Legionär führen. Ein Präsidium kann mehrere Patrizierrunden führen. Jede muss einen Geistlichen Leiter haben, mit dem der Geistliche Leiter des Präsidiums einverstanden ist. Auch eine Ordensperson kann diese Aufgabe übernehmen oder – mit Erlaubnis der kirchlich verantwortlichen Stelle – ein Laie.

Wie die meisten Legionsbezeichnungen kommt der Ausdruck „Patrizier" aus dem Wortschatz des alten Rom. Die Patrizier waren die höchste der drei Gesellschaftsschichten – Patrizier, Plebejer, Sklaven. Unsere Patrizier aber streben danach, alle sozialen Schichten zu einem einzigen Adel des Geistes zu verbinden. Außerdem erwartete man von den Patriziern große Liebe zu ihrem Land und Verantwortung für sein Wohl. So müssen unsere Patrizier Stützen der Kirche sein, ihrer geistigen Heimat. Die Regeln verlangen nicht, dass sie fromm, nicht einmal, dass sie praktizierende Katholiken sind, sondern nur, dass sie im weiten Sinn der katholischen Kirche angehören. Eingefleischt antikatholische Katholiken gehören nicht zu dieser Kategorie. Nichtkatholiken dürfen an den Treffen nicht teilnehmen, außer auf Anordnung des Bischofs.

Das Patriziertreffen findet monatlich statt; Pünktlichkeit und regelmäßige Abfolge sind wesentlich. Die Treffen sollten nicht ausfallen, außer wenn es wirklich unmöglich ist, sie abzuhalten. Die Mitglieder sind nicht verpflichtet, an jeder Runde teilzunehmen. Es wird notwendig sein, sie zu verständigen, wann das nächste Treffen stattfindet.

Wünschenswert ist, dass eine Patrizierrunde nicht mehr als fünfzig Teilnehmer hat, und schon diese Anzahl wird Schwierigkeiten bereiten.

Der äußere Rahmen

Es darf nicht der Eindruck eines Theaters mit Bühne und Zuhörerschaft entstehen; es darf aber auch keine Atmosphäre der

Unordnung herrschen. Soweit möglich, sind die Sitzgelegenheiten in einem Halbkreis anzuordnen, der Tisch ergänzt den Kreis. Auf dem Tisch steht der Legionsaltar mit dem Vexillum als einem wichtigen Teil desselben.

Das Treffen sollte in jeder Hinsicht anziehend sein. Dazu gehören auch äußerliche Annehmlichkeiten wie geeignete Sitzgelegenheiten, Beleuchtung und Raumtemperatur.

Die Ausgaben werden durch eine geheime Beutelkollekte gedeckt, und der Kassenbericht ist bei jedem Treffen zu geben.

Die Ordnung des Treffens

1. Das Treffen beginnt mit dem Patriziergebet, das man stehend gemeinsam betet.

2. Es folgt ein Referat oder eine Ansprache eines Laien über das Gesprächsthema, streng begrenzt auf fünfzehn Minuten. Es braucht nicht so lange dauern, ist es aber länger, so ist das – wie jedes Übermaß – schädlich. Es ist nicht nötig, dass ein Fachmann das Referat hält. Fachwissen kann ein Zuviel an Gelehrsamkeit und an Ausführlichkeit bedeuten, was das Treffen gleich zu Beginn zerstören könnte. Andererseits gab es die Ansicht, ein Referat sei nicht nötig. Aber es ist offensichtlich notwendig, dass ein Thema vorher durchdacht werden muss. Das ist nur wirksam gewährleistet, wenn man jemanden dazu bestimmt. Das Treffen muss mit Rohmaterial versehen werden, mit dem man arbeiten kann.

3. Dem Referat folgt ein allgemeines Gespräch. Alle anderen Punkte des Treffens sind für diesen einen da und müssen auf sein volles Funktionieren ausgerichtet sein. Es kann keine Diskussion geben, wenn die einzelnen Teilnehmer nicht dazu beitragen. Das Problem des Patriziersystems besteht darin, Leute zum Reden zu bringen, die zunächst dazu nicht fähig oder bereit sind. Zu ihrem eigenen Besten und zum Heil der Kirche muss dieses Problem gelöst werden.

Dementsprechend soll jede Hilfe zum Tragen kommen und jeder gegenteilige Einfluss ausgeschaltet werden. Verhängnisvoll wäre eine schroffe Stellungnahme zu falschen und unsinnigen Äußerungen – und davon wird es eine Menge geben. Es würde den Zweck der Patrizierrunde zunichte machen: jeden einzelnen zu bewegen, dass er aus sich herausgeht. Daher ist die Redefreiheit von allerhöchster Bedeutung und soll auch dann gefördert werden, wenn etwas Ungeschicktes gesagt wird. Man muss daran denken, dass solche Äußerungen außerhalb der Patrizierrunde ständig wiederholt werden, wenn niemand sie korrigiert. Hauptsache ist also, dass die Beiträge überhaupt gegeben werden und nicht, dass sie gescheit und zutreffend sind. Vollendete Beiträge mögen herausstechen, die gewöhnlichen aber haben die größte Wirkung: durch sie lernen auch die sprachlich Ungeschickten reden.
Es ist psychologisch wichtig, dass die Beiträge an die Versammlung gerichtet werden und nicht an irgendeine „Hauptperson". Die Idee dahinter ist: Wenn ein Redner geendet hat, soll jeder Zuhörer diesem Beitrag sozusagen Auge in Auge gegenüberstehen, als würde dieser nach einem Kommentar rufen, fast so, als handle es sich um ein Gespräch zwischen zwei Personen. In diesem Fall würde man ja auch sofort antworten, und diese Bereitschaft zur Antwort soll in der Patrizierrunde geweckt werden.

Jede Ablenkung würde dieses psychologische Gleichgewicht stören. Eine solche wäre etwa, wenn der Gesprächsleiter die Aufmerksamkeit durch Kommentare oder Worte der Anerkennung auf sich lenkt; oder wenn der Referent immer wieder eingreift, um auf einzelne Punkte seines Referates zu verweisen; oder wenn der Geistliche Leiter jede auftauchende Schwierigkeit sofort löst. Jede Tendenz in diese Richtung wäre zerstörerisch, das Treffen würde sich in eine Podiumsdiskussion verwandeln, in der nur ein paar Leute Fragen stellen und von ein paar Experten die Antworten bekommen.
Es ist wünschenswert, eine Atmosphäre zu schaffen, die schüchterne Leute zum Reden ermutigt.
Der Gesprächsleiter sollte Nachsicht üben, wenn Beiträge hin und wieder am Thema vorbeigehen. Jemanden zur Ordnung zu

rufen, könnte die ganze Runde einschüchtern. Wenn aber diese Abschweifung auch andere in eine falsche Bahn bringt, muss der Gesprächsleiter wieder zum Thema zurückführen.
Wer spricht, soll aufstehen. Wahrscheinlich würden die Beiträge reichlicher fließen, wenn die Sprecher sitzen bleiben dürften. Damit würde man aber riskieren, dass die Diskussion zu einem ungeordneten Meinungsaustausch absinkt, der dann nur mehr einer Unterhaltung gleicht.
Die Teilnehmer müssen sich nicht auf eine einzige Wortmeldung beschränken. Wer aber noch nicht gesprochen hat, hat Vorrang vor einem, der bereits etwas beitragen konnte.

4. Eine Stunde nach Beginn des Treffens wird die Diskussion unterbrochen. Unmittelbar vor der Pause gibt man den Kassenbericht und erinnert daran, dass gleich nach der Ansprache des Geistlichen Leiters der Beutel herumgereicht wird.

5. Dann gibt es eine kleine Erfrischung (zum Beispiel Tee oder Kaffee und Kekse). Sie ist für die Patrizierrunde wesentlich und darf nicht entfallen. Sie erfüllt viele wichtige Zwecke:
a) sie gibt der Patrizierrunde eine hilfreiche gesellschaftliche Note;
b) sie dient dem Gedankenaustausch;
c) sie löst die Zungen;
d) sie bietet Gelegenheit für apostolische Kontakte.
Es wurde vorgeschlagen, die Erfrischungen wegzulassen, die Pause aber aus den oben erwähnten Gründen beizubehalten. Eine Pause ohne Erfrischungen könnte man jedoch nicht gut rechtfertigen. Diese Pause soll fünfzehn Minuten dauern.

6. Nun folgt eine 15 Minuten dauernde Ansprache des Geistlichen Leiters. Auf diese Ansprache war alles ausgerichtet und ihr wird sehr aufmerksam zugehört werden. Sie ist ein entscheidender Bestandteil, der das Besprechungsthema in eine ordentliche, korrekte Form bringt, es auf die höchste Ebene hebt und alle Teilnehmer dazu anregt, Gott mehr zu lieben und ihm besser zu dienen. Es wurde gefragt: Warum setzt man diese Ansprache nicht an den Schluss des Treffens, wo alles bis dahin Gesagte berücksichtigt werden könnte? Die Antwort ist, dass

diese Ansprache wertvolles Material für weitere Gespräche geben soll. Das könnte sie aber nicht, wenn sie erst am Schluss käme. Es gibt noch einen anderen Grund: die Ansprache haben vielleicht nicht alle Anwesenden wirklich verstanden. In diesem Fall wird das „Prinzip des Verdolmetschens" (wie weiter unten beschrieben) in der wieder aufgenommenen Diskussion zur Wirkung kommen.

7. Nach der Ansprache des Geistlichen Leiters wird die allgemeine Diskussion bis fünf Minuten vor Schluss fortgesetzt.

8. a) Der Gesprächsleiter drückt dem Referenten im Namen der Versammelten kurz Anerkennung aus; er soll dabei aber keine formellen Dankesworte verwenden;
b) Das Thema des nächsten Treffens wird festgelegt. Dieses sollte sich auf Religion beziehen. Rein akademische, kulturelle, literarische oder wirtschaftliche Themen sind zu vermeiden;
c) Etwaige Ankündigungen werden gemacht.

9. Nun folgt als Schlussgebet das Glaubensbekenntnis, das alle zusammen stehend sprechen.

10. Das Treffen schließt mit dem priesterlichen Segen. Man soll ihn stehend empfangen, um der Unordnung vorzubeugen, die bei dem Versuch entsteht, in einem vollen Raum zwischen den Stühlen niederzuknien.
Die Patrizierrunde soll also zwei Stunden dauern. Die genaue Einhaltung des Zeitplans ist unbedingt erforderlich. Wenn man irgendwo die vorgesehene Zeit überschreitet, kommt etwas anderes zu kurz, und das Treffen gerät aus dem Gleichgewicht. Eine Zeittafel, auf der die einzelnen Punkte des Treffens und ihre Dauer verzeichnet sind, ist auf der Seite 343 zu finden.
Es ist keine Zusammenfassung vorgesehen. Man braucht auch nicht bekümmert zu sein, wenn wichtige Fragen unbeantwortet bleiben. Es wird noch viele Treffen geben, und schließlich wird sich Vollständigkeit einstellen.

Es gibt keine Arbeitsverpflichtung. Bei der Patrizierrunde dürfen keine Aufgaben zugewiesen werden. Man darf die Teilnehmer auch nicht zu zusätzlichen Aktivitäten drängen. Aber die freundschaftlichen Beziehungen, die sich entwickeln, sollten genützt werden, um die Leute auf jede Art anzuleiten, besonders aber zur Mitgliedschaft in der Legion einzuladen: als aktive Legionäre, Hilfslegionäre oder Adjutoren. Wenn man weise vorgeht, können von den Patriziern so starke Impulse ausgehen, dass jeder in der Gemeinschaft daraus Nutzen ziehen wird.

EINIGE PATRIZIER-GRUNDSÄTZE

1. Gruppen-Psychologie. Die Menschen brauchen die gegenseitige Hilfe, und es ist natürlich, dass sie Gruppen bilden. Die Gruppe übt in dem Maß Einfluss aus, in dem sie über Regeln und Geist verfügt. Die einzelnen versuchen, mit der Gruppe, der sie angehören, Schritt zu halten - was zum Guten wie auch zum Bösen beitragen kann. Sie hören auf, rein passiv zu sein und teilen das Leben der Gruppe. Wenn sie sich in ihr daheim fühlen, werden sie zu einer Triebkraft in ihr. Auf die Patrizier angewandt, bedeutet das, dass auf alle, selbst auf die am wenigsten Begabten, ein stiller, aber unwiderstehlicher Einfluss ausgeübt wird, sich anzueignen, was sie hören, und auch in anderer Weise Schritt zu halten. Freilich kann es geschehen, dass die Gruppe alles das leistet und dabei selbst keinerlei Fortschritte macht. Bei den Patriziern wird das dadurch vermieden, dass unter ihnen hochgesinnte Mitglieder sind, die immer wieder höhere Ideen in die Runde einfließen lassen. Durch die Kraft der Gruppen-Psychologie werden die anderen dieses Gedankengut aufnehmen, so dass die Runde ständig Fortschritte machen kann.

2. Die peinlichen Pausen. Langes Schweigen zwischen den einzelnen Beiträgen kann beunruhigend wirken. Der Gesprächsleiter kommt in Versuchung, die Mitglieder zum Sprechen zu drängen. Das wäre der falsche Weg. Es würde eine Spannung erzeugt, welche die Teilnehmer noch weniger zum Sprechen motiviert. Man soll es so sehen wie eine Familie: Dort hält man es nicht für nötig, ununterbrochen zu reden, und gelegentliche Pausen bieten Entspannung. Wenn daher Schweigen eintritt, lässt man die Leute gelassen dasitzen, wie sie es auch daheim tun würden. Das Schweigen wird ein Ende nehmen. Ist es soweit, dann folgt für gewöhnlich eine gelöste Atmosphäre, in der frei geredet wird.

3. Sich mit der Lösung Zeit lassen. Es gibt zwei Wege, ein Problem zu lösen. Der eine ist, sich die Antwort geradewegs von einem Fachmann zu holen, der andere, zu versuchen, sie für sich selbst zu erarbeiten. Der erste scheint der direkte und einfache Weg zu sein, und fast der gesamte Unterricht baut darauf auf. Das hat den Nachteil, dass die Antwort oft nur halb verstanden wird, und dass die Fähigkeiten der Schüler und ihr Verantwortungsbewusstsein sich nicht entwickeln. Die zweite Methode ist mühsamer: hier bleibt die Lösung des Problems den Lernenden selbst auferlegt. Sie müssen sich selbst anstrengen. Weisen sie dann ihre Rohentwürfe vor, erhalten sie die Hilfe eines Fachmanns. Dann aber ist es ihnen wieder selbst aufgetragen, sich ein Stück weiterzukämpfen. Das Endergebnis dieser **Hilfe zur Selbsthilfe** ist, dass sie tatsächlich etwas gelernt haben. Da die Lösung aus ihrer eigenen schrittweisen Denkarbeit hervorgegangen ist, haben die Patrizier sie sich zu Eigen gemacht, behalten sie im Gedächtnis und haben für die Zukunft mehr Selbstvertrauen. Das ist die Patrizier-Methode. Sie verlangt ferner, dass nicht sofort eine Autorität verbessert, wenn etwas nicht ganz Richtiges gesagt wird. Die Richtigstellung soll dem gemeinsamen Gespräch überlassen werden, wahrscheinlich wird der Fehler beseitigt. Sollte er als grober Irrtum bestehen bleiben, muss man ihn richtig stellen; freilich auf eine Weise, die nicht demütigend ist. Stellen wir uns vor, wie Maria ihr Kind unterwiesen hat.

4. Fragen stellen. Bei Vorträgen ist es erwünscht, dass die Zuhörer darauf reagieren. Deshalb fordert man sie auf, Fragen zu stellen. Einige Leute tun das, und der Vortragende antwortet. Im Gegensatz dazu ist das in der Patrizierrunde nicht willkommen, sondern wird als Unterbrechung der Diskussion betrachtet – ähnlich einem Kurzschluss im Stromkreis. Am Anfang werden viele Leute keine andere Vorstellung von „Beitrag" haben, als Fragen an einen der Verantwortlichen zu richten. Der Versuch, ihnen zu antworten, würde der Diskussion einen Rückschlag versetzen und sie eigentlich in ein Schulzimmer verwandeln, in dem die Mitglieder nicht bleiben werden. Hier ist die goldene Regel, dass diejenigen, die eine Frage von Bedeutung stellen, auch hinzufügen müssen, wie sie sich die Beantwortung vorstellen. Es hat sich gezeigt, dass auf diese Weise die Frage nutzbringend in den Gesprächsfluss eingebaut werden kann.

5. Das Aufbauprinzip der Patrizier. Es ist eine gute Sache, Wissen zu erweitern, indem man sozusagen einen Stein auf den andern fügt. Was aber bei den Patriziern stattfindet, ist eher Vervielfachung als Aneinanderfügen. Die Patrizier bauen mit lebendigen Steinen, das heißt, jeder neue Beitrag steht in Beziehung zu dem bisher Gesagten, entspringt aus ihm und beeinflusst es auch wieder. Anschauungen werden verändert, neue Ideen keimen auf. Dieses vielschichtige Geschehen, das durch die Gnade gewirkt wird, muss unweigerlich in jedem eine fruchtbare Unruhe auslösen. Es hat aber auch eine allgemeine Auswirkung auf die ganze Gruppe, vergleichbar einer steigenden Flut. Es vereint die Charaktere und Gedanken der Mitglieder und treibt sie dadurch im Guten voran. Lauer Glaube erhält Tatkraft, die religiöse Einstellung wird neu ausgerichtet, und das muss sich in einer Änderung des Lebens auswirken.

6. Die Schlüsselrollen. Wie ein Präsidium von seinen Amtsträgern abhängt, so hängt auch die Patrizierrunde von den verantwortlichen Personen ab. Diese müssen sorgfältig darauf achten, ihren Aufgabenbereich nicht zu überschreiten. Tun sie das, dann werten sie die Mitarbeit aller anderen Teilnehmer ab. Sie verirren sich wiederum ins Schulzimmer. Es ist unbedingt notwendig, dass der Geistliche Leiter, der Gesprächsleiter und der Referent sich an ihre Redezeit und die anderen für sie angeführten Vorschriften halten, wie groß die Versuchung zum Gegenteil auch sein mag. Die meisten Menschen fühlen sich in Gegenwart von Fachleuten und Autoritäten unbehaglich. Deshalb sollten die Verantwortlichen nach der Weisung handeln, die der Herr selbst für die erfolgreiche Vermittlung von Wissen gegeben hat: „Lernt von mir, denn ich bin gütig und von Herzen demütig." (Mt 11,29) Man kann wohl mit Recht sagen: Je mehr die Leitenden während des eigentlichen Gesprächs zurücktreten, desto freier wird es verlaufen. Aber das bedeutet nicht, dass sie sich streng auf die für sie vorgesehene Zeit beschränken müssen; sie können wie gewöhnliche Mitglieder ins Gespräch eingreifen, aber mit Zurückhaltung.

7. Das „Prinzip des Verdolmetschens". Das herausragende unter den Patrizier-Kennzeichen ist das „Prinzip des Verdolmetschens": Es macht Beiträge, die aus irgendeinem Grund für die meisten Mitglieder nicht verständlich sind, allen begreiflich. Das bedeutet, dass anspruchsvolle Gedanken und schwierige Überlegungen in einer Form ausgedrückt werden, die auch der einfachste Teilnehmer verstehen und sich schließlich zu Eigen machen kann. Diese Fähigkeit, die Gebildete und Ungebildete einander verstehen lässt, ist ein ganz kostbares Juwel. In die Praxis übertragen: Nehmen wir an, das Anfangsreferat (oder irgendein anderer Beitrag) ist so gelehrt, dass nur zehn Prozent der Anwesenden mitgekommen sind. Hätten wir es mit einem gewöhnlichen Vortrag zu tun, wäre die Mühe vergeblich gewesen.

Aber bei den Patriziern beginnen nun einige von den zehn Prozent, die es verstanden haben, darüber zu sprechen. Für gewöhnlich tun sie das auf eine Art, die der Auffassungskraft der Mehrzahl der Mitglieder angemessen ist. Das schwierige Referat wird nun nach und nach dem Verständnis der Allgemeinheit angepasst. Dann beginnen andere mitzureden, und schließlich ist eine Wirkung erzielt, als würde Getreide zu feinem Mehl zermahlen: alles, was im ursprünglichen Referat unverständlich war, wurde sozusagen in die geistige Fassungskraft aller Mitglieder übersetzt und verständlich gemacht. Auf diese Weise geht bei den Patriziern kein Beitrag verloren.

Diese Eigenart der Patrizier hat in Umständen wie etwa in den Missionsgebieten einzigartigen Wert. Dort steht der Missionar vor der Aufgabe, die Fülle des Katholizismus an Menschen weiterzugeben, deren Sprache er nicht ganz versteht und deren Denkweise ihm fremd ist. Die Wirkkraft des Verdolmetschens bei den Patriziern überbrückt diese tiefe Kluft.

8. Geben wir Gott etwas zu tun. Hier geht es um mehr, als eine gewisse Anzahl von Steinen zusammenzutragen und daraus ein Gebäude zu errichten. Es ist ein Grundsatz der Gnade, dass sie uns über die Natur hinaus befähigt, ein weit größeres Gebäude zu errichten, als unsere Mittel erlaubt hätten.
Wir müssen uns vor Augen halten, dass auf dem Gebiet des geoffenbarten Glaubens niemand die vollkommenen Antworten besitzt. Immer müssen Glaube und Gnade dazu kommen. Sogar die gescheitesten Beweisführungen können die Kluft nicht überbrücken. Aber es wäre falsch, daraus zu folgern, dass weniger kluge Aussprüche nutzlos sind. Tatsache ist, dass Gott sogar den schwächsten Beitrag in seine Hände nimmt und damit etwas tut. Wenn alle ihr Bestes gegeben haben, kann die scheinbar unüberbrückbare Kluft überbrückt sein. Ob sie kleiner war, als man dachte, ob der menschliche Beitrag größer war, als er zu sein schien, oder ob Gott einfach ergänzte, was noch fehlte – man kann es nicht sagen. Aber das ganze Werk ist getan.

Das eben Gesagte muss immer unsere Grundeinstellung sein, und durchaus nicht nur bei den Patriziern. Alle müssen ihren Beitrag leisten, auch dann, wenn sie wissen, dass er unzulänglich ist. Ein schwaches Bemühen ist besser als gar keines. Die Bekehrung der Welt hängt davon ab, ob das Bemühen der Katholiken wirksam wird. Es wird nicht ausreichen, solange die Katholiken vor sich hinmurmeln: „Ich weiß nicht genug, und deshalb bin ich lieber still." Das aber ist die vorherrschende Situation, in der die Patrizier zu helfen suchen.

DAS PATRIZIERGEBET

(Wird von allen gemeinsam stehend gebetet)

Im Namen des Vaters und des Sohnes und des Heiligen Geistes,
Amen.
Jesus Christus, Du geliebter Herr,
segne die Gemeinschaft der Patrizier,
zu der wir uns gefunden haben, um Dir näher zu kommen
und Deiner Mutter Maria, die auch unsre Mutter ist.
Hilf uns, unseren katholischen Glauben zu erfassen,
damit seine umgestaltende Wahrheit
in unserem Leben wirksam wird.
Hilf uns auch, Deine tiefe Vereinigung mit uns zu begreifen,
durch die wir nicht nur in Dir leben,
sondern auch voneinander abhängig sind.
Versagt der eine, leiden andere
und könnten sogar verloren gehen.
Öffne uns den Blick für die schwere, doch ehrenvolle Last,
die uns damit auferlegt ist,
und erwecke in uns die Sehnsucht,
sie für Dich zu tragen.

Wir erkennen zwar, wie wir sind:
widerwillig von Natur
und untauglich,
die Last mit Dir zu tragen.
Doch wir vertrauen fest,
dass Du auf unseren Glauben schaust
und nicht auf unsere Schwäche,
auf das, was Dein Werk fordert,
nicht auf die Mängel der Werkzeuge.

Vereint mit dem mütterlichen Flehen Marias
bitten wir nun Deinen himmlischen Vater und Dich
um die Gabe des Heiligen Geistes:
Er wohne in uns;
Er unterweise uns in der Lehre, die uns Leben spendet,
Er schenke uns alles, was wir brauchen.

Und gib auch, dass wir großmütig weiterschenken,
was wir überreich empfangen haben –
sonst kann die Welt vielleicht die Früchte nicht empfangen
aus Deiner Menschwerdung und Deinem bittren Sterben.

Lass so viel Mühsal, so viel Leid
doch nicht umsonst gewesen sein! Amen.

Im Namen des Vaters und des Sohnes und des Heiligen Geistes, Amen.

ZEITPLAN DES TREFFENS

0.00	Patriziergebet (*wird von allen gemeinsam stehend gebetet*) Referat eines Laien **(Höchstdauer 15 Minuten)**
0.15	Gemeinsames Gespräch
0.59	Kassenbericht und Hinweis auf die geheime Beutelkollekte, die unmittelbar nach der Ansprache des Priesters durchgeführt wird.
1.00	Teepause
1.15	Ansprache des Priesters **(Höchstdauer 15 Minuten)**
1.30	Fortsetzung des gemeinsamen Gesprächs. Geheime Beutelkollekte.
1.55	Ankündigungen (Dank an den Referenten; Termin und Thema der nächsten Runde, etc.)
2.00	Glaubensbekenntnis *(wird von allen gemeinsam stehend gebetet)* Priesterlicher Segen *(alle bleiben stehen)*

Heim- und Jugend-Patrizierrunden

In folgenden Fällen kann es wirklich unmöglich sein, sich an den normalen Ablauf zu halten:

a) bei Patrizierrunden in Studentenheimen oder anderen Instituten;
b) wenn alle Mitglieder noch nicht 18 Jahre sind.

In diesen Fällen darf der Ablauf folgendermaßen gekürzt werden (Gesamtdauer: eineinhalb Stunden):

0.00	Patriziergebet
	Referat eines Laien **(Höchstdauer 5 Minuten)**
0.05	Gemeinsames Gespräch (40 Minuten)
0.45	Pause **(10 Minuten** – den Tee kann man auch weglassen)
0.55	Ansprache des Geistlichen Leiters **(10 Minuten)**
	Geheime Beutelkollekte (darf auch entfallen)
1.05	Fortsetzung des gemeinsamen Gesprächs **(20 Minuten)**
1.25	Ankündigungen (wie oben)
1.30	Glaubensbekenntnis etc. (wie oben)

„Die Patrizierrunde ist eine Familienangelegenheit. Es gehört zu den schönsten Freuden des Familienlebens, wenn man offen, frei und von Herzen miteinander bespricht, was alle angeht. Als Brüder Christi gehören wir Christen zur Familie Gottes. Über unseren Glauben nachdenken, reden und miteinander besprechen, wie wir ihn leben sollen, im selben Geist, wie der Herr und die Apostel an den Abenden in Galiläa die Lehren des Tages besprachen – das ist der Geist der Patrizierrunde.

Jesus Christus als den wunderbarsten und liebenswertesten Lehrer, Meister und Herrn zu erkennen, der er ist, bedeutet, dass wir uns von seinen erlösenden Lehren erfüllen lassen sollen. So werden wir uns ganz daheim fühlen, wenn wir über unseren Glauben sprechen, genauso, wie wir gerne von unseren Kindern, unserm Zuhause und unserer Arbeit reden. Der Heilige Geist schenkt uns Einsicht in die Wahrheit Christi. Diese Einsicht teilen wir bei der Patrizierrunde mit anderen und lernen dafür auch wieder von ihnen. So sind wir Zeugen Christi, und unsere Herzen brennen, während er durch den Mund unseres Nachbarn zu uns spricht.

In der und durch die Patrizierrunde kommt Gott uns näher. Seine Wahrheiten beeindrucken uns tiefer; wir erfassen deutlicher, was die Kirche ist, der unser Streben gilt. Einer lernt vom andern, die Herzen entbrennen im Glauben, Christus wächst in uns." (P. J. Brophy)

39
GRUNDSÄTZLICHES ZUM LEGIONSAPOSTOLAT

1. NUR MIT MARIA KOMMT MAN DEN SEELEN NAHE

Zuweilen wird Maria im Hintergrund gehalten, um so den Vorurteilen von Leuten zu begegnen, denen sie wenig bedeutet. Diese Art, die katholische Lehre leichter annehmbar zu machen, mag menschlichem Denken entsprechen. Den göttlichen Gedanken spiegelt sie nicht wider. Wer so handelt, begreift nicht, dass er ebenso gut ein Christentum ohne Christus predigen könnte. Denn Gott selbst hielt es für angebracht, es so zu ordnen, dass Jesus weder ohne Maria verheißen wird noch ohne sie kommt, sich ohne sie schenkt oder offenbart.

Von Anfang an und noch ehe die Welt war, hatte Gott sie im Sinn. Gott selbst war es, der als erster von ihr sprach und eine Bestimmung für sie entwarf, die zweifellos einzigartig ist: Der Anfang all ihrer Größe reicht sehr weit zurück. Sie begann vor der Erschaffung der Welt. Von Anfang an war dem Ewigen Vater der Gedanke an Maria zusammen mit dem an den Erlöser gegenwärtig, an dessen Geschick sie teilhatte. So weit zurück liegt Gottes Antwort auf die Frage der Zweifler: „Wozu braucht Gott die Hilfe Marias?" Gott hätte überhaupt auf sie verzichten können, genauso wie er auf Jesus selbst hätte verzichten können. Aber Gott hat es gefallen, einen Weg zu wählen, der Maria mit einschloss. Im selben Moment, da der Ratschluss Gottes den Erlöser bestimmte, wurde sie diesem zur Seite gestellt. Noch mehr: Dieser Plan wies ihr keine geringere Aufgabe zu, als die Mutter des Erlösers zu sein, und damit notwendigerweise die Mutter derjenigen, die mit ihm vereinigt sind.

So hatte Maria von Ewigkeit her eine erhabene Stellung inne, einzigartig unter allen Geschöpfen; keines kommt ihr gleich, auch nicht das großartigste von ihnen; so anders ist sie nach

Gottes Absicht, so anders war auch die Vorbereitung, die ihr zuteil wurde. Mit Recht wurde sie deshalb aus allen anderen herausgehoben in der ersten an Satan gerichteten Verheißung der Erlösung: „Feindschaft stifte ich zwischen dir und der Frau, zwischen deinem Nachwuchs und ihrem Nachwuchs. Er trifft dich am Kopf." (Gen 3,15) Hier wird das kommende Erlösungswerk von Gott selbst zusammengefasst. Eindeutig soll Maria etwas ganz Einzigartiges sein: Schon vor ihrer Geburt und für alle Zeit danach ist sie die Feindin Satans; dem Rang nach unter dem Erlöser, doch ihm am nächsten, eine Hilfe, die ihm entspricht (vgl. Gen 2,18), und weit über allen andern. Kein Prophet - nicht einmal Johannes der Täufer – ist ihm so eng verbunden, kein König und kein Herrscher, kein Apostel und kein Evangelist, auch nicht Petrus und Paulus; weder die größten der Päpste und Hirten und Kirchenlehrer noch irgendein Heiliger; weder David noch Salomon, noch Moses, noch Abraham. Keiner von ihnen! Unter allen Geschöpfen, die je sein werden, ist sie allein von Gott bestimmt, die Mitarbeiterin an der Erlösung zu sein.

Deutlich und unverkennbar geoffenbart ist sie in der Verheißung der Propheten. Weitere Verheißungen folgen: „die Jungfrau", „die Jungfrau und das Kind", „die Frau", „die Frau und das Kind", „die Königin, thronend zur Rechten des Königs", die andauernd wiederkehrende Versicherung, eine Frau werde ein wesentliches Element unserer Rettung sein. Was für eine Zukunft wird ihr hier vorausgesagt? Scheinen nicht selbst die größten Dinge, die man von ihr sagen kann, eine logische Folgerung daraus zu sein? Wir können kaum fassen, wie überzeugend, wie entscheidend die Tragweite der Prophezeiung für die Frage nach der Stellung Marias in der christlichen Religion ist. Eine Prophezeiung ist ein Schatten dessen, was kommen wird, ein Blick, der nicht den Raum, sondern die Zeit durchdringt, ein blasser Umriss des von fern Geschauten. Notwendigerweise muss eine Prophezeiung weniger lebendig, weniger klar, weniger wirklich sein als die Wirklichkeit, von der sie spricht. Aber notwendigerweise muss sie auch mit dieser Wirklichkeit entsprechend übereinstimmen. Eine Prophezeiung, die schildert, dass eine Frau und ihr Kind zusammen (und niemand anderer mit diesem Paar) die Erlösung bewirken, dem Satan den Kopf zertreten, wäre völlig unvereinbar mit einer tatsächlichen Erlösung, welche die Frau ins Dunkel verbannt. Wenn also die Prophezeiung ihrem Namen entspricht, und wenn das Heil darin besteht, dass die Menschwerdung und der Tod Jesu Christi ein Leben lang die Heranbildung der menschlichen Seele bewirken (wie die Kirche und die Heilige Schrift es lehren), dann muss auch in der christlichen Ordnung Maria bei Jesus zu finden sein, untrennbar von ihm in seinem Heilswerk, als die neue Eva, von ihm abhängig und doch ihm nötig – eben niemand anderer als die Mittlerin aller Gnaden, wie die katholische Kirche ihr gnadenvolles Amt zusammenfasst. Wenn die prophetische Schau wirklich einen Blick in das Land Gottes getan hat, dann sind diejenigen, die Maria herabsetzen, dort Fremde.

Auch die Verkündigung weist auf Marias Schlüsselstellung hin. Der Höhepunkt der Prophezeiungen ist da. Nun erfüllt sich, wofür Maria von alters her bestimmt war.

Betrachten wir, auf welch Ehrfurcht gebietende Weise Gott seinen barmherzigen Plan durchführt. Wohnen wir im Geist der bedeutendsten Friedensverhandlung bei, die es je gab – der Friedensverhandlung zwischen Gott und der Menschheit. Man nennt sie die Verkündigung. In dieser Verhandlung ließ sich Gott von einem seiner höchsten Engel vertreten, die Menschheit wurde vertreten von jener, deren Namen zu tragen die Legion das Vorrecht hat. Sie war nur ein zartes Mädchen, und doch hing in jener Stunde das Schicksal der ganzen Menschheit an ihr. Der Engel kam mit einer überwältigenden Botschaft: Er schlug ihr die Menschwerdung Gottes vor. Er kündigte sie ihr nicht nur an. Marias Entscheidungsfreiheit wurde nicht Gewalt angetan, so dass für eine Weile das Schicksal der Menschheit in der Schwebe war. Die Erlösung war Gottes glühender Wunsch. Doch hier – wie auch in allen geringeren Dingen – zwingt Gott den Willen des Menschen nicht: Er bot die unschätzbare Gabe an, es lag am Menschen, sie anzunehmen, und der Mensch hatte die Freiheit, sie zurückzuweisen. Nun war der Augenblick da, den alle Geschlechter bisher freudig erwartet hatten, so wie seither alle Geschlechter auf ihn zurückblicken. Es war der Wendepunkt aller Zeiten. Eine Pause trat ein. Die Jungfrau nahm nicht sofort an; sie stellte eine Frage, die Antwort wurde gegeben. Wiederum folgte eine Pause. Und dann sprach Maria die Worte: „Mir geschehe, wie du es gesagt hast." (Lk 1,38) Diese Worte brachten Gott zur Erde herab und besiegelten den großen Friedensvertrag mit der Menschheit.

Gott Vater machte die Erlösung von Maria abhängig. Wie wenige erkennen, was alles aus Marias Jawort folgt! Sogar die meisten Katholiken erkennen nicht, wie wichtig die Rolle ist, die Maria innehatte. Die Kirchenlehrer sagen: Hätte die Jungfrau das Angebot der Mutterschaft zurückgewiesen, dann hätte in ihr die Zweite Göttliche Person nicht Fleisch angenommen. Was ist das für eine überwältigende Tatsache! „Welch erschütternder Gedanke, dass Gott das Kommen des Erlösers vom ‚Mir geschehe' der Magd in Nazaret abhängig machte; dass dieses Wort das Ende der alten Welt und der Anfang der neuen sein sollte, die Erfüllung aller Prophezeiungen, der Wendepunkt aller Zeiten, der erste Lichtschein des Morgensterns, der den Aufgang der Sonne der Gerechtigkeit verheißt; dass dieses Wort, soweit der menschliche Wille es vermochte, das Band wob, das den Himmel auf die Erde niederzog und die Menschheit zu Gott emporhob!" (Hettinger) Ja, wirklich, eine überwältigende Tatsache! Es bedeutet, dass Maria die einzige Hoffnung der Menschheit war. Doch bei ihr war das Geschick der Menschen in guten Händen. Maria erklärte ihre Zustimmung. Wenn wir es auch nicht ganz begreifen können, sagt uns der gesunde Menschenverstand, dass diese Einwilligung die heldenmütigste Tat gewesen sein muss, die je auf Erden vollbracht wurde, mehr als wir uns das vorstellen können; kein anderes Geschöpf zu allen Zeiten hätte sie vollbringen können. Dann kam der Erlöser zu ihr; nicht zu ihr allein, sondern durch sie zur armen, hilflosen Menschheit, in deren Namen sie gesprochen hatte. Mit ihm brachte sie den Menschen alles, was der Glaube bedeutet, und der Glaube ist das wirkliche Leben des Menschen. Nichts anderes zählt. Um des Glaubens willen muss alles verlassen werden. Um zum Glauben zu finden, muss jedes Opfer gebracht werden. Er ist das einzige in dieser Welt, was von Wert ist. Bedenken wir deshalb: Der Glaube aller Geschlechter – der schon dahingegangenen, der heute lebenden und der unzählbaren Millionen, die noch kommen werden – der Glaube aller hing von den Worten dieser Jungfrau ab.

Kein wahres Christentum ohne Maria. Zum Dank für diese unendliche Gabe werden künftig alle Geschlechter diese Jungfrau selig preisen. Ihr, die der Welt das Christentum gebracht hat, kann man einen Platz im christlichen Kult nicht verwehren. Doch was ist mit den vielen Menschen, die sie geringschätzen, mit den vielen, die sie missachten, mit den vielen, die noch Schlimmeres tun? Kommt ihnen nie in den Sinn, dass sie jede Gnade, die ihnen geschenkt wird, ihr verdanken? Denken sie nie darüber nach, dass für sie die Erlösung nie zur Erde gekommen wäre, wenn sie in jener Stunde von Marias Jawort ausgeschlossen gewesen wären? In diesem Fall würden sie außerhalb der Reichweite der Erlösung stehen. Mit anderen Worten, sie wären überhaupt keine Christen, auch wenn sie jeden Tag und immerzu „Herr, Herr!" riefen (vgl. Mt 7,21). Andererseits: Wenn sie tatsächlich Christen sind und das Geschenk des Lebens erhalten haben, dann besitzen sie es nur, weil Maria es für sie erworben hat, da sie in ihre Zustimmung eingeschlossen waren. Kurzum: Die Taufe, die einen Menschen zum Gotteskind macht, macht ihn gleichzeitig zum Kind Marias.

Deshalb muss Dankbarkeit Maria gegenüber – gelebte Dankbarkeit – das Kennzeichen jedes Christen sein. Die Erlösung ist das gemeinsame Geschenk Gottes des Vaters und Marias. Deshalb muss mit dem Dank an den Vater der Dank an Maria emporsteigen.

Der Sohn ist immer bei seiner Mutter zu finden. Es war Gottes Wille, dass das Reich der Gnade nicht ohne Maria seinen Anfang nehmen sollte. Es gefiel Gott, dass es in derselben Weise weitergehen sollte. Als er Johannes den Täufer für seine

Sendung vorbereiten wollte, ihm selbst vorauszugehen, heiligte er ihn durch den liebevollen Besuch seiner gebenedeiten Mutter Maria bei der Heimsuchung. Diejenigen, die in der ersten heiligen Nacht Maria die Tür wiesen, wiesen auch Gott die Tür. Sie erkannten nicht, dass sie mit Maria auch den abwiesen, den sie erwarteten. Als die Hirten, die Vertreter des auserwählten Volkes, den fanden, der allen Völkern verheißen war, fanden sie ihn bei Maria. Hätten sie sich von ihr abgewandt, hätten sie ihn nicht gefunden. An Epiphanie empfing unser Herr die Weisen als Vertreter der Heidenvölker, doch fanden sie ihn nur, weil sie Maria fanden. Hätten sie sich geweigert, sich ihr zu nähern, wären sie nicht zu ihm gekommen.

Was in Nazaret im Verborgenen geschehen war, musste im Tempel öffentlich bestätigt werden. Jesus opferte sich dem Vater, aber es geschah in den Armen und durch die Hände seiner Mutter. Denn dieses kleine Kind gehörte seiner Mutter; ohne sie konnte es keine Darstellung im Tempel geben.

Und auch weiterhin: Die Kirchenväter lehren, dass unser Herr nicht ohne Zustimmung seiner Mutter sein öffentliches Wirken begann. Ähnlich war in Kana in Galiläa ihre Bitte der Beginn für die Zeichen und Wunder und machtvollen Taten, durch die er seine Sendung beglaubigte.

Mann für Mann, Jungfrau für Jungfrau, Baum für Baum. Als es zur letzten Szene auf Kalvaria kam, die das furchtbare Drama der Erlösung beendete, hing Jesus am Baum des Kreuzes, und Maria stand unter dem Kreuz – nicht nur, weil sie eine zärtliche Mutter war, nicht zufällig, sondern in genau derselben Eigenschaft, wie sie bei der Menschwerdung gegenwärtig war. Als Vertreterin der gesamten Menschheit stand sie da und stimmte zu, den Sohn um der Menschen willen hinzugeben. Unser Herr opferte sich dem Vater nicht ohne ihre Zustimmung und nicht ohne ihr Opfer im Namen aller ihrer Kinder. Das Kreuz sollte sein und ihrer aller Opfer sein. „Denn so wahr sie mit ihrem leidenden Sohn litt und beinahe mit ihm starb", erklärte Papst Benedikt XV., „so wahrhaftig entsagte sie ihrem mütterlichen Anrecht auf diesen Sohn um unseres Heiles willen und opferte ihn auf, soweit es an ihr lag, um Gottes Gerechtigkeit zu besänftigen. Darum darf mit Recht gesagt werden, dass sie mit Christus zusammen das Menschengeschlecht erlöst hat."

Der Heilige Geist wirkt immer mit Maria. Gehen wir noch ein Stück weiter zum Pfingstfest – diesem ungeheuren Ereignis, als die Kirche für ihre Sendung getauft wurde! Maria war zugegen. Durch ihr Gebet kam der Heilige Geist auf den mystischen Leib herab und nahm in ihm Wohnung mit all „seiner Größe und Kraft, seinem Ruhm und Glanz und seiner Hoheit" (vgl. 1 Chr 29,11). Maria setzt für den mystischen Leib Christi alle Dienste fort, die sie seinem menschlichen Leib erwiesen hat. Dieses Gesetz gilt auch für Pfingsten, das gleichsam eine neue Epiphanie war. Maria ist bei der einen so notwendig, wie sie es bei der anderen war. Und das gilt für alle göttlichen Dinge bis ans Ende: Wenn Maria weggelassen wird, entspricht das nicht dem Plan Gottes, was immer auch jemand an Gebeten, Werken und Bemühungen vollbringt. Ohne Maria wird die Gnade nicht gegeben. Dieser Gedanke ist überwältigend. Er kann die Frage aufwerfen: „Erhalten jene, die Maria nicht beachten oder sie beleidigen, keine Gnaden?" Sie erhalten Gnaden, gewiss, denn das Versäumnis, Maria nicht anzuerkennen, kann vielleicht mit Gründen völliger Unwissenheit entschuldigt werden. Aber was für ein trauriger Anspruch auf den Himmel! Und was für eine Art, gerade jene zu behandeln, die uns hilft! Außerdem erhält jemand unter solchen Umständen nur einen Bruchteil der Gnaden, die ihm eigentlich zufließen sollten, so dass sein Lebenswerk weitgehend misslingt.

Welche Stellung müssen wir Maria einräumen? Manche Leute sind vielleicht beunruhigt und sagen, es sei eine Kränkung Gottes, einem Geschöpf eine so allumfassende Macht zuzugestehen. Wenn es aber Gott gefiel, es so zu machen – wie sollte es dann seine Würde schmälern? Wie verrückt klänge es, wenn jemand behaupten wollte, die Schwerkraft beeinträchtige die

Macht Gottes! Das Gesetz der Schwerkraft stammt von Gott und erfüllt seine Absichten überall in der Natur. Warum sollte jemand denken, es sei respektlos, Maria im Reich der Gnade ebensoviel zuzugestehen? Wenn die von Gott gegebenen Naturgesetze seine Macht zeigen, warum sollte dann sein für Maria geschaffenes Gesetz etwas anderes offenbaren als seine Güte und Allmacht?

Aber selbst wenn zugegeben wird, dass Maria Anerkennung gebührt, bleibt noch die Frage, auf welche Weise und in welchem Ausmaß. Manche fragen vielleicht: „In welchem Verhältnis soll ich meine Gebete zwischen Maria, den drei göttlichen Personen und den Heiligen aufteilen? Und wie viel genau muss ich ihr darbringen, damit es nicht zu viel und nicht zu wenig ist?" Andere werden noch weiter gehen und einwenden: „Wende ich mich nicht von Gott ab, wenn ich meine Gebete an Maria richte?"

Alle diese großen und kleinen Zweifel kommen daher, dass man mit irdischen Vorstellungen an himmlische Dinge herangeht. Man stellt sich den Vater, den Sohn und den Heiligen Geist, Maria und die Heiligen vor, als wären sie jeder eine Statue: Wendet man sich einer von ihnen zu, wendet man sich notwendigerweise von den anderen ab. Verschiedene Beispiele könnten herangezogen werden, um zu einem besseren Verständnis der wahren Gegebenheit zu verhelfen. Doch seltsamerweise liegt die einfachste und gleichzeitig heiligmäßigste Lösung solcher Schwierigkeiten in der Empfehlung: „Freilich musst Du alles Gott geben, aber gib ihm alles mit Maria!" Man wird sehen, dass diese scheinbar übertriebene Hingabe an sie frei ist von den Verwirrungen, die Wiegen und Messen mit sich bringen.

Jede Handlung sollte Marias Jawort bestätigen. Die Rechtfertigung für dieses Vorgehen findet man in der Verkündigung des Herrn selbst. In jenem Augenblick wurde die ganze Menschheit mit Maria, ihrer Stellvertreterin, vereint. Marias Worte schlossen die Worte der Menschheit mit ein, und in gewisser Weise waren in ihrer Person alle mit einbegriffen. Gott sah die Menschen durch Maria. Nun ist aber das tägliche Leben des Christen nichts anderes, als dass unser Herr in eben diesem Glied seines mystischen Leibes Gestalt annimmt. Dieses Gestaltannehmen findet nicht ohne Maria statt. Es ist ein Ausfluss und ein Teil der ursprünglichen Menschwerdung, so dass Maria wirklich die Mutter des Christen ist, genauso wie sie die Mutter Christi ist. Ihre Einwilligung und ihre mütterliche Sorge sind für das tägliche Wachsen Christi in der einzelnen Seele genauso notwendig wie einst für seine ursprüngliche Annahme des Fleisches. Was folgt aus all dem für den Christen? Es ergeben sich daraus wichtige Folgerungen; eine davon ist die: Er muss bewusst und aus ganzem Herzen anerkennen, dass Maria seine Stellvertreterin in der Darbringung jenes Opfers war, das mit der Verkündigung begann und am Kreuz vollendet wurde und uns die Erlösung verdiente. Er muss dem zustimmen, was sie dann zu seinen Gunsten getan hat, so dass er sich der ihm geschenkten, unendlichen Wohltaten ohne Beschämung und in ihrer ganzen Fülle erfreuen kann. Und welcher Art soll diese Zustimmung sein? Reicht eine einmalige Erklärung aus? Bei der Beantwortung dieser Frage muss man von der Tatsache ausgehen, dass durch Maria jede Handlung des Lebens zur Handlung eines Christen geworden ist. Ist es da nicht recht und billig, dass ebenso jede Handlung den Stempel der Anerkennung und Dankbarkeit ihr gegenüber trägt? So ist die Antwort wieder dieselbe: „Du sollst ihr alles geben."

Gott lobpreisen mit Maria. Haben wir Maria vor Augen, zumindest auf irgendeine Art, zu jeder Zeit! Vereinen wir unsere Absicht und unseren Willen mit Marias Absicht und Willen in solcher Art, dass jede Handlung im Lauf des Tages, jedes Gebet, das wir sprechen, mit ihr getan ist. Sie sollte nirgends beiseite gelassen werden. Ob wir zum Vater beten oder zum Sohn oder zum Heiligen Geist oder zu einem Heiligen – immer muss es ein Gebet in Vereinigung mit Maria sein. Sie spricht die Worte mit uns. Gemeinsam formen ihre Lippen und die unsrigen die Worte, und an allem hat sie teil. Dadurch ist sie uns nicht nur zur Seite, nein, weit mehr: Sie ist gleichsam in uns; unser Leben ist es, mit ihr gemeinsam Gott alles zu geben, was wir gemeinsam besitzen.

Diese allumfassende Form der Verehrung Marias würdigt auf rechte Weise die Aufgabe, die sie im Erlösungsgeschehen zu erfüllen hatte und täglich weiterhin erfüllt. Sie ist auch die leichteste Art der Verehrung Marias. Sie löst die Zweifel der Menschen, die fragen: „Wie viel muss ich ihr geben?", und jener, die Angst haben, Gott vorzuenthalten, was sie Maria schenken. Aber sogar manche Katholiken könnten sagen: „Das ist übertrieben." Doch wo verstößt es gegen den gesunden Menschenverstand? Und womit wird dabei dem Allmächtigen das verweigert, was ihm zusteht? Begehen diesen Fehler nicht vielmehr jene, die sagen, dass sie eifersüchtig auf die Würde Gottes bedacht wären, aber nicht dem Plan folgen wollen, den er gemacht hat; die sagen, sie hielten die Heilige Schrift für Gottes heiliges Wort, jedoch die Verse nicht hören wollen, die davon künden, dass er Großes an Maria getan hat und alle Geschlechter sie selig preisen werden (vgl. Lk 1,48–49)?

Im Gespräch mit all diesen Zweiflern ist es das Beste, im Sinne dieser reichen und vollkommenen Verehrung zu sprechen. Könnten Legionäre freilich überhaupt in irgendeiner anderen Weise von Maria reden? Wenn man sie kleiner macht oder herabsetzt, bleibt sie erst recht ein Rätsel. Wäre Maria ein Schatten oder ein sentimentaler Begriff, dann wären nicht die Katholiken im Recht, sondern jene, die Maria geringschätzig behandeln. Und andererseits: Eine Darlegung der Fülle ihrer Vorrechte und ihrer wesentlichen Stellung im christlichen Leben enthält eine Herausforderung, die kein Herz unbeachtet lassen kann, in dem die Gnade einigermaßen herrschen darf. Die ruhige Untersuchung der Stellung Marias wird aus solchen Leuten dann Verehrer Marias machen.

Die Absicht der Legion ist es, Spiegelbild Marias zu sein. Bleibt sie diesem Ideal treu, wird sie auch an der alles übertreffenden Gabe Marias teilhaben dürfen: Licht zu bringen den Herzen jener, die noch im Dunkel des Unglaubens leben.

„Der große Lehrer des hl. Thomas von Aquin, Albertus Magnus, hat in einer Auslegung des Verkündigungsberichtes der Bibel etwas Wunderschönes gesagt. Frei wiedergegeben, heißt es dort: Marias Sohn hebt die Erhabenheit seiner Mutter ins Unendliche, denn im Baum, der die Frucht hervorbringt, birgt sich etwas von der unendlichen Vollkommenheit, die der Frucht selbst eigen ist. Tatsächlich erkennt die katholische Kirche Maria im Reich der Gnade als eine unbeschränkte Macht. Sie sieht in ihr die Mutter der Erlösten, weil ihre Gnade allumfassend ist. Dank ihrer Gottesmutterschaft ist Maria wirklich die größte, die wirksamste, die allumfassende übernatürliche Macht im Himmel und auf Erden, die drei göttlichen Personen ausgenommen."

(Vonier, Die Gottesmutterschaft)

2. EINE SEELE IST UNENDLICH WERTVOLL UND MUSS MIT UNERSCHÖPFLICHER GEDULD UND LIEBENSWÜRDIGKEIT ÜBERHÄUFT WERDEN

Der Ton der Strenge darf in der Sendung der Legion keinen Platz haben. Mitgefühl und stets gleichbleibende Freundlichkeit sind wesentliche Eigenschaften, um Erfolg zu haben, vor allem, wenn man es mit Ausgestoßenen und Übeltätern zu tun hat. In den Dingen des Alltagslebens bilden wir uns immer wieder ein, dass bestimmte Fälle harten Tadel oder scharfe Worte brauchen, und wir gebrauchen solche Worte – später bereuen wir sie. Möglicherweise wurde in jedem Fall ein Fehler gemacht. Warum denken wir nicht rechtzeitig daran, dass eine solche – zweifellos verdiente – grobe Behandlung der Boden für die Verhärtung und Verderbtheit gewesen ist, über die wir uns beklagen! Die Blume, die sich unter dem Einfluss der freundlichen Wärme von Sanftmut und Mitgefühl geöffnet hätte, verschließt sich fest in der kälteren Luft. Andererseits sind die Atmosphäre der Zuneigung, die der gute Legionär mit sich trägt, und seine Bereitschaft, zuzuhören, mit ganzem Herzen auf die Sache einzugehen, wie sie ihm vorgelegt wird, einfach unwiderstehlich, und selbst der verstockteste Mensch wird ganz aus seinem – oder ihrem – Gleichgewicht gebracht und macht innerhalb von fünf Minuten Zugeständnisse, die mit Mahnen und Zurechtweisen in einem Jahr nicht erreicht worden wären.

Solche schwierige Menschentypen leben gewöhnlich am Rand eines Wutausbruchs. Wer sie noch dazu reizt, gibt ihnen Anlass zur Sünde und verhärtet ihren Widerstand. Wer ihnen helfen will, muss sie den entgegengesetzten Weg führen. Das kann er nur, wenn er sie mit äußerster Nachsicht und Achtung behandelt.

„An mich zu denken, ist süßer als Honig, mich zu besitzen, ist besser als Wabenhonig" (Sir 24,20) – diese Worte, von der Kirche auf Maria bezogen, sollte sich jeder Legionär ins Herz einbrennen. Andere mögen durch strengere Methoden Gutes bewirken. Doch für den Legionär gibt es nur den einen Weg, Gottes Werk zu tun: den der Güte und Liebenswürdigkeit. Von diesem Weg darf er unter keinen Umständen abweichen. Tut er es, wird er nichts Gutes erreichen, ja eher Schaden anrichten. Legionäre, die dieses Reich Marias verlassen, verlieren die Verbindung mit ihr, von der die Arbeit abhängt. Wie können sie dann hoffen, etwas zu vollbringen?

Das erste Präsidium der Legion erhielt den Titel „Unsere Liebe Frau von der Barmherzigkeit", und das deshalb, weil als erste Arbeit Besuche in einem Krankenhaus der Barmherzigen Schwestern unternommen wurden. Die Legionäre meinten, sie hätten den Namen ausgesucht, aber wer könnte zweifeln, dass in Wirklichkeit die liebenswürdige Jungfrau selbst ihn gewählt hatte, um dadurch anzuzeigen, welche Eigenschaft die Seele des Legionärs stets auszeichnen muss.

Für gewöhnlich sind Legionäre in ihrem Bemühen um einen Sünder nicht säumig. Oft gehen sie unermüdlich Jahr um Jahr einem Unverbesserlichen nach. Doch mitunter trifft man Menschen, die Glaube, Hoffnung und Liebe auf die Probe stellen. Sie scheinen mit gewöhnlichen Sündern nichts gemein zu haben: Menschen von überragender Bosheit, eingefleischter Selbstsucht, bodenloser Treulosigkeit, randvoll mit Gotteshass oder einer abwehrenden Haltung gegen Religion. Sie scheinen keine zartere Saite zu haben, keinen Funken von Gnade, keine Spur von Innerlichkeit. So äußerst abscheulich sind sie, dass es schwer fällt zu glauben, sie seien für Gott selbst nicht ebenso abstoßend. Was kann er denn in diesen erschreckenden Missgestalten sehen, dass er die innigste Vertrautheit mit ihnen in der heiligen Kommunion oder ihre Gesellschaft im Himmel wünscht?

Die natürliche Versuchung, solch einen Menschen sich selbst zu überlassen, ist fast unwiderstehlich. Dennoch darf der Legionär nicht locker lassen. Diese menschlichen Überlegungen sind allesamt irreführend. Gott will tatsächlich auch diese hässliche, entstellte Seele – so glühend, dass er ihr seinen Sohn gesandt hat, unsern geliebten Herrn, und der ist nun bei ihr.

Hier ist das Motiv für die Ausdauer des Legionärs, von Msgr. R. H. Benson vorzüglich so dargelegt: „Würde der Sünder durch seine Sünde Christus nur von sich stoßen, könnten wir einen solchen Menschen sich selbst überlassen. Doch weil die sündhafte Seele – nach den erschreckenden Worten des hl. Paulus – Christus noch immer gefangen hält, ihn ans Kreuz schlägt und zum Gespött macht (vgl. Hebr 6,6), können wir es nicht ertragen, solche Seelen sich selbst zu überlassen."

Welch zündender Gedanke: Christus, unser König, sozusagen in der Gewalt des Feindes! Welche Parole für einen lebenslangen Kampf, für die erbittertste Schlacht, die je geschlagen wurde, für die unbeirrbare Suche nach der Seele, die man zur Bekehrung führen muss, damit die Todesqual Christi ein Ende findet! Alles rein Natürliche muss verbrennen im glühenden Akt des Glaubens, der in diesem Sünder den gekreuzigten Christus sieht, liebt und bei ihm steht. Wie selbst der härteste Stahl in der Flamme des Brenners schmilzt, so wird auch das verhärtetste Herz weich in der Flamme dieser unbesiegbaren Liebe.

Ein Legionär, der viel Erfahrung mit den lasterhaftesten Sündern einer Großstadt hatte, wurde einmal gefragt, ob er je jemandem begegnet wäre, der absolut hoffnungslos sei. Als Legionär gab er nur ungern zu, dass es eine solche Sorte von Menschen gebe; so entgegnete er, viele seien wohl sehr schrecklich, aber nur wenige hoffnungslos. Auf weiteres Drängen bekannte er schließlich, er kenne einen Fall, den man so beschreiben könnte.

Noch am selben Abend traf ihn eine überwältigende Zurechtweisung: Durch Zufall begegnete er auf der Straße jener Person, von der er geredet hatte. Ein Gespräch von drei Minuten, und das Wunder einer vollständigen und dauernden Umkehr war geschehen!

„Eine Begebenheit aus dem Leben der heiligen Madeleine Sophie Barat zeigt uns, wie beharrlich die Heilige sich um die Seele eines Menschen mühte, und wie viel Leid damit verbunden war. Dreiundzwanzig Jahre lang widmete sie sich voll Liebe einer Frau, die Gottes Vorsehung ihr über den Weg geschickt hatte: ein verlorenes Schaf, das ohne die Hilfe der Heiligen wohl niemals zur Herde gefunden hätte. Woher Julie kam, wusste niemand. Denn sie erzählte ihre Lebensgeschichte jedes Mal anders. Aber sie war einsam und arm, ein schwieriger, launenhafter Mensch; es hieß von ihr, sie sei völlig unberechenbar: hinterhältig, heimtückisch, gemein, leidenschaftlich bis zum Wahnsinn. Aber die Heilige sah in ihr eine Seele, die der Gute Hirt aus der Gefahr gerettet und ihrer Sorge anvertraut hatte. Sie nahm sie an als ihr Kind, schrieb ihr mehr als zweihundert Briefe und litt sehr viel um ihretwillen. Verleumdung und Undank waren der Lohn. Aber die Heilige hielt durch, verzieh immer wieder und gab die Hoffnung nicht auf. ... Julie starb sieben Jahre nach der Heiligen im Frieden mit Gott." (Monahan, Die heilige Madeleine Sophie Barat)

3. DER MUT IN DER LEGION

Jeder Beruf erfordert eine ganz bestimmte Art von Mut und hält einen Mitarbeiter ohne diesen Mut für wertlos. Die Legion stellt vor allem Anforderungen an den sittlichen Mut. Fast ihre gesamte Arbeit besteht darin, mit Leuten Kontakt aufzunehmen in der Absicht, sie Gott näher zu bringen. Mitunter stößt man dabei auf Ablehnung und Mangel an Verständnis, was sich in verschiedener Weise zeigen wird; das ist zwar nicht so tödlich wie Geschosse im Krieg, wird aber – wie die Erfahrung lehrt – noch seltener auf sich genommen. Tausenden, die dem Hagel der Kugeln und Granaten mutig standhalten, steht kaum einer gegenüber, der nicht schon vor der bloßen Möglichkeit einiger Sticheleien, zorniger Worte, Kritik oder auch nur amüsierter Blicke zurückschreckt oder vor der Angst, man könnte meinen, er wolle predigen oder sich als Heiliger aufspielen.

„Was werden die Leute denken? Was werden die Leute sagen?" ist die entmutigende Überlegung dort, wo eigentlich der Gedanke der Apostel stehen sollte, welche Freude es ist, gewürdigt zu sein, für den Namen Jesu Schmach zu erleiden (vgl. Apg 5,41).

Wo dieser Ängstlichkeit, im allgemeinen Menschenfurcht genannt, freies Spiel gestattet ist, wird jedes Werk für die Seelen auf Belanglosigkeiten herabgesetzt. Schauen wir um uns, und sehen wir das Tragische daran! Überall leben die Gläubigen inmitten großer Gemeinschaften von Ungläubigen, Nichtkatholiken oder abgefallenen Katholiken. Fünf Prozent von diesen wären zu gewinnen beim ersten ernsthaften Bemühen, den Einzelnen die katholische Lehre darzustellen. Dann wären diese fünf Prozent der erste Anfang von Bekehrungen in großem Umfang. Aber dieses Bemühen wird nicht unternommen. Diese Katholiken würden es ja gern tun. Doch tun sie nichts, weil ihre Tatkraft durch das tödliche Gift der Menschenfurcht gelähmt ist. Diese nimmt bei unterschiedlichen Leuten unterschiedliche Bezeichnungen an: „gesunde Vorsicht", „Achtung vor der Meinung des anderen", „hoffnungsloses Unternehmen", „Warten auf die Führung" und viele andere einleuchtende Redewendungen – aber lauter solche, die in Untätigkeit enden.

Vom heiligen Gregor dem Wundertäter wird berichtet, er habe kurz vor seinem Tod gefragt, wie viele Ungläubige es in der Stadt gebe. Die Antwort kam schnell: „Nur siebzehn." Der sterbende Bischof dachte eine Weile über diese Zahl nach und meinte dann: „Genau dieselbe Zahl! Nur siebzehn Gläubige fand ich, als ich hier Bischof wurde!" Mit nur siebzehn hatte er begonnen, und seine Mühen hatten allen den Glauben gebracht bis auf siebzehn! Wie wunderbar! Doch die Gnade Gottes hat sich mit den Jahrhunderten nicht erschöpft. Glaube und Mut könnten heute die Gnade in ebenso reichlichem Maß herabrufen und dasselbe bewirken! Am Glauben fehlt es gewöhnlich nicht, aber am Mut.

Die Legion erkennt das und muss daher mit aller Entschiedenheit gegen die Wirkungen von Menschenfurcht in ihren Mitgliedern ankämpfen. Erstens tut sie das, indem sie der Menschenfurcht die Stärke einer gesunden Disziplin entgegensetzt, und zweitens, indem sie die Legionäre erzieht, die Menschenfurcht genauso zu betrachten wie der Soldat die Feigheit. Sie müssen angeleitet werden, den Regungen der Menschenfurcht

Widerstand zu leisten. Sie müssen begreifen, dass es um ihre Liebe, ihre Treue, ihre Disziplin recht armselig bestellt ist, solange diese nicht Opfer und Mut hervorbringen.

Ein Legionär ohne Mut! Was sollen wir da sagen? Für ihn gilt das Wort des heiligen Bernhard: „Welche Schande, das verweichlichte Glied eines dornengekrönten Hauptes zu sein!"

„Würdest du nur dann kämpfen, wenn du dich zum Kampf bereit fühlst – wo bliebe dein Verdienst? Es macht gar nichts, wenn du nicht mutig bist, vorausgesetzt, du handelst, als ob du sehr tapfer wärest. Wenn du zu faul bist, einen Faden aufzuheben, und du tust es doch aus Liebe zu Jesus, dann ist dein Verdienst größer, als wenn du in einem Augenblick glühenden Eifers etwas viel Edleres vollbringst. Statt dich zu kränken, freu dich darüber, dass unser Herr dich deine Schwäche fühlen lässt und dir dadurch Gelegenheit gibt, noch viel mehr Seelen zu retten." (Hl. Therese von Lisieux)

4. DIE SYMBOLISCHE TAT

Es ist ein Grundprinzip der Legion, dass wir bei jeder Arbeit unser Bestes geben sollen. Ob leicht oder schwer, sie muss im Geist Marias getan werden.

Es gibt noch einen anderen wichtigen Grund. Bei geistlichen Unternehmungen kann man nie wissen, wie viel Anstrengung erforderlich ist. Wenn man sich mit einer Seele befasst, wann kann man da sagen: „Jetzt ist es genug"? Und das gilt selbstverständlich besonders für schwierigere Arbeiten. Schon bei ihrem Anblick finden wir uns verleitet, die Schwierigkeit zu übertreiben und mit dem Wort „unmöglich" um uns zu werfen. Die meisten Unmöglichkeiten sind durchaus nicht unmöglich. Fleiß und Geschick machen fast alles möglich. Wir aber bilden uns ein, dass etwas unmöglich sei – und machen es erst durch unsere Einstellung unmöglich.

Mitunter aber sehen wir uns Arbeiten gegenüber, die tatsächlich unmöglich sind, das heißt, deren Bewältigung über das menschliche Bemühen hinausgeht. Auf unsere eigenen Kräfte angewiesen, werden wir natürlich nichts unternehmen, was wir in diesen Fällen eingebildeter oder wirklicher Unmöglichkeit für vergebliche Mühe halten. Das könnte bedeuten, dass wir drei Viertel der wichtigeren Arbeiten, die auf Durchführung warten, erst gar nicht anrühren würden – und das hieße den großen, kühnen christlichen Feldzug zu einem Scheingefecht herabzuwürdigen. Deshalb verlangt die Legionsregel ein Bemühen unter allen Umständen und um jeden Preis – Bemühen als eine erste Grundforderung. Sowohl im natürlichen wie im übernatürlichen Bereich gilt: Die Nichtanerkennung einer Unmöglichkeit ist der Schlüssel zum Möglichen. Diese Haltung allein kann die Probleme lösen. Und es kann noch viel mehr geschehen, denn gewiss bedeutet dies, dass wir auf das Wort des Evangeliums hören: Für Gott ist nichts unmöglich! Es ist die gläubige Antwort auf die Forderung unseres Herrn nach einem Glauben, der den Berg ins Meer stürzt.

An geistliche Eroberungen zu denken, ohne gleichzeitig den Geist in dieser unbezwinglichen Haltung zu stählen, wäre reine Phantasterei. Da die Legion das begreift, ist sie in erster Linie davon in Anspruch genommen, den Geist ihrer Mitglieder in diesem Sinn zu stärken.

„Jede Unmöglichkeit lässt sich in neununddreißig Stufen teilen, von denen jede einzelne zu bewältigen ist", sagt ein Schlagwort in der Legion, das sich scheinbar selbst widerspricht. Aber der Gedanke ist höchst vernünftig. Er bildet die Grundlage jeder Leistung. Er ist eine Zusammenfassung der Philosophie des Erfolges. Denn wenn der Geist durch die Betrachtung einer scheinbaren Unmöglichkeit wie betäubt ist, dann tut der Körper es ihm gleich und ergibt sich dem Nichtstun. Unter solchen Umständen ist jede Schwierigkeit einfach etwas Unmögliches. Stehst du vor einer solchen „Unmöglichkeit" – so sagt dieses weise Schlagwort – , dann teile sie auf: teile und siege. Man kann nicht mit einem Satz auf den Giebel eines Hauses springen, aber man kann über die Treppe dorthin gelangen, Stufe für Stufe. Ähnlich sollen wir ungeachtet unserer Schwierigkeit einen ersten Schritt machen. Es ist noch nicht nötig, sich um den nächsten Schritt zu sorgen; konzentrieren wir uns daher auf diesen ersten. Wenn wir ihn getan haben, wird ein zweiter sich sofort oder bald von selbst ergeben; tun wir den zweiten Schritt, und der dritte wird sich zeigen – und dann wieder einer. Vielleicht werden es gar nicht alle neununddreißig sein, von denen die Rede war; dieses Schlagwort spielt ja nur auf ein bekanntes englisches Theaterstück an, das „Die neununddreißig Stufen" heißt. Nach einer Reihe von Stufen wird man feststellen, dass man die Schwelle des Unmöglichen überschritten hat und in viel versprechendes Land eingetreten ist.

Merken wir uns: Die Betonung liegt auf „Handeln". Gleichgültig, von welchem Grad die Schwierigkeit ist, ein Schritt muss getan werden. Natürlich soll dieser Schritt so wirksam wie möglich sein. Ist aber ein wirksamer Schritt nicht in Aussicht, müssen wir einen weniger wirksamen tun. Und ist auch der nicht möglich, dann muss eine zeichenhafte Handlung getan werden (das heißt nicht nur Gebet), die wenigstens in die Richtung geht oder irgendwie in Beziehung steht zu dem angestrebten Ziel, selbst wenn sie keinen offensichtlichen praktischen Wert hat. Diese entscheidende herausfordernde Geste nennt die Legion die „symbolische Tat". Setzt man sie ein, wird die Unmöglichkeit, die in unserer eigenen Vorstellung existiert, zu nichte gemacht. Und andererseits tritt man mit dieser symbolischen Tat in den Geist des Glaubens ein, der im dramatischen Kampf mit der tatsächlichen Unmöglichkeit steht.

Die Folge kann sein, dass die Mauern dieses neuen Jericho in sich zusammenstürzen.

„Als die Priester beim siebtenmal die Hörner bliesen, sagte Josua zum Volk: .Erhebt das Kriegsgeschrei! Denn der Herr hat die Stadt in eure Gewalt gegeben. ...' Als das Volk den Hörnerschall hörte, brach es in lautes Kriegsgeschrei aus. Die Stadtmauer stürzte in sich zusammen, und das Volk stieg in die Stadt hinein, jeder an der nächstbesten Stelle. So eroberten sie die Stadt." (Jos 6,16.20)

5. ES MUSS AKTIVE ARBEIT GELEISTET WERDEN

Ohne ihren Geist wäre die Legion wie irgendein lebloser Leib. Dieser Geist der Legion, der ihre Mitglieder so umzuwandeln vermag, liegt nicht einfach in der Luft und wartet darauf, eingeatmet zu werden. Nein! Dieser lebenswichtige Geist ist das Ergebnis der Gnade, die aus Bemühen kommt. Er hängt davon ab, welche Arbeit getan wird, und von der Art und Weise, wie die Legionäre sie durchführen. Wo kein Bemühen ist, flackert der Geist nur schwach und kann ganz verlöschen.

Ursachen, die dazu führen könnten, aktive Arbeit zu meiden oder den Mitgliedern nur geringfügige Aufgaben zu stellen, sind:

(a) eine Abneigung, sich an Aufgaben zu wagen, die als schwierig gelten;
(b) eine Unfähigkeit, die Arbeit zu erkennen, die auch im kleinsten Ort reichlich vorhanden ist;
(c) ganz besonders aber die große Angst vor ablehnender Kritik. In jedem Fall sei warnend darauf hingewiesen, dass das Legionssystem dazu angelegt ist, wesentliche tätige Arbeit zu überwachen.

Es gibt keine Rechtfertigung, dieses System überhaupt aufzubauen, wenn keine solche Arbeit unternommen wird. Eine Armee, die sich weigert zu kämpfen, verdient nicht, Armee genannt zu werden. Ähnlich haben Mitglieder eines Präsidiums, das nicht in irgendeiner Form aktive Arbeit leistet, kein Recht, sich Legionäre Mariens zu nennen. Nochmals sei gesagt, dass geistliche Übungen die Legionsverpflichtung zu tätiger Arbeit nicht erfüllen.

Ein untätiges Präsidium ist nicht nur dem Ziel der Legion untreu, tatkräftiges apostolisches Handeln zu zeigen, sondern fügt ihr ein weiteres schweres Unrecht zu: Es erweckt den Eindruck, als wäre die Legion nicht geeignet, bestimmte Arbeiten zu tun, während sie in Wirklichkeit trotz bester Eignung für diese Arbeiten gar nicht herangezogen worden ist.

6. DIE ÜBERWACHUNG DER ARBEIT DURCH DAS PRÄSIDIUM

Die Arbeit wird durch das Präsidium zugeteilt. Den Mitgliedern steht es nicht frei, im Namen der Legion irgendeine Arbeit in Angriff zu nehmen, die ihnen geeignet erscheinen mag. Diese Vorschrift sollte jedoch nicht so starr ausgelegt werden, dass ein Mitglied abgehalten würde, etwas Gutes zu tun, wenn sich ihm die Gelegenheit dazu bietet. Tatsächlich muss sich der Legionär ja in einer gewissen Weise als immer im Dienst betrachten. Stößt man durch Zufall auf eine Arbeit, könnte diese beim nächsten Treffen vorgebracht und darüber berichtet werden; macht das Präsidium sich die Sache zu eigen, wird sie dann zur normalen Legionsarbeit. Doch sollte das Präsidium in diesen Dingen vorsichtig sein. In vielen Menschen mit viel gutem Willen besteht die natürliche Neigung, alles zu tun, nur nicht das, was sie tun sollen; tausend Dinge anzufangen, statt bei der Arbeit zu bleiben, die ihnen zugewiesen worden ist. Diese Leute schaden mehr als sie nützen, und wenn man sie nicht zügelt, werden sie viel dazu beitragen, die Legionsdisziplin zu zersetzen.

Wenn das Bewusstsein der Verantwortung dem Präsidium gegenüber, der Gedanke, dass man Abgesandter des Präsidiums ist, der mit präzisen Aufträgen von dort weggeht und dorthin wieder zurückkehrt, um über die Durchführung der aufgetragenen Arbeit zu berichten, einmal erschüttert ist, wird die Arbeit selber bald nicht mehr getan oder sie wird zu einer Gefahrenquelle für die Legion. Sollte ein derartiges eigenmächtiges Handeln zu einem schweren Fehler führen, würde der Legion dafür die Schuld gegeben, obwohl er gerade aus der Nichtbeachtung des Legionssystems entstanden ist.

Wenn besonders eifrige Legionäre sich beklagen, ihr Bemühen, Gutes zu tun, würde durch allzu viel Disziplin eingeengt, ist es gut, die Sache an Hand der oben angeführten Richtlinien zu erläutern. Es ist aber auch notwendig, dafür zu sorgen, dass eine derartige Klage nicht berechtigt ist. Der wesentliche Zweck der Disziplin ist es, Menschen anzuspornen, nicht sie zu „bremsen". Doch gibt es Leute, die sich unter Ausübung von Autorität scheinbar nichts anderes vorstellen können als „Nein" zu sagen und auf sonstige Weise andere zu hemmen.

7. BESUCHE ZU ZWEIT WAHREN DIE LEGIONSDISZIPLIN

Besuche sollen paarweise gemacht werden. Mit dieser Vorschrift verfolgt die Legion einen dreifachen Zweck:
Erstens wird der Schutz der Legionäre gesichert. Im allgemeinen werden es weniger die Straßen als die aufgesuchten Wohnungen sein, die diese Vorsichtsmaßnahme erfordern.
Zweitens ist der paarweise Besuch eine Quelle gegenseitiger Ermutigung. Er ist eine Hilfe gegen die Regungen der Menschenfurcht und der normalen Schüchternheit, wenn schwierige Orte aufgesucht werden oder Wohnungen, wo man vielleicht kühl aufgenommen wird.
Drittens verleiht er der Arbeit das Siegel der Disziplin. Er gewährleistet Pünktlichkeit und Zuverlässigkeit bei der Durchführung des aufgetragenen Besuches. Sich selbst überlassen, würde man leicht den Zeitpunkt abändern oder den wöchentlichen Besuch überhaupt verschieben. Müdigkeit, schlimme Wetterbedingungen, natürliche Abneigung gegen einen unangenehmen Besuch – das alles würde ungehindert wirksam werden, wenn man keine Verabredung mit einem anderen einzuhalten brauchte. Das Ergebnis ist, dass die Besuche unordentlich, unregelmäßig und erfolglos werden, und vielleicht stellt man sie ganz ein.

Hält ein Legionär die Verabredung mit seinem Partner nicht ein, soll je nach Situation auf folgende Weise vorgegangen werden: Handelt es sich um Besuche im Krankenhaus oder sonst eine Arbeit, mit der offensichtlich keinerlei Risiko verbunden ist, kann der Legionär allein gehen. Handelt es sich aber um eine Arbeit, die den Legionär in schwierige Umstände bringen könnte, oder für die er verrufene Viertel zu betreten hat, muss er den Besuch unterlassen. Selbstverständlich stellt die oben erwähnte Erlaubnis, allein einen Besuch zu machen, die Ausnahme dar.

Hält ein Legionär wiederholt seine Verabredungen nicht ein, sollte das vom Präsidium sehr ernst genommen werden.

Die Notwendigkeit, Besuche paarweise durchzuführen, bedeutet nicht, dass die beiden Legionäre sich gemeinsam an dieselben Personen wenden müssen. Bei Besuchen auf einer Krankenstation zum Beispiel ist es in Ordnung, ja tatsächlich das richtige Vorgehen, wenn die Legionäre sich trennen und sich jeweils anderen Einzelpersonen widmen.

8. DER VERTRAULICHE CHARAKTER DER LEGIONSARBEIT MUSS GEWAHRT BLEIBEN

Die Legion muss sich vor der Gefahr hüten, von übereifrigen Sozialreformern benutzt zu werden. Das Wirken der Legion ist seinem Wesen nach ein verborgenes. Es beginnt im Herzen des einzelnen Legionärs, in dem es einen Geist von Eifer und Liebe wachsen lässt. Durch direkten persönlichen und beständigen Kontakt mit anderen bemühen sich die Legionäre, das religiöse Leben der gesamten Bevölkerung auf eine höhere Stufe zu heben. Diese Arbeit geschieht still, unaufdringlich und behutsam. Sie hat nicht so sehr das Ziel, grobe Übelstände direkt zu beseitigen, als vielmehr die Bevölkerung mit katholischen Grundsätzen und katholischer Gesinnung zu durchdringen, so dass die Übel von selbst absterben, weil ihnen der Nährboden fehlt. Der wahre Sieg der Arbeit ist im beständigen – wenn auch manchmal langsamen – allgemeinen Wachstum eines starken katholischen Lebens und einer ebensolchen Haltung zu sehen.

Es ist wichtig, dass der vertrauliche Charakter der Legionsbesuche sorgsam gewahrt bleibt. Das wird nicht gelingen, wenn Legionäre in den Ruf kommen, Missstände aufspüren zu wollen, um sie öffentlich anzuprangern. Sowohl die Hausbesuche der Legionäre als auch ihre sonstigen Unternehmungen würde man mit Argwohn ansehen. Statt als Freunde betrachtet zu werden, denen man voll vertrauen kann, gerieten sie in den Verdacht, für ihre Organisation als Spitzel tätig zu sein. Unweigerlich würde ihre Anwesenheit übelgenommen, was das Ende des wirklichen Nutzens der Legion bedeuten würde.

Deshalb werden alle, die für die Tätigkeit der Legion verantwortlich sind, sorgfältig darauf achten, dass der Name der Legion nicht mit Anliegen in Verbindung gebracht wird, die zwar an sich gut sind, jedoch Arbeitsmethoden voraussetzen, die mit denen der Legion nur wenig gemeinsam haben. Für die Bekämpfung der schlimmsten Übel unserer Zeit gibt es besondere Organisationen. Wenn nötig, können die Legionäre sich an diese Vereinigungen wenden und sie nach ihren privaten Möglichkeiten unterstützen; aber die Legion selbst muss ihrer eigenen Tradition und ihren eigenen Arbeitsmethoden treu bleiben.

9. BESUCHE VON TÜR ZU TÜR SIND WÜNSCHENSWERT

Die Legionsbesuche sollten so weit als möglich von Tür zu Tür gemacht werden, ohne Rücksicht darauf, welche Menschen dort wohnen. Wenn Leute denken, dass man gerade sie aufs Korn nimmt, könnten sie daran Anstoß nehmen.

Auch wenn man entdeckt hat, dass dort Nichtkatholiken leben, sollte man an deren Wohnungen nicht vorbeigehen, außer es bestehen gewichtige Gründe dafür. Den Nichtkatholiken darf man nicht in einer Haltung religiöser Streitlust begegnen, sondern in der Absicht, ihre Freundschaft zu gewinnen. Die Erklärung, dass alle Häuser besucht werden, um die Bewohner kennen zu lernen, wird zu freundlicher Aufnahme in vielen nichtkatholischen Familien führen – ein Umstand, den die göttliche Vorsehung benützen mag, um Gnade auch jenen „anderen Schafen" zu vermitteln, die Gott so gerne in der einen Herde sehen will. Eine Freundschaft mit apostolisch gesinnten Katholiken wird viele Vorurteile abbauen, und der Achtung vor Katholiken wird bestimmt auch Achtung vor dem Katholizismus folgen. Vielleicht werden Informationen erbeten und Bücher gewünscht, und all das kann zu noch Größerem führen.

10. MATERIELLE HILFE IST UNTERSAGT

Es darf keine materielle Hilfe geleistet werden – nicht einmal in kleinstem Ausmaß; und die Erfahrung zeigt, dass es notwendig ist zu erwähnen, dass auch alte Kleider unter diese Bestimmung fallen.

Mit dieser Regelung setzt die Legion nicht die Übung der Wohltätigkeit als solche herab. Sie stellt nur fest, dass sie von der Legion nicht getan werden kann. Den Armen zu geben ist ein gutes Werk. Geschieht es aus einem übernatürlichen Motiv, ist es ein erhabenes Werk. Viele große Gemeinschaften sind auf diesem Grundsatz aufgebaut, in besonderer Weise der Vinzenzverein. Mit Freuden gibt die Legion zu, dass sie dem Beispiel und dem Geist des Vinzenzvereins dermaßen viel verdankt, dass man sagen kann: Die Wurzeln der Legion liegen in dieser Gemeinschaft. Aber der Legion ist ein anderer Aufgabenbereich zugewiesen. Ihre Wirkungsweise beruht auf dem Grundsatz, dass jedem Einzelnen in der Bevölkerung geistliche Güter gebracht werden sollen. Dieses Programm auf der einen und das der Wohltätigkeit auf der anderen Seite sind in der Praxis unvereinbar, und zwar aus folgenden Gründen:

a) die Besuche einer Organisation, die materielle Hilfe leistet, werden selten den Menschen willkommen sein, die einer solchen Hilfe nicht bedürfen. Sie befürchten, die Nachbarn könnten glauben, dass sie in irgendeiner Weise materielle Unterstützung erhalten. So wird ein Präsidium, das sich den Ruf eines Wohltätigkeitsvereins erwirbt, sein Arbeitsfeld rasch äußerst eingeengt finden. **Materielle Hilfe mag für andere Gemeinschaften ein Schlüssel sein, der ihnen die Türen öffnet. Für die Legion ist sie ein Schlüssel, mit dem sie sich selbst aussperrt.**
b) Leute, die eine Unterstützung erhoffen und enttäuscht werden, sind gekränkt und daher für den Einfluss der Legion unzugänglich.
c) Sogar bei den Bedürftigen selbst wird die Legion durch materielle Gaben keine geistlichen Früchte erreichen. Sie soll

das jenen Organisationen überlassen, deren eigentliche Aufgabe das ist und die eine besondere Gnade dafür haben. Legionäre haben diese Gnade ganz sicher nicht, denn sie verstoßen ja dadurch gegen ihre Regel. Ein Präsidium, das diesen Fehler begeht, wird sich in ernste Schwierigkeiten bringen und der Legion nichts als Kummer bereiten.

Vielleicht werden einzelne Legionäre einwenden, man sei doch verpflichtet, den Möglichkeiten entsprechend Nächstenliebe zu üben; vielleicht versichern sie auch eindringlich, dass sie das ja nicht als Legionäre tun wollen, sondern privat. Untersucht man diese Behauptung, erkennt man schnell, welche Verwicklungen unweigerlich folgen müssen. Nehmen wir einmal an – und das ist der Normalfall –, dass jemand vor seinem Beitritt zur Legion nicht gewohnt war, persönlich Almosen zu geben. Bei seinen Legionsgängen trifft er nun auf Menschen, die seiner Meinung nach in irgendeiner Hinsicht Hilfe brauchen. Am Tag des offiziellen Legionsbesuchs hält er sich zurück und gibt nichts, aber an einem andern Tag kommt er als „Privatperson" wieder und bringt eine Unterstützung. Selbstverständlich verstößt er damit gegen die Legionsregel, keine materielle Hilfe zu geben; und verbirgt sich hinter diesem doppelten Besuch nicht eine Haarspalterei? Den ersten Besuch machte er als Legionär. Von der Angelegenheit erfuhr er als Legionär. Die Beschenkten kennen ihn als Legionär, und sicher machen sie bei dieser Haarspalterei nicht mit. Für sie ist das einfach eine Wohltätigkeit seitens der Legion, und die Legion gibt ihnen in dieser Beurteilung recht.

Vergessen wir nicht: Der Ungehorsam oder die Unüberlegtheit eines einzigen Mitglieds in dieser Richtung kann das ganze Präsidium bloßstellen. Man kommt schnell in den Ruf des Almosengebens. Es braucht nicht hundert Beispiele dafür, ein paar wenige genügen.

Wenn ein Legionär aus irgendeinem Grund in einem bestimmten Fall materiell zu helfen wünscht, warum erspart er dann der Legion nicht alle Verwicklungen, indem er die Unterstützung ungenannt durch einen Freund oder durch eine dafür zuständige Vereinigung überbringen lässt? Widerstrebt das diesem Legionär, so könnte es unter den gegebenen Umständen darauf hindeuten, dass er für seine Tat der Nächstenliebe mehr einen irdischen als den himmlischen Lohn sucht.

Die Legionäre dürfen jedoch den Fällen von Armut und Not, auf die sie bei ihren Besuchen unweigerlich stoßen werden, nicht gleichgültig gegenüberstehen; sie sollten sie den anderen Organisationen zur Kenntnis bringen, die im gegebenen Fall die nötige Hilfe leisten können. Sollten jedoch alle Bemühungen der Legion um die nötige Hilfeleistung fehlschlagen, darf sie nicht selbst in die Bresche springen. Das ist nicht ihre Aufgabe, und es ist unvorstellbar, dass in einem modernen Gemeinwesen keine anderen Menschen oder Organisationen zu finden sind, die im Fall echter Bedürftigkeit für Abhilfe sorgen werden. „Zweifellos ist das Mitleid, das wir den Armen erweisen, indem wir ihre Not lindern, Gott wohlgefällig. Doch wer kann leugnen, dass der Eifer und die Mühe, die man darauf verwendet, die Menschen zu lehren und zu überzeugen, viel höher stehen? Denn dadurch vermittelt man den Menschen nicht die vergänglichen Wohltaten dieser Erde, sondern Güter, die auf ewig bleiben." (AN)

Da viele Beispiele gezeigt haben, dass diese Regel auch zu eng ausgelegt werden kann, ist es notwendig festzustellen, dass Liebesdienste keine materielle Hilfe darstellen. Im Gegenteil, sie sind zu empfehlen. Sie widerlegen den Vorwurf, die Legionäre beschränkten sich darauf, über Religion zu sprechen, und die Not der Menschen sei ihnen gleichgültig. Die Legionäre sollten die Aufrichtigkeit ihrer Worte durch ihre überströmende Liebe und ihren Dienst in jeder Form unter Beweis stellen, die ihnen erlaubt ist.

11. GELDSAMMELN

Es geht etwa in dieselbe Richtung wie das Almosengeben, und es ist darum genauso verboten, Legionsbesuche regelmäßig zum Geldsammeln zu benützen.

Ein solches Vorgehen mag wohl Geld einbringen, niemals aber eine Atmosphäre schaffen, um in geistlicher Hinsicht Gutes tun zu können: Es wäre ein typisches Beispiel für das Vorgehen, das bekannt ist als „klug im Kleinen, unklug im Großen".

12. KEINE POLITIK IN DER LEGION

Keine Legionsgruppe darf zulassen, dass ihr Einfluss oder ihre Räumlichkeiten für irgendwelche politischen Zwecke benützt werden oder der Unterstützung einer politischen Partei dienen.

13. JEDE SEELE AUFSPÜREN UND ZU JEDER SPRECHEN

Das Wesen jedes religiösen Wirkens ist der Wunsch, an jeden einzelnen Menschen heranzukommen – nicht nur die Lauen, nicht nur die treuen Gläubigen, nicht nur die Armen und Erniedrigten, sondern ALLE in den Einfluss des Apostolats zu bringen.

Besonders die abstoßendsten Formen religiöser Nachlässigkeit dürfen den Legionär nicht einschüchtern. Es gibt keinen Menschen, und mag er noch so verworfen und allem Anschein nach hoffnungslos sein, in dem der Glaube, der Mut und die Ausdauer des Legionärs ohne Erfolg bleiben werden. Andererseits wäre es eine untragbare Eingrenzung der Sendung der Legion, die Aufmerksamkeit auf die schwereren Übel zu beschränken. Die Suche nach dem Schaf, das verloren gegangen oder dem Dieb in die Hände gefallen ist, hat besonderen Reiz. Doch darf sie den Legionär nicht blind machen für die Tatsache, dass ein größeres Arbeitsfeld offen steht: Ansporn zu sein für jene unzählig Vielen, die von Gott zur Heiligkeit berufen sind und sich dennoch mit einem Leben der Erfüllung der religiösen Mindestpflichten begnügen. Nun, um Menschen, die ihren religiösen Pflichten gerade noch nachgekommen sind, zu Werken des Glaubenseifers oder der Hingabe bewegen zu können, werden sie lange Zeit hindurch besucht werden müssen und dabei viel

Geduld erfordern. Aber es ist so, wie Pater Faber sagt: „Ein Heiliger ist soviel wert wie eine Million Durchschnittskatholiken", und wie die heilige Teresa von Avila es uns erklärt: „Eine Seele, die noch nicht heilig ist, aber nach Heiligkeit strebt, ist Gott teurer als Tausende, die nur so dahinleben." Ist es da nicht wunderschön zu erreichen, dass viele die ersten Schritte auf jenem Weg tun, der vom ausgefahrenen Gleis wegführt?

14. NIEMAND IST ZU SCHLECHT UND NIEMAND ZU GUT, DASS ER NICHT HÖHER GEFÜHRT WERDEN KANN

Keinen einzigen Menschen, den man bei den Besuchen antrifft, sollte man so zurücklassen, wie man ihn gefunden hat. Keiner ist so gut, dass er nicht noch ein großes Stück näher zu Gott gebracht werden könnte. Oft werden die Legionäre Menschen treffen, die viel heiliger sind als sie selbst; doch nicht einmal da steht es ihnen zu, daran zu zweifeln, dass sie viel Gutes tun können. Sie werden neue Anregungen vermitteln, neue Formen der Frömmigkeit. Vielleicht bringen sie neuen Schwung in das Gewohnte. Auf jeden Fall aber werden sie durch ihr frohes Ausüben der apostolischen Berufung ihre Mitmenschen erbauen. Deshalb sollen die Legionäre, gleichgültig ob sie es nun mit Heiligen zu tun haben oder mit Sündern, in ihrem Tun vertrauensvoll fortfahren; sie wissen ja, dass sie nicht in ihrer eigenen geistlichen Armseligkeit hier sind, sondern als Vertreter von Marias Legion, „vereint mit ihren Hirten und ihren Bischöfen, mit dem Heiligen Stuhl und mit Christus" (UAD).

15. EIN VAGES APOSTOLAT HAT WENIG WERT

In jedem einzelnen Fall muss das Ziel sein, Gutes in bedeutender und eindeutiger Form zu bewirken. Wenn möglich soll man vielen Menschen viel Gutes tun; geht das nicht, dann einer kleineren Anzahl Menschen viel Gutes; niemals darf man damit zufrieden sein, vielen Menschen wenig Gutes zu tun. Ein Legionär, der diesen letztgenannten Weg einschlägt, leistet damit einen schlechten Dienst, indem er eine Arbeit für getan erklärt, die nach den Legionsidealen kaum begonnen ist, und dadurch andere abhält, diese Aufgabe in Angriff zu nehmen. Eine andere Gefahr aber liegt in der Tatsache, dass ein Augenblick der Entmutigung dieses wenige Gute, das vielen getan wurde, so darstellt, als sei in Wirklichkeit überhaupt niemandem Gutes getan worden. Dieses Gefühl, als Mitglied erfolglos zu sein, bringt die Mitgliedschaft selber in Gefahr.

16. DAS GEHEIMNIS DES EINFLUSSES IST DIE LIEBE

Wirklich Gutes und viel Gutes kann nur dann erzielt werden, wenn sich zwischen den Legionären und den Menschen, zu denen sie gehen, Freundschaft entwickelt – das muss betont werden. Etwas Gutes, das auf andere Weise geschieht, wird nur dürftig sein oder Sache des Zufalls. Besonders bei Besuchen, die der Familienweihe an das Heiligste Herz Jesu dienen, muss man sich das vor Augen halten. Obwohl diese Arbeit in sich selbst ausgezeichnet ist und viel Segen bringt, ist sie nicht als das erste Ziel anzusehen. Ein Besuch, der rasch zur Weihe der Familie an das Heiligste Herz Jesu führt und dann keine Fortsetzung findet, würde in den Augen der Legion nur einen kleinen Teil der Früchte bringen, die er tragen sollte. Viele und ausgedehnte Besuche bei jeder Familie bedeuten, dass ein Legionspaar nur langsam weiterkommt, und deshalb braucht es viele Legionäre und viele Präsidien.

17. DER LEGIONÄR SIEHT CHRISTUS UND DIENT CHRISTUS IN JEDEM, FÜR DEN ER ARBEITET

Nirgends und niemals dürfen Legionsbesuche in einem Geist der „Mitmenschlichkeit" oder aus bloßem menschlichen Mitleid für die Unglücklichen durchgeführt werden. „Was ihr für einen meiner geringsten Brüder getan habt, das habt ihr mir getan." (Mt 25,40) Sind diese Worte dem Legionär ins Herz geschrieben, muss er in seinem Nächsten, das heißt in jedem Menschen ohne Unterschied, unsern Herrn sehen und ihm entsprechenden Dienst leisten. Jeder Mensch ist in diesem neuen Licht zu sehen: der Böse, der Undankbare, der Bedrückte, der Verachtete, der Ausgestoßene – alle die Ärgsten, die man von Natur aus abstoßend fände. Sie sind gewiss die Geringsten der Brüder Christi, und nach den Worten Jesu muss man ihnen großherzigen und ehrerbietigen Dienst erweisen.

Der Legionär wird sich immer vor Augen halten, dass er nicht als Vorgesetzter zu einem Untergebenen kommt, auch nicht als Gleicher zu einem Gleichen, sondern als Untergebener zu seinem Vorgesetzten, als Diener zu seinem Herrn. Fehlt dieser Geist, bewirkt das gönnerhaftes Verhalten. Ein Besucher mit dieser Einstellung wird weder in übernatürlicher noch in natürlicher Hinsicht Gutes vollbringen. Seine Gegenwart wird nur geduldet, wenn er Geschenke bringt. Andererseits wird der freundliche und verständnisvolle Besucher, der bescheiden an die Tür klopft und um Einlass bittet, freudig aufgenommen, obwohl seine Gaben keine materiellen sind; und er wird mit den Besuchten schnell auf wahrhaft freundschaftlichem Fuß stehen. Die Legionäre sollten stets bedenken: Ein Mangel an Bescheidenheit in Kleidung oder Ton errichtet zwischen ihnen und den Besuchten eine Schranke.

18. DURCH DEN LEGIONÄR LIEBT UND UMSORGT MARIA IHREN SOHN

„Jetzt mögen sie uns schon!" – mit diesen Worten erklärte ein Legionär das erfolgreiche Ergebnis eines sehr unangenehmen und schwierigen Besuches. Diese Worte fassen die Arbeitsweise der Legion sehr schön zusammen. Um diese Zuneigung zu wecken, ist es nötig, zuerst selber Zuneigung zu zeigen: die zu lieben, die man besucht. Es gibt keinen anderen Weg, keine andere Diplomatie, keinen anderen Schlüssel zu wirklichem Einfluss. Der heilige Augustinus fasst denselben Gedanken in eine andere Form, wenn er erklärt: „Liebe, und tu, was du willst."

In einem meisterhaften Abschnitt seines Werkes über das Leben des heiligen Franz von Assisi weist der englische Schriftsteller Chesterton auf diesen entscheidenden christlichen Grundsatz hin: „Der heilige Franziskus sah nur das Ebenbild Gottes, vervielfältigt, aber nie einförmig. Für ihn blieb ein Mann immer ein Mann und verschwand ebenso wenig in einem dichten Haufen wie in einer Wüste. Er ehrte alle Menschen, das heißt, er liebte nicht nur alle, sondern achtete auch alle. Was ihm seine außergewöhnliche persönliche Macht verlieh, war dies: dass es vom Papst bis zum Bettler, vom Sultan von Syrien in seinem Gezelt bis zum zerlumpten Räuber, der aus dem Wald schlich, nie einen Menschen gab, der in jene braunen brennenden Augen gesehen hätte, ohne es als Gewissheit zu empfinden, dass Franziskus Bernardone ein wahrhaftes Interesse an ihm und an seinem eigenen Innenleben nahm, von der Wiege bis zum Grab; dass er selber wertgeschätzt und ernstgenommen ... wurde."

Kann man aber auf Befehl so lieben? Ja, wenn man in allen, denen man begegnet, die Person unseres lieben Herrn sieht. An diesem Gedanken entzündet sich die Liebe. Und nochmals, es ist ganz sicher: Maria will, dass man dem mystischen Leib ihres geliebten Sohnes ebensolche Liebe erweist wie die, mit der sie seinen irdischen Leib überschüttet hat. Sie wird ihren Legionären dabei helfen. Wo sie in ihnen den Funken, die Bereitschaft zu lieben findet, wird sie diese zu einer verzehrenden Flamme entfachen.

19. DEM BESCHEIDENEN UND HÖFLICHEN LEGIONÄR ÖFFNET SICH JEDE TÜR

Wer noch keine Erfahrung mit Hausbesuchen hat, fürchtet sich vor dem „ersten Besuch"; aber jeder Legionär, ob neu oder erprobt, der sich den vorhergehenden Abschnitt zu Herzen genommen hat, besitzt eine Art Eintrittskarte für jedes Haus.

Es sei betont, dass man nicht aufgrund irgendeines Rechtes, sondern nur aus Gefälligkeit der Besuchten Zutritt bekommt.

Man muss sich sozusagen mit dem Hut in der Hand nähern; das ganze Benehmen muss jene Achtung zeigen, mit der man den Palast eines der Großen dieser Welt betreten würde. Eine Erklärung, warum man kommt, begleitet von einer bescheidenen Bitte, eintreten zu dürfen, wird gewöhnlich die Tür weit öffnen und eine Einladung bringen, Platz zu nehmen. Dann müssen die Legionäre daran denken, dass sie nicht da sind, um einen Vortrag zu halten oder eine Unmenge Fragen zu stellen, sondern um die Saat auszustreuen, aus der nach und nach jene Vertrautheit erwachsen wird, die Tür und Tor für Kennenlernen und Einfluss öffnet.

Es heißt, der besondere Ruhm der christlichen Liebe sei das Verständnis für andere. Nichts ist in dieser traurigen Welt notwendiger als gerade diese Gabe. Denn „fast alle Menschen scheinen unter einem Gefühl zu leiden, missachtet zu sein. Sie sind unglücklich, weil niemand sich mit ihnen befasst, weil keiner anhören will, was sie ihm so gerne anvertrauen möchten". (Duhamel)

Anfängliche Schwierigkeiten dürfen nicht zu ernst genommen werden. Sogar wo absichtliche Grobheit am Werk ist, wird sanfte Bescheidenheit sie in Beschämung verwandeln und wird in einem späteren Stadium ihre Früchte tragen.

Interesse an den Kindern bietet oft Gelegenheit für ein Gespräch: Man kann sie nach ihrem religiösen Wissen und dem Empfang der Sakramente fragen. Erwachsene würden solche Fragen wahrscheinlich übel nehmen, wenn man sie ihnen selbst zu diesem frühen Zeitpunkt stellt. Spricht man aber die Kinder an, so können auch die Eltern manches daraus lernen.

Beim Weggehen soll die Tür für einen weiteren Besuch offen bleiben: Die einfache Andeutung, dass man sich wohl gefühlt hat und hofft, die Familie wieder zu sehen, sorgt sowohl für einen natürlichen Abschied als auch für eine wirksame Vorbereitung des nächsten Besuches.

20. DAS VERHALTEN IN EINER ANSTALT

Legionäre, die in einer Anstalt Besuche machen, müssen daran denken, dass sie nur dort sind, weil sie geduldet werden; sie sind Gäste, genauso wie in einem Privathaus. Die Leitung schaut immer mit etwas Zweifel auf einen Besucher, der aus Nächstenliebe zu den Patienten kommt, aber nur zu leicht vergisst, dass er auch dem Personal, den Regeln und der Hausordnung Rücksicht schuldet. Ein Legionär darf es daran niemals fehlen lassen. Die Besuche sollten nie zu ungelegener Zeit gemacht werden, noch sollte man den Patienten Medikamente oder sonstige verbotene Dinge mitbringen, und niemals darf man bei internen Streitigkeiten Partei ergreifen. Es wird immer Leute geben, die behaupten, sie wären Opfer schlechter Behandlung durch das Personal oder anderer Patienten; aber es ist nicht Aufgabe der Legionäre, diesen Missständen abzuhelfen, selbst wenn sie wirklich bestehen. Natürlich werden sie die Klagen teilnahmsvoll anhören und sich bemühen, beruhigend einzuwirken; aber weiter sollten sie im allgemeinen nicht gehen. Wenn Legionäre sehr empört sind, dient es als Sicherheitsventil, die Angelegenheit im Präsidium zu besprechen. Das Präsidium wird die Umstände nach allen Richtungen hin erwägen und geeignete Handlungsweise beraten, wenn es wünschenswert ist.

21. DER LEGIONÄR DARF NICHT RICHTEN

Nicht nur das Verhalten des Legionärs muss von taktvoller Achtung geprägt sein, sondern auch sein Denken – und das ist noch wichtiger. Es ist mit der Sendung des Legionärs unvereinbar, dass er sich zum Richter über seinen Nächsten macht oder seine eigene Denk- und Handlungsweise als Maß aller Dinge hinstellt, dem die anderen sich anpassen müssen. Er darf nicht annehmen, dass Leute, die sich in verschiedener Hinsicht von ihm unterscheiden, die ihn nicht empfangen wollen oder ihm sogar feindlich gegenüber stehen, notwendigerweise schlechte Menschen sind.

Es gibt viele Leute, deren Handlungen Kritik herauszufordern scheinen, aber es ist nicht Sache des Legionärs, der Kritiker zu sein. Allzu oft ergeht es solchen Menschen wie den Heiligen, die zu Unrecht angeklagt wurden. Das Leben vieler Menschen dagegen ist von schweren Verfehlungen gezeichnet; doch Gott allein sieht in das Herz und kann beurteilen, wie es um diese Menschen steht. Denn, wie Gratry sagt: „Viele haben nicht einmal eine primitive Erziehung genossen. Sie haben kein sittliches Erbe mitbekommen; und vielleicht waren verkehrte Grundsätze und schlechtes Beispiel die einzige Nahrung für ihre Reise durch dieses schwere Leben. Doch genauso gilt: Es wird von niemandem etwas gefordert, was ihm nicht gegeben worden ist."

Es gibt auch viele, die mit ihrem Reichtum prahlen und sich in ihrem Leben nichts abgehen lassen. Es ist Mode, über sie in bitteren Worten zu sprechen. Doch auch hier muss der Legionär überlegen: Es ist immer möglich, dass solche Menschen dem Nikodemus ähneln, der heimlich des Nachts zu unserem Herrn kam, viel für ihn tat, ihm viele Freunde gewann, ihn aufrichtig liebte und schließlich das einzigartige Vorrecht erhielt, bei seiner Grablegung zu helfen.

Die Rolle von Legionären ist niemals die des Richters oder des Kritikers. Stets müssen sie überlegen, wie Marias milder Blick alle diese Umstände, diese Menschen betrachten würde. Dann sollen sie versuchen, so zu handeln, wie Maria an ihrer Stelle handeln würde.

Edel Quinn hatte es sich zu einer ihrer Gewohnheiten gemacht, niemals etwas zu beanstanden, bevor sie die Angelegenheit der seligen Jungfrau vorgetragen hatte.

22. DIE EINSTELLUNG ZU FEINDSELIGER KRITIK

Auf diesen Seiten wird häufig darauf hingewiesen, wie lähmend sich die Angst vor ablehnender Kritik sogar auf die Menschen besten Willens auswirkt. Daher ist die Überlegung des folgenden Grundsatzes hilfreich: Ein Hauptziel der Legion – das ihr die größten Erfolge bringt – ist es, hohe Maßstäbe im Denken und Tun zu setzen. Die Legionäre selbst bemühen sich, ein apostolisches Leben zu führen, und geben dadurch ein herausragendes Beispiel für das christliche Leben der Laien. Der seltsame Trieb, der Menschen dazu führt, sogar unwillkürlich nachzuahmen, was sie beeindruckt, bewirkt, dass alle in verschiedenem Maß gedrängt werden, diesem Beispiel nahe zu kommen. Bemühen sich viele offen und aus ganzem Herzen darum, ist das ein Zeichen, dass ein wirkungsvolles Beispiel gegeben worden ist. Ein anderes und häufigeres Zeichen ist, dass es Widerspruch hervorruft. Denn solch ein Beispiel ist ein Protest gegen niedrige Maßstäbe. Es ist ein Stachel im Gewissen der Öffentlichkeit, und wie jeder Stachel ruft es eine gesunde Reaktion des Unbehagens und Protestes hervor, der schon bald „ein Drang nach oben" folgt. Gibt es aber keinerlei Reaktion, so beweist das, dass kein wirksames Beispiel gegeben worden ist.

Deshalb braucht es uns nicht aus der Fassung zu bringen, sollte die Legionstätigkeit ein wenig Kritik erregen, immer vorausgesetzt, dass nicht eigenes falsches Vorgehen daran schuld ist. Halten wir uns immer einen anderen wichtigen Grundsatz vor Augen, von dem jedes apostolische Bemühen beherrscht sein muss: „Menschen gewinnt man nur durch Liebe und Freundlichkeit, durch stilles, unaufdringliches Beispiel, das sie nicht demütigt und zum Nachgeben zwingt. Sie mögen es nicht, von jemandem überfallen zu werden, der sie unbedingt überwältigen will." (Giosue Borsi)

23. MAN BRAUCHT SICH NIE ENTMUTIGEN ZU LASSEN

Manchmal zeigen mit größter Hingabe geleistete Arbeiten, die auch heroisch durchgehalten werden, wenig Frucht. Legionäre hängen ihr Herz nicht an sichtbare Ergebnisse, trotzdem wäre es nicht gut für sie, mit einem Gefühl von Enttäuschung zu arbeiten. Es wird sie trösten und für noch eifrigere Bemühungen stärken, wenn sie überlegen, dass die Verhinderung einer einzigen Sünde unendlichen Gewinn darstellt. Denn diese eine Sünde wäre ein unermessliches Übel, das eine endlose Reihe unseliger Folgen nach sich ziehen würde. „Mag eine Masse noch so winzig sein, sie spielt ihre Rolle im Gleichgewicht des Alls. Auf eine Weise, die nur dein Geist, o Herr, erkennen und bemessen kann, steht selbst das leise Gleiten meiner kleinen Feder über das Papier mit der Bewegung der Sphären in Verbindung, es trägt zu ihr bei und ist ein Teil von ihr. Dasselbe gilt für die Welt des Verstandes. Gedanken leben und bestehen höchst komplizierte Abenteuer in dieser Welt des Verstandes, die so unermesslich höher steht als die materielle Welt, eine vereinte und geschlossene Welt, auch in ihrer Weite, Fülle und höchsten Vielfalt. Was für die materielle und die geistige Welt gilt, das gilt auch für die unendlich höhere Welt des Sittlichen." (Giosue Borsi) Jede Sünde erschüttert diese Welt. Sie schadet der Seele jedes Menschen. Manchmal ist das erste Glied dieser Entwicklung sichtbar: wenn einer den andern zur Sünde verführt. Aber, ob sichtbar oder unbemerkt: Sünde führt zu Sünde; und ebenso: die Verhinderung einer Sünde wehrt auch eine nächste ab. Und wenn man die zweite verhütet hat, verhindert man dann nicht auch die dritte, und so weiter, in endloser Reihenfolge, bis diese Kette die ganze Welt umspannt und sich durch alle Zeiten zieht? Ist es daher übertrieben zu sagen, dass jeder zu einem guten Leben bekehrte Sünder wahrscheinlich für eine stattliche Schar steht, die in seinem Gefolge in den Himmel einmarschiert?

Die anstrengendsten Arbeiten – ja, sogar die Mühe eines ganzen Lebens – wäre daher gerechtfertigt, um eine schwere Sünde zu verhindern, denn das wird jeder Seele einen Schimmer zusätzlicher Gnade bringen. Es kann sein, dass die Abwehr dieser Sünde zu einer Schicksalsstunde wird, zum Anfang einer Aufwärtsentwicklung, die nach und nach ein ganzes Volk aus einem gottlosen Leben zu einem Leben in Rechtschaffenheit führt.

24. DAS KREUZ IST EIN ZEICHEN DER HOFFNUNG

Die Hauptgefahr der Entmutigung liegt nicht im Widerstand jener Mächte, gegen welche die Legion ihren Kampf führt – und sei er noch so stark. Sie liegt in der Qual, die der Legionär unweigerlich spüren muss, wenn Hilfen und Ereignisse ausbleiben, auf die zu vertrauen er sich berechtigt fühlt. Freunde versagen, gute Leute versagen, die eigenen Werkzeuge versagen. „Und alles, worauf wir gebaut, enttäuscht unser friedvoll Vertrauen!" Welch reiche Ernte könnte eingebracht werden – so scheint es –, wäre nur die Sichel nicht so stumpf, gäbe es keine Unzulänglichkeiten im eigenen Lager, würde das Kreuz einen nicht erdrücken!

Diese Ungeduld darüber, dass so viel Gutes für die Seelen geschehen könnte und so wenig geschieht, kann eine Gefahr sein. Sie kann zu der Entmutigung führen, die die feindlichen Mächte nicht zu erzeugen vermochten.

Man muss immer daran denken: Das Werk des Herrn trägt auch das Zeichen des Herrn, das Zeichen des Kreuzes. Fehlt diese Prägung, kann der übernatürliche Charakter einer Arbeit bezweifelt werden: Wahre Erfolge werden nicht auftreten. Janet Erskine-Stuart erklärt diesen Grundsatz so: „Betrachtet man die Heilige Schrift, die Kirchengeschichte oder auch die Erfahrungen, die man selbst Jahr für Jahr machen muss, dann erkennt man, dass das Werk Gottes niemals unter idealen Bedingungen geschieht, niemals so, wie wir es uns vorgestellt oder ausgesucht hätten." So erstaunlich es klingt, bedeutet das: Jener Umstand, der nach der beschränkten menschlichen Einsicht die idealen Bedingungen zu verhindern und die Aussichten für die Arbeit zu vernichten scheint, ist kein Hindernis für den Erfolg, sondern seine Voraussetzung; kein Fehler, sondern ein Zeichen der Echtheit; keine Bürde, die das Bemühen belastet, sondern der Brennstoff, der es nährt und zum Ziel führt. Denn Gott hat immer Gefallen daran, seine Macht zu zeigen, indem er Erfolg aus ziemlich aussichtslosen Bedingungen herausholt und seine größten Werke mit unzulänglichen Werkzeugen vollbringt.

Aber es gibt einen wichtigen Vorbehalt, auf den die Legionäre achten müssen: Sollen diese Schwierigkeiten heilsam sein, dürfen sie nicht aus der Nachlässigkeit der Legionäre kommen. Die Legion kann nicht erwarten, dass ihre eigenen Fehler oder Unterlassungen ihr zum Segen werden.

25. ERFOLG IST EINE FREUDE, MISSERFOLG IST NUR VERZÖGERTER ERFOLG

Richtig gesehen, sollte die Arbeit eine nie versiegende Quelle der Freude sein. Erfolg ist eine Freude. Misserfolg ist eine Buße und eine Übung für den Glauben – eine höhere Freude für den einsichtigen Legionär, der darin einen lediglich verzögerten und größeren Erfolg sieht. Noch einmal: Es bereitet eine ganz natürliche Freude, wenn man von den vielen, die den Besuch sehr schätzen, mit einem dankbaren Lächeln aufgenommen wird. Aber die misstrauischen Blicke anderer sollten tieferen Trost bringen, denn sie zeigen, dass hier etwas Ernstes nicht in Ordnung ist, das bis jetzt der Aufmerksamkeit entging. Die Legion weiß aus Erfahrung, dass dort, wo echtes katholisches Empfinden herrscht – selbst wenn es durch religiöse Nachlässigkeit beeinträchtigt sein sollte –, Aufgeschlossenheit für einen freundlichen, teilnahmsvollen Besucher zu finden ist. Deshalb zeigt das Gegenteil nicht selten an, dass hier eine Seele in Gefahr ist.

26. DAS VERHALTEN GEGENÜBER FEHLERN VON PRÄSIDIEN UND LEGIONÄREN

Mit Fehlern von Präsidien oder einzelnen Legionären muss man Geduld haben. Die Tatsache, dass der Eifer so lahm ist, der Fortschritt so geringfügig scheint, und irdische Mängel in trauriger Weise offensichtlich sind, sollte nicht zur Entmutigung führen. Folgender Gedankengang wird in solchen Umständen helfen: Wenn diese Legionäre, die vom System der Legion angetrieben und fraglos von deren Gebet und Hingabe beeinflusst sind, trotzdem so viel zu wünschen übrig lassen – wo stünden sie dann erst ohne die Legion? Und andererseits: Auf welcher religiösen Ebene befindet sich eine Gemeinschaft, wenn sie nicht einmal die paar brauchbaren Leute hervorbringen kann, die für ein gutes Präsidium nötig sind?

Die Folgerung ist eindeutig: Dieses religiöse Niveau muss um jeden Preis gehoben werden. Das beste, ja das einzige Mittel, dies zu bewerkstelligen, ist: den Sauerteig des Apostolats einzusetzen, damit er unter der Bevölkerung wirkt, bis alles durchsäuert ist (vgl. Mt 13,33). Mit unbezwinglicher Geduld und Güte müssen die verfügbaren apostolischen Kräfte herangebildet werden. Schon das gewöhnliche katholische Bewusstsein wächst nur langsam. Warum erwartet man dann, der apostolische Geist sollte das Werk eines Augenblicks sein? Hier den Mut verlieren, heißt auf das einzige Heilmittel zu verzichten.

27. KEINE SELBSTSUCHT

Die Legion darf nicht zulassen, dass irgendein Mitglied sie zu persönlichen materiellen Vorteilen missbraucht. Freilich sollte kein Legionär es nötig haben, dass man ihn vor einer unwürdigen Ausnützung seiner Mitgliedschaft innerhalb oder außerhalb der Legion warnt.

28. KEINE GESCHENKE AN DIE MITGLIEDER

Es ist nicht erlaubt, dass Legionszweige ihren Mitgliedern Geld geben oder Geschenke machen, die Geld kosten. Würde das geduldet, würden die Anlässe immer zahlreicher, und das wäre eine finanzielle Belastung. Davor muss man auf der Hut sein, besonders im Hinblick auf die vielen Menschen mit schmaler Börse, über deren Mitgliedschaft die Legion so froh ist. Deshalb sollen Präsidien oder andere Legionsgruppen, die ein besonderes Ereignis im Leben eines der Mitglieder hervorheben wollen, einen „geistlichen Blumenstrauß" schenken.

29. KEINE STANDESUNTERSCHIEDE IN DER LEGION

Im allgemeinen ist die Legion gegen die Errichtung von Präsidien, die auf Angehörige einer bestimmten Gesellschaftsklasse oder eines bestimmten Standes beschränkt sind. Einige Gründe sind:

a) Allzu oft bedeutet Beschränkung den Ausschluss anderer, und das führt zur Verletzung der Brüderlichkeit.

b) Die beste Methode, neue Mitglieder zu gewinnen, ist die Werbung unter Freunden und Bekannten der Legionäre, und diese brächten vielleicht nicht die Voraussetzungen mit, einem Präsidium besonderen Standes beizutreten.

c) Fast immer werden sich jene Präsidien als die leistungsfähigsten erweisen, deren Mitglieder aus verschiedensten Lebensumständen stammen.

30. BRÜCKEN SCHLAGEN MUSS DAS ZIEL SEIN

Ganz bewusst sollte die Legion sich zum Ziel setzen, die Spaltungen und zahllosen Gegensätze in der Welt zu bekämpfen. Diese Entwicklung muss in der kleinsten Einheit der Organisation, im Präsidium selbst, beginnen. Es wäre glatter Unsinn, davon zu reden, dass die Legion Unterschiede überbrücken will, wenn gleichzeitig in ihren eigenen Reihen der Geist der Uneinigkeit herrschte. Daher soll die Legion im Sinne der Einheit und Liebe des mystischen Leibes denken und versuchen, sich dementsprechend auszurichten. Wenn sie Menschen, die von der Welt getrennt worden sind, in einem Präsidium als Kameraden zusammenführt, hat sie etwas wirklich Großes erreicht. Die Begegnung in der Liebe ist erfolgt, und aus ihr wird eine heilige „Ansteckung" kommen, die vielleicht um sich greift und den Unfrieden in der Welt ringsum vernichtet.

31. FRÜHER ODER SPÄTER MÜSSEN DIE LEGIONÄRE DIE SCHWIERIGSTE ARBEIT IN ANGRIFF NEHMEN

Es mag bei der Auswahl der Arbeit Bedenken geben. Ernste Probleme wären wohl vorhanden, doch vielleicht wagt der Priester nicht, sie einem unerfahrenen Präsidium anzuvertrauen. Im allgemeinen sollten ängstliche Überlegungen nicht die Oberhand gewinnen, sonst trifft uns das Wort des heiligen Papstes Pius X., das größte Hindernis für das Apostolat liege in der Ängstlichkeit – oder gar Feigheit – der Guten. Wenn dennoch Bedenken bestehen bleiben, soll man am Anfang vorsichtig sein und das Präsidium an einfacherer Arbeit Übung gewinnen lassen. Treffen folgt auf Treffen, man sammelt Erfahrung, und dann werden sich einige Mitglieder als offenkundig fähig erweisen, auch die schwierigste Arbeit zu tun. Ihnen soll man jene Aufgabe übertragen, die anfangs Zweifel auslöste; später auch anderen Legionären, je nachdem wie die Arbeit es erfordert und die Mitglieder sich bewähren. Selbst wenn nur ein einziges Legionspaar schwierige Arbeit durchführt, übt das eine belebende Wirkung auf die Arbeit der übrigen aus.

32. DIE EINSTELLUNG ZUR GEFAHR

Das Legionssystem schränkt die Möglichkeit einer Gefahr auf ein absolutes Mindestmaß ein, aber vielleicht ist mit einer wichtigen Arbeit auch ein gewisses Risiko verbunden. Stellt sich bei ruhiger Überlegung heraus, a) dass eine Arbeit, von der das Heil der Seelen abhängt, sonst ganz oder teilweise ungetan bliebe, und b) dass alle möglichen Sicherheitsvorkehrungen getroffen worden sind, dann soll man mit ausgewählten Legionären die Sache in Angriff nehmen. Es wäre untragbar für Legionäre, untätig zuzusehen, wie ihre Nächsten ins Verderben schlittern. „Gott bewahre uns vor der Seelenruhe der Unwissenden. Gott schütze uns vor dem Frieden der Feiglinge." (De Gasparin)

33. DIE LEGION MUSS IM KAMPF DER KIRCHE AN VORDERSTER FRONT STEHEN

Die Legionäre haben am Glauben Marias an den Sieg ihres Sohnes teil – an ihrem Glauben, dass durch seinen Tod und seine Auferstehung alle Macht der Sünde auf der Welt besiegt worden ist. Entsprechend dem Maß unserer Vereinigung mit Unserer Lieben Frau stellt der Heilige Geist in allen Kämpfen der Kirche diesen Sieg zu unserer Verfügung. In diesem Bewusstsein sollten die Legionäre durch das Vertrauen und den Mut, mit dem sie die großen Probleme und Übel der Zeit in Angriff nehmen, ein Ansporn für die ganze Kirche sein.

„Wir müssen verstehen, was für ein Krieg das ist. Er wird nicht einfach dazu geführt, um die Kirche größer zu machen, sondern um Seelen zur Vereinigung mit Christus zu führen. Es ist der seltsamste aller Kriege, der *für* den Feind und nicht gegen ihn geführt wird. Sogar der Ausdruck ‚Feind' darf nicht falsch verstanden werden.
Jeder Ungläubige ist, wie jeder Katholik, ein Wesen mit einer unsterblichen Seele, nach dem Abbild Gottes geschaffen, und Christus starb für ihn. Mag er die Kirche oder Christus noch so wütend bekämpfen, unser Ziel ist es, ihn zu bekehren, nicht bloß zu besiegen. Wir dürfen nicht vergessen, dass der Teufel seine Seele genauso wie unsere in der Hölle haben will, und so müssen wir den Teufel für ihn bekämpfen. Wir mögen gezwungen sein, einem Menschen zu widersprechen, um seine Seele vor der Gefahr zu bewahren, aber wir wollen ihn doch immer nur gewinnen zum Heil seiner eigenen Seele. Es ist der Heilige Geist, mit dessen Kraft wir kämpfen müssen, und er ist die Liebe des Vaters und des Sohnes; sofern die Streiter der Kirche voll Hass kämpfen, kämpfen sie gegen ihn." (F. J. Sheed: Theologie für Anfänger)

34. DER LEGIONÄR MUSS DIE KATHOLISCHEN ANDACHTSGEGENSTÄNDE VERBREITEN

Legionäre werden den Gebrauch von Skapulieren, Medaillen und Abzeichen, die von der Kirche genehmigt sind, nicht vernachlässigen. Wenn sie diese verteilen und die damit verbundenen Andachten verbreiten, werden Wege frei, auf denen nach Gottes Willen überreiche Gnade fließt – wie das Tausende Beispiele gezeigt haben.

Vor allem sollten sie an die Bedeutung des Braunen Skapuliers denken, die eigentlich das Gewand Marias meint. „Manche nehmen die Verheißung ganz wörtlich: ‚Wer dieses Gewand bei seinem Sterben trägt, wird nicht verloren gehen.' P. Claude de la Colombiere wollte keine Einschränkung gelten lassen: ‚Es mag einer sein Skapulier verlieren, doch wer es in der Todesstunde trägt, ist gerettet.'" (Père Raoul Plus)

Ebenso werden die Legionäre die Frömmigkeit in den Häusern fördern, indem sie die Leute ermutigen, Kruzifixe und Statuen in den Wohnungen zu haben, die Wände mit religiösen Bildern zu schmücken, Weihwasser und geweihte Rosenkränze im Haus aufzubewahren. In einem Heim, in dem man die Sakramentalien der Kirche gering schätzt, läuft man große Gefahr, allmählich auch ihre Sakramente aufzugeben. Kinder sind für diese äußeren Hilfen der Andacht besonders empfänglich; in einem Haus ohne eine Statue oder ein Heiligenbild wird es ihnen schwer fallen, mit dem wahren und innigen Charakter des Glaubens vertraut zu werden.

35. VIRGO PRAEDICANDA: DIE HEILIGE JUNGFRAU MUSS ALLEN MENSCHEN NAHE GEBRACHT UND ERKLÄRT WERDEN, DENN SIE IST IHRE MUTTER

Es war ein Lieblingsthema von Papst Leo XIII., dass Maria die Mutter aller Menschen ist und dass Gott in jedes Herz den Keim der Liebe zu ihr eingepflanzt hat, sogar in jene Herzen, die sie hassen oder nicht kennen. Dieser Keim soll wachsen, und wie jede Fähigkeit kann er gefördert werden, indem man die richtigen Bedingungen schafft. Man muss sich den Seelen nähern und sie über die mütterliche Aufgabe Marias in Kenntnis setzen.

Das Zweite Vatikanische Konzil hat diese allgemeine Mutterschaft Marias verkündet (siehe LG 53,65) und erklärt, Maria sei so sehr die Quelle und das Vorbild apostolischer Sendung, dass die Kirche bei ihren Bemühungen um das Heil aller Menschen notwendigerweise von ihr abhängig ist. (Siehe LG 65)

Papst Paul VI. hat verlangt, dass überall – und besonders dort, wo es viele Nichtkatholiken gibt – die Gläubigen vollständig über das Mutteramt Marias unterwiesen werden sollen, damit sie an diesem kostbaren Wissen teilhaben können. Noch mehr: Er hat die ganze Menschheit ihrem liebenden Herzen anvertraut, damit sie ihre Sendung erfülle, alle Seelen zu Christus hinzulenken. Und schließlich hat dieser Papst ihr den bedeutsamen Titel „Mutter der Einheit" verliehen, um Marias mütterliche und einende Aufgabe an allen Gliedern der Menschheitsfamilie in ein helles Licht zu rücken.

Wenn daher jemand die selige Jungfrau als ein Hindernis zur Bekehrung zum wahren Glauben betrachtet, das man kleiner machen sollte, so ist er in einem traurigen Irrtum befangen. Maria ist die Mutter der Gnade und der Einheit, so dass die Seele ohne sie ihren Weg nicht finden kann. Diesen Grundsatz müssen die Legionäre bei ihren Bemühungen um die Bekehrung beharrlich anwenden, das heißt, sie müssen allen Menschen das erklären, was manchmal fälschlicherweise als „legionäre Marienverehrung" bezeichnet wird. Sie ist kein Privatbesitz der Legion – sie hat sie nur von der Kirche gelernt.

„Die Jungfrau Maria ist von der Kirche den Gläubigen nicht wegen der Art des Lebens, das sie geführt hat, zur Nachahmung empfohlen worden und noch weniger wegen der soziologisch-kulturellen Umgebung, in der es sich zugetragen hat und die heute fast überall überholt ist, sondern vielmehr stets deswegen, weil sie in ihren konkreten Lebensbedingungen vorbehaltlos und verantwortungsbewusst dem Willen Gottes Folge geleistet hat (vgl. Lk 1, 38); weil sie von ihm das Wort entgegennahm und in die Praxis umsetzte; weil ihr Handeln von der Liebe und der Bereitschaft zum Dienen beseelt war; weil sie die erste und vollkommenste Jüngerin Christi gewesen ist, was einen universalen und bleibenden vorbildlichen Wert besitzt." (MCul 35)

40
„GEHT HINAUS IN DIE GANZE WELT UND VERKÜNDET DAS EVANGELIUM ALLEN GESCHÖPFEN!" (Mk 16,15)

1. DAS LETZTE VERMÄCHTNIS DES HERRN

Die letzten Worte eines Menschen haben etwas Feierliches an sich, selbst wenn sie in Unruhe oder Schwäche gesprochen werden. Was muss man dann erst vom letzten Gebot des Herrn an die Apostel halten? Es wird als sein Letzter Wille und sein Testament bezeichnet, gegeben in einem Augenblick, der noch ehrfurchtgebietender ist als jener auf dem Sinai, und ist die Vollendung seiner irdischen Gesetzgebung unmittelbar vor seiner Himmelfahrt. Die Majestät der Heiligsten Dreifaltigkeit umkleidet ihn bereits, als er die Worte spricht: „Geht hinaus in die ganze Welt und verkündet das Evangelium allen Geschöpfen." (Mk 16,15)

Diese Worte geben den Grundton des Christseins an. Mit unbezwinglichem Eifer muss sich der Glaube allen Menschen mitzuteilen suchen. Manchmal fehlt dieses wesentliche Kennzeichen. Man geht den Menschen nicht nach, weder denen innerhalb noch denen außerhalb der Herde. Wird aber dieser Auftrag vom Tag der Himmelfahrt missachtet, ist der Preis dafür hoch: Verlust an Gnade, Glaubensschwäche und Glaubensverfall, ja sogar Erlöschen des Glaubens. Schauen wir uns nur um, dann sehen wir, wie viele Orte diesen schrecklichen Preis schon bezahlt haben.

Als Christus „allen" sagte, meinte er ALLE. Tatsächlich sah er jeden einzelnen vor sich,

> „für den die Dornenkrone er getragen,
> für den mit Nägeln er ans Kreuz geschlagen,
> für den vom Pöbel er sich schmähen ließ,
> für den die Lanze ihm das Herz durchstieß.
> Unzählbar diese Schmerzen, unmessbar dieses Leid,
> da er in Menschenschwäche zu sterben ist bereit
> und qualvoll stirbt auf Golgota".

So große Pein darf nicht vergeudet werden! Das kostbare Blut muss jetzt jeden erreichen, für den es so freigiebig vergossen wurde. Dieser christliche Auftrag treibt uns mit Macht hinaus - zu den Menschen überall: zu den Geringsten, zu den Mächtigsten, ob nah, ob fern, zu den gewöhnlichen Leuten, zu den Bösartigen, zur entlegensten Hütte, zu allen Leidenden, zu den Teuflischen, zum einsamsten Leuchtturm, zum Aussätzigen, zum Vergessenen, zu den Opfern der Trunksucht und des Lasters, zu den Gefährlichen, zu den Höhlenbewohnern und zu den Wandervölkern, zu den Menschen auf dem Schlachtfeld und zu denen, die sich verbergen, zu den gemiedenen Plätzen, zur erbärmlichsten Spelunke, in die arktische Einöde, in die sonnendurchglühte Wüste, in den dichtesten Urwald, ins unheimliche Moor, auf die unerforschte Insel, zum unentdeckten Volksstamm – hinaus ins völlig Unbekannte, um zu erkunden, ob dort jemand lebt, dort, am Ende der Welt, wo der Himmel die Erde berührt. Niemand darf unserer Suche entgehen, wenn wir unserem liebevollen Heiland nicht missfallen wollen.

Die Legion muss von diesem letzten Auftrag Christi sozusagen besessen sein. Sie muss – aus einem Grundprinzip heraus – daran gehen, mit jeder einzelnen Seele, wo auch immer, auf irgendeine Weise in Kontakt zu kommen. Ist das getan - und es kann getan werden –, dann wird dieses Gebot des Herrn allmählich der Erfüllung entgegen gehen.

Unser Herr – das sei bemerkt – befiehlt nicht, jeden Menschen zu bekehren, sondern nur, jeden anzusprechen. Das erstere wäre außerhalb der menschlichen Möglichkeiten. Aber es ist nicht unmöglich, alle anzusprechen. Und wenn wirklich **mit**

allen – ohne Unterschied und ohne Ausnahme – Kontakt aufgenommen worden ist, was dann? Es ist sicher, dass es Folgen haben wird. Denn unser heiligster Herr befiehlt nie, sinnlose oder unnötige Schritte zu unternehmen. Wenn diese umfassende Kontaktaufnahme geschehen ist, ist zumindest das göttliche Gebot erfüllt; und darauf kommt es an. Was als nächstes geschieht, kann sehr wohl die Erneuerung des pfingstlichen Feuersturmes sein.

Viele eifrig Tätige meinen, wenn sie bis an die Grenzen ihrer Kraft gegangen sind, hätten sie alles getan, was Gott von ihnen erwartet. Nein, solch ein Bemühen im Alleingang bringt sie nicht weit, noch wird der Herr mit diesem isolierten Streben zufrieden sein, er wird auch nicht ergänzen, was sie unversucht gelassen haben. Denn an das Werk des Glaubens muss man genauso herangehen wie an jede andere Arbeit, welche die Kraft des einzelnen übersteigt: das heißt, man muss so viele Helfer mobilisieren und organisieren, bis ihre Zahl ausreicht.

Dieser Grundsatz des Mobilisierens, dieses Bemühen, auch andere für unsere eigenen Bemühungen zu gewinnen, ist ein lebenswichtiger Teil der gewöhnlichen Pflicht. Diese Pflicht ist nicht nur den Höhergestellten in der Kirche, nicht nur den Priestern auferlegt, sondern jedem Legionär und jedem Katholiken. Wenn dieses Apostolat wie kleine Wellen von jedem Gläubigen ausgeht, wird es zu einer alles umfassenden Flut.

„Du wirst entdecken, dass deine Tatkraft immer genauso groß ist wie dein Wille und dein Fortschritt im Glauben. Denn mit den Wohltaten des Himmels verhält es sich anders als mit denen der Erde; beim Empfang der göttlichen Gaben ist dir kein Maß und keine Grenze gesetzt. Die Quelle der göttlichen Gnade fließt immer; ihr ist keine Beschränkung auferlegt, sie kennt keinen vorgeschriebenen Lauf, der das Wasser des Lebens eindämmt. Bemühen wir uns, nach diesen Wassern zu dürsten. Öffnen wir ihnen unser Herz, und es wird uns soviel zufließen, als unser Glaube uns zu empfangen befähigt." (Hl. Cyprian von Karthago)

2. DIE LEGION MUSS SICH AN DIE EINZELNE SEELE WENDEN

„Wenn wir auch bei der Messe am Morgen gedrängte Scharen von Kommunikanten sehen, darf uns das nicht blind machen dafür, dass es dazu einen schrecklichen Gegensatz gibt: ganze Familien, in denen es schlimm steht, oder sogar ganze Viertel, die moralisch verdorben und widerlich sind, wo das Böse mit seinem Gefolge sich sozusagen einen Thron errichtet hat. Zweitens sollten wir auch das bedenken: Die Sünde, die dort gehäuft auftritt und daher doppelt abscheulich erscheint, ist um nichts weniger hässlich, wenn sie dünner gesät ist. Drittens können wir dort zwar die reife Frucht – diese todbringende Frucht des Bösen – sehen, doch ihre Wurzeln liegen überall im Erdreich des Landes verborgen. Wo immer Nachlässigkeit sich einschleicht oder lässliche Sünde sich breit macht, wird der Boden für die ärgsten Laster bereitet. Wo immer der Arbeiter im Weinberg des Herrn sein mag – es gibt Arbeit für ihn. Wenn nichts anderes zu tun ist, sagen wir eben einem armen alten Menschen im Krankenhaus Trostworte oder lehren kleine Kinder, sich zu bekreuzigen und die Antwort zu stammeln auf die Frage: Wer hat die Welt erschaffen? Und schon wird dem Gefüge des Bösen ein harter Schlag versetzt, wenn wir es auch nicht gleich merken. Viertens – und das ist eine Botschaft der Hoffnung für den apostolisch Tätigen, der angesichts der Überfülle des Bösen allzu sehr dazu neigt, den Mut zu verlieren - ist sogar solch angehäuftes Durcheinander, wie wir es gezeigt haben, nicht unheilbar. Es gibt ein Heilmittel – und es ist das einzige: Es liegt darin, dass man Leben und Lehre der Kirche kraftvoll und geduldig anwendet.

Unter den harten Verkrustungen der Verderbtheit, deren bloßer Umriss einen schon schaudern macht, schlummert ein Glaube, der sich in besseren Augenblicken nach Güte sehnt. Wenn dann jemand da ist, der zuredet, ermutigt, von Besserem spricht, der Hoffnung gibt, dass alles wieder gut werden kann, dann kann sogar das ärgste Opfer dieser Verderbtheit zum Priester und zu den Sakramenten gebracht werden. Der Empfang der Sakramente bewirkt eine Erneuerung, die niemals vollkommen rückgängig gemacht werden kann. Häufig wird die große Macht offenbar, die von Christus in seinen Sakramenten ausgeht, und wir dürfen staunend erkennen, dass sich das Wunder einer Lebenswandlung von Neuem ereignet hat – ein Augustinus oder eine Maria von Magdala in kleinerem Format!

Bei anderen wird die Heilung weniger auffallend sein. Böse Gewohnheiten und die alten Einflüsse üben eine unwiderstehliche Anziehung aus. Es wird ein ständiges Fallen und Wiederaufstehen geben. Man wird es vielleicht nie erreichen, dass sie zu dem werden, was man anständige Bürger nennt, aber vermutlich wird genügend Gnade in ihrem Leben Platz finden, um sie am Ende doch in den Hafen des Himmels zu bringen. Und damit ist das große Ziel erreicht.

Tatsächlich wird es für den Legionär, der mit einem schlichten, mutigen Glauben an die Arbeit geht, kaum Fehlschläge geben, gleichgültig, wo oder in welch finsteren und üblen Plätzen er – oder sie – arbeiten mag. Die Regel ist einfach: Verbreiten wir die Herrschaft der Sakramente und die gebräuchlichen Frömmigkeitsübungen, und die Sünde schmilzt vor uns dahin. Tun wir irgendwo Gutes, und wir werden alle emporheben; es genügt ja, die Kampflinie des Feindes an irgendeinem Punkt zu durchbrechen. Passen wir unsere Werkzeuge den Erfordernissen an!

Ein Beispiel: In einem Haus bleiben sechs Familien der Messe und den Sakramenten fern und widerstehen jeder Überredungskunst. Vielleicht kann man eine von ihnen zu etwas bewegen, was nicht so hohe Anforderungen an ihr Mitwirken stellt: Führen wir in dieser einen Familie die Weihe an das Heiligste Herz Jesu durch – und alles ist gewonnen. Diese eine Familie wird dann auf dem eingeschlagenen Weg weitergehen und die anderen mit ihr. Schließlich werden Menschen, die einander durch schlechtes Beispiel hinabgezogen haben, füreinander ein Ansporn zum Guten werden." (Father Michael Creedon, erster Geistlicher Leiter des Concilium Legionis Mariae)

„Dieser Räuber hat das Paradies gestohlen! Keiner vor ihm erhielt jemals solch eine Verheißung, weder Abraham noch Isaak, noch Jakob, noch Mose; weder die Propheten noch die Apostel; der Schächer kam ihnen allen zuvor! Aber sein Glaube war eben größer! Er sah Jesus misshandelt und betete ihn an, als sähe er ihn in seiner Glorie. Er sah ihn ans Kreuz genagelt und kam zu ihm mit einer Bitte, als säße er auf einem Thron. Er sah ihn verurteilt und erbat eine Gunst von ihm wie von einem König. Du bewundernswerter Schächer! Du hast einen Gekreuzigten gesehen und einen Gott verkündigt!" (Hl. Johannes Chrysostomus)

3. DIE BESONDERE BEZIEHUNG ZU UNSEREN SCHWESTERKIRCHEN DER ORTHODOXEN TRADITION

Die Aufgabe, die Botschaft Jesu Christi jedem Menschen zu bringen, nach den Worten Papst Paul VI. die „eigentliche Aufgabe der Kirche" (EN 14), ist eng verbunden mit jener anderen großen Verpflichtung der Kirche, nämlich Versöhnung und Einheit unter den Christen zu fördern. Wir rufen hier das Gebet unseres Herrn beim Letzten Abendmahl in Erinnerung: „Alle sollen eins sein: Wie du, Vater, in mir bist und ich in dir bin, sollen auch sie in uns sein, damit die Welt glaubt, dass du mich gesandt hast." (Joh 17,21)

Als Folge des Zweiten Vatikanischen Konzils (1962–1965) gehört die Einheit der Christen zu den vorrangigen Zielen der katholischen Kirche von heute, denn – wie dasselbe Konzil aufzeigt – „eine solche Spaltung widerspricht ganz offenbar dem Willen Christi, sie ist ein Ärgernis für die Welt und ein Schaden für die heilige Sache der Verkündigung des Evangeliums vor allen Geschöpfen." (UR 1)

Im Zusammenhang damit ist das folgende Zitat von größter Bedeutung; es stammt aus dem Apostolischen Schreiben „Orientale Lumen", das von Papst Johannes Paul II. als Hilfe zur Wiederherstellung der Einheit mit allen Christen des Ostens verfasst worden ist:

„Da wir nämlich glauben, dass die altehrwürdige Überlieferung der Orientalischen Kirchen einen wesentlichen Bestandteil des

Erbgutes der Kirche Christi darstellt, müssen die Katholiken vor allem **diese Überlieferung kennen lernen,** um sich mit ihr vertraut zu machen und, soweit es dem einzelnen möglich ist, den Prozess der Einheit fördern zu können.

Unsere orientalischen katholischen Brüder sind sich sehr wohl bewusst, dass sie zusammen mit den orthodoxen Brüdern die lebendigen Träger dieser Überlieferung sind. Auch die Söhne und Töchter der katholischen Kirche lateinischer Tradition müssen unbedingt diesen Schatz in seiner ganzen Fülle kennen lernen können und so gemeinsam mit dem Papst den leidenschaftlichen Wunsch verspüren, dass der Kirche und der Welt das **vollständige Erscheinungsbild der Katholizität zurückgegeben** werde, wie sie nicht nur in einer einzigen Überlieferung und schon gar nicht im Gegeneinander der Gemeinschaften Ausdruck findet; und dass es auch uns allen vergönnt sein möge, jenes von Gott geoffenbarte und ungeteilte Erbgut der Gesamtkirche voll auszukosten, das im Leben der Kirchen des Ostens wie in jenen des Westens bewahrt wird und weiterwächst." (OL 1)

Weiter sagt der Heilige Vater über die Orthodoxen Kirchen:

„Uns verbindet bereits ein besonders enges Band. Wir haben nahezu alles gemeinsam; und wir haben vor allem die aufrichtige Sehnsucht nach Einheit gemeinsam." (OL 3)

Diese Orthodoxen Kirchen sind wahrhaft unsere Schwesterkirchen, wir müssen auf jede mögliche Weise die Wiederversöhnung und die Einheit zwischen uns fördern – im Sinne Christi und unter Befolgung der Richtlinien des Dokumentes „Unitatis Redintegratio" des Zweiten Vatikanischen Konzils.

Was in den folgenden Kapiteln bezüglich der Bekehrung derjenigen gesagt wird, die nicht katholisch sind, betrifft nicht unsere Brüder und Schwestern der Orthodoxen Kirchen.

4. DAS BEMÜHEN UM BEKEHRUNGEN ZUR KIRCHE

Pius XI. hat feierlich erklärt: „Die Kirche hat keinen anderen Grund für ihre Existenz als den, das Reich Christi über die ganze Welt auszubreiten, damit alle Menschen an der Erlösung und Rettung durch ihn Anteil haben." Deshalb ist es traurig, dass Katholiken mitten unter so vielen leben, die der Kirche nicht angehören, und sich nur wenig oder gar nicht bemühen, sie für die Kirche zu gewinnen. Manchmal kommt das daher, dass die Hirtensorge um die, die innerhalb des Schafstalls sind, so drückend erscheint; da verliert man die außerhalb aus dem Blick und vergisst, dass auch sie Teil dieser Sorge sind. Was Wunder, dass schließlich die innerhalb nicht gehalten und die draußen nicht hineingebracht werden!

Machen wir uns nichts vor: Der Glaube muss jedem einzelnen Menschen außerhalb der Kirche zur Kenntnis gebracht werden. Schüchternheit, Menschenfurcht und Schwierigkeiten jeder Art müssen untergehen in dem brennenden Wunsch, dieses Geschenk des Glaubens mit jenen zu teilen, die es nicht haben. Die Frohbotschaft muss jedem Geschöpf verkündet werden. Um das zu verwirklichen, müssen wir uns anstrengen wie Verrückte, meinte der heilige Franz Xaver. Andere freilich raten zur Vorsicht. Gewiss, von der Vorsicht hängt viel ab, aber nur dort, wo sie angebracht ist; das heißt, sie soll eine notwendige Tat absichern, nicht aber lähmen. Die Vorsicht ist die Bremse und nicht – wie ein weitverbreiteter Irrtum es hinstellen will – der Motor. Und dann wundert man sich, dass nichts geschieht. Ja, wir brauchen solche Verrückte, die sich nicht von selbstsüchtiger Vorsicht leiten lassen und über jede niedrige Angst erhaben sind, die sich nicht in Leichtsinn oder so genannte Klugheit verirren – beide Extreme hat Papst Leo XIII. als arge Verfehlungen gebrandmarkt. Denn der Strom der Zeit fließt rasch dahin und trägt die Seelen mit sich fort. Wird der Einsatz aufgeschoben, werden **andere** Seelen erreicht, aber nicht mehr **diese** Seelen – über ihnen hat sich dann der Abgrund der Ewigkeit schon geschlossen.

„Wenn man immer wieder erklärt, die Leute seien nicht bereit, die Frohbotschaft anzunehmen, kommt es schließlich soweit, dass man nicht mehr bereit ist, sie ihnen zu verkünden."
(Kardinal L. J. Suenens)

Die Menschen außerhalb der Kirche werden hin und her geworfen auf einem Meer von Zweifel. Ihre Herzen sehnen sich nach Ruhe; aber man muss sie erst überzeugen, dass in der Kirche wirklich Glauben und Ruhe sind. Der erste notwendige Schritt dazu ist, sie anzusprechen. Wie sollen sie die Wahrheit verstehen, wenn niemand sie anleitet (vgl. Apg 8, 30–31)? Wie sollen die absonderlichen Missverständnisse behoben werden, wenn die Katholiken dazu standhaft schweigen? Wie sollen die Gegner der Kirche etwas von der Wärme des Glaubens erahnen können, wenn die Katholiken nur Kühle zur Schau tragen? Ist es ihnen dann zu verdenken, wenn sie meinen, der katholische Glaube, in dem sich so wenig Begeisterung zeigt, sei wenig oder gar nichts anderes als ihr eigener eingestandener Unglaube?

Man neigt zur Annahme, es sei schon genug geschehen, wenn die Forderungen des katholischen Glaubens durch die Massenmedien oder durch öffentliche Ansprachen bekannt gemacht worden sind. In Wirklichkeit aber findet man umso weniger Zugang zu den Menschen, je mehr die persönliche Note schwindet. Wenn Bekehrungen davon abhingen, Massen von Menschen durch Mittel wie die genannten zu erreichen, müsste die heutige Zeit des technischen Fortschritts auch ein Zeitalter von Bekehrungen in großem Umfang sein. Doch statt dessen fällt es schon schwer, die Herde der Katholiken unversehrt zu bewahren.

Nein! Wenn die Annäherung wirklich wirksam sein soll, muss sie individuell und ganz persönlich sein. Wenn es darum geht, dem Guten Hirten auch die „anderen Schafe" zuzuführen, können die Medien ein erster Anstoß oder eine Unterstützung sein, aber das Entscheidende ist der Kontakt von einem Menschen zu einem anderen. Frederick Ozanam drückt das so aus: „Nach den Gesetzen der Welt des Geistes kann eine Seele nur dann höher steigen, wenn eine andere sie mit sich emporzieht." Mit anderen Worten: Hier muss das Gesetz der Liebe walten, und eine Gabe ohne Geber ist etwas Leeres. Aber nur allzu oft verhält sich der einzelne Katholik hilflos. Er meint vielleicht, viele außerhalb der Kirche seien in ihren Vorurteilen und ihrer Unwissenheit so fest verwurzelt, dass sie nicht zu bewegen wären. Zugegeben: Es gibt viele Vorurteile; sie sind traditionell, nahezu angeboren und durch die Erziehung verhärtet. Welche Mittel hat ein Katholik, um mit einer solchen Situation zurechtzukommen? Er braucht keine Angst zu haben. In der Lehre der Kirche, und würde sie noch so schlicht dargelegt, besitzt er ein Flammenschwert, dessen Wirksamkeit am besten mit den vortrefflichen Worten Kardinal Newmans zu beschreiben ist: „Ich fühle zutiefst in mir die Macht und die Sieghaftigkeit der Wahrheit. Auf ihr ruht der Segen Gottes. Selbst Satan vermag ihren Aufstieg nur zu verzögern; verhindern kann er ihn nicht."

Es gibt aber noch einen anderen Grundsatz, den der Katholik sich vor Augen halten und den er bestätigen muss: „Die Wahrheit gerät im Kampf gegen den Irrtum nie in Zorn. Der Irrtum aber bewahrt niemals die Ruhe, wenn er gegen die Wahrheit kämpft." (De Maistre) Wie auf diesen Seiten schon oft nachdrücklich betont worden ist, muss man sich denen, die man gewinnen will, auf ähnliche Weise nähern wie der Göttliche Hirt bei einer solchen Suche. Kein Streitgespräch, keine Anmaßung! Jedes Wort muss Demut, Zuneigung, Aufrichtigkeit atmen. Und Taten wie Worte müssen das eine Wesentliche unter Beweis stellen: dass sie von einem echten Glauben getragen sind. Dann werden sie nur selten ernstlich übel genommen werden und stets einen tiefen Eindruck hinterlassen, der zu einer reichen Ernte von Bekehrungen führen wird.

„Wir müssen immer daran denken", sagte Dr. Williams, ehemals Erzbischof von Birmingham, „dass der Glaube erfühlt, nicht gelehrt wird. Er ist eine Flamme, die einer im andern entzündet. Er wird durch Liebe verbreitet; eine andere Möglichkeit gibt es nicht. Wir nehmen ihn nur von jenen an, von denen wir glauben, sie seien uns wohlgesinnt. Wen wir aber als uns gegenüber gleichgültig oder feindselig einschätzen, der kann uns den Glauben nicht anziehend machen."

Wenn also persönlicher Kontakt notwendig ist, kann der einzelne apostolische Arbeiter sich nicht um viele Fälle kümmern. Viele Bekehrungen erfordern daher viele Apostel. Die Zahl der Legionäre muss vervielfacht werden.

Bei jeder Arbeitsplanung sollte unter anderem Folgendes beachtet werden:

a) Man sollte sich mit dem Studium befassen, aber nicht um bloße Streitgespräche führen zu können, sondern um besser gerüstet zu sein, einem aufrichtig Suchenden zu helfen.

b) Konvertiten – das sind Menschen, die schon in die Kirche aufgenommen worden sind – soll man aufsuchen, um sicherzustellen, dass sie Hilfe durch die Freundschaft mit Katholiken haben; vielleicht kann man sie, wenn sie geeignet sind, auch für die Mitgliedschaft in der Legion gewinnen. Niemand ist besser in der Lage, ihren früheren Gesinnungsgenossen über ihre Schwierigkeiten hinwegzuhelfen.

c) Den Menschen, die einen Glaubenskurs begonnen und nicht beendet haben, sollte man nachgehen, am besten an Hand einer Liste, die von den Kursleitern zur Verfügung gestellt wird. Die Erfahrung zeigt, dass die Gründe für ihr Ausbleiben gewöhnlich nicht darin liegen, dass der Wunsch erloschen wäre, katholisch zu werden; zufällige Umstände haben zur Unterbrechung der Teilnahme geführt, Schüchternheit oder Zaudern hindern sie, den Unterricht wieder aufzunehmen.

d) Es gibt zahllose Möglichkeiten, mit Leuten, die nicht katholisch sind, in wirksamen Kontakt zu kommen, wenn die Legionäre sich ihnen gegenüber in natürlicher christlicher Weise verhalten. Wenn Katholiken in Schwierigkeiten, Kummer oder Sorgen jeder Art sind, würde der Legionär ihnen den Rat geben, zu beten, oder ihnen eine hilfreiche Lektüre empfehlen. Er würde von der Liebe Gottes sprechen und von der Mutterschaft Marias, und sie so trösten und aufrichten. Auch im Leben von Menschen, die nicht katholisch sind, gibt es immer wieder Zeiten der Prüfung. Sie könnten ähnlich wirksam genützt werden, werden es aber nicht. Das Thema Religion ist tabu. Nur weltliches Mitgefühl wird zum Ausdruck gebracht, das weder tröstet noch Glauben kundtut, noch irgend etwas erreicht. Legionäre aber sollen doch diese einzigartigen Gelegenheiten nützen, Zugang zu finden! In solchen Zeiten, da die gewohnten Schranken erschüttert sind, würde ein geistliches Wort mit Dankbarkeit aufgenommen und könnte später zu fruchtbarer Entfaltung gebracht werden.

e) An zahllosen Orten sind regelmäßige Einkehrtage für Nichtkatholiken eingeführt. Das übliche Programm setzt sich so zusammen: Heilige Messe, drei Vorträge, eine Fragestunde, Mittagessen, Teepause, sakramentaler Segen, manchmal auch ein Film mit Kommentar. Können diese Einkehrtage in einem Kloster stattfinden, so ist die ideale Atmosphäre gegeben, und Missverständnisse und Vorurteile werden zerstreut.

Folgende Vorgangsweise ist üblich: Zunächst wird der Termin festgelegt, dann lässt man Einladungskarten drucken, auf deren Rückseite der Tagesablauf angegeben ist. Durch die Legionäre dieser Gegend und auf jede andere mögliche Weise überbringt man diese Karten Leuten, die nicht katholisch sind, und erklärt ihnen den Sinn des Einkehrtages. Wenn man die Einladungen richtig gebraucht, ist das auch eine psychologische Stütze. Deshalb dürfen sie zu keinem Zeitpunkt einfach aufs Geratewohl verteilt werden wie Werbeprospekte. Man sollte schriftlich festhalten, wem Einladungen ausgehändigt wurden, und überprüfen, wie diese verwendet worden sind. Die Einladung darf nur solchen Leuten überreicht werden, bei denen einige Hoffnung besteht, dass sie am Einkehrtag teilnehmen.
Mit einer solchen Einladungskarte übernimmt ein Legionär den Auftrag, jemanden zu finden, der bereit ist, den Einkehrtag mitzumachen. Solange er dieses Ziel nicht erreicht hat, bleibt

die Karte gleichsam als Mahnung in seinem Besitz, als greifbare Erinnerung an den noch nicht erfüllten Auftrag.

Für gewöhnlich wird jeder, der nicht katholisch ist, von dem katholischen Freund begleitet, der ihn – oder sie – veranlasst hat, am Einkehrtag teilzunehmen. Das geschieht, damit die, die nicht katholisch sind, in der ungewohnten Umgebung heimisch werden, und damit jemand da ist, der ihre Fragen beantwortet und sie ermutigt, im Lauf des Tages den Priester aufzusuchen. Stillschweigen ist nicht geboten. Die Einkehrtage stehen Männern und Frauen offen. Sie sollten ihrem eigentlichen Zweck vorbehalten bleiben – Konvertiten und laue Katholiken sollten nicht hingebracht werden.

Je mehr Leute angesprochen werden, desto größer wird die Zahl der Teilnehmer sein; und je größer die Zahl der Teilnehmer, desto größer die Zahl der Aufnahmen in die Kirche. Die Erfahrung hat bewiesen, dass diese Zahlen immer in einem ganz bestimmten Verhältnis zueinander stehen. Wenn man also doppelt so viele Menschen anspricht – was durchaus in unserer Macht liegt –, dann verdoppelt sich auch die Zahl der Bekehrungen.

„Alle sollen eins sein: Wie du, Vater, in mir bist und ich in dir bin, sollen auch sie in uns sein." (Joh 17,21)
„Wenn man Marias Beitrag zum Zeugnis des Evangeliums weglässt, wenn man ihr Zeugnis für die Christenheit streicht, dann erweist sich bald, dass nicht nur ein Glied gerissen ist, sondern dass der Verschluss der ganzen Kette fehlt; nicht nur ein Riss, ein Bruch der Struktur ist entstanden, sondern die Grundlage ist verschwunden. Der Glaube an das Wunder der Menschwerdung, der Glaube vieler Geschlechter, der Glaube der Welt beruht auf einem einzigen Zeugnis, auf einer Einheit, auf einer Stimme – der Stimme der seligsten Jungfrau Maria." (Kardinal Wiseman, The Actions of the New Testament)

5. DIE HEILIGE EUCHARISTIE ALS MITTEL ZUR BEKEHRUNG

Häufig vergeudet man Zeit mit Argumenten, die – selbst wenn sie zutreffend sind – niemanden für die Kirche gewinnen. Das Ziel jeder Diskussion sollte sein, dass die Menschen außerhalb der Kirche einen Eindruck von dem Schatz innerhalb der Kirche erhaschen. Am wirksamsten geschieht das, wenn man die Lehre von der Eucharistie darlegt.

Selbst Menschen, die Jesus nur undeutlich kennen, die nur eine ganz unbestimmte Vorstellung von ihm haben, können nicht anders als ihn bewundern. Aufgrund menschlicher Beweisführung erkennen sie an: Er übte beispiellose Macht über die Natur aus, so dass ihm selbst die Elemente gehorchten; Tote kehrten ins Leben zurück; Krankheiten flohen auf seinen Befehl. Er wirkte all das unmittelbar aus eigener Macht, denn er war, obwohl Mensch, ebenso der ewige Gott selbst, der alles geschaffen hat, dessen Wort Macht ist.

Die Heilige Schrift berichtet, wie dieser Gottmensch – unter unzähligen anderen Wundern – das liebenswerte Wunder der Eucharistie vollbrachte. „Während des Mahls nahm Jesus das Brot und sprach den Lobpreis; dann brach er das Brot, reichte es den Jüngern und sagte: Nehmt und esst; das ist mein Leib." (Mt 26,26) Das ist ein machtvolles Wort, aber wie vielen war es eines mit sieben Siegeln? „Was er sagt, ist unerträglich. Wer kann das anhören?" (Joh 6,60) Der Einwand sogar aus den Reihen seiner eigenen Jünger findet zum unendlichen Schaden der Seelen durch die Jahrhunderte Widerhall: „Wie kann er uns sein Fleisch zu essen geben?" (Joh 6,52) Diesen Jüngern ist der Unglaube fast eher zu verzeihen, denn sie hatten die wahre Natur dessen, der in ihrer Mitte stand, noch nicht begriffen. Was aber verdunkelt den Geist jener Menschen, welche die Gottheit und daher die Allmacht Christi anerkennen? Sie sollten doch sehen, wie irreführend – und daher undenkbar – es gewesen wäre, wenn dieser göttliche Mensch dem einfachen Volk feierlich erklärt hätte: „Das ist mein Leib", aber gemeint hätte: „Das ist nicht mein Leib". Diese Leute sollen sich die unbarmherzige Logik Pascals zu eigen machen: „Wie ich diese Dummheit verabscheue, nicht an die Eucharistie zu glauben. Wenn das Evangelium wahr ist, wenn Jesus Christus Gott ist, wo liegt dann die Schwierigkeit?"

Die Herausforderung eines so überwältigenden Gedankens, wie es die Eucharistie ist, kann nicht überhört werden. Wenn man denen, die nicht katholisch sind, immer wieder diese höchste Herrlichkeit der Kirche vor Augen führt, muss das ihren Geist zur Überlegung drängen, ob das nicht doch möglich ist; und viele werden sich sagen: „Wenn das wahr ist, wie furchtbar viel entgeht mir da jetzt!" Aus dem Schmerz dieses Gedankens erwächst der erste große Anstoß, die wahre Heimat zu finden.

Viele aufrechte Menschen außerhalb der Kirche lesen die Heilige Schrift. In Betrachtung und ehrlichem Gebet suchen sie, die Gestalt Jesu dem Dunkel der Geschichte zu entreißen, und freuen sich, wenn es ihnen gelingt, sich ihren Herrn lebendig auszumalen, wie er die Werke der Liebe tut. Könnten diese Seelen doch nur begreifen, dass es in der Kirche das Wunder der Eucharistie gibt, die ihnen Jesus, wie er ist, ganz und gar, in seiner ganzen leiblichen Wirklichkeit, mit seiner ganzen Gottheit in ihr gegenwärtiges Leben bringt! Könnten sie doch erkennen, dass sie durch dieses Mittel ihn berühren, zu ihm sprechen, ihn betrachten, sich mit ihm befassen könnten, weit inniger und vertrauter, als es seine Freunde in Betanien taten! Ja, noch mehr: Wenn sie die heilige Kommunion in Vereinigung mit Maria empfingen, könnten sie diesem göttlichen Leib all die liebende Fürsorge einer Mutter erweisen und dadurch in gewissem Sinn ihm gebührend danken für alles, was er für sie getan hat. Man braucht den Vielen außerhalb der Kirche dieses allerhöchste Gut der Eucharistie gewiss nur zu erklären, um in ihnen die Sehnsucht nach Licht zu wecken. Dann aber wird Jesus ihnen Verständnis für das schenken, was ihn betrifft. Wie den Jüngern, die nach Emmaus wanderten, wird ihnen das Herz in der Brust brennen, wenn er unterwegs zu ihnen spricht und ihnen die Augen öffnet für die Bedeutung dieses „harten Wortes": „Nehmt und esst; das ist mein Leib." (Mt 26,26) Ihre

Augen werden aufgehen, und sie werden ihn erkennen am Brechen des göttlichen Brotes (vgl. Lk 24,13–35).

Wird die Eucharistie auf diese Weise erkannt, schmelzen die irrigen Vorstellungen und Vorurteile, die das Verständnis getrübt und den Blick auf den Himmel verdunkelt hatten, hinweg wie Schneeflocken in der brennenden Sonne. Und einer, der bis dahin blind seines Weges gegangen ist, wird aus überströmendem Herzen rufen: „... das eine weiß ich, dass ich blind war und jetzt sehen kann." (Joh 9,25)

„Der Titel ‚Unsere Liebe Frau vom allerheiligsten Sakrament' zeigt auf, wie Maria in ihrer Eigenschaft als Vermittlerin aller Gnaden auch das alleinige Verfügungsrecht über die Eucharistie und die mit ihr verbundenen Gnaden besitzt. Denn dieses Sakrament ist der sicherste Weg zum Heil, die herrlichste Frucht der Erlösung durch Jesus Christus. Deshalb ist es Aufgabe Marias, dafür zu sorgen, dass Jesus Christus in diesem Sakrament erkannt und geliebt wird. Es ist ihre Aufgabe, die Eucharistie über die ganze Erde zu verbreiten, in heidnischen Gebieten immer mehr Kirchen zu errichten und den Glauben an die Eucharistie gegen Irrgläubige und Gottlose zu verteidigen. Es ist Marias Werk, die Seelen für den Empfang der heiligen Kommunion vorzubereiten, sie anzuregen, das Allerheiligste häufig zu besuchen und davor ständig zu wachen. Maria ist die Schatzkammer der Gnaden des allerheiligsten Sakramentes; aller Gnaden, die zur Eucharistie führen, aller Gnaden, die von ihr ausgehen." (Tesniere, Mois de Notre-Dame du T. S. Sacrement)

6. DIE GLAUBENSLOSE BEVÖLKERUNG

Wir stehen vor dem schrecklichen Problem der Glaubenslosigkeit in großem Umfang. In sehr vielen Ballungszentren der Welt führt die Bevölkerung ganzer Stadtteile, die formell katholisch sind, ein Leben, in dem die heilige Messe, die Sakramente oder sogar das Gebet keinerlei Rolle spielen. In einem solcher Fälle ergab eine Umfrage, dass unter 20.000 Einwohnern nur 75 praktizierende Katholiken waren. In einem anderen Fall besuchten von 30.000 nur 400 die Messe, und in einem dritten waren es 40.000 von 900.000. Und nur allzu oft lässt man zu, dass in solchen Gebieten der Unglaube weiter wuchert und ungehindert um sich greift. Es werden keine nennenswerten Anstrengungen unternommen, sich damit zu befassen. Man behauptet, es wäre fruchtlos und würde auf Ablehnung stoßen, die Menschen direkt daraufhin anzusprechen, und vielleicht wäre es sogar gefährlich. Seltsamerweise werden solche Begründungen sogar von Leuten hingenommen, die es selbstverständlich finden, dass Missionare bis an die Enden der Erde ziehen und sich dabei der Gefahr, ja dem Tod aussetzen.

Das Betrüblichste in solchen Gebieten ist, dass den Geistlichen der direkte Zugang zu den Menschen praktisch versperrt ist. Dieser Wahnsinn des Unglaubens bringt unter anderen entsetzlichen Erschwernissen auch die mit sich, dass seine Opfer sich gegen ihre geistlichen Väter stellen und sie von sich weisen. Hier kommt der Legion ein ganz einzigartiger Wert zu: Sie vertritt den Priester und führt dessen Vorhaben durch; ihre Mitglieder kommen aus dem Volk, so dass man sich der Legion nicht so leicht entziehen kann. Die Legionäre teilen das Leben des Volkes, so dass ihr Wirken von den Ungläubigen nicht zerstört werden kann. Die Leute können sich auch nicht durch ein Lügennetz gegen sie abschirmen, was gegenüber einem isolierten Stand wie dem Klerus leicht möglich ist.

„Um welchen Preis könnte ein Mensch sein Leben zurückkaufen?" (Mk 8,37)
Welche Anstrengung soll ein Mensch für die Rettung seines Nächsten unternehmen? Fest steht, dass es eine höchste Anstrengung sein muss – sogar bis zur Todesgefahr, wo das notwendig ist. Mit nicht weniger Entschlossenheit, mit der das Evangelium in die fernsten Missionsgebiete getragen wird, muss es auch in diesen ausgedehnten Gebieten des Unglaubens verkündet werden. Das bedeutet nicht, dass diejenigen ganz ignoriert werden sollen, die „hoffnungslos" rufen oder „Gefahr" vorschützen. Vielleicht trägt manches, was sie sagen, zum Erfolg und zur Sicherheit des Legionseinsatzes bei. Aber unter keinen Umständen darf man warnenden Worten erlauben, den Angriff zu lähmen. Man muss großen Glauben zeigen, um die Berge der Sünde zu versetzen – einen Glauben, der dem des heiligen Ignatius von Loyola verwandt ist: Er sagte, sein Vertrauen auf Gott sei so groß, dass er bereit wäre, sich in einem

kleinen Boot ohne Ruder und Segel dem weiten Meer zu überlassen.

Es wird sich herausstellen, dass den Legionären kein Martyrium, sondern ein bemerkenswerter Erfolg bevorsteht. Eine beträchtliche Anzahl von Seelen wartet wirklich darauf, erstmals direkt angesprochen zu werden.

Wie man dabei vorgehen kann

Unter den erwähnten Umständen, wo also die grundlegenden religiösen Pflichten nicht beachtet werden, sollten die Legionäre sich in erster Linie bemühen, mit Nachdruck auf die große zentrale Forderung hinzuweisen: den Besuch der Sonntagsmesse. Sie sollen sich ein Flugblatt besorgen, das in einfacher, aber wirkungsvoller Sprache die Schönheit und die Kraft der heiligen Messe aufzeigt; ein Farbbild zum Thema wird seine Wirkung noch vergrößern. Mit diesen Flugblättern ausgerüstet, gehen die Legionäre von Tür zu Tür. Jeder, der es will, erhält ein Blatt, wenn möglich begleitet von einer freundlichen Ermunterung zur Mitfeier der heiligen Messe. Legionäre muss man wohl nicht erst erinnern, dass ihr Verhalten unter allen Umständen ein überaus liebevolles und geduldiges sein muss; niemals dürfen sie jemanden bloß ausfragen, niemals jemanden wegen seiner Nachlässigkeit tadeln.

Abweisungen mag es zuerst viele geben, aber diese werden durch viele sofortige Erfolge ausgeglichen. Man wird die übliche Vorgangsweise der Legionsbesuche anwenden; der Plan beruht auf dem Bemühen, echte Freundschaft mit den Besuchten aufzubauen. Ist das gewonnen, ist beinahe alles gewonnen.

Immer, wenn ein Mensch das Glaubensleben wieder aufnimmt, ist das so zu sehen, wie Soldaten im Krieg die Eroberung einer wichtigen Stellung ansehen. Denn diese eine wird zu weiteren führen. Und während die Eroberungen immer zahlreicher werden, beginnt sich die öffentliche Meinung zu ändern. Alle Bewohner des Gebiets beobachten die Legionäre. Die Leute reden, kritisieren, denken nach; und kalte Herzen beginnen zu brennen. Ein Jahr folgt dem andern, jedes mit einer beträchtlichen Anzahl von Eroberungen. Viele Jahre lang scheint die Haltung der Bevölkerung gegenüber der Religion unverändert zu sein. Und dann wird an irgendeinem Ereignis plötzlich klar, dass die Herzen der Menschen sich Gott wieder zugewendet haben – es ist wie bei einem von Termiten unterhöhlten Bau: noch erscheint er ganz fest, aber ein Stoß genügt, und er stürzt ein.

Das Ergebnis des Bemühens

Von einer bestimmten Stadt mit 50.000 Einwohnern konnte man sagen, dass kaum jemand seine Religion ausübte. Der Zustand der Nachlässigkeit wurde durch alle möglichen Auswüchse noch verschärft. In vielen Stadtteilen konnte kein Priester sich blicken lassen, ohne verspottet zu werden. Da wurde im Geist des Glaubens ein Präsidium gegründet, und man ließ sich auf die scheinbar aussichtslose Aufgabe ein, Hausbesuche zu machen. Alle waren überrascht von dem unmittelbaren großen Erfolg, der an Zahl und Bedeutung wuchs, so wie die Zahl und Erfahrung der Legionäre zunahm. Nach drei Jahren unerwarteten Erfolgs wurde die kirchliche Obrigkeit ermutigt, die Männer zu einem gemeinsamen Kommunionempfang aufzurufen, und man hoffte, etwa zweihundert würden kommen. Tatsächlich nahmen elfhundert Männer teil – ein Zeichen, dass die gesamte Bevölkerung während dieser drei Jahre des Apostolats zutiefst aufgerüttelt worden war. Ein voller Erfolg zeichnet sich bereits ab, so dass die nächste Generation dieser Stadt in eine gewandelte Ordnung hineingeboren werden wird: Wo einst die heilige Messe allgemein missachtet, die Diener der Kirche verspottet wurden, wird Heiligkeit herrschen. An anderen Orten mit ähnlichen Zuständen sollte man auf dieselbe Art Abhilfe zu schaffen suchen.

„Jesus sagte zu ihnen: Ihr müsst Glauben an Gott haben. Amen, das sage ich euch: Wenn jemand zu diesem Berg sagt: Heb dich empor und stürz dich ins Meer!, und wenn er in seinem Herzen nicht zweifelt, sondern glaubt, dass geschieht, was er sagt, dann wird es geschehen. Darum sage ich euch: Alles, worum ihr betet und bittet, glaubt nur, dass ihr es schon erhalten habt, dann wird es euch zuteil." (Mk 11,22–24)

7. DIE LEGION ALS ERGÄNZUNG DES MISSIONARS

Die Missionssituation
Missionstätigkeit bezieht sich hier auf das Apostolat an jenen Völkern und Gruppen, die Christus nicht kennen oder nicht an ihn glauben – in denen die Kirche noch nicht Wurzeln geschlagen hat und deren Kultur vom Christentum unberührt ist.

Unter diesen Menschen, denen das Evangelium gebracht werden soll, bestehen große Unterschiede in der Entwicklung der Kultur, der Bildung und der sozialen Verhältnisse. Sogar innerhalb der Grenzen eines einzigen Landes kann man sowohl dicht besiedelte Städte als auch weit verstreute ländliche Gemeinden finden. Es kann Gegensätze geben zwischen Arm und Reich, Hochgebildeten und Ungeschulten – sowie Verschiedenheiten unter Volksgruppen und Sprachgruppen.

Weltweit wächst die Zahl derer, die Christus nicht kennen, schneller als die Zahl echter Gläubiger.

Dieses ausgedehnte Feld betritt der Missionar: Priester, Ordensangehöriger oder Laie. Da sie von außen kommen, sind sie durch Unterschiede in Rasse, Sprache und Kultur benachteiligt. Erfahrung und Ausbildung werden diese Hindernisse verringern, aber kaum beseitigen.

In einem neu erschlossenen Gebiet ist es ihre Aufgabe, an jedem Ort christliche Gemeinden zu bilden, die allmählich zu Ortskirchen heranwachsen, die sich selbst erhalten und ihrerseits fähig werden sollen, das Evangelium zu verbreiten.

Zu Beginn werden sie sich Mühe geben, rasch einen großen Kreis an Kontakten und Freundschaften zu schließen. Wo es möglich ist, werden sie notwendige Dienstleistungen einrichten, wie Schulen und medizinische Einrichtungen, um ein christliches Zeugnis zu geben und Kontakte zu erleichtern. Aus dem Kreis der Bekehrten können Katecheten und andere kirchliche Mitarbeiter ausgewählt werden.

Der Missionar oder der Katechet am Ort kann nur diejenigen unterrichten, die dies wünschen. Wenn man diesen Wunsch weckt, bedeutet das genau genommen, dass man Bekehrungen bewirkt. Abgesehen vom direkten Eingreifen Gottes geschieht das normalerweise durch die Begegnung mit einem katholischen Laien und erst später mit einem Priester. Es bedeutet schrittweises Wachstum in Freundschaft und Vertrauen. „Ich bin gekommen, weil ich einen Katholiken kenne", sagen Suchende für gewöhnlich einem Priester.

Dem schwer belasteten Missionar bietet sich die Legion als erprobtes Instrument an, Konvertiten zu gewinnen und deren Durchhalten zu sichern. Ihre Mitglieder sind Einheimische, am Anfang wird ein Missionar ihr Geistlicher Leiter sein. So wird die Legion Neubekehrte unterweisen, heranbilden und sie dazu bewegen, fortwährend und systematisch zu evangelisieren. Anders als der Missionar kommen ihre Mitglieder nicht von außen in die Gesellschaft hinein. Sie sind bereits hier und sind fähig, mit entsprechender Ausbildung in der Gemeinde als Licht, Salz und Sauerteig nach Art der ersten Christen zu wirken.

Wachstum der Legion

Wenn Zahl und Qualität der Legionäre wachsen, wird es notwendig sein, weitere Präsidien zu errichten, um eine geeignete Ausbildung zu sichern. Vielleicht sind die Geistlichen Leiter in der Lage, mehr als nur ein Präsidium zu übernehmen. Vielleicht ist es auch möglich, Katechisten und andere erfahrene Laien als Präsidenten einzusetzen, damit sie die Präsidien heranbilden und ihnen den rechten Geist vermitteln. Jedes neue Präsidium bedeutet, dass zehn bis zwanzig weitere Soldaten für den Glauben kämpfen.

Hat die Taktik, die Anzahl der Präsidien zu vervielfachen, Erfolg, dann könnte im Lauf der Zeit jeder Priester die Bemühungen einer großen Anzahl apostolisch tätiger Laien organisieren. Das Ergebnis wäre, dass sein Aufgabenbereich – von den höchsten Funktionen abgesehen – nahezu dem eines Diözesanbischofs ähnlich würde. Wie der Bischof selbst, würde er nun über eine unzählbare und unbezwingbare Schar von Glaubenskämpfern aller Grade verfügen, durch die es ihm möglich wird, jedem Menschen in seinem Gebiet das Evangelium zu verkünden.

Was hier vorgeschlagen wird, ist kein unerprobter Plan, sondern die Frucht einer langjährigen erfolgreichen Erfahrung in der Evangelisierung von Missionsgebieten unter verschiedensten Bedingungen.

Eine genau umrissene Aufgabe für jeden Legionär

Nach dem angeführten Plan wird jedem Legionär ein genau umschriebener Tätigkeitsbereich zugewiesen. Jedes Arbeitsgebiet wird zuerst überprüft und in einzelne Aufgaben unterteilt, die den Legionären übertragen werden; jeder einzelne trägt die volle Verantwortung für deren ordnungsgemäße Durchführung. Den Legionären muss bewusst gemacht werden, dass sie sich in der Ausübung ihrer Pflichten uneingeschränkt dem Priester zur Verfügung stellen. Durch ihn stehen sie in Gemeinschaft mit der Mission der Kirche. Es gehört zu den wichtigsten Zielen des Legionssystems, jedem einzelnen Legionär diese Verantwortung klarzumachen und ihn zu befähigen, sie zuverlässig zu tragen.

Einige der Aufgaben, die für Legionäre in Missionsgebieten geeignet wären:

a) den regelmäßigen Besuch des Missionars in abgelegenen Missionsstationen vorbereiten;
b) Katechumenen unterweisen, neue ausfindig machen und sie zur regelmäßigen Teilnahme ermutigen;
c) nachlässige und vom Glauben abgefallene Katholiken ermutigen, dass sie zur vollen Glaubenspraxis zurückkehren;
d) Wortgottesdienste und Andachten leiten;
e) als außerordentliche Beauftragte des Priesters fungieren;
f) für die geistlichen Bedürfnisse der Sterbenden und ein christliches Begräbnis sorgen.

Die besonderen Bedürfnisse an jedem Ort werden noch weitere Beispiele an geistlichen und leiblichen Werken der Barmherzigkeit nahe legen.

Müssen die Legionäre theologisch sehr gebildet sein?
Wie viel Bildung notwendig ist, hängt von der Art der geforderten Arbeit ab. Um Konvertiten zu gewinnen und sie zum Ausharren zu ermutigen, genügt sicher ein Grundwissen über den Glauben. Die rasche Ausbreitung der Kirche in den frühen Tagen des Christentums zeigt das zur Genüge. In vielen Fällen wurden Bekehrungen erreicht durch die unbedeutenden, schwachen und unterdrückten Glieder jener mächtigen, reichen und aufgeklärten Gesellschaft, in der sie lebten. Hier geht es nicht um herkömmliche Glaubensunterweisung, die immer notwendig ist, sondern um das Bemühen, dass ein Herz seinen kostbarsten Besitz einem anderen mitteilt. Das geschieht am wirksamsten, wenn jemand sich an seinesgleichen wendet; aber die Erfahrung zeigt, dass auch gesellschaftliche Schranken ohne weiteres überwunden werden können.

Jeder überzeugte Katholik, und mag sein Wissen noch so lückenhaft sein, hat von seinem Glauben eine bestimmte Vorstellung und ist imstande, diesen Eindruck auch einem anderen zu vermitteln, den er zu beeinflussen sucht. Aber er setzt diese Fähigkeit nicht ein, wenn er nicht durch eine Organisation oder einen anderen starken Impuls dazu veranlasst wird. Das Legionssystem sorgt für diese Triebkraft durch Motivation und Zuweisung apostolischer Aufgaben. Als Ergebnis seiner Schulung wird das Mitglied gern aus eigener Initiative nach Gelegenheiten Ausschau halten, seinen Glauben mitzuteilen.

Die Legion bedeutet „Maria am Werk"
Die Einführung der Legion bedeutet, dass zwei wichtige Kräfte in das Missionswerk eingebunden werden:
a) das Prinzip planmäßiger Organisation, das stets zu wachsendem Interesse und größerer Kraft führt; und
b) die gewaltigste Macht: der mütterliche Einfluss Marias, der durch das marianisch geprägte System der Legion in Fülle herabgezogen und durch ihr intensives Apostolat den Seelen überreich ausgeteilt wird. Es ist eine Tatsache, dass das Licht des Glaubens nicht anders als im Zusammenspiel mit Maria verbreitet werden kann. Bemühungen, die nicht unter ihrer

Führung stehen, sind wie Öl ohne Lampen. Der Grund, warum heute großartige Eroberungen für den Glauben eine Seltenheit sind, liegt vielleicht darin, dass diese Tatsache nicht genügend anerkannt wird. In früheren Jahrhunderten wurden ganze Völker in kurzer Zeit bekehrt. Der heilige Cyrillus von Alexandrien zögerte nicht, auf dem Konzil von Ephesus im Jahr 431 zu erklären: Sie alle wurden durch Maria für Christus gewonnen. Zudem machte der große Schutzherr der Missionen, der heilige Franz Xaver, seine eigene Erfahrung: Wo immer er es unterließ, das Bild der Gottesmutter am Fuß des Kreuzes aufzustellen, lehnten die Bewohner des Landes sich gegen das Evangelium auf, das er ihnen verkündet hatte.

Wenn dieses so überaus fruchtbare Handeln Marias durch das Apostolat der Legionäre in den Missionsgebieten ermöglicht werden kann, warum sollten dann nicht jene Zeiten wiederkehren, von denen der heilige Cyrillus spricht, so dass ganze Länder, ganze Nationen ihre Irrtümer ablegen und voll Freude den christlichen Glauben annehmen?

„Was bewegte diese Fischer: War es närrische Vermessenheit oder war es eine erhabene, himmlische Erleuchtung? Betrachten wir einen Augenblick lang, woran sie sich da heranwagten. Kein Herrscher, kein Weltreich, keine Republik hat jemals einen derart hochfliegenden Plan gefasst. Ohne die geringste Aussicht auf menschliche Hilfe teilten diese Galiläer die Welt unter sich auf, um sie nun zu erobern. Sie entwarfen einen genauen Plan, um den Glauben auf der ganzen Welt zu verändern, ob dieser nun falsch oder teilweise richtig, ob er jüdisch oder heidnisch war. Sie wollten einen neuen Gottesdienst einführen, ein neues Opfer, ein neues Gesetz, denn – so sagten sie – jener Mann, den die Menschen in Jerusalem gekreuzigt hatten, hatte es so befohlen." (Bossuet)

8. DIE PEREGRINATIO PRO CHRISTO

Das Streben, mit jeder Seele in Berührung zu kommen, muss bei denen beginnen, die in der Nähe sind. Es darf aber nicht dabei Halt machen, sondern sollte zu „symbolischen Schritten" weit über den Bereich des täglichen Lebens hinausführen. Dieses Ziel wird durch die Bewegung innerhalb der Legion gefördert, die als „Peregrinatio pro Christo" bekannt ist. Der Name stammt aus dem klassischen Epos Montalemberts, *Die Mönche aus dem Westen*, in dem er den irischen Missionaren ein bleibendes Denkmal setzt. Diese unbezwingbare Schar „verließ ihr Land, ihre Heimat, ihr Vaterhaus" (vgl. Gen 12,1), durchzog im 6. und 7. Jahrhundert ganz Europa und baute den Glauben wieder auf, der durch den Untergang des Römischen Reiches in Verfall geraten war.

In demselben Idealismus sendet die Peregrinatio pro Christo ihre Teams aus: Legionäre, die über Zeit und Mittel verfügen, um eine Weile an entfernten Orten zu verbringen, wo es um die religiösen Bedingungen schlecht bestellt ist. Sie haben den „heiklen, schweren, unpopulären Auftrag, aufzuzeigen, dass Christus der Retter der Welt ist. Das muss vom Volk getan werden" (Papst Paul VI.). Nahe gelegene Gegenden sind für eine Peregrinatio pro Christo nicht geeignet. Wenn möglich, soll sie in ein anderes Land führen.

Dieses Zeugnis für den Grundsatz, dass man um des Glaubens willen auf Reisen gehen und ein Wagnis auf sich nehmen muss, und sei es nur für eine oder zwei Wochen, kann das Denken der Legionäre wandeln und die Vorstellungskraft aller anregen.

9. INCOLAE MARIAE

Tatsächlich werden in vielen Fällen großzügige Seelen nicht damit zufrieden sein, nur eine oder zwei Wochen zu geben, sondern werden sich danach sehnen, eine bedeutendere Zeitspanne für einen Dienst fern der Heimat zur Verfügung zu stellen. Solche Legionäre, die an dem ins Auge gefassten Ort ihren Lebensunterhalt verdienen und sechs Monate, ein Jahr oder mehr wegbleiben können, ohne familiären oder anderen Verpflichtungen zu schaden, können vom Concilium, von einem Senatus oder einer Regia für eine angemessene Zeitspanne einen solchen Missionsauftrag erhalten. Natürlich ist das Einverständnis der zuständigen Stellen des vorgesehenen Ortes notwendig. Diese Freiwilligen heißen Incolae Mariae; diese Bezeichnung drückt ihren zeitlich befristeten Aufenthalt in der Fremde in einem Geist der Aufopferung durch Maria aus.

10. EXPLORATIO DOMINICALIS

Exploratio Dominicalis bezeichnet etwas, das eine Art Mini-Peregrinatio genannt und mit „Suche nach Seelen am Tag des Herrn" übersetzt werden könnte.

Jedes Präsidium auf der Welt ist dringend aufgerufen, sich womöglich vollzählig wenigstens einen Sonntag im Jahr solch einer Entdeckungsreise zu widmen. Der Ort – möglichst ein schwieriges Gebiet – sollte in einer gewissen Entfernung liegen, aber nicht so weit weg, dass man zu viel Zeit bei der Anreise verliert. Die Exploratio braucht nicht auf einen Tag beschränkt zu sein: sie kann auch zwei oder drei Tage dauern. Die Exploratio Dominicalis ermöglicht es den meisten (in vielen Fällen allen) Mitgliedern eines Präsidiums, solch ein Wagnis zu unternehmen. Denn zugegeben: Die Teilnahme an der Peregrinatio pro Christo ist der Mehrheit der Legionäre auch bei bestem Willen nicht möglich.

Die Erfahrung zeigt, dass man unterstreichen muss, was das Concilium schon wiederholt betont hat, nämlich dass die Exploratio Dominicalis ihrem Wesen nach ein Unternehmen des Präsidiums ist. Räte und Präsidien sind gebeten, das zu bedenken, wenn eine Exploratio organisiert wird.

41
„AM GRÖSSTEN IST DIE LIEBE“
(vgl. 1 Kor 13,13)

Maria war so vollkommen erfüllt von Liebe, dass sie für würdig erachtet wurde, ihn, der die Liebe selbst ist, zu empfangen und in die Welt zu bringen. Die Legion Mariens, deren eigentliches Leben davon abhängt, sich Maria hinzugeben und sie nachzuahmen, muss sich notwendigerweise durch dasselbe Merkmal machtvoller Liebe auszeichnen. Sie muss von Liebe erfüllt sein, nur dann wird sie Liebe in die Welt tragen. Es ist daher wichtig, dass folgende Weisungen sorgfältig beobachtet werden:

1. Bei der Aufnahme in die Reihen der Legion darf es keine Benachteiligung wegen der Zugehörigkeit zu einer sozialen Schicht, einer Nation oder Volksgruppe noch einer Rasse oder Hautfarbe geben. Der einzige Prüfstein muss die Eignung für die Mitgliedschaft sein. Das Apostolat der Legionäre wird sich indirekt, das heißt als Sauerteig in der Gemeinde, noch mehr auswirken als direkt durch die Arbeitsaufträge. Und wenn das Wirken der Legion die ganze Gemeinde beeinflussen soll, folgt daraus, dass Mitglieder aller Bevölkerungsschichten der Gemeinde in den Reihen der Legion vertreten sein müssen.

2. In ihren eigenen Reihen sollte ungekünstelte Einfachheit und aufrichtige Liebe zueinander herrschen, als ob es keine Unterschiede gäbe. Wenn der Legionär denen Liebe schuldet, denen er dient, dann schuldet er sie nicht weniger den eigenen Legionskameraden. Eine Haltung, die Unterschiede macht, beweist, dass die erste Voraussetzung für die Mitgliedschaft fehlt: der Geist der Liebe. Die Legion ist ihrer Idee und ihrem Geist nach machtvolle Liebe und Wohlwollen, die zuerst „daheim“, am Herd der Legion selbst, hell und stark brennen müssen, ehe

ihre Wärme nach außen strahlen kann. „Daran werden alle erkennen, dass ihr meine Jünger seid: wenn ihr einander liebt." (Joh 13,35)
Wird die Liebe in den Reihen der Legion geübt, so wird sie bald auch ganz allgemein geübt werden. Können Spaltungen durch die Mitgliedschaft in der Legion beseitigt werden, so führt das bald dazu, dass auch Menschen außerhalb der Legion solche Spaltungen überwinden.

3. Gegenüber anderen Organisationen, deren Ziele mit der Sendung der Kirche übereinstimmen, soll ein Geist herrschen, der zur Unterstützung und Zusammenarbeit bereit ist, wo immer es möglich ist. Nicht jeder Katholik kann für die Legion selbst gewonnen werden, denn ihre Anforderungen sind alles andere als leicht. Es sollten jedoch alle dazu ermutigt werden, in irgendeiner Form an der Arbeit der Kirche teilzunehmen. Die Legionäre können dies durch ihr Apostolat und durch persönliche Kontakte fördern. Man soll aber beachten: Welche Zusammenarbeit man auch leistet, sie sollte keine zusätzliche Belastung für die Legionäre zum Nachteil ihres eigenen Apostolates sein. Es ist auch wichtig, gut abzuschätzen, welche Art und wie viel Unterstützung gegeben wird und wem sie gegeben wird. In diesem Zusammenhang sei auch auf die Abschnitte *Die Überwachung der Arbeit durch das Präsidium* (siehe Kapitel 39,6) und *Der vertrauliche Charakter der Legionsarbeit muss gewahrt bleiben* (siehe Kapitel 39,8) hingewiesen.

4. Den Hirten der Kirche sollte die kindliche Liebe erwiesen werden, die ihnen als geistlichen Vätern und Hirten gebührt. Die Legionäre sollten ihre Sorgen teilen und sie durch Gebet und, so weit es möglich ist, durch aktive Arbeit unterstützen, so dass es ihnen besser gelingt, Schwierigkeiten zu überwinden und ihre Pflichten mit größerem Erfolg zu erfüllen.
Da die Hirten der Kirche von Gott die Aufgabe erhalten haben, die göttliche Wahrheit und die Gnaden der Sakramente zu vermitteln, sollte es den Legionären ein Anliegen sein, die Menschen mit diesen Trägern der göttlichen Gaben in Kontakt zu halten und die Verbindung wiederherzustellen, wo sie abge-

brochen ist. Das ist besonders in solchen Fällen notwendig, wo Leute in irgendeiner Weise dem Klerus entfremdet sind, sei es aus berechtigten oder unberechtigten Gründen.
Leute, die schwer krank sind, können sehr abweisend sein, wenn es darum geht, einen Arzt zu Rate zu ziehen. Oft bedarf es eines Ehepartners, Familienangehörigen oder Freundes, die notwendige Ermutigung zu geben.
Wenn die seelische Gesundheit auf dem Spiel steht, hängt viel von der Nächstenliebe derer ab, die den Hilfsbedürftigen nahe stehen.
Die Ausbildung der Legionäre hilft ihnen, die Initiative zu ergreifen und zwischen dem Priester und den Seelen zu vermitteln, und das mit viel Feingefühl. Dies ist eine erlesene Form der Nächstenliebe. Sie handeln als Mitarbeiter des Guten Hirten, der sie dazu beruft, durch ihre Taufe an seinem Werk teilzunehmen.

„Wenn ich in den Sprachen der
Menschen und Engel redete,
hätte aber die Liebe nicht,
wäre ich dröhnendes Erz oder eine
lärmende Pauke.
Und wenn ich prophetisch reden
könnte
und alle Geheimnisse wüsste
und alle Erkenntnis hätte;
wenn ich alle Glaubenskraft besäße
und Berge damit versetzen könnte,
hätte aber die Liebe nicht,
wäre ich nichts.

Und wenn ich meine ganze Habe verschenkte,
und wenn ich meinen Leib dem Feuer
übergäbe,
hätte aber die Liebe nicht,
nützte es mir nichts.

Die Liebe ist langmütig,
die Liebe ist gütig.
Sie ereifert sich nicht,
sie prahlt nicht,
sie bläht sich nicht auf.
Sie handelt nicht ungehörig,
sucht nicht ihren Vorteil,
lässt sich nicht zum Zorn reizen,
trägt das Böse nicht nach.
Sie freut sich nicht über das Unrecht,
sondern freut sich an der Wahrheit.
Sie erträgt alles,
glaubt alles,
hofft alles,
hält allem stand.

Die Liebe hört niemals auf.
Prophetisches Reden hat ein Ende,
Zungenrede verstummt,
Erkenntnis vergeht.“ (1 Kor 13,1–8)

ANHANG 1
PÄPSTLICHE SCHREIBEN UND BOTSCHAFTEN AN DIE LEGION MARIENS

PIUS XI.
AN DIE

LEGION MARIENS

16. September 1933

„Wir erteilen diesem wunderbaren und heiligen Werk, der Legion Mariens, Unseren besonderen Segen. Ihr Name spricht für sich. Das Bild Marias, der Unbefleckten, auf ihrer Standarte zeugt von hohen und heiligen Dingen.

Die selige Jungfrau ist Mutter des Erlösers und unser aller Mutter. Sie wirkt mit an unserer Erlösung, denn es geschah unter dem Kreuz, dass sie unsere Mutter geworden ist. In diesem Jahr feiern wir das Jubiläum dieses Mitwirkens und dieser allgemeinen Mutterschaft Marias.

Ich bete für Euch, dass Ihr mit noch größerem Eifer jenes Apostolat von Gebet und Arbeit ausüben möget, mit dem Ihr begonnen habt. Wenn Ihr das tut, wird Gott auch Euch zu Mitwirkenden an der Erlösung machen. Dies ist der beste aller Wege, dem Erlöser Eure Dankbarkeit zu zeigen."

PAPST PIUS XII. AN DIE LEGION MARIENS

Aus dem Vatikan,
am 22. Juli 1953

Lieber Herr Duff,
es ist meine ehrenvolle Aufgabe, im erhabenen Auftrag des Heiligen Vaters eine Botschaft des Grußes und der Ermutigung an die Legion Mariens zu übermitteln, die vor etwa dreißig Jahren auf dem fruchtbaren Boden des katholischen Irland gegründet worden ist.

Seine Heiligkeit hat all die Jahre den Fortschritt der Legion Mariens mit väterlichem Interesse verfolgt, wie sie angewachsen ist zum Heer jener hingebungsvollen und tapferen Gefolgsleute Marias, welche die Kräfte des Bösen in der heutigen Welt bekämpfen; und der Papst freut sich mit Ihnen, da er nun das Banner der Legion in allen vier Himmelsrichtungen der Erde aufgerichtet sieht.

Es ist daher sehr angebracht, dass die Legionäre Mariens nun ein Wort dankbarer Wertschätzung für das Gute erhalten, das vollbracht wurde, ebenso ein Wort der Mahnung, mit wachsendem Eifer fortzufahren in ihrer großzügigen Mitarbeit, die sie der Kirche in ihrer von Gott übertragenen Sendung widmen: alle Menschen unter die Oberhoheit Christi zu bringen, der der Weg, die Wahrheit und das Leben ist.

Wie wirksam der Beitrag ist, den die Legionäre zu diesem Apostolat leisten, wird großteils von deren gediegener geistlichen Formung abhängen. Diese wird in ihnen unter der klugen Führung ihrer Geistlichen Leiter deutlich sichtbar einen wahrhaft apostolischen Geist entfalten und bewirken, dass alle ihre Tätigkeiten von bereitwilligem Gehorsam den Anweisungen des Heiligen Stuhles und von treuer Ergebenheit den Diözesanbischöfen gegenüber gekennzeichnet sind. Deren Wünsche werden sie zu erkunden suchen und treu ausführen. Erfüllt von diesem übernatürlichen Charakter des wahren Laienapostels, werden sie mit heiligem Mut voranschreiten und weiterhin eine starke Hilfstruppe für die Kirche in deren geistigem Kampf gegen die Mächte der Finsternis sein.

Seine Heiligkeit erfleht Marias Fürsprache für ihre Legionäre auf der ganzen Welt und sendet durch mich Ihnen selbst, den Geistlichen Leitern und allen Legionären und Hilfsmitgliedern als Unterpfand besonderen Wohlwollens den Apostolischen Segen.

Mit dem Ausdruck hoher Wertschätzung und geistiger Zuneigung

Ihr in Christo ergebener

JB Montini

Pro-Sekretär

Mister Frank Duff
Concilium Legionis Mariae
De Montfort House
North Brunswick Street

Dublin, Irland

JOHANNES XXIII. AN DIE LEGION MARIENS

Als Zeichen Unserer väterlichen Liebe und als Unterpfand noch reicherer geistlicher Früchte bei ihrer lobenswerten Arbeit gewähren Wir den Amtsträgern und Mitgliedern der Legion Mariens von ganzem Herzen Unseren besonderen Apostolischen Segen.

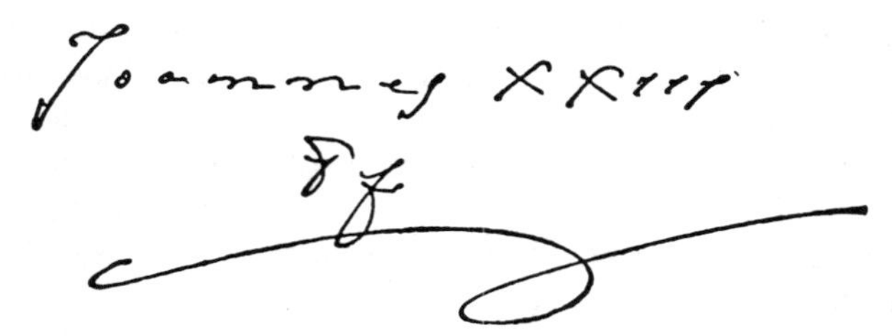

Aus dem Vatikan, am 19. März 1960

Die Legion Mariens zeigt das wahre Antlitz der katholischen Kirche.

Aus einer Ansprache an französische Legionäre am 13. Juli 1960

PAPST PAUL VI. AN DIE LEGION MARIENS

Vatikanstadt,
am 6. Januar 1965

Lieber Herr Duff,

der Brief, den Sie vor kurzem in kindlicher Ergebenheit an unseren obersten Hirten gerichtet haben, brachte ihm Freude und Genugtuung. Seine Heiligkeit möchte diese Gelegenheit benützen, um der Legion Mariens eine Botschaft des Lobes und der Ermutigung zu senden. Im mystischen Klima des katholischen Irland entstanden, hat sie heute ihre segensreiche Tätigkeit auf alle Erdteile ausgebreitet.

Der Heilige Vater ist der Ansicht, dass Ihre Bewegung eine solche Botschaft reichlich verdient hat aufgrund ihrer frommen Zielsetzungen und der mannigfachen Tätigkeiten, die sie mit Weisheit hervorgebracht und weiterentwickelt hat zum großen Nutzen für das katholische Apostolat. Dadurch erweist sie sich als Werkzeug von erstaunlicher Wirksamkeit, das Reich Gottes aufzurichten und auszubreiten.

Seine Heiligkeit erinnert sich noch lebhaft an die Begegnungen mit Ihnen zur Zeit seiner Tätigkeit im Staatssekretariat. Es waren diese Unterredungen, durch die er eine klare Vorstellung davon bekommen konnte, welcher Geist Ihre Organisation beseelt und das Geheimnis ihrer Lebenskraft ausmacht. Es ist wahr: Der Geist der Legion Mariens schöpft fruchtbare Nahrung aus dem stark verinnerlichten Leben der Mitglieder, aus deren Disziplin, aus deren Hingabe für das Heil ihres Nächsten, aus deren unerschütterlicher Treue zur Kirche; was ihn aber letztlich auszeichnet und kennzeichnet, das ist das eiserne Vertrauen in das Wirken der seligen Jungfrau. Die Legion erkennt in Maria das Vorbild, die Führung, die Freude und die Stütze aller ihrer Mitglieder, und durch ihre überzeugende Tätigkeit hilft sie uns zu verstehen, wie sehr sich das Apostolat seine Inspiration bei jener holen muss, die der Welt Christus gegeben hat und ihm so eng verbunden war im Werk der Erlösung.

Deshalb ist Seine Heiligkeit glücklich, auf diesen Geist der Legion vertrauen zu dürfen, der schon eine große Anzahl von glühenden Aposteln und heldenhaften Zeugen Christi in allen Teilen der Erde herangebildet hat, vor allem in jenen Gebieten, wo der Glaube angegriffen und verfolgt wird.

In der Überzeugung, dass die bereits erlangten Erfolge die Tatkraft und die apostolischen Bemühungen aller Legionäre nicht verlangsamen, vielmehr noch stetig steigern werden, bringt der Heilige Vater Ihnen und allen Ihren Mitarbeitern seine tiefe Dankbarkeit zum Ausdruck; und er ermahnt sie alle, mit derselben Liebe zur Kirche, stets in engster Abhängigkeit von den Bischöfen mit den Werken des Apostolates und im Geist einer aktiven Zusammenarbeit mit allen anderen katholischen Gemeinschaften fortzufahren.

Der Heilige Vater empfiehlt die großen Scharen der Legionsmitglieder dem mütterlichen Schutz Unserer Lieben Frau und erteilt Ihnen und jedem einzelnen Legionär, ihren Geistlichen Leitern und ihrem Wirken voll Liebe seinen besonderen väterlichen Apostolischen Segen.

Mit der Versicherung meiner herzlichen Wertschätzung und Hochachtung verbleibe ich

Ihr in Christus ergebener

A. G. Card. Cicognani

Herrn FRANK DUFF
Präsident der Legion Mariens
Concilium Legionis Mariae
De Montfort House
North Brunswick Street
DUBLIN

ANHANG 2

AUSZÜGE AUS DER DOGMATISCHEN KONSTITUTION ÜBER DIE KIRCHE LUMEN GENTIUM DES ZWEITEN VATIKANISCHEN KONZILS

Diese dogmatische Konstitution sollte in ihrer Gesamtheit gelesen werden. Denn diese Darlegung eröffnet ein tieferes Verständnis für den mystischen Leib Christi und bietet dadurch der Kirche ein sichereres und großartigeres Leben. Wenn hier einige Auszüge wiedergegeben werden, die für das Wesen der Legion von besonderer Bedeutung sind – Marias Mutterschaft für den mystischen Leib –, so ist das kein Ersatz für die gesamte Konstitution. Diese zeigt Maria in einem neuen Licht. Maria ist, nach Christus, das erste und das edelste Glied des mystischen Leibes. Sie muss als ein untrennbarer Teil der Kirche betrachtet werden, wenn im Gesamtaufbau der Kirche die richtigen Verhältnisse gewährleistet werden sollen.

60. Ein einziger ist unser Mittler nach dem Wort des Apostels: „Es gibt nämlich nur einen Gott und nur einen Mittler Gottes und der Menschen, den Menschen Christus Jesus, der sich selbst als Erlösung für alle gegeben hat" (1 Tim 2,5–6). Marias mütterliche Aufgabe gegenüber den Menschen aber verdunkelt oder mindert diese einzige Mittlerschaft Christi in keiner Weise, sondern zeigt ihre Wirkkraft. Jeglicher heilsame Einfluss der seligen Jungfrau auf die Menschen kommt nämlich nicht aus irgendeiner sachlichen Notwendigkeit, sondern aus dem Wohlgefallen Gottes und fließt aus dem Überfluss der Verdienste Christi, stützt sich auf seine Mittlerschaft, hängt von ihr vollständig ab und schöpft aus ihr seine ganze Wirkkraft. Die unmittelbare Vereinigung der Glaubenden mit Christus wird dadurch aber in keiner Weise gehindert, sondern vielmehr gefördert.

61. Die selige Jungfrau, die von Ewigkeit her zusammen mit der Menschwerdung des göttlichen Wortes als Mutter Gottes vorherbestimmt wurde, war nach dem Ratschluss der göttlichen Vorsehung hier auf Erden die erhabene Mutter des göttlichen Erlösers, in einzigartiger Weise vor anderen seine großmütige Gefährtin und die demütige Magd des Herrn. Indem sie Christus empfing, gebar und nährte, im Tempel dem Vater dar-
... mit ihrem am Kreuz sterbenden Sohn litt, hat sie
... r Weise in Ge-
... ebe mitgewirkt
... ens der Seelen.
... Mutter.

... konomie dauert
... die sie bei der
... uz ohne Zögern
... wählten. In den
... genden Auftrag
... elfältige Fürbitte
... en. In ihrer müt-
... hres Sohnes, die
... n und Bedräng-
... en. Deshalb wird
... Titel der Fürspre-
... Mittlerin angeru-
... Würde und Wirk-
... bträgt und nichts

... ungfrau schon zur
... Makel und Runzel
... äubigen noch, die
... wachsen. Daher
... zen Gemeinschaft
... anleuchtet. Indem
... nachdenkt und sie
... rachtet, dringt sie
... Menschwerdung

tiefer ein und wird ihrem Bräutigam mehr und mehr gleichgestaltet. Denn Maria vereinigt, da sie zuinnerst in die Heilsgeschichte eingegangen ist, gewissermaßen die größten Glaubensgeheimnisse in sich und strahlt sie wider. Daher ruft ihre Verkündigung und Verehrung die Gläubigen hin zu ihrem Sohn und seinem Opfer und zur Liebe des Vaters. Die Kirche aber wird, um die Ehre Christi bemüht, ihrem erhabenen Typus ähnlicher durch dauerndes Wachstum in Glaube, Hoffnung und Liebe und durch das Suchen und Befolgen des Willens Gottes in allem. Daher blickt die Kirche auch in ihrem apostolischen Wirken mit Recht zu ihr auf, die Christus geboren hat, der dazu vom Heiligen Geist empfangen und von der Jungfrau geboren wurde, dass er durch die Kirche auch in den Herzen der Gläubigen geboren werde und wachse. Diese Jungfrau war in ihrem Leben das Beispiel jener mütterlichen Liebe, von der alle beseelt sein müssen, die in der apostolischen Sendung der Kirche zur Wiedergeburt der Menschen mitwirken.

„Schon bei der Verkündigung nimmt die Kirche in der Mutterschaft Marias zum ersten Mal und im Verborgenen Gestalt an. Maria und Jesus - das ist nicht nur die Gemeinschaft eines Sohnes mit seiner Mutter, sondern auch die Gemeinschaft von Gott und Mensch, vom Erlöser mit der Ersten der von ihm Erlösten. Alle Menschen sind aufgerufen, sich dieser Gemeinschaft – und das ist die Kirche – einzugliedern. In Jesus und Maria findet die Kirche nicht nur ihr eigentliches Wesen verwirklicht, sondern auch – bereits in diesem frühen Stadium – ihre wichtigsten Merkmale. Sie ist ganz eins und ganz heilig. Sie ist im wahrsten Sinn katholisch, das heißt, sie ist für alle da, wie Jesus und Maria für alle da sind. Es fehlt sozusagen nur noch der Taufschein und das Apostolat."
(René Laurentin, Court Traite sur la Vierge Marie.)

ANHANG 3

AUSZÜGE AUS DEM *CODEX IURIS CANONICI* ÜBER DIE PFLICHTEN UND RECHTE DER LAIEN

Can. 224 – Die Laien haben außer den Pflichten und Rechten, die allen Gläubigen gemeinsam sind, und denen, die in anderen Canones festgesetzt sind, die Pflichten und Rechte, die in den Canones dieses Titels aufgezählt sind.

Can. 225 – §1. Da die Laien wie alle Gläubigen zum Apostolat von Gott durch die Taufe und die Firmung bestimmt sind, haben sie die allgemeine Pflicht und das Recht, sei es als einzelne oder in Vereinigungen, mitzuhelfen, dass die göttliche Heilsbotschaft von allen Menschen überall auf der Welt erkannt und angenommen wird; diese Verpflichtung ist umso dringlicher unter solchen Umständen, in denen die Menschen nur durch sie das Evangelium hören und Christus kennen lernen können.

§2. Sie haben auch die besondere Pflicht, und zwar jeder gemäß seiner eigenen Stellung, die Ordnung der zeitlichen Dinge im Geiste des Evangeliums zu gestalten und zur Vollendung zu bringen und so in besonderer Weise bei der Besorgung dieser Dinge und bei der Ausübung weltlicher Aufgaben Zeugnis für Christus abzulegen.

Can. 226 – §1. Die im Ehestand leben, haben gemäß ihrer eigenen Berufung die besondere Pflicht, durch Ehe und Familie am Aufbau des Volkes Gottes mitzuwirken.

§2. Da die Eltern ihren Kindern das Leben geschenkt haben, haben sie die sehr schwer wiegende Pflicht und das Recht, sie zu erziehen; daher ist es vor allem Aufgabe der christlichen Eltern, für die christliche Erziehung ihrer Kinder gemäß der von der Kirche überlieferten Lehre zu sorgen.

Can. 227 – Die Laien haben das Recht, dass ihnen in den Angelegenheiten des irdischen Gemeinwesens jene Freiheit zuerkannt wird, die allen Bürgern zukommt; beim Gebrauch dieser Freiheit haben sie jedoch dafür zu sorgen, dass ihre Tätigkeiten vom Geist des Evangeliums erfüllt sind, und sich nach der vom Lehramt der Kirche vorgelegten Lehre zu richten; dabei haben sie sich jedoch davor zu hüten, in Fragen, die der freien Meinungsbildung unterliegen, ihre eigene Ansicht als Lehre der Kirche auszugeben.

Can. 228 – §1. Laien, die als geeignet befunden werden, können von den geistlichen Hirten für jene kirchlichen Ämter und Aufgaben herangezogen werden, die sie gemäß den Rechtsvorschriften wahrzunehmen vermögen.

§2. Laien, die sich durch Wissen, Klugheit und Ansehen in erforderlichem Maße auszeichnen, können als Sachverständige und Ratgeber, auch in Ratsgremien nach Maßgabe des Rechts, den Hirten der Kirche Hilfe leisten.

Can. 229 – §1. Damit die Laien gemäß der christlichen Lehre zu leben vermögen, diese auch selbst verkündigen und, wenn es notwendig ist, verteidigen können und damit sie in der Ausübung des Apostolates ihren Teil beizutragen imstande sind, sind sie verpflichtet und berechtigt, Kenntnis dieser Lehre zu erwerben, wie sie der je eigenen Fähigkeit und der Stellung eines jeden einzelnen entspricht.

§2. Sie haben auch das Recht, jene tiefere Kenntnis in den theologischen Wissenschaften zu erwerben, die in kirchlichen Universitäten oder Fakultäten oder in Instituten für religiöse Wissenschaften gelehrt werden, indem sie dort Vorlesungen besuchen und akademische Grade erwerben.

§3. Ebenso können sie unter Beachtung der hinsichtlich der erforderlichen Eignung erlassenen Vorschriften einen Auftrag zur Lehre in theologischen Wissenschaften von der rechtmäßigen kirchlichen Autorität erhalten.

Can. 230 – §1. Männliche Laien, die das Alter und die Begabung haben, die durch Dekret der Bischofskonferenz dafür bestimmt sind, können durch den vorgeschriebenen liturgischen Ritus für die Dienste des Lektors und des Akolythen auf Dauer bestellt werden; die Übertragung dieser Dienste gewährt ihnen jedoch nicht das Recht auf Unterhalt oder Vergütung von Seiten der Kirche.

§2. Laien können aufgrund einer zeitlich begrenzten Beauftragung bei liturgischen Handlungen die Aufgabe des Lektors erfüllen; ebenso können alle Laien die Aufgaben des Kommentators, des Kantors oder andere Aufgaben nach Maßgabe des Rechtes wahrnehmen.

§3. Wo es ein Bedarf der Kirche nahe legt, weil für diese Dienste Beauftragte nicht zur Verfügung stehen, können auch Laien, selbst wenn sie nicht Lektoren oder Akolythen sind, nach Maßgabe der Rechtsvorschriften bestimmte Aufgaben derselben erfüllen, nämlich den Dienst am Wort, die Leitung liturgischer Gebete, die Spendung der Taufe und die Austeilung der heiligen Kommunion.

Can. 231 – §1. Laien, die auf Dauer oder auf Zeit für einen besonderen Dienst der Kirche bestellt werden, sind verpflichtet, die zur gebührenden Erfüllung ihrer Aufgabe erforderliche Bildung sich anzueignen und diese Aufgabe gewissenhaft, eifrig und sorgfältig zu erfüllen.

§2. Unbeschadet der Vorschrift des can. 230, §1 haben sie das Recht auf eine angemessene Vergütung, die ihrer Stellung entspricht und mit der sie auch unter Beachtung des weltlichen Rechts für die eigenen Erfordernisse und für die ihrer Familie in geziemender Weise sorgen können; ebenso steht ihnen das Recht zu, dass für ihre Zukunft, die soziale Sicherheit und die Gesundheitsfürsorge gebührend vorgesorgt wird.

ANHANG 4

DIE RÖMISCHE LEGION

Die römische Legion war vermutlich der großartigste Kampfverband, den die Welt je gesehen hat. Das Geheimnis ihrer Unbesiegbarkeit lag in der bewundernswerten Haltung ihrer Mitglieder. Der Soldat musste seine Persönlichkeit verschmelzen lassen mit jener der Legion, der er angehörte. Bedingungsloser Gehorsam gegenüber seinem befehlshabenden Offizier war gefordert, so dass man von ihm erwartete, „ad nutum", das heißt „auf einen Wink" zu gehorchen – ohne Rücksicht auf die Verdienste des Offiziers oder auf persönliche Neigungen oder Abneigungen. Da durfte niemand murren, wenn die Beförderung ausblieb, und falls einer Groll verspürte, durfte sich das weder im Wort noch in der Tat zeigen. So rückten alle zusammen vor „wie ein Mann": Alle wurden ja vom selben Ziel geleitet, und jeder war an den Befehlshaber und an die Kameraden gebunden. Schulter an Schulter, Seite an Seite zogen ihre Heerscharen durch die Welt und verteidigten das Ansehen Roms und das römische Recht, wohin immer sie kamen. Ihre Ergebenheit machte sie beim Anblick des Feindes unbezwinglich, ihr unbeugsamer Mut und ihre verbissene Ausdauer forderten dem Gegner das Letzte ab und zwangen ihn, die Waffen zu strecken oder zu fliehen. Sie waren die Vorposten des Reiches: auf ihnen lag die Hauptlast, es unversehrt zu erhalten. Der römische Zenturio, den man auf seinem Posten stehend fand, als Pompeji ausgegraben wurde, die berühmte Thebaische Legion, die mit ihren Generälen, den Heiligen Mauritius, Exsuperius und Candidus, in der Verfolgung durch Maximian niedergemetzelt wurde, sind leuchtende Beispiele, die den unerschütterlichen Heldenmut der römischen Legionäre veranschaulichen.

Mit einem Wort: Der Geist der römischen Legion war getragen vom Gehorsam gegenüber der Autorität, er war unerschütterliches Pflichtbewusstsein, Ausdauer angesichts von Hindernissen, Standhaftigkeit in der Not und Treue zur Sache im kleinsten Detail der Pflicht.

Das war das heidnische Ideal eines zuverlässigen Dienstes. Der Legionär Mariens muss dieselben soldatischen Tugenden aufweisen – aber ins Übernatürliche gehoben, gemäßigt und gemildert durch die Verbindung mit jener, die uns am besten das Geheimnis liebevollen, wohlwollenden Dienens lehren kann.

„Der Hauptmann stand vor dem Kreuz und sah den Heiland sterben. Der Schrei, den Jesus ausstieß, ehe er verschied, traf ihn zutiefst; er pries Gott und sagte: ‚Wahrhaftig, dieser Mensch war wirklich Gottes Sohn!' (Mk 15,39) Als die Legionäre, die mit ihm zusammen Jesus bewachten, das Erdbeben bemerkten und sahen, was geschah, erschraken sie sehr und sagten: ‚Wahrhaftig, das war Gottes Sohn!' (Mt 27,54)
Die Soldaten der römischen Armee wurden so die ersten Bekehrten. Die Kirche der Zukunft, die die römische Kirche genannt werden muss, begann mit Kalvaria auf geheimnisvolle Weise die ihr bestimmte Aufgabe in der Welt zu erfüllen. Römer waren es, die das Opferlamm töteten und vor den Augen der Menge erhöhten. Sie, die künftigen Hüter der Einheit der Kirche, weigerten sich, das Obergewand Jesu zu zerteilen. Diese Treuhänder des Glaubens haben als erste das Herzstück des neuen Glaubens aufgeschrieben und bekannt und festgehalten: das Königtum Christi, des Nazareners. Sie schlugen an die Brust, als das Opfer vollbracht war, und sagten: ‚Wahrhaftig, das war Gottes Sohn!' Und schließlich haben sie mit derselben Lanze, die dem Evangelium alle Straßen der Welt erschließen sollte, das heiligste Herz des Herrn geöffnet, aus dem Gnade und übernatürliches Leben strömen. Alle Menschen tragen am Tod ihres Erlösers Schuld, alle haben ihre Hände in sein Blut getaucht, und die künftige Kirche konnte also nur eine ‚Kirche der Sünder' sein. Scheint es da nicht, als hätten die Römer ihre ewige Bestimmung – wenn auch unbewusst – schon auf Kalvaria für alle sichtbar begonnen und verwirklicht?
Das Kreuz stand so, dass Jesus Jerusalem den Rücken kehrte und sein Antlitz dem Westen, zur Ewigen Stadt hin, zugewandt hielt." (Bolo, Die Tragödie von Kalvaria)

ANHANG 5

DIE BRUDERSCHAFT „MARIA, KÖNIGIN ALLER HERZEN"

1. Der heilige Ludwig Maria von Montfort äußert in seiner Schrift *Abhandlung über die wahre Marienverehrung* den Wunsch, alle, die diese Hingabe üben, sollten sich in einer Bruderschaft zusammenschließen. Im Jahr 1899 wurde dieser Wunsch verwirklicht, als in Ottawa (Kanada) die Bruderschaft „Maria, Königin aller Herzen" entstand. Sie wird nun von der Gesellschaft Mariae oder den Montfortaner Missionaren betreut.

2. Die Bruderschaft besteht aus Gläubigen, die ihre Taufgelübde in Form einer vollständigen Hingabe an Christus durch die Hände Marias leben möchten. Diese wird vom hl. Ludwig Maria von Montfort als vollkommene Übung wahrer Hingabe an Maria gelehrt und von ihm mit folgenden Worten zusammengefasst:
„Diese Form der Frömmigkeit besteht also darin, sich ganz und gar Maria hinzugeben, um durch sie ganz Jesus Christus zu gehören.
Wir müssen Maria geben:

1. unseren Leib mit all seinen Sinnen und Gliedern;
2. unsere Seele mit all ihren Fähigkeiten;
3. unsere äußeren Besitztümer ..., die jetzigen wie die zukünftigen;
4. unsere inneren und geistlichen Güter, das heißt: unsere Verdienste, unsere Tugenden und unsere vergangenen, gegenwärtigen und zukünftigen guten Werke.

Wir müssen ihr also alles geben, was wir in der Ordnung der Natur und in der Ordnung der Gnade besitzen, ebenso wie das, was wir möglicherweise in Zukunft in der Ordnung der Natur, der Gnade und der Herrlichkeit besitzen werden. Dabei dürfen wir nichts zurückbehalten, nicht einen Pfennig, nicht einmal ein

Haar, auch nicht das geringste gute Werk - und das für die ganze Ewigkeit. Wir dürfen keine andere Belohnung für unsere Gabe und unseren Dienst beanspruchen oder erhoffen als die Ehre, durch Maria und in Maria Jesus Christus anzugehören, selbst dann, wenn diese liebenswerte Herrin nicht das freigiebigste und dankbarste Geschöpf wäre, das sie doch immer ist." (Montfort, *Abhandlung über die wahre Marienverehrung*, 121)

3. Die Bedingungen für den Beitritt sind:

a) Die Weihe an Jesus Christus, die ewige und fleischgewordene Weisheit, durch die Hände Marias, nach der Weiheformel des hl. Ludwig Maria von Montfort. Man sollte sich angemessen darauf vorbereiten, und es ist sehr passend, für die Weihe einen besonderen Tag, wie etwa eines der Marienfeste, zu wählen. Diese Weihe sollte jeden Tag erneuert werden, wobei man eine Gebetsformel verwendet wie „Ich bin ganz dein, du liebevoller Jesus, und alles, was ich habe, opfere ich dir auf durch Maria, deine heilige Mutter." Dieses Gebet würde auch dem Morgengebet entsprechen, wie es im Gebetsapostolat vorgeschrieben ist. Eine andere Formel wäre die eine, die der Legion so lieb ist: „Ich bin ganz dein, meine Königin, meine Mutter, und alles, was ich habe, ist dein."

b) Die Eintragung seines Namens in einer Zweigstelle der Bruderschaft. Die Hauptzentren sind:
England: Montfort House, Burbo Bank Road, Liverpool L23 6TH
USA: Montfort Fathers, 26 South Saxon Ave., Bay Shore, N.Y. 11706
Frankreich: 2, rue des Couvents, 85290 Saint-Laurent-sur-Sèvre
Belgien: Dietsevest 25 – 3000 Leuven
Kanada: 4000 Bossuet, Montreal, Quebec H1M 2M2
Italien: Via Romagna 44, 00187 Roma
Österreich und Deutschland: Montfortaner-Patres, Raiffeisenstraße 2, A-5061 Elsbethen-Glasenbach

c) Man soll es sich zur Gewohnheit machen, immer – das ist das Wesen dieser Hingabe – in einem Zustand völliger Abhängigkeit von Marias Willen zu leben, nach dem Beispiel, das der Gottessohn in Nazaret gegeben hat. Was immer wir tun, tun wir durch sie, mit ihr, in ihr und für sie, in solcher Weise, dass wir dabei vor Augen haben: Sie handelt immer in Vereinigung mit uns, sie leitet alle unsere Bemühungen und verwaltet deren Früchte. Siehe Kapitel 6, *Die Pflichten des Legionärs gegenüber Maria*.

4. „Eine Mitgliedschaft in dieser Vereinigung bringt eine geistliche Verbundenheit mit der gesamten Montfortanischen Familie mit sich.
Die Mitglieder werden gerne jene liturgischen Feste feiern, die zugleich Symbol und Erfüllung dieser Verbundenheit sind. Besonders feiern sie das Hochfest der Verkündigung des Herrn, am 25. März, das ist das Hauptfest der Vereinigung; das Hochfest der Geburt unseres Herrn, am 25. Dezember; das Hochfest der ohne Erbsünde empfangenen Jungfrau und Gottesmutter, am 8. Dezember; den Gedenktag des hl. Ludwig Maria von Montfort, am 28. April.
Ebenso haben die Mitglieder an den geistlichen Reichtümern teil, mit denen die Montfortanische Familie von Maria ausgestattet wurde, die ‚sich ja auf wunderbare Weise dem ganz schenkt, der ihr alles schenkt'." (Queen, Mai – Juni, 1992, S. 25)

5. Um diese Art der Marienverehrung recht zu verstehen und üben zu können, ist es wesentlich, dass man nicht nur einmal, sondern häufig die Schrift des heiligen Ludwig Maria *Abhandlung über die wahre Marienverehrung* sowie seine kürzere Abhandlung *Das Geheimnis Marias* liest.[1]

„Vor allem war es der heilige Pius X., der uns die Lehre von der allgemeinen Mittlerschaft Marias und ihrer geistlichen Mutterschaft in seiner wunderbaren Enzyklika ‚Ad diem illum' so lebendig vor Augen geführt hat. Dieses Rundschreiben ist ja in der Hauptsache nichts anderes als eine Darlegung der Schrift des heiligen Ludwig Maria über ‚Die wahre Marienverehrung'. Mit brennendem Herzen liebte der heilige Papst diese berühmte kleine Schrift. In ganz besonders nachdrücklicher Weise empfahl er allen, sie zu lesen; er erteilte jedem, der seinem Rat folgte, den Apostolischen Segen. Darüber hinaus enthält

---

[1]) Ludwig Maria Grignion von Montfort, Das Geheimnis Marias, ISBN 3-87620-134-9, Patris Verlag, Vallendar

dieses päpstliche Rundschreiben über Maria nicht nur die bekanntesten Gedanken des großen Dieners Marias, sondern häufig auch dessen Worte." (Mura, Le Corps Mystique du Christ)

„Die Diener Marias haben eine besondere Verehrung für das große Geheimnis der Menschwerdung des Wortes, das die Kirche am 25. März feiert. Es ist das eigentliche Geheimnis dieser Frömmigkeit. Denn sie wurde vom Heiligen Geist eingegeben:
a) damit wir die unaussprechliche Abhängigkeit von Maria, in die sich der Gottessohn zur Verherrlichung des Vaters und zu unserem Heil begeben wollte, ehren und nachahmen. In diesem Geheimnis, in dem Jesus Gefangener und Sklave im Schoß Marias und in allem von ihr abhängig ist, kommt diese Abhängigkeit in ganz besonderer Weise zum Ausdruck;
b) damit wir Gott für die unvergleichlichen Gnaden danken, die er Maria geschenkt hat, insbesondere dafür, dass er sie zu seiner würdigen Mutter erwählt hat. Diese Erwählung ist in diesem Geheimnis geschehen.
Das sind die beiden Hauptziele der Sklavenschaft Jesu Christi in Maria." (Montfort, Abhandlung über die wahre Marienverehrung, 243)

ANHANG 6

DIE MEDAILLE DER UNBEFLECKTEN EMPFÄNGNIS: DIE „WUNDERBARE MEDAILLE"

„Dann sagte die allerseligste Jungfrau zu mir: ‚Lass nach diesem Muster eine Medaille prägen; wer eine gesegnete Medaille trägt, wird große Gnaden erlangen, besonders, wenn er sie um den Hals trägt. Die Gnaden werden überreich sein für jene, die Vertrauen haben.'" (Hl. Katharina Labouré)

Die Legionäre sollten diese Medaille hoch schätzen, die mit der Geschichte ihrer Organisation auffallend verbunden ist. Es war nicht das Ergebnis von Überlegungen, dass eine Statue nach dem Bild der Marienerscheinung vom Jahr 1830 beim ersten Treffen den Tisch schmückte, und doch fasst gerade das wirkungsvoll die religiöse Ausrichtung der Organisation zusammen, die vor diesem Bild ins Leben trat.

Damals wurde empfohlen, die Medaille bei der Arbeit zu verwenden. Die Anrufung am Rand der Medaille wurde schon ab dem ersten Treffen gesprochen, und nun wird sie als Teil der Catena von jedem Mitglied täglich gebetet. Das Bild der Medaille ist auch dem Vexillum Legionis eingefügt.

Es gibt zu denken, dass die Medaille auf so vielfache Weise sich gleichsam wie von selbst ins geistliche System der Legion eingefügt hat. Ob hier der Zufall am Werk war oder ob es sich dabei wieder um eine der zarten und wunderbaren Fügungen der Vorsehung handelte, mag aus folgenden zusätzlichen Überlegungen heraus beurteilt werden:

a) Der Zweck der Medaille ist es, die Verehrung der Unbefleckten Empfängnis zu fördern. Aber zugleich zeigt sie uns Maria als Mittlerin der Gnaden. Dadurch bringt sie die verschiedenen Aspekte, unter denen Maria in der Legion gesehen wird, umfassend zum Ausdruck, nämlich Maria die Unbefleckte, die Mutter und die Mittlerin.
Die Darstellung der Unbefleckten Empfängnis wird durch das Bild ihres Unbefleckten Herzens auf der Rückseite der Medaille ergänzt. Die Vorderseite zeigt Maria makellos in ihrer Empfängnis, die Rückseite zeigt sie sündenlos für immer.
b) Die Rückseite trägt das Bild des Heiligsten Herzens Jesu und des Unbefleckten Herzens Marias - beide Herzen werden seit dem ersten Treffen in den Eingangsgebeten der Legion angerufen. Diese Darstellung der beiden Herzen – das eine verwundet von der Dornenkrone, das andere durchbohrt vom Schwert, beide überragt vom Kreuz und vom Buchstaben M - erinnert an das Leiden und an das Mitleiden, die uns die Gnaden verdient haben. Die Legionäre erbitten das Vorrecht, diese Gnaden gemeinsam mit Maria anderen bringen zu dürfen.
c) Erstaunlich auch die folgende Begebenheit: Auf die Stunde genau hundert Jahre nach der Erscheinung der Gottesmutter vor der heiligen Katharina Labouré – die für Frankreich von ganz besonderer Bedeutung war – eröffnete Kardinal Verdier, Erzbischof von Paris, die Audienz, in der er die Legion guthieß und ihr seinen Segen erteilte.

Man könnte also fast sagen: Die Medaille ist mit der Legion so sehr verbunden, dass die Sendung des Legionärs die Sendung der Medaille mit einschließt. Der Legionär ist sozusagen eine lebendige Wunderbare Medaille, ein bescheidenes Werkzeug Unserer Lieben Frau, das der Welt Gnade bringt.

Bestimmte Kreise von Katholiken, eifrig darauf bedacht, als „fortschrittlich und intellektuell" zu gelten, tun diese Medaille ebenso wie alle anderen Medaillen und Skapuliere spöttisch als Aberglauben ab. Diese Haltung der Respektlosigkeit gegenüber den von der Kirche anerkannten Sakramentalien ist sehr unbesonnen. Auch widerspricht sie den Tatsachen, denn es gibt keinen Zweifel, dass der Gebrauch der Wunderbaren Medaille schon in dramatischer Weise gesegnet gewesen ist. Da die Legionäre ermutigt werden, sich als Soldaten zu betrachten, sollten sie die Medaille als ihre besondere „Munition" ansehen: Mit Sicherheit wird Maria ihr in der Hand der Legionäre doppelte Macht verleihen.

Durch eine Aufnahmefeier kann man Mitglied der „Vereinigung von der Wunderbaren Medaille" werden, eine formelle Einschreibung ist nicht erforderlich. Die Mitglieder haben automatisch Anteil an allen Ablässen, die mit dieser Vereinigung verbunden sind.

Das Fest Unserer Lieben Frau von der Wunderbaren Medaille wird am 27. November gefeiert.

„Maria brachte das Apostolat selbst in diese Welt - ihn, der kam, um Feuer auf die Erde zu werfen, und der wollte, dass es brenne. Ihre Aufgabe wäre unvollendet geblieben, wenn sie nicht inmitten der Feuerzungen gestanden wäre, die der Geist ihres Sohnes auf die Apostel herabsandte, damit seine Botschaft in ihnen brenne bis zum Ende der Zeiten. Pfingsten war das geistliche Betlehem Marias, ihr neues Erscheinungsfest, bei dem sie als Mutter an der Krippe des mystischen Christus stand und ihn aufs Neue anderen Hirten und anderen Königen zeigte." (Bischof Fulton Sheen, Der Mystische Leib Christi)

ANHANG 7

DIE ROSENKRANZBRUDERSCHAFT

1. Die Rosenkranzbruderschaft ist eine Vereinigung, die jene Gläubigen zu einer großen Familie eint, die es auf sich nehmen, die fünfzehn Gesätze des Rosenkranzes mindestens einmal pro Woche zu beten. Zu einer Familie zu gehören, schließt gegenseitiges Teilen mit ein. Wer der Rosenkranzbruderschaft beitritt, ist eingeladen, nicht nur seine Rosenkränze in die Hände Unserer Lieben Frau zu legen, sondern auch den Wert all seiner Werke, Leiden und Gebete, damit sie sie unter den anderen Mitgliedern und für die Bedürfnisse der Kirche so verteilt, wie es ihr am besten erscheint. Diese Bruderschaft wurde vom Dominikaner Alain de la Roche im Jahr 1470 gegründet. Ihre Verbreitung ist eine besondere Verantwortung der Dominikanischen Familie. Aus diesem Grund haben alle, die ihr beitreten, an den geistigen Gütern dieses Ordens teil.

2. Der heilige Ludwig Maria von Montfort war nicht nur Mitglied der Rosenkranzbruderschaft, er setzte sich auch mit aller Kraft für deren Verbreitung ein. Diese Tatsache sollte für Legionäre eine besondere Bedeutung haben. Im folgenden der interessante Text eines erhalten gebliebenen Schriftstücks: „Wir, der Provinzial des Predigerordens (Dominikaner), bestätigen und erklären hiermit, dass Ludwig Maria Grignion von Montfort, Bruder unseres Dritten Ordens, mit viel Eifer, Erbaulichkeit und Erfolg bei allen Missionen, die er ständig in Städten und Dörfern hält, allüberall die Rosenkranzbruderschaft empfiehlt."

3. Wer beitreten will, muss seinen vollen Namen in das Verzeichnis einer Kirche eintragen lassen, an der eine Bruderschaft errichtet ist. Um die vielen Ablässe und Privilegien zu erhalten, die mit der Mitgliedschaft verbunden sind, ist es notwendig, die Rosenkranzgeheimnisse während des Betens so gut wie möglich zu betrachten. Der hl. Ludwig Maria von Montfort sagte: „Die Meditation ist die Seele des Rosenkranzes."

Die Verpflichtung zum Gebet der fünfzehn Gesätze mindestens einmal pro Woche bindet nicht unter Sünde. Durch den gewöhnlichen täglichen Rosenkranz wird sie im Übermaß erfüllt. Der Rosenkranz braucht nicht auf einmal gebetet werden; man kann nur ein Gesätz beten oder mehrere auf einmal, wie man es günstig findet. Es gibt keine verpflichtenden Zusammenkünfte und keinen Mitgliedsbeitrag.

4. Die Zugehörigkeit zur Bruderschaft ist unter anderem mit folgenden Vorteilen verbunden:
a) der besondere Schutz Unserer Lieben Frau, der Königin des Rosenkranzes;
b) Anteil an allen guten Werken und geistlichen Gütern der Mitglieder des Dominikanerordens und der Rosenkranzbruderschaft in der ganzen Welt;
c) nach dem Tod: Anteil an allen Gebeten und Fürbitten, die von den oben Genannten für die Verstorbenen dargebracht werden;
d) ein vollkommener Ablass kann erlangt werden: am Tag der Aufnahme, zu Weihnachten, zu Ostern, am Hochfest der Verkündigung des Herrn, am Hochfest der Aufnahme Marias in den Himmel, am Gedenktag Unserer Lieben Frau vom Rosenkranz, am Hochfest der Unbefleckten Empfängnis und am Fest der Darstellung des Herrn.

5. Abgesehen von den Ablässen, die von den Mitgliedern dieser Bruderschaft gewonnen werden, ist ein vollkommener Ablass damit verbunden, wenn fünf Gesätze des Rosenkranzes auf einmal, verbunden mit der Betrachtung der Geheimnisse gebetet werden, sei es in einer Kirche oder in einer öffentlich zugänglichen Kapelle, in einer Familie, in einer Ordensgemeinschaft oder bei der Zusammenkunft einer religiösen Vereinigung (das gilt auch für die Legion). Ansonsten ist das Beten des Rosenkranzes mit einem Teilablass verbunden.

6. Die Bedingungen zur Gewinnung eines vollkommenen Ablasses sind:
a) das Sakrament der Buße – eine Beichte genügt für die Gewinnung mehrerer Ablässe;

b) die heilige Kommunion – jedes Mal, wenn man einen vollkommenen Ablass gewinnen will, ist deren Empfang notwendig;
c) das „Gebet nach der Meinung des Heiligen Vaters" – ein Vaterunser und ein Gegrüßet seist Du, Maria, oder andere Gebete nach eigener Wahl erfüllen diese Bedingung. Die Gebete müssen zur Erlangung jedes vollkommenen Ablasses wiederholt werden.
d) Es ist auch erforderlich, dass man frei von jeder Anhänglichkeit an die Sünde ist, sogar an lässliche.

„Der heilige Rosenkranz ist die schönste Blume unseres Ordens. Sollte sie einmal welken, dann würden gleichzeitig die Schönheit und der Glanz unserer Gemeinschaft schwinden und vergehen. Umgekehrt aber: Wenn diese Blume neu erblüht, dann zieht sie den Tau des Himmels auf uns herab, vermittelt uns den Duft der Gnade und lässt gleichsam aus der Wurzel der Frömmigkeit die Frucht der Tugend und der Ehre erwachsen." (Generalmagister Pater de Monroy OP)

ANHANG 8

UNTERRICHT IN DER CHRISTLICHEN LEHRE

In einigen Ländern hat die Bruderschaft der Christlichen Lehre eine wichtige Rolle bei der Vermittlung der christlichen Lehre gespielt und tut es noch heute. Viele Legionäre beteiligen sich an der Arbeit dieser Bruderschaft, und die Legion unterstützt ihre Arbeit voll und ganz.

Entsprechend dem Allgemeinen katechetischen Direktorium (Heilige Kongregation für den Klerus 1971) gibt es in jeder Diözese ein katechetisches Amt, das Teil der diözesanen Kurie ist. Mit dessen Hilfe leitet und lenkt der Bischof als Oberhaupt des Bistums und Inhaber des Lehramtes jede katechetische Aktivität in der Diözese.*

---

*) Im deutschsprachigen Raum sind in der Regel für die schulische Katechese das diözesane Schulamt für Unterricht und Erziehung und für die außerschulische Katechese das diözesane Pastoralamt zuständig.

Es ist wichtig zu wissen, dass die Unterweisung in der christlichen Lehre für alle Altersgruppen und alle Bildungsgrade gedacht ist, wie Papst Johannes Paul II. hervorhebt. (Siehe CT 16)

„Ich halte es für meine Pflicht, euch im Namen der ganzen Kirche zu danken; den Katecheten in den Pfarreien, den Laien, den Männern und den noch zahlreicheren Frauen, die ihr euch überall in der Welt der religiösen Erziehung vieler Generationen gewidmet habt. Eure oft schlichte und verborgene, aber mit brennendem, hochherzigem Eifer geleistete Arbeit ist eine hervorragende Form des Laienapostolates und besonders dort wichtig, wo Kinder und Jugendliche aus verschiedenen Gründen daheim keine entsprechende religiöse Bildung erhalten." (CT 66)
„Ein dritter Punkt: Die Katechese war immer eine Aufgabe und muss es bleiben, für die die ganze Kirche sich verantwortlich fühlen und bereit sein muss. Doch kommt ihren Gliedern je nach ihrer Sendung eine unterschiedliche Verantwortlichkeit zu. Die Oberhirten haben kraft ihres Amtes auf verschiedenen Ebenen die höchste Verantwortung für die Förderung, Ausrichtung und Koordinierung der Katechese. Der Papst ist sich seinerseits der obersten Verantwortung lebhaft bewusst, die er auf diesem Gebiet hat: er findet hier Grund für seine pastorale Sorge, aber vor allem auch eine Quelle der Freude und Hoffnung." (CT 16)

ANHANG 9

DIE PIONIERVEREINIGUNG TOTALER ABSTINENZ ZU EHREN DES HEILIGSTEN HERZENS JESU (siehe Kapitel 37,17)

a) Wenn ein bereits bestehendes Pionier-Zentrum zustimmt, dass sich ihm ein Präsidium anschließt mit dem Ziel, die Pioniervereinigung zu verbreiten und dafür zu werben, wird dieses Präsidium mit dem nötigen Büromaterial, der Literatur und den Verzeichnissen, Ausweisen und Abzeichen ausgestattet, damit es als selbständige Einheit fungieren kann. Die Bezahlung für das Material im Voraus ist erwünscht.

b) Die Werbung für und Aufnahme in die Pioniervereinigung kann durchgeführt und gehandhabt werden wie jede andere genehmigte Arbeit eines Präsidiums.
c) Bewerbungen für eine Pionier-Mitgliedschaft werden beim wöchentlichen Treffen des Präsidiums genauso behandelt, wie es bei den monatlichen Treffen eines Pionier-Zentrums gehandhabt würde.
d) Alle Anfragen über die Pioniervereinigung sind zu richten an: Central Director, Pioneer Total Abstinence Association, 27 Upper Sherrard Street, Dublin 1, Ireland.

ANHANG 10

STUDIUM DES GLAUBENS

Es wäre von Vorteil, wenn einige oder alle Mitglieder eines Präsidiums zusätzlich zu ihren anderen Arbeiten ein Studium durchführen könnten. Für gewisse Präsidien sollte das selbstverständlich sein, zum Beispiel für Internats- und Jugendpräsidien und für solche, die sich auf den Unterricht spezialisiert haben.

Der starke Gebetsgeist und das geistliche System der Legion bieten die Gewähr, dass man an das Studium in der rechten Haltung herangeht, und verhindern die nachteiligen Begleiterscheinungen, die mitunter auftreten. Eingebildete und wissensstolze Leute und solche, die nur kommen, um zu stören und bald wieder aufzuhören, werden durch dieses System fern gehalten. Andererseits gelingt es diesem System, alle jene als Mitglieder zu halten, die der Reiz des Neuen, den das Studium zunächst hat, der aber rasch vergeht, nicht halten würde.

Außerdem wird der Erfolg des Studiums dadurch sicher gestellt, dass es in einem Geist der Vereinigung mit jener Frau unternommen wird, deren Suche nach dem Licht so demütig war, so einfach, dass es allezeit das vollkommene Vorbild für dieses Suchen bildet: „Wie soll das geschehen?" (Lk 1,34). Dann wurde ihr der gegeben, der die göttliche Weisheit, die ewige Wahrheit, das wahre Licht ist. Sie bleibt der Hüter dieses Schatzes. Wer an ihm teilhaben will, muss zu Maria gehen. Diese Legionäre werden ihr wöchentliches Präsidiumstreffen als Gelegenheit betrachten, sich um ihre liebenswürdige Mutter zu scharen, ihre Hände in die Marias zu legen, die so voll sind von den Schätzen des Wissens, die sie suchen.

Das herausragende Merkmal ist also, dass ein Legionär seine Studienarbeit eher als ein Werk der Frömmigkeit angeht, und nicht als eine intellektuelle Übung. Ein weiteres besonderes Kennzeichen ist, dass das Studium nicht auf dem System von Vorlesungen beruht; teils, weil das nicht dem Aufbau des Präsidiums eingefügt werden könnte; mehr noch aber deshalb, weil der Mensch dazu neigt, sich gehen zu lassen, wenn einer allein oder einige wenige die ganze Arbeit und Verantwortung auf sich nehmen, wie es eben ein Vortragender tut. Außerdem ist ein Vortrag meist auf die begabtesten Hörer abgestimmt und bereitet daher dem Großteil der Zuhörer Schwierigkeiten. Das Ergebnis ist, dass der Inhalt des Vortrags nicht voll verstanden und – das ist dann unvermeidbar – schnell vergessen wird. Übrigens ist es erstaunlich, wie viele Leute einen gescheiten Vortrag zwar anerkennend, sonst aber vollkommen geistig untätig anhören.

Das Legionssystem dagegen erlaubt es dem Mitglied nicht, sich gehen zu lassen. Jeder wird aufgerufen, über seine Arbeit Rechenschaft abzulegen. Das bewirkt, dass er selbst – zwar in einem anderen Grad, aber mit der gleichen Anstrengung – die Mühe und Verantwortung auf sich nimmt, die bei Vorlesungen praktisch zur Gänze dem Vortragenden überlassen sind. Der Legionär ist nicht bloß Zuhörer. Er ist in einem aktiven geistigen Zustand, nicht bloß in einem Zustand der Aufnahmebereitschaft. Er arbeitet auf ganz bestimmte Art mit. Und gleichzeitig wird sein Fortschritt geprüft und überwacht.

Der Legionär gibt seinen Bericht sitzend. Das Lehrbuch liegt vor ihm, daneben etwaige Notizen. Da ist nichts um ihn herum, was ihn unsicher macht. Er gibt seinen Bericht in der ihm eigenen Ausdrucksweise und vermittelt seine Gedanken und Schwierigkeiten in einer Weise, die für jeden anderen einfach und vertraut klingt. Sie können dazu Stellung nehmen oder Fragen an ihn richten. Dann wird der nächste Bericht gegeben. Man wird sehen, dass das Treffen Fortschritte macht – nicht wie ein Kraftfahrzeug, das seine Fahrgäste rasch über das Land trägt, sondern wie Pflug und Egge, die den Boden mühsam aufgraben. Bericht folgt auf Bericht, so dass man das Kapitel eines Buches immer wieder durchackert, bis schließlich alle es verstehen und es sich daher auch merken.

Da das Studium eine Einheit mit der gesamten Arbeit des Präsidiums bildet, wird es sicher vom tatkräftigen Geist der Legion beseelt sein, der die Mitglieder drängt, ihr Wissen in die Praxis umzusetzen. Deshalb sollten Präsidien, die im Studium fortgeschritten sind, daran denken, Kurse zu halten und Unterricht zu geben, oder sonst Wege suchen, um das neu erworbene besondere Wissen der Mitglieder auszustrahlen. Nebenbei werden sie unweigerlich in der Legion selber ein größeres Verlangen verbreiten, in Glaubensfragen gut informiert zu sein. Das Wissen, das in der Legion vorhanden ist, muss sich über die zahllosen Wege der Kontakte der Legionäre in der ganzen Bevölkerung zu verbreiten suchen. So kommt man der „Überwindung der tiefen Schande des katholischen Volkes, seiner Unkenntnis der göttlichen Offenbarung", um einen Schritt näher (Papst Pius XI., Motu Proprio, 29. Juni 1923).

Das allererste Buch, das studiert wird, sollte das Handbuch sein. Tatsächlich ist das für den Legionär eine wesentliche Pflicht. Denn solange man das Legionssystem nicht völlig versteht, kann man es auch nicht bei der Arbeit des Studiums oder anderen Aufgaben erfolgreich anwenden. Jeder würde es als sinnloses Vorgehen ansehen, ein Haus zu errichten, ohne auf das Fundament zu achten. Genauso sinnlos wäre es, das Legionssystem als Grundlage für Studien nützen zu wollen, ohne diesem Fundament jene Festigkeit zu geben, die nur eine umfassende Kenntnis dieses Systems vermitteln kann.

Sehr gewinnbringend könnte auch das unter Aufsicht des Geistlichen Leiters durchgeführte Studium folgender Fächer sein: Dogmatik und Fundamentaltheologie, Bibelwissenschaft, Soziallehre, Liturgie, Kirchengeschichte, Moraltheologie.

Eine genau festgelegte Zeitspanne des Treffens – am besten ein Teil nach der Allocutio – sollte für die Besprechung dieser Arbeit vorgesehen sein. Diesem Punkt der Tagesordnung sollte man besondere Sorgfalt widmen, um einen festen Rahmen für diesen Teil des Treffens zu schaffen und so zu gewährleisten, dass er sich nicht zu bloß oberflächlicher Diskussion entwickelt.

Bei jedem Treffen wird den Mitgliedern ein bestimmter Abschnitt für das nächste private Studium übertragen. Sie müssen sich mit einem hohen Grad der in der Legion üblichen Gründlichkeit und Hingabe der Arbeit widmen, denn es besteht die Neigung, dass man, ohne es zu merken, in eine nachlässige und unwürdige Arbeitsweise hineinschlittert. Das eigentliche Studium geschieht ohne wirksame Überwachung, nur der Himmel ist Zeuge. Außerdem ist das Präsidium keine gewöhnliche Schulklasse. Es ist leicht, einen annehmbaren Bericht zu geben, selbst wenn man das Studium nicht sorgfältig durchgeführt hat.

Bei jedem Treffen müssen die Mitglieder einzeln über ihre Arbeit der vergangenen Woche berichten. Dabei können sie auch die Schwierigkeiten vorbringen, auf die sie beim wöchentlichen Studium gestoßen sind. Man sollte die Legionäre allerdings davon abhalten, leichtfertig Schwierigkeiten vorzubringen, die sie mit ein wenig mehr Mühe ihrerseits selbst hätten bewältigen können.

Man sollte die Mitglieder soviel wie möglich zur Selbsthilfe und zum persönlichen Bemühen ermuntern. Sorgfältig sollte man darauf achten, dass die Diskussion nicht auf ein unnötiges oder wenig wünschenswertes Nebengleis abirrt, und man sich nicht mit allzu schwierigen, irreführenden oder nebensächlichen Problemen befasst. Bei allen diesen Fragen wird das Präsidium selbstverständlich in erster Linie auf den Geistlichen Leiter bauen.

Es sei betont: Die Arbeitsverpflichtung jedes Mitglieds kann nur mit der Durchführung einer wesentlichen wöchentlichen aktiven Aufgabe erfüllt werden. Das Studium kann die Legionsarbeit nicht ersetzen, auch nicht teilweise.

„Wie eng verbunden sind Reinheit und Licht! Den reinsten Seelen schenkt Gott die größte Erkenntnis. Deshalb ist die Gottesmutter von allen Geschöpfen das erleuchtetste. Man hat von ihr gesagt, dass sie selbst den Engeln Erkenntnis vermittle. Aber sie erleuchtet auch die Menschen, und die Kirche nennt sie ‚Sitz der Weisheit'. Deshalb sollte unser Studieren, unser Betrachten, unser ganzes Leben immer enger um jene Frau kreisen, die gesegnet ist unter allen Frauen, die Mutter des Lichtes vom Licht – des menschgewordenen Wortes. Denn Gott hat jene unvergleichliche Frau mit der Sonne bekleidet und sie bestimmt, das Licht Jesu in die ganze Welt auszustrahlen, in jede Seele, die sich diesem Licht öffnet." (Sauve, Marie Intime)

ANHANG 11

ZUSAMMENFASSENDES MARIENLOB

HIER SOLL IN MÖGLICHST KNAPPEN WORTEN DARGELEGT WERDEN, WELCH WUNDERBARE STELLUNG MARIA IN DER MITARBEIT AM GESAMTEN HEILSPLAN ÜBERTRAGEN IST.
Wenn es gewünscht wird, kann dieser Text bei der Acies als gemeinsamer Weiheakt verwendet werden. Bei anderen Gelegenheiten wird der erste Absatz weggelassen.

Unsere Königin, unsere Mutter!

Der Moment unseres Verweilens vor deiner Standarte war so kurz, dass wir dir nur in ganz knapper Form unsere Liebe bezeugen konnten. Jetzt sind wir freier, unser Herz zu offenbaren und den kurzen Akt der Weihe zu erweitern zu einem reicheren Bekenntnis unseres vollen Vertrauens auf dich.

Wir erkennen, wie unermesslich viel wir dir schulden. Du gabst uns Jesus, der die Quelle alles Guten für uns ist. Ohne dich würden wir noch immer im Dunkel der verlorenen Welt, noch immer unter dem alten Todesurteil stehen. Aus diesem äußersten Elend hat die göttliche Vorsehung uns erretten wollen. Ihr hat es gefallen, dich in diesem Plan der Barmherzigkeit zu gebrauchen und dir eine Aufgabe zuzuweisen, die edler nicht sein könnte. Obwohl du selbst völlig abhängig warst vom Erlöser, wurdest du ihm zur Gehilfin bestimmt; ihm so nah, wie ein Geschöpf es nur sein kann; du wurdest ihm unentbehrlich gemacht.
Von aller Ewigkeit her warst du mit ihm zusammen im Plan der Allerheiligsten Dreifaltigkeit, um sein Schicksal zu teilen: Mit ihm wurdest du in der ersten Prophezeiung verkündet als die Frau, aus der er geboren würde. Ihm warst du beigesellt in den Gebeten derer, die auf sein Kommen warteten; mit ihm in der Gnade vereinigt durch die Unbefleckte Empfängnis, die dich wunderbar erlöste; mit ihm vereint in allen Geheimnissen seines irdischen Lebens, von der Botschaft des Engels an bis zum Kreuz; mit ihm eingesetzt in die Herrlichkeit durch deine Aufnahme in den Himmel: Neben ihm hast du auf seinem Thron Platz genommen und verwaltest mit ihm das Reich der Gnade.

Von allen Menschen warst nur du rein und stark genug im Glauben und im Geist, um die Neue Eva zu werden, die zusammen mit dem Neuen Adam den Sündenfall wieder gutmachte. Schon vom Heiligen Geist erfüllt, zog dein Gebet Jesus auf die Erde herab. Dein Wille und dein Leib haben ihn empfangen. Deine Milch hat ihn genährt. Mit deiner übergroßen Liebe hast du ihn umgeben, so dass er wachsen konnte an Alter, Kraft und

Weisheit. Du hast ganz wirklich den geformt, der dich geschaffen hatte. Und als die Stunde seiner Opferung gekommen war, hast du in Freiheit das Gotteslamm dahingegeben an seine Sendung und seinen Opfertod auf Kalvaria. Mit ihm ertrugst du eine Fülle des Leidens, die der seinen gleich war – so dass du mit ihm gestorben wärst, hättest du nicht leben müssen, um der jungen Kirche Mutter zu sein.

Wie du untrennbar ihm verbunden warst als seine Helferin, während die Erlösung vollbracht wurde, so bleibst du nicht weniger ihm vereint, so bedarf er deiner nicht weniger bei der Mitteilung der Gnade. Deine Mutterschaft ist weiter geworden, um alle einzuschließen, für die er gestorben ist. Als Mutter sorgst du für die Menschheit, wie du für ihn gesorgt hast, denn wir sind in ihm. Jede Seele bleibt deiner geduldigen Sorge anvertraut, bis du sie einst zum ewigen Leben gebierst.

Da es Gottes Wille für die Vollendung des Erlösungsplanes war, dass du in jedem seiner Teile wirksam sein solltest, so musstest du notwendigerweise auch in unsere Dankbarkeit eingeschlossen werden. Wir müssen dankbar anerkennen, was du getan hast, und trachten, durch unseren Glauben, unsere Liebe, unseren Dienst dich so zu ehren, wie es dir gebührt.

Wir haben nun bekannt, wie unermesslich groß und wie süß unsere Schuldigkeit dir gegenüber ist. Was bleibt uns noch zu sagen, als aus ganzem Herzen zu wiederholen:

> „Wir sind ganz dein, unsere Königin, unsere Mutter,
> und alles, was wir haben, ist dein."

„Zum ersten Mal hat ein ökumenisches Konzil die katholische Lehre über die Stellung der Jungfrau Maria im Heilsgeheimnis Christi und der Kirche zu einem einzigen und zugleich so eingehenden Werk zusammengefasst. Dies entspricht ganz den Absichten des Konzils, das ja das Bild der Kirche darzustellen sich bemüht. Denn Maria ist mit der Kirche am engsten verbunden, wie es so großartig gesagt wurde: ‚Sie ist ihr größter, ihr bester, ihr spezieller und ihr erlesenster Teil' (Rupertus, in Offb I, VII, c. 12).

Die Kirche besteht nicht nur aus Hierarchie, Liturgie, Sakramenten und dem Gefüge ihrer Einrichtungen. Ihre innere und eigentliche Wirkmacht, die Hauptquelle ihrer Kraft, durch die sie die Menschen heiligt, liegt in ihrer mystischen Einheit mit Christus. Und diese Einheit kann man nicht losgelöst betrachten von ihr, der Mutter des fleischgewordenen Wortes, die Christus selbst innigst mit sich verbunden hat zu unserem Heil. Wenn wir also die Kirche anschauen, müssen wir liebend die Wunderwerke erwägen, die Gott an seiner heiligen Mutter getan hat. Die Kenntnis der richtigen katholischen Lehre über Maria wird immer ein Schlüssel für ein genaues Verständnis des Geheimnisses Christi und der Kirche sein. ...
Und so erklären wir die allerseligste Jungfrau Maria zur Mutter der Kirche, des ganzen christlichen Volkes, der Gläubigen wie der Hirten, die sie ihre liebevolle Mutter nennen."
(Aus der Schlussansprache Papst Pauls VI. zur dritten Konzilsperiode, 21. November 1964)

(Dieses Zitat ist nicht Teil des Marienlobes.)

Folge ihr, und du verirrst dich nicht.
Rufe sie an, und du verzweifelst nicht.
Denke an sie, und du gehst nicht fehl.
Wenn sie dich hält, fällst du nicht.
Wenn sie dich schützt, hast du nichts zu fürchten.
Wenn sie dich führt, ermüdest du nicht.
Ist sie dir gnädig, dann kommst du ans Ziel.

(Hl. Bernhard von Clairvaux)

„Per te, o Maria, resurrectionis nostrae tesseram certissimam tenemus."
„Durch dich, o Maria, haben wir das sicherste Unterpfand unserer Auferstehung."

(Hl. Ephraem, der Syrer)

VERZEICHNIS DER BIBELSTELLEN

Verzeichnis der Dokumente des kirchlichen Lehramtes
DOKUMENTE DES II. VATIKANISCHEN KONZILS

ANDERE DOKUMENTE DES LEHRAMTES

VERZEICHNIS PÄPSTLICHER ZITATE

PERSONENVERZEICHNIS

C

F

G

H

I

J

L

Q

R

V

W

SACHVERZEICHNIS

(Erklärung: Seite [Kapitel] > : siehe unter)

H

I

J

K

M

ANMERKUNG
Hinweise auf unseren Herrn sind nicht im Index angeführt. Jedes Wort dieses Handbuchs bezieht sich ja auf ihn, und deshalb sollte man ihn in jedem Abschnitt finden. An jedem Ort, in jeder Situation, bei allem, was geschieht, sollte der Legionär Jesus begegnen – so sehr, dass er mit dem Dichter ausrufen kann: „Die Rose will an Christi Blut mich mahnen, der ew'ge Schnee an den verklärten Herrn. Im Regen darf ich seine Träne ahnen, und seiner Augen Licht seh' ich in jedem Stern."

Die Rose will an Christi Blut mich mahnen,
der ew’ge Schnee an den verklärten Herrn.
Im Regen darf ich seine Träne ahnen,
und seiner Augen Licht seh’ ich in jedem Stern.
Sein Antlitz spiegelt jede Blume wider,
und seine Stimme tönt durch Stadt und Land
im Schall des Donners, in der Vögel Lieder;
sein Wort ist eingemeißelt in der Felsenwand.
Im Wogen weiter Meere hör’ sein Herz
ich schlagen,
und jeder Weg sagt: Er ging dir voran!
Und jeder Dorn: Sein Haupt hat uns getragen!
Und jeder Baum – ein Kreuz: Er hing daran!

Joseph Mary Plunkett